JN049119

内部告発のケーススタディから読み解く組織の現実

改正公益通報者保護法で何が変わるのか

奥山俊宏

朝日新聞出版

はじめに……9

第1章 密告ではなく公益通報に 内部告発者保護の制度とその進化

1 米国の内部告発者保護法制はパッチワーク……17
■米労働省職業安全衛生局（OSHA）の役割……17 ■内部告発者がヒーローに……18 ■チャレンジャー事故の衝撃……21 ■「ザ・ホイッスルブロワーズ」――2002年の表紙に3女性……23 ■日本企業を標的とする告発も……26

2 英国の公益開示法にならった日本の立法……29
■内部告発を3分類した英国の公益開示法……29 ■小泉政権下で立法検討が本格化……32 ■独占禁止法にリニエンシー……36 ■韓国の公益申告者保護法……37 ■内部告発の有用性の認識の広がり……39

3 告発者保護の背景にある企業不祥事の潮流……40
■だれのために働くのか――忠誠の概念が多様化……41 ■コンプライアンスとは――社会規範意識の高まり……44 ■水準の高まる「説明責任」……48 ■不正そのものより不正への対応が大事……50 ■リスクをめぐる開示と議論の必要

性……51 ■社会の役割分担の専門分化、複雑化という背景……54 ■ガバナンスという視点の登場……56 ■「内部」への告発と「外部」への告発の境目……58

4 欧州大陸では2013年以降に法制化、EUが指令……60
■ナチス・ドイツの密告社会……61 ■自浄の努力との連関……63 ■大量の電子ファイルが証拠資料に……66 ■欧州11カ国が2013〜19年に法制化……68 ■EU公益通報者保護指令の内容……70

第2章 オリンパスで相次ぐ内部告発

失敗の教訓に学ぶ

1 内部通報者への不法な仕打ち……78
■コンプライアンス室への電話……78 ■客先と上司の間で板挟み……80 ■会社側の主張した事実関係……82 ■コンプライアンス室は何を間違ったか……85 ■チームリーダーから部長付への異動……87 ■浜田さん全面勝訴の高裁判決……92

2 巨額不正経理を英国人社長が追及……97
■ジャーナリストに資料を提供……97 ■英国人社長による社内の追及……100 ■前社長による英国経済紙への内部告

発……103 ▒「機密情報開示に憤り」と新社長……106 ▒「重大な非行」理由に報酬減額……110 ▒「だれも本当のことを言わなくなった」……115

3 もの言えない風土に長年の不正……118

▒バブル期に始まった損失隠し……118 ▒経営陣が自白に追い込まれた舞台裏……120 ▒箝口令「事件の話はタブー」……123 ▒法廷で語られた山田元副社長の悔悟……128 ▒最高裁で会社敗訴が確定した後も不当処遇継続……130 ▒経営陣交代後も変われないオリンパス……133

4 医師への賄賂と感染報告遅れ……136

▒医師や病院にキックバック、賄賂……136 ▒最高コンプライアンス責任者の内部告発……138 ▒内視鏡の院内感染の報告を怠った罪……143 ▒少なくとも190人余が院内感染……145 ▒顧客や当局に「積極的には」知らせず……148

5 中国・深圳での不明朗な支払い……152

▒「バックが強大」なコンサルに4億6千万円……152 ▒法務本部長の異論「誰に怨まれてもやりきる他ない」……156 ▒オリンパス社員から渡された秘密報告書……159 ▒「ガバナンス上の問題があった」……162 ▒異論唱えた法務本部長を左遷……165 ▒「『悪い意味でのサラリーマン根性』は真っ平ごめんなので」……168 ▒社内調査「著しく不合理とまでは認められない」……172

6 オリンパス不祥事で法改正論議……175
■浜田さんと会社の和解……175 ■法改正への貢献で人権賞……179 ■史上最高位の内部告発者「想定外」……182 ■内部告発への報奨金の制度化は？……186 ■元法務本部長の魂の叫び……186 ■内部通報者への報復がもたらす「内部告発し放題」……191

第3章 内部通報、事業者と従業員の現実
なぜ形骸化するのか

1 財務省、文書改ざん無反省のガバナンス劣等生……197
■近畿財務局に「改正」届かず……198 ■ずさん調査で問題素通り……204 ■教訓に学ばないまま公文書管理専門の通報窓口……212 ■改正法に残った不備……216

2 「イオン行動規範110番」への内部通報が人事部長に筒抜け……220
■サービス残業を内部通報……221 ■懲戒委員会で「内部通報した人物」……223 ■残業手当支払いで特損12億円……226 ■公開法廷に内部通報の実名記録……227 ■内部通報への対応でイオンを提訴……229 ■イオンの対応の問題点とその教訓……231

3 内部通報制度への期待と失望……233
■内部通報制度の普及……233 ■東芝社内から日経ビジネスに内部告発続々……234 ■化血研、血液製剤を不正製

造……236　■東洋ゴムでは「内部通報のリスク」を検討……238　■再三の内部通報への対応に失敗した日本公庫……240
■住江織物、米国子会社の元従業員から会計事務所に通報……243　■長野計器子会社、役員の交代後に内部通報相次ぐ……244　■内部通報制度ガイドラインの改正……245

第4章 組織の外への内部告発
忠実義務との葛藤で判例も変化

1 テレビ東京への内部告発で発覚、レオパレス21の施工不備……252
■社長インタビューをきっかけに……253　■「会社を変えたい、でも…」……254　■記者会見を突如開いたレオパレス21……256　■外部調査委「社長に進言しにくい雰囲気」を指摘……258　■国交省の検討会「工事監理者通報窓口」を提案……263　■阿部ディレクター「信頼を得ないと託されない」……265　■施工不備は3万棟以上に……267

2 郵政一家「第4の事業」と不適正営業……270
■アポなしで新聞社に一人……270　■組織のために「集票力」「政治力」……271　■尾行を心配し、手紙は偽名……274　■消費別の局長経験者から新たな内部告発……276　■さまざまな情報源……279　■近畿郵政局長に有罪判決……280　■消費者庁ヒアリングで……282　■かんぽ生命の違法営業……284　■内部通報者と疑われた人への「報復」を罪に問う初の事例……285

3 内部告発をめぐって裁判例は進化してきた……289
■富里病院事件――行政機関への訴えは正当だが……289
■千代田生命事件――元常務に2億5千万円賠償を命じる異様な判決……291
■吉田病院事件――「背信」とされた住民へのビラ配布……293
■三和銀行戒告処分事件――「労働条件改善目的」に正当性……294
■群英学園事件――「経営への影響考え、内部手順を」……295
■宮崎信金事件――保護された国会議員秘書への告発……297
■いずみ市民生協事件――特定多数への内部告発を正当化……299
■生駒市衛生社事件――報道機関への告発を正面から認める判決……300
■トナミ運輸事件――提訴をきっかけに「内部告発」が流行語大賞に……301
■司法書士事務所事件――証拠書類持ち出しを公益通報「付随」行為として保護……303
■徳島県職員事件――公益通報後の係長昇進見送りに慰謝料命令……304
■神社本庁事件――「公益通報」該当を認めて救済……306
■法制定を境に告発者有利に……310
4 イトマン事件「匿名の投書」、住友銀行幹部と日経記者……312
■記者と銀行中枢幹部……313
■大蔵省銀行局長あての投書を書いたのはだれか……314
■「そしたらこの記事は潰されるよ」……319
■告発や報道で質の高い文書は必須……322
5 いじめ自殺の証拠書類隠蔽《いんぺい》を遺族に知らせた3等海佐……324
■海自護衛艦乗組員の自殺……324

6 内部資料持ち出しの免責を消費者庁の検討会で議論……329
判例ではすでに保護する法解釈……329

第5章 改正公益通報者保護法、詳細解説
事業者に何を義務づけているか

1 改正の検討に10年の歳月……340
諸外国に後れをとってしまった日本……340
施行5年時の議論では結論先送り……341
内部告発経験者を交えて議論……342
自民から共産まで全会一致で改正法可決……344
施行に向けて指針を策定、その解説も公表……348
2 民事ルールとしての公益通報者保護法……349
国家ではなく国民の利益の保護が目的……349
不正の目的でなく……351
だれが公益通報するのか……351
法の保護の効果……354
なにを公益通報するのか……355
だれに公益通報するのか……360
事業者内部への公益通報(1号通報)……361
規制権限を持つ行政機関への公益通報(2号通報)……361
報道機関など広い外部に対する通報(3号通報)……364
「風評被害」論……369
コンプライアンスの後押しとして……372
役員も保護対象に……374
「反対解釈」を許さず……375
あらゆる不利益扱いの禁止……379
守秘義務との関係……382
他の特別法との関係……383

3　事業者が課される義務と行政の権限……384
1項義務と2項義務……384　内部通報対応体制の整備義務……389　公益通報者保護体制の整備義務……396
体制整備義務違反への行政措置……399　改正指針で事業者の現場は実際どうなるか？……402　「従事者」の守秘
義務を罰則つきで導入……404　内部告発を受け取る側としての行政の対応……412　不利益取り扱いへの行政措置の
制度化は見送り……414　今後の検討……416

付録　改正公益通報者保護法……423
目次……423　第1章……424　第2章……428　第3章……435　第4章……437　第5章……439　附則……439
別表（第2条関係）……440

公益通報者保護法に基づく事業者向け指針……441
内部告発をめぐる年表……448　あとがき……459

※登場人物の肩書、組織名の表記は原則として当時のものとした

装幀　渋澤 弾（弾デザイン事務所）

はじめに

公益通報者保護法を抜本的に改正する新しい法律が2020年6月に制定され、2022年6月1日に施行されるのを機に、この法律を含む日本の内部告発者保護法制とその背景にある考え方、いわばその理念や思想について、具体例に照らしつつ明らかにしていこうと意図してこの本をとりまとめた。

ふり返れば今世紀に入って間もない日本で、内部告発者を法的に保護するための法律を制定しようという機運が官民で高まり、2004年6月に政府の提案で公益通報者保護法を制定し、06年4月に施行した。その法律を初めて抜本的に改正したのが、冒頭で触れた新しい法律である。

改正前もそうだったが、改正後はなおさら、公益通報者保護法の条文を読んでも、ほとんどの人はちんぷんかんぷんで、おそらく、その趣旨を正しく理解することは困難であろう。

これは、条文やその構造が難解であるからだけでなく、さまざまな価値観の対立や葛藤《かっとう》のジレンマの上にこの法律があるからである。しかも、この法律は、日本における対立や葛藤だけではなく、海外の国々におけるそれらをも下敷きに形成されており、その背景は国際的かつ複雑だ。

したがって、それら世界にまたがる価値観の対立・葛藤、それをめぐる議論のいきさつを知らないことには、この法律を誤って読んでしまうおそれがある。

日本の公益通報者保護法制は、日本特有のスタンドアローンの制度として存在しているのではない。英米など諸外国の法制度を研究した成果として立案され、それらの影響を受けて発展してきた。日本が参照したそれら諸外国の法制度は（当然、日本の法制度もそうだが）、確立された所与の前提として最初からそこに存在したのではない。米国では1970年代以降に、英国では90年代以降に、そのほかの多くの国では今世紀に入って法制度を創設し、整備し、現在に至るまで、それを変化させてきている。そして、その変化に日本の法制度は影響を受けている。その世界的な変化の潮流の一端に日本の法制度はあるということができる。

国家や会社を含め組織のあり方に関する思想や発想、制度は不変であるのではなく、時代やその要請に応じて変化してきている。ある国やある地域、ある組織やあるグループの文化や理念は一定であるのではない。この本の主題とする内部告発やそれへの社会や組織の反応についても、これはあてはまる。時代の変化に応じて、内部告発に関する思潮、内部告発者保護の発想や思想は進化を遂げてきたし、今も変わりつつある。

そうした変化は世界で同時均等に進むのではなく、国や地域によって、十年単位の時間差がある。米国では70年代に企業の統治やその情報開示への意識が高まり、日本では90年代後半から今世紀にかけて企業統治の改革が続いている。行政府を筆頭に国の統治にもそれは波及し、一定の独立性を備えた監察《かんさつ》機関が新設され、公文書の管理や公開に関する法制が整えられてきている。

寄せては返す波がやがて満ちてくるように、行きつ戻りつしつつ、一定の方向に不可逆的に着実に変化していく。組織をより透明化し、統治を強化する方向への変化の潮流が確かに存在する。内部告発者保護を含むガバナンス改革について世界を俯瞰《ふかん》すると、米国が先行し、欧州や日本がその潮流を追っているように見えるし、それぞれの国に独特の流儀があるようにも見えるが、大きな潮流には意外なほど、違いはない。

かつては、日本の文化に内部告発はなじまないとしばしば言われた。しかし、今や日本でも少なくとも建前では公益通報者保護の考え方はすっかり受け入れられ、独占禁止法の申告制度（課徴金減免制度）は大企業から中小企業まで幅広く先を争うように利用されている。そもそも、内部告発に対する社会の受容性について、日本を欧米と別異にとらえる見方は、振り返って俯瞰すれば、あまりに近視眼的であり、ステレオタイプだった。欧米にも密告者を卑怯《ひきょう》者として忌《い》み嫌う風潮はあって、内部告発者への偏見も抜きがたくあり、そうした傾向は日本よりむしろ強かった。

そうした文化や偏見は人間の価値観や考え方の所産であり、つまり、議論と熟考、啓蒙《けいもう》と学習、説得と納得によって変化しうるもので、その点に東西や南北の違いはない。

個別の事件がそれらの法制度の姿に影響を与えてきたことも見逃せない。きっかけとなるような何らかの事件や事故があって初めて、法制度改正の必要性が多くの人に認識され、社会の通念を変化させ、立法へとつながり、制度の運用を改めさせる。具体的な個別の事例から離れ、理念だけが先行して、法制度が創設されたり改正されたりすることはない。

日本の公益通報者保護法は、英国を中心とする海外の法律を参考に起草されており、その背後には、海外における個別の事例、その経験、教訓が横たわっている。海外で内部告発者保護法制がどのように創設され、どのように発展してきたのかを知ることなく、日本の公益通報者保護法の趣旨を明らかにすることはできない。

したがって、具体的な事例から離れて、また、海外の法制度から離れて、日本の法令のみを取り出して、それを解釈したり運用したりするだけでは、正しい結論にたどりつけない。日本の法規定の字面《じづら》を検討するだけだと、原理・原則を見落とし、誤った相場観を身につける結果になるおそれがある。そうではなく、内部告発をめぐる主な事例の具体的内容を知り、かつ、諸外国の法制度や思想の進化の流れを知り、それらに照らし合わせて日本の制度の流れを位置づけ、全体を俯瞰したうえで個々の条文を解釈することが重要であろう。

もともと公益通報者保護法は、労働者を雇うすべての事業者（営利企業だけでなく、政府機関や地方公共団体、非営利組織、医療機関などもこの事業者に含まれる）を対象に義務を課しており、日本の経済社会のかなり広い範囲をカバーしている。とはいえ現実には、この法律に基づく義務やそれへの違反が問題となりうるのは基本的に、事業者の内部に不正やその疑いがあり、それについて内部告発がなされた、そんな例外的な場合に限られていた。それをめぐって紛争が生じて裁判所に持ち込まれた、というような場合でなければ、公益通報者保護の法執行が顕在化《けんざい》することはなかった。ところが、２０２２年６月に改正法が施行された後の新しい公益通報者保護法はそうではない。

改正法は、従来より対象範囲を若干広げたうえで、不正があったときだけでなく——いわば有事においてだけでなく、不正がなかったときも含め——内部告発がない平時にあっても、決して軽くはない義務を事業者に課している。すなわち、301人以上の従業員のいるすべての事業者に、正しく公益通報に対応できるようにするための体制の整備を義務づけている。この義務を怠《おこた》ると、行政による指導や勧告の対象となりうる。改正法のこの部分は、海外の立法にはあまり見られない日本独自の制度を組み込んでいて、この「正しく公益通報に対応できる」の「正しく」をどう解釈するかは、それほど簡単に答えが出るものではない。第一義には事業者の判断だが、実際にそれを判断するのは行政であり、争われた場合には裁判所の判断を仰がなければならない。当然のことながら判例はまだないので、立法の検討段階での議論を参照することなく、これを正しく解釈するのは容易ではない。

どんな組織も不正と無縁ではいられない。どんな善人であっても、条件がそろえば、不正に手を染めうる。尊敬を集めてきた一流企業であっても、組織内部に長年、カビのように不正を温存している例がある。組織のトップから腐る事例も珍しくない。数々の企業不祥事でそうした事例を私たちは飽きるほど見てきた。不正はあり得ないという性善説のみで組織を運営することは許されない時代である。不正のリスクを直視し、それに備える体制を築くことが社会的要請となっており、少なくとも従業員301人以上の事業者はその要請に背を向けることを許されない。社会の要請に応え、そうした体制をスタートさせれば、旧来の悪弊を断つことができ、新たな不正を〝芽〟の段階でやめさせ、被害を最小限に抑えることができ、ひいては組織を健全に保つことができ、営利企業ならば利益を極大化できるであろう。そうした考え方の上に改正公益通報者保護法はある。

筆者は、バブル崩壊が始まる直前の1989年に新聞記者となり、主に社会部の事件記者として企業や官庁の不祥事を取材してきた。内部告発と日常的に接し、そうした経験から、組織内部の人たちの声の重要性を知るようになった。2002年に、内部告発者を法的に保護しようとする包括的な法制度の検討が官民で始まったのを知り、それを大切なテーマだと確信し、ライフワークの一つにしようと決めた。03年に米国と英国に出張し、それらの国の制度やその運用を日本に紹介し、04年4月に初めての著書『内部告発の力』（現代人文社）を出版した。04年6月の公益通報者保護法制定、06年4月の施行、実際の運用や改正への動きを継続的に取材し、折に触れて米英韓の各国に足を運んで専門家に話を聴く一方、告発する側、告発される側、告発を受け取る側のそれぞれに会って、朝日新聞の紙面やインターネット上に記事を出してきている。『偽装請負』（朝日新書、07年5月）、『ルポ 内部告発』（同、08年9月）、『パラダイス文書』（朝日新聞出版、17年11月）、『解剖 加計学園問題』（岩波書店、18年12月）などの本を出すのにも関わってきた。そうした取材・報道の経験をこの本の原稿に盛り込んでいる。

本書では、内部告発が社会にとって有用であり、内部告発者を差別せず、保護して守ろう、という発想と思潮、それに基づく法制度がどのように発展してきたのかをまず明らかにする。そのうえで、それら法制度の運用状況を具体例によって照らし出そうと試みる。なかでも、改正公益通報者保護法施行後の日本の組織にとって喫緊の課題となる内部通報制度の運用に注目する。そして最後に、こうした歴史的経緯や具体例の教訓を前提に置いて、日本の事業者など公益通報に関わる人の参考となるよう改正公益通報者保護法に解説を加えたい。

第1章

密告ではなく公益通報に

内部告発者保護の制度とその進化

欧米で内部告発者はホイッスルブロワー（whistle-blower）と呼ばれる。日本語に直訳すると「笛を吹く人」。その原義は、警笛を鳴らして反則を指摘し、やめさせる、ということにある。○○について内部告発する、という動詞は、英熟語で「blow the whistle on ○○」となる。

1970年代から内部告発者保護法制を発達させてきた先進国の米国では、ウォーターゲート事件（72年）、スペースシャトル・チャレンジャー事故（86年）、そして今世紀初頭に同時多発テロ（2001年）、エンロン、ワールドコムの粉飾決算事件（2001〜02年）を経験し、それらを教訓に法制度の充実を加速させた。すべての分野をカバーする包括的な内部告発者保護法が存在しないのが米国の法制の特徴だが、一方で、企業会計改革法（SOX《ソックス》法）が2002年に内部告発者への報復に対する刑事罰を定め、2010年制定のドッド＝フランク法が告発者への巨額の報奨《ほうしょう》金を制度化するなど、多様な規範を次々と樹立している。

一方、英国は1998年、一般の人々（パブリック）のための内部告発という概念を発展させて「公益開示（public interest disclosure）」の保護を法律にした。そこでは内部告発を大きく分けて「雇用主への開示」「規制行政機関への開示」「その他の外部への開示」の3類型に分類し、それぞれに保護要件を定めた。日本もそれにならって２００４年に「公益通報」の保護を法制化。２０１９年、欧州連合（ＥＵ）も同様の枠組みを法律とするよう加盟国に義務づけた。韓国でも今世紀に入って、主要国の法制度の良いところを採り入れて公益申告者保護法などの法制を整えている。

この本にひんぱんに登場する「内部通報」や「公益通報」という言葉は、英国の公益開示法の影響を受けて１９９０年代末から使われるようになった比較的新しい言葉だ。一般に、雇用主である事業者の役員や上司、事業者の設けたしかるべき窓口に対して、従業員が、職場で知り得た不正などの情報を伝達することを「内部通報」と呼び、この本でもそのような意味で使っている。これに対して、行政機関や報道機関など事業者の組織の外に同様の情報を伝達することを「外部通報」と呼び、これが狭義の「内部告発」だといえる。広義にとらえれば、内部通報も含めて「内部告発」とみなすことができ、それらについて「公益通報」と呼ぶことも最近は増えてきている。公益通報者保護法が定義する「公益通報」だけが必ずしも、一般的に用いられている「公益通報」「内部通報」「内部告発」を意味するとは限らないし、その逆もしかりだと言える。よく混同される「密告」との違いについては本章4節（63～65頁）で詳述しているので、ぜひ目を通してほしい。

お上《かみ》（オフィシャルズ）による支配の道具である「密告」ではなく、一般の人々（パブリック）の公益に奉仕する情報流通のチャンネルとしての「内部告発」、あるいは「公益開示」「公益通報」を模索する試みが各国で続いている。

この章では、主要国における現代の内部告発者保護法制を見ていく。

1　米国の内部告発者保護法制はパッチワーク

米労働省職業安全衛生局（OSHA）の役割

米国は、主要国のなかで内部告発者保護法制の歴史がもっとも長く、内部告発先進国だと言って間違いではないだろう。

1970年12月、リチャード・ニクソン大統領（共和党）の署名で職業安全衛生法が制定され、そこに、職場の不衛生や安全軽視、基準逸脱などを内部告発した労働者を雇用主の差別扱いから保護する規定が置かれた。

この規定に違反する差別扱いを受けたと信ずる労働者は30日以内に労働省の職業安全衛生局（OSHA＝Occupational Safety and Health Administration）にそれを訴えることができる。それを受けてOSHAの専門の調査官が調査を行う。訴えに理があると判断したときには、OSHAは雇用主に救済措置を仮に命ずる。異議がなければ、これが労働長官の正式命令として確定する。もし異議の申し立てがあれば、労働省の行政審判に委《ゆだ》ねられる。その結論に不服があるときは、司法府の通常の裁判所に上訴《じょうそ》する。おおむね、そんな手続きとなっている。

当初は、前述の職業安全衛生法に違反する行為に関する内部告発だけがその調査や救済の対象だった。が、その後、水質汚染管理法（1972年改正）、安全飲料水法（74年制定）、ゴミ処理法（76

年）、有害物質管理法（同）、エネルギー再編法（78年）[1]などに同様の規定が置かれ、水質汚染や原子力安全に関する内部告発をした労働者の保護についても、ＯＳＨＡにその調査や救済の仕事が割り当てられた。

保護される内部告発の相手先は、職場の安全基準逸脱ならば労働省のＯＳＨＡ、原子力安全の軽視ならば原子力規制委員会ということになるが、報道機関や市民運動家への情報提供についても、それが法律上の処置を促すことにつながるのならば、保護の対象に入りうる。[2]

このように、内部告発者保護の対象となる告発内容の対象範囲は、１９７０年代を通じて、当初の職業安全から水質、廃棄物、原子力安全へと少しずつ広がっていった。

内部告発者がヒーローに

内部告発者保護法制が創設され、発展を始めた１９７０年代前半、米国の政治、経済、社会は混乱の渦中《かちゅう》にあった。

60年代後半から泥沼《どろぬま》化したベトナム戦争のために多くの若者が徴兵され、強制的に戦地に送られた。戦死者や負傷者が続出し、戦費負担が国家財政に重くのしかかった。そうした状況にさしもの米国も耐えきれず、貿易収支が赤字となり、米ドルへの信認が揺らぎ始めた。反戦運動が盛り上がり、反体制の空気が充満し、異議申し立ての風が吹き荒れた。

１９６７年６月17日、ロバート・マクナマラ国防長官の命令で「ベトナムタスクフォース」が同省内に編成され、第２次世界大戦以降のベトナムへの米国の関与について「百科事典的に、そして、客観的に」調査するようにという指示が出された。その調査結果をまとめた報告書は69年1月15日、後任のクラーク・クリフォード国防長官に提出された。報告書は「トップシークレット」（最高機密）に指定された。

ベトナム戦争にのめり込んでいく過程で歴代の政権は国民にウソを重ねていた。その経緯がその報告書に詳述されていた。国防次官補の特別補佐官や国務省のベトナム大使館員などを歴任し、空軍系の民間研究所ランド・コーポレーションに勤務していたダニエル・エルズバーグ博士は、この報告書の執筆に関わっており、また、機密文書を読む資格（セキュリティ・クリアランス）を持っていた。一方、エルズバーグ博士は当時、ベトナム戦争に反対し、それを止めるための努力を続けていたが、政府内部でそれはうまくいかなかった。

著書『Secrets（秘密）』によれば、エルズバーグ博士は1969年10月1日、職場から報告書を持ち出し、知人の広告代理店事務所でゼロックス社の機械を使ってそのコピーを始めた。当初は議会の有力議員にコピーを渡したが、取り上げられず、71年春、ニューヨーク・タイムズのニール・シーハン記者にコピーを見せた。シーハン記者の晩年の回想によれば、同記者はエルズバーグ博士の自宅からコピーを勝手に持ち出してそれを無断でコピーし、71年6月13日、同紙で記事の連載を始めた。[3]

それを見たニクソン大統領は「アメリカの歴史上、もっとも大規模な極秘文書の漏洩《ろうえい》事件だ」と怒った。司法省はニューヨーク・タイムズ社を相手取って連載の差し止めを求める仮処分を裁判所に申請。いったん連載は止まった。しかし、最終的に最高裁判所はニューヨーク・タイムズ社に軍配《ぐんばい》を上げ、連載は再開された。その秘密報告書は国防総省庁舎の形にちなんで「ペンタゴン文書」と呼ばれるようになる。

内部告発者となったエルズバーグ博士は同月28日、逮捕され、窃盗などの罪で起訴された。しかし、ホワイトハウス配下の工作員がエルズバーグ博士のかかっていた精神分析医の事務所にあら探し目的でカルテを見ようと違法に忍び入ったり、エルズバーグ博士と政府幹部の電話での会話が政府側によって盗聴されたりしていたことが発覚。裁判所は起訴を棄却し、エルズバーグ博士は無罪放免となった。別の不法侵入事件も含め、逆にニクソン大統領の側近たちが罪に問われ、ニクソン氏も、そのもみ消しの容疑で弾劾《だんがい》される寸前まで追いつめられ、大統領を辞任した。政敵の弱みを探し出そうとしたホワイトハウスの犯罪が暴かれるにあたって、「ディープスロート」と呼ばれる政府内部の高官の情報に基づく新聞記者たちの調査報道が大きな役割を果たし、それはのちに映画「大統領の陰謀《いんぼう》」となり、アカデミー賞を4部門で受賞した。これがウォーターゲート事件である。

このように政府首脳による違法行為とウソを暴き、それらの是正を手助けした内部告発者の存在は広く知られるようになり、彼らは世間からヒーローとして扱われた。

政府首脳だけではない。警察の腐敗をニューヨーク・タイムズの記者に1970年に内部告発した警察官のフランク・セルピコさんの実話が映画化され、「セルピコ」というタイトルで73年に公開された。

同じ70年代、公害や環境汚染が社会問題となり、原子力発電所への反対運動が本格的に始まった。76年2月には、原子炉メーカー、ゼネラル・エレクトリック社の技術者3人がそろって原発の危険性を内部告発した。

そういう時代背景のもと、米国の議会は、新しく制定する種々の規制法規に前述のように内部告発者保護の規定を盛り込み、その執行の役割を主務官庁だけでなく労働省に担わせた。たとえば、原発に関する内部告発者の保護は原子力規制委員会と労働省に共管《きょうかん》させた。

連邦政府の公務員についても同じ時代に内部告発者保護が制度化された。1978年、ジミー・カーター大統領（民主党）の下で公務改革法が制定され、そこに「職員は、法令違反などの証拠であると合理的に信ずる情報を合法的に開示したことへの報復から保護されなければならない」との規定が入ったのだ。主な政府機関に監察官《かんさつかん》（インスペクタージェネラル）が置かれ、日本の人事院にあたる独立の政府機関として能力主義擁護《ようご》委員会（MSPB）が新設された。連邦政府でも、内部告発に対応し、また、告発者への違法な報復をやめさせるための一応の態勢がつくられた。

チャレンジャー事故の衝撃

1986年1月28日、フロリダ州の基地から打ち上げられて大気圏外に向けて飛行中だったスペースシャトルのチャレンジャーが爆発し、7人の乗員が死亡した。チャレンジャーの機体が四散《しさん》する衝撃的な映像は同時代の人々に永《なが》く消えない強烈な印象を残した。

大統領直属下に設けられた有識者委員会が調査したところ、事故前夜、米国航空宇宙局（NASA）から固体ロケットの製造を委託されていたモートン・サイオコール社の技術者ロジャー・ボイスジョリーさんらが技術上の理由から翌日の打ち上げに反対していたことが分かった。ところが、その技術判断は「経営の判断」によって覆《くつがえ》された。それでも、ボイスジョリーさんら現場の技術者は翌日の打ち上げに反対し続けた。が、ＮＡＳＡの首脳や乗員たちはそれを知らなかった。ボイスジョリーさんらが心配した低温下の部品の性能不足が事故の原因だった。

有識者委員会は「ＮＡＳＡもサイオコール社も内部の警告の声に十分に反応しなかった」と結論づけた。

アメリカン大学の法科大学院で公共情報法制を専攻するロバート・ヴォーン教授によれば、そうした経緯が内部告発者の証言によって明らかとなったこともあり、チャレンジャー事故は、多くの一般の人々が内部告発の大切さを強く確信するきっかけとなった。

その年の10月、政府にウソをついて不正に支払いを請求した者から不当利得を回収する制度を定めた不正請求防止法の抜本改正が実現した。そうした不正請求について内部告発した人を保護する方策を強め、また、その内部告発者に回収額の最高３割を報奨金として支払うように制度を充実させた。報奨金の制度は古くからあったが、内部告発者にとって使い勝手が悪く、事実上、活用されていなかった。それを改善したのだ。

１９８９年３月には、連邦政府公務員を対象とする内部告発者保護をより強化するため、ホイッスルブロワー（内部告発者）保護法が成立した。告発者側にとっての立証をより容易とするため、従前の条文の表現を変えて、「違法行為や重大な管理不備などに関するいかなる情報開示があっても、それを理由にして、その職員に人事行為をしてはならない」と定め、同年７月に施行された。内部告発者への違法な報復人事を取り締まる大統領直属の政府機関である特別顧問局（ＯＳＣ）に、召喚《しょうかん》状を発したり関係者に証言させたりする強制調査権限、そして、加害者側の人事権者や政府機関を提訴する権限が与えられた。

連邦レベルだけでなく州レベルでも、各州が競うように、内部告発者保護を州法に盛り込むようになった。そうした立法は全米で数百に上る。

1986年以降、90年代にかけて内部告発者保護法制の拡充が進んだことについて、ヴォーン教授は「チャレンジャー後の法律革命」と呼ぶ。

「ザ・ホイッスルブロワーズ」――2002年の表紙に3女性

2001年の同時多発テロと翌02年にかけて表面化したエンロンとワールドコムの粉飾決算事件は、筆者が思うに、米国にまた新たな法律革命を起こした出来事といえるだろう。

テキサス州ヒューストンのエネルギー会社エンロンの幹部だったシェロン・ワトキンスさんは、上司の最高財務責任者（CFO）の采配《さいはい》の下でペーパーカンパニーに巨額の簿外《ぼがい》損失が隠されていることを知り、01年8月22日、最高経営責任者（CEO）にその疑惑を直訴した。すると、会社は「微妙な報告をしてきた従業員にいかに対処すべきか」について秘密裏《ひみつり》に顧問弁護士に相談した。会社はまた、その同じ顧問弁護士に疑惑の調査が必要かどうかを見きわめるための予備調査を委託し、「さらなる調査は不要だ」との結論を得た。しかし、糊塗《こと》策は限界に近づいていた。2カ月後の10月16日、会社は10億ドル余の特別損失を公表せざるを得なくなり、12月2日、倒産した。

ワトキンスさんの鳴らした警鐘《けいしょう》は生かされることなく、逆に会社は、ワトキンスさんをどのように扱うべきか、その解雇にどのようなリスクがありうるかを顧問弁護士に相談するありさまで、結局、最悪の形で倒産した。しかし、ＣＥＯに直訴した経緯が報道されると、ワトキンスさんは逆に「会社を救うために必要な厳しい道を選ぶよう勇敢に導こうとした忠義な従業員」として世の中からヒーロー扱いされるようになった。

翌２００２年春、全米2位の大手通信会社ワールドコム社内で、内部監査部門トップのシンシア・クーパーさんは、上司にあたるＣＦＯから「そんな監査を続けるのは会社のためによくない」と怒鳴《どな》られたのをきっかけに、「なぜなの？」と疑問を抱き、その理由を追究しようと本格的に極秘調査を始めた。その結果、クーパーさんは同年6月25日、38億ドル余（5千億円近く）の粉飾決算を会社から公表させることになった。ワールドコムも倒産に至るが、社長は「我が社の社内の人間がこの不適正を発見し、速やかに行動する勇気とプロフェッショナリズムを有していたことを誇りとする」と表明した。

同じ02年春、連邦捜査局（ＦＢＩ）ミネアポリス支局のコリーン・ロウリー特別捜査官は、前年9月11日の同時多発テロで「20人目の乗っ取り犯」となる予定だったと後に言われることになるザカリア・ムサウイ被告に対する同支局の捜査がＦＢＩ本部によっていかに妨害されたかを手紙につづった。

実は9月11日に同時多発テロが発生するより前、同支局の捜査官たちは、ミネアポリスの航空学校で不審なふるまいを見せたムサウイ被告をテロリストと疑い、そのコンピューターを調べるための検《けん》証《しょう》令状を取ろうとしていたのだ。しかし、ＦＢＩ本部でさまざまな「馬鹿げた質問」を浴びせられ、その決裁を却下された。やっと決裁が下りたのは9月11日、２機目のボーイング７６７がニューヨークの世界貿易センター南棟に突っ込んだ直後のことだった。

ロウリー捜査官は02年5月21日、その手紙を議会上院の情報委員会に提出。同月27日、雑誌「タイム」のウェブサイトで手紙の全文が公開され、それは大きな反響を呼び起こした。29日、ＦＢＩのロバート・マラー長官は「組織をより良くするためには、組織への批判に耳を傾け、過《あやま》ちから学ぶことが重要だ」とロウリー捜査官への感謝を表明した。

エンロン、ワールドコムの事件を受けて、02年7月末に急きょ、企業会計改革法（ＳＯＸ法）が制定された。株式市場を欺《あざむ》く会計不正を内部告発した労働者を経営者の報復から守る仕組みがそのなかに盛り込まれ、労働省ＯＳＨＡにその執行の仕事が割り当てられた。[4] それまで職業安全や環境、原子力安全などの分野をカバーしていた内部告発者保護法制が一気に企業会計不正へと広がったのだ。ＯＳＨＡの専門調査官にとってはそれまで門外漢だった会計に関する内部告発を担当することになり、仕事の領域が大きく広がったといえる。ＳＯＸ法はまた、内部告発への報復に対する刑事罰を定め、[5] 内部通報制度の導入を企業に促している。

エンロン、ワールドコム、同時多発テロの3事件の衝撃の大きさに比例するように、3人の女性――ワトキンスさん、クーパーさん、ロウリーさんへの称賛の声は高まった。02年暮れ、雑誌「タイム」新年号の表紙を飾る毎年恒例の「パーソンズ・オブ・ジ・イヤー」にその3人が選ばれた。付されたタイトルは「ザ・ホイッスルブロワーズ」だった。

２００３年以降も、内部告発者保護を定め、その執行の役割をＯＳＨＡに割り当てる法律は続々と制定されている。医療保険制度改革法（オバマケア、２０１０年制定）、納税者ファースト法（19年）、反マネーロンダリング法（21年）など、21年夏の時点で、ＯＳＨＡが執行を担う法律は全部で25を数えることができる。[6]

日本企業を標的とする告発も

ここまで見てきたように、米国では、社会の広い分野を包括的にカバーする告発者保護法がなく、分野ごと、目的ごとに、パッチワーク状にさまざまな法制度が多数ある。

それら数多くの法律のなかでベストなのは不正請求防止法だ――。

ワシントンＤＣの非営利組織「全国内部告発者センター」で事務局長だったスティーブン・コーン弁護士は２００８年、筆者の取材にそう語った。

「不正請求防止法は、世界で唯一、内部告発を割《わり》の合うものにしている法律です。そのほかの告発者保護法制は、告発者のために未払い賃金や損害賠償金を払わせ、復職させるだけ。実際には復職後も『内部告発者』としてマークされ、昇進は望めない。内部告発者のその後のキャリアは悲惨です。不正請求防止法は、そうした実態をきちんと認識し、それを埋め合わせる唯一の法律です」

前述したように、不正請求防止法には、内部告発のおかげで政府への不正請求の被害を回収できた際に、回収額の15～30％を内部告発者に報奨金として渡す制度が定められている。内部告発者が政府のために勤務先を裁判所に訴え、告発者側が勝訴すれば、その勤務先は不正に受け取った金額の３倍を政府に返す義務を負わされる。１億円の不正請求を法廷で立証できれば、３億円が政府に返され、このうち最高９千万円が内部告発者に払われる計算となる。

統計によれば、１９８６年10月の抜本改正から２０２１年９月までの35年の間に、米政府は内部告発者のおかげで482億ドル（約5兆円）を不正請求業者から回収した。同じ35年間に政府が独自に回収した219億ドルをはるかに上回る。内部告発者には80億ドル余が支払われた。[7]

米国ではこのようにして億万長者になる内部告発者が続出している。

報奨金を内部告発者に提供する仕組みは2006年以降、不正請求防止法以外にも、さまざまな法律に埋め込まれつつある。

06年の税法改正で、実際の課税や罰金徴収につながる脱税情報を提供してくれた内部告発者に徴収額の15～30％の報奨金を与える制度が導入され、[8]内国歳入庁（IRS）にホイッスルブロワーオフィスが設けられた。

リーマン・ショックを受けて2010年に制定されたドッド＝フランク法は、政府機関の証券取引委員会（SEC）に証券法制への違反を内部告発した労働者に対する報復を禁じ、それと同時に、その内部告発でSECが得た制裁金が100万ドルを超えたときはその10～30％を報奨金として告発者に与える制度を創設した。

SECの取りまとめによれば、2021年度には過去最多の1万2千件余の情報提供があった。同年度には過去最多の108人に5億6400万ドルを払い、それ以前の11～20年度の10年間の累計106人、5億6200万ドルを1年で超えた。不正請求防止法に基づいて20年度に内部告発者に払われた報奨金3億ドル余をも上回っている。

たとえば21年5月19日、SECは、その法執行に関連して、1人のある内部告発者に総額2800

万ドル余（約31億円）の報奨金を払ったと発表した。[9]

その発表では内部告発者の所属や事件の内容は明らかにされなかったが、イリノイ州シカゴの法律事務所が、自分たちの顧客である内部告発者がそれを受け取ったと明らかにした。それによれば、その内部告発者の情報を端緒《たんしょ》にして、ＳＥＣと司法省は、パナソニック子会社による外国公務員贈賄《ぞうわい》事件を摘発した。[10]

このように日本企業もうかうかとしていられない。アメリカ人だけでなく、日本人ら外国人も米政府側に内部告発して報奨金を受け取ることができる。実際、日本にいる人からＳＥＣへの情報提供は21年度だけで７件あった。[11]

日本企業やその子会社の不正を内部告発した関係者が報奨金を手にした事例は、パナソニック子会社のほかにもある。

大阪市の繊維メーカー、東洋紡《とうようぼう》は２００４年２月、取引先の米国企業とともに、その企業の元幹部、アーロン・ウエストリックさんから米国で内部告発者訴訟を起こされた。東洋紡の高強度繊維「ザイロン」で織られた防弾チョッキの性能劣化について顧客である米政府に伝えなかったというのがウエストリックさんの主張で、不正請求防止法に基づき米司法省もウエストリックさんに加勢する形で05年にこの訴訟に参加。東洋紡は非を認めなかったが、18年３月、６６００万ドル（70億円）を払う内容で和解した。提訴の14年後、ウエストリックさんの側に５７７万５千ドル（６億円余）の報奨金が払われることになった。

日本の自動車部品メーカー大手のタカタが製造したエアバッグに欠陥があった問題では２０１４年、

タカタの元技術者のマーク・リリーさんが議会に内部告発。さらに報道機関の取材に応じ、運輸省や司法省、ＦＢＩにも情報を提供した。タカタは、司法省や運輸省の追及を受けて17年1月、虚偽の試験データで顧客を騙《だま》したとの罪状を認め、罰金や補償基金のために10億ドル（1千億円余）を払うと約束。同年6月に倒産した。翌18年、リリーさんら元タカタ社員3人が、15年暮れに制定された自動車安全内部告発者法に基づく初めての報奨金として合計１７０万ドル（1億8千万円）を受け取ることになったと報じられた[12]。

このほか、オリンパス米州法人の事例については、第2章4節（１３６頁）で紹介する。

2　英国の公益開示法にならった日本の立法

内部告発を3分類した英国の公益開示法

前節で見たように、米国の内部告発者保護法制には以下の四つの特徴がある。

第1に、内部告発者保護を実現するために政府機関が調査や是正に直接乗り出すことがある。行政の役割が比較的大きな制度設計となっている。

第2に、内部告発によって国家に現実の資金回収があったときにその1～3割を内部告発者に報奨金として支払う制度を拡充しつつあり、フル活用されて効果を上げている。

第3に、さまざまな目的の告発者保護規定がさまざまな法律に多層的・多元的に埋め込まれているが、官民にまたがる包括的な内部告発者保護法はない。

第4に、告発先が組織内にとどまる内部通報を原則として保護の対象としていない。行政や報道への内部告発は法的な保護の対象となるが、内部通報は保護対象とならない。「不正は日の光の下に明るみに出され、人々に知られてほしい、というのが私たちの狙いだからだ」と政府・特別顧問局（OSC）の法務官は2003年の筆者の取材に説明した。02年制定の企業会計改革法では内部通報を重視しており、変化の兆《きざ》しはあるが、10年制定のドッド＝フランク法が明文で保護の対象とするのは、SECへの内部告発だけ。内部通報が同法の保護対象となるかは法解釈が割れている。

こうした四つの点について正反対、対極ともいえる法制度を採用したのが英国の公益開示法であり、日本の従来の公益通報者保護法である。

1998年に制定され、99年に施行された英国の公益開示法、また、2004年に制定され、06年に施行された日本の公益通報者保護法の従来法は、いずれも、第1に、行政機関に執行の役割を持たせず、当事者間の訴訟で決着させるための民事ルールとして制定され、第2に、内部告発者に報奨金を払う制度を採用せず、第3に、官民を問わず、あらゆる分野を包括的にカバーしており、第4に、行政や報道への内部告発と比較して、内部通報を重要視し、その保護を手厚くしている。

英国の公益開示法が制定されるにあたっても、その契機となる事故や不祥事があった。フェリーが船首ドアを閉めないまま出港したために転覆し、193人が死亡した1987年の事故、スコットランド沖の北海《ほっかい》油田で基地が爆発・炎上して167人が死亡した88年の事故、BCCI銀行の91年の破綻《はたん》などで、大規模に調査した結果、現場の労働者は不備や不正を分かっていたのに、報復のおそれや不安から声を上げられなかったという共通パターンが見いだされた。その教訓から公益開示法は立案された。

法案を審議した英国の議会では、保守党議員の一部から「民間のビジネスや公共の事業にたいへんな負担を強いる」「信頼、忠誠、保秘《ほひ》が損なわれてほしくない」などの反対意見が出された。これに対して、労働党のトニー・ライト議員は「この法案は何らかの新たな規制上の義務を課すものではない」と反論した。1997年の総選挙で労働党が議会の多数となり、トニー・ブレア政権が発足すると、政府も法案への支持を表明。98年7月2日、公益開示法は成立した。

公益開示法は、犯罪、法的義務違反、裁判の誤り、人の健康や安全への危険、環境破壊、これらの情報の隠蔽《いんぺい》に関する内部告発について、①雇用主への開示、②規制行政機関への開示、③それ以外の外部への開示――の3類型に分けて、それぞれに応じて保護されるべき要件を定めた。[13]

組織内部の管理職や監査部門などへの通報（①）は、「誠実に行われた」ということだけが保護要件で、ハードルは低かった。のちの2013年の法改正で、この部分は「公衆の利益になると信じて」と修正され、保護を受けるためのハードルをやや高くしている。[14]

規制行政機関への通報（②）は、このほかに、「開示内容が実質的に真実であると合理的に信じている」との要件が加重され、ハードルは①より高くなる。

その他の外部への通報（③）は、「個人的利益を得る目的ではない」「すべての事情からみて情報開示するのが合理的である」などの要件が加重され、ハードルは②よりさらに高くなる。これに加えて、「雇用主か規制行政機関にもし情報を開示したら不利益な扱いを受けるだろう、と開示の時点で合理的に信じている場合」や「その問題が例外的に深刻な性質のものである場合」などのいずれかの場合に該当する必要もある。

公益開示法の立案・起草にあたっては、非営利組織「職場における公益上の懸念」とその事務局長だったガイ・デン弁護士が大きな役割を果たした。

2003年3月に筆者の取材に応じたデン弁護士は「英国の規制当局のいくつかは、公益開示法に基づき、もっと大きな権限がほしい、すべての内部告発の最初の通報先になりたい、と希望した」と振り返り、「これには二つのリスクがある」と語った。

「一つは、市民が互いに密告し合うよう促された全体主義国家と同様の権限を政府に与えるのと同じように見えるかもしれないということ。もう一つは、雇用主が職場で公益開示法のメッセージを広げようという動機がなくなるのを意味すること」

このような思考を背景に、公益開示法では内部通報を優先し、保護のハードルを低くしている。「私たちは、責任ある雇用主ならば、みずから問題を調査するチャンスがほしいと言えるはずだと考えました[15]」

デン弁護士の説明に出てきた「密告」と「全体主義国家」については、かつてのナチス・ドイツ、あるいは、冷戦下のソ連や東ドイツが念頭にあるのだろうと思われる。ナチス・ドイツについてはこのあと、欧州大陸の状況（本章4節60頁）の説明で触れたい。

小泉政権下で立法検討が本格化

日本では2001年、消費者庁の前身にあたる内閣府国民生活局で内部告発者保護法制の検討を始めた。

同年1月24日、森喜朗《もりよしろう》政権下で国民生活局の消費者企画課が事務局となって、松本恒雄《まつもとつねお》・一橋大学教授（消費者法）ら有識者を集め、「コンプライアンス研究会」の第1回会合を開いた。企業のコンプライアンスや自主行動基準づくりの促進と消費者行政の関連について自由討論を行った際、「内部告発でしか解決のしようがないようなケースが多くある」との意見が出た。

その年の9月、小泉純一郎《こいずみじゅんいちろう》政権下で、コンプライアンス研究会は「自主行動基準作成の推進とコンプライアンス経営」と題する報告書を公表し、「米国などにおいて導入されている内部告発制度は、日本においても検討に値《あたい》する」と提言した。

同年10月、首相の諮問機関・国民生活審議会の消費者政策部会の下に自主行動基準検討委員会（委員長＝松本教授）が設けられた。

11月30日に開かれたその第3回会合で企業出身の委員が、コンプライアンス経営を説明した際、ヘルプライン（内部通報制度）について「機能する」「効果を強く感じている」「こういうものがないと風通しが悪くなる」と高く評価。別の企業出身委員も「『内部告発』という言葉が妥当かどうかまだよくわかりませんが、それを踏まえた経営をやっていかない限りは、一つの見方ではありますが大きな経営リスクを背負うという点がある」と指摘した。

このように経済界の委員が内部告発制度に積極的な姿勢を見せたことで議論は一気に進んだ。翌02年2月19日の第6回会合では「告発」という言葉の厳しいニュアンスを柔らかくしたいとの理由で

「内部通報」という用語が提案され、3月29日の第7回会合では、英国の公益開示法を参考に「公益通報者保護制度」という言葉遣いが事務局の消費者企画課から提案された。

三菱《みつびし》自動車の欠陥車隠し（00年7月発覚）や雪印《ゆきじるし》食品の牛肉産地偽装（02年1月同）、東京電力の原発ひび割れ隠し（02年8月同）など企業不祥事が内部告発で明らかになる具体例が相次いだことも検討を後押しした。

02年10月15日に日本経済団体連合会（日本経団連）が公表した企業行動憲章実行の手引き（第三版）には次のとおり明記された。

「通常の上司を経由した報告ルートとは別に、重要情報が現場から経営層に伝わるルート『企業倫理ヘルプライン（相談窓口）』を設置し（中略）相談者の秘密保持と不利益扱いの禁止を第一義とする」

同月21日の衆院本会議で、内部告発者保護に関する民主党議員の質問に答え、小泉首相は「最近の企業不祥事の多くが善意の情報提供により明らかになった」と指摘し、「告発者の人権と情報の保護のあり方について必要な措置を講じてまいりたい」と述べた。ここに政府の方針は明確になった。

具体的な制度設計は、この時点ではまったく決まっていなかった。

内閣府国民生活局は国民生活審議会の消費者政策部会の下に、有識者からなる公益通報者保護制度検討委員会を設置し、2003年1月から制度の具体的内容について議論を始めた。5月19日にとりまとめられたその報告では、法で保護される通報の要件について「英国公益開示法を参考としつつ、通報先に応じて保護要件を設ける」との方針を打ち出した。

与党・自民党の政務調査会内閣部会は03年7月24日に「消費者問題に関するプロジェクトチーム」（岸田文雄《きしだふみお》座長、河野太郎《こうのたろう》事務局長）の第1回会合を開いた。以後、内閣府、国民生活センター、東京都、主婦連合会、日本生協連合会、消費者ネット広島、日本弁護士連合会、経営法友会、日本労働組合総連合会、日本経団連、日本消費生活アドバイザー・コンサルタント協会の担当者から話を聞き、12月9日に内閣部会と合同会議を開いて、公益通報者保護制度に関する論点をとりまとめた。

これを踏まえて内閣府国民生活局は、翌10日の国民生活審議会の消費者政策部会に「公益通報者保護法案（仮称）の骨子（案）」を示した。内部告発を相手先に応じて3類型に分けて、それぞれに保護要件を階段状に設ける、英国流の制度設計にした。すなわち、内部通報を手厚く保護する一方、厳格な要件を設けたうえで、報道機関など広い外部への内部告発も保護する（第5章2節３６０頁で詳述）。意見公募（パブリックコメント）を経て、04年3月9日、政府は法案を閣議決定し、国会に提出した[16]。

衆議院では4月27日に法案を内閣委員会に付託《ふたく》した。竹中平蔵《たけなかへいぞう》・経済財政政策担当相が趣旨説明を行い、議員の質問への答弁に立った。5月25日に本会議で可決して衆院を通過。参議院は6月14日の本会議で可決・成立した。野党・民主党は「保護される場合を過剰に制限しており、このままでは今までよりもかえって外部通報を行うことが困難になってしまう」などの理由で反対した。

２００４年6月18日に公益通報者保護法は公布された[17]。

独占禁止法にリニエンシー

英国流にならって公益通報者保護法を立法した日本だが、米国流の法制を個別分野で導入したケースもある。

1999年のJCO臨界事故（茨城県東海村《とうかい》）をきっかけにした原子炉等規制法の改正で、原子力事業者における規制違反を労働者が監督官庁に申告できる制度を設け、申告した労働者への不利益な扱いを禁ずる規定を新設し、2000年7月に施行された。これは米国の原子力規制委員会の制度を日本に採り入れたものだが、日本の場合、米労働省が運用しているような被害者救済の手続き（本章1節17頁参照）が制度化されていない一方で、違反して申告者を不利益に扱った人は1年以下の懲役など刑事罰に処せられることになっている。

02年8月に東京電力の原発のひび割れ隠しが暴かれる端緒となったのは、米国の原子炉メーカー、ゼネラル・エレクトリックの元従業員、ケイ・スガオカさんから通産省に00年7月に寄せられた内部告発の英文の手紙とそれに添付された検査記録のコピーだった。通産省とそれを引き継いだ原子力安全・保安院は申告制度の手続きに従ってそれに対応し、調査を行った。米カリフォルニア州に住むアメリカ人が日本政府の規制当局に日本の原子力事業者の不正を内部告発した形だが、通報者の国籍や居住地によって法律の要件や保護が変わるわけではない。

公益通報者保護法成立4カ月後の04年10月15日には、談合やカルテルをみずから公正取引委員会に申告した企業に対する課徴金の制裁を減免するリニエンシー制度を導入する独占禁止法改正案が閣議で決まり、国会に提出された。談合やカルテルは複数の事業者の間で競争入札の受注者や価格、シェアを合意して決める違法行為で、リニエンシー制度は、それら談合仲間、カルテル仲間からの内部告発を経済的な利得のインセンティブによって促すものだ。

公取委の説明によれば、談合やカルテルはたいてい密室で行われ、かつ証拠を残さない。これを取り締まる当局側としては「疑わしきは罰せず」のハードルを越えるのは並大抵《なみたいてい》のことではない。そのため、「重要で立証に十分ふさわしい情報をもたらしてくれる者については、数を限定して課徴金の減免をするということによって摘発率を上げる」という狙いがある。

当時、リニエンシー制度を導入していない主要国は日本だけで、欧米や韓国はほぼ導入済みとなっていた。「日本の社会にはなじまない」「日本の商道徳にはなじまない」という批判もあったが、翌05年４月20日に成立。公益通報者保護法に先駆けて06年１月４日に施行された。

施行日に合わせ三菱重工業が水門工事談合を申告するなど、関係者の予想を上回る「自首ラッシュ」が起きた。２０２０年度末までの申告件数の累計は１３４３件に上る。[18] 地下鉄工事やリニア中央新幹線建設工事の談合、自動車輸出の海運カルテル、アスファルト合材カルテルの摘発につながった。内部告発が日本社会に意外とすんなりと定着しうることが裏付けられたといえる。

韓国の公益申告者保護法

日本にとって隣国である韓国では２００１年７月、公職者あるいは官公庁を対象に不正を内部告発した人を保護しようとする制度を盛り込んだ腐敗防止法が金大中《キムデジュン》政権下で制定され、翌02年１月に施行された。[19] 11年3月には、民間企業を対象に内部告発者保護を包括的に定めた公益申告者保護法が制定され、9月に施行された。日本の公益通報者保護法施行に、公共部門では4年ほど先んじ、民間部門では5年遅れたといえる。

腐敗防止法に基づいて、大統領直属の政府機関として「腐敗防止委員会」が設置され、08年の法改正で「国民権益委員会」に改組された。そこで通報を受け付けている。

民間事業者を対象とする公益申告者保護法では、だれであれ、個別に列挙された百数十の法律で刑罰や行政処分の対象となる公益侵害行為やその発生のおそれについて、その組織の代表者、国民権益委員会、行政機関、捜査機関に公益申告をすることができる。報道機関はこの申告の相手先に含まれていない。

法の要件を満たした公益申告者に対し、公益申告を理由に不利益措置をしてはならず（15条）、これに違反して解雇など職を失わせる不利益措置をとった者は2年以下の懲役または罰金に処せられる（2条6項a、30条2項1）。停職、転勤、集団いじめなどの不利益措置をとった者は1年以下の懲役または罰金に処せられる（2条6項b~g、30条3項1）。通報者の秘密保障（12条）、身辺保護（13条）、責任減免（14条）、報奨金（26条）、救助金（27条）が制度化されている。

不利益措置を受けた公益申告者は国民権益委員会に対し、原状回復などの措置を申請することができる（17条）。国民権益委は調査のうえで、違法な不利益措置があったと認めたときには、原状回復や未払い報酬の支給などを命ずる決定を出す（20条）。決定に不服がある当事者は行政訴訟を起こすことができる（21条1項）。確定した決定を履行しない者は2年以下の懲役または罰金に処せられる

（30条2項2）[20]。

韓国の法制は「国が公益通報者を保護し支援することによって透明かつ清潔な社会風土の確立に貢献すること」を目的とし、公益通報を奨励する姿勢をより強く示しているのが特徴的だと分析されている。[21]行政機関が内部告発者の救済に直接乗り出す仕組みや報奨金など手厚い告発者保護があり、それらの点は米国と似通っている。包括的な法制を整えている点は英国や日本と共通している。

内部告発の有用性の認識の広がり

このように、米、英、日、韓の各国で内部告発者保護法制の整備が進んだのは、現実に、内部告発者が次々と実績を積み重ねてきたからだ。すなわち、内部告発があって初めて不正が表沙汰《おもてざた》となり、結果、正されたという事例が次々と報じられ、内部告発の有用性が深く世の中に印象づけられたからだ。

日本国内で筆者が取材に関わった事件だけでも、▽建設会社による入札談合、▽防衛庁調達実施本部長らによる背任事件、▽中島洋次郎《なかじまようじろう》衆院議員の政治資金収支報告書への虚偽記載、▽東京電力による原発トラブル隠し、▽三菱自動車工業による欠陥車隠し、▽日本飛行機の防衛装備品水増し請求、▽東京社会保険事務局と健保組合の癒着《ゆちゃく》、▽三菱総合研究所の途上国援助（ＯＤＡ）不正請求、▽厚労省職員らの「監修料」問題――などなど枚挙《まいきょ》にいとまがない。

このような個別の事例が各国で世論や政策立案者に影響を与えており、それは韓国でも欧米でも同様だ。その結果、もっと幅広くもっと大切に内部告発を生かし、内部告発者を守っていこうという提言や報告が相次ぎ、機運が国際的に高まっていったということができる。

3 告発者保護の背景にある企業不祥事の潮流

企業など種々の組織、その構成員のあり方をめぐって、日本では1990年代のバブル崩壊以降これまで、著《いちじる》しい環境の変化が生じている。それは、発想の枠組みの転換（パラダイムシフト）と形容しても過言ではないような潮流の変化を日本の社会に引き起こしつつある。

▽逸脱してはならない社会規範（組織がコンプライすべき社会からの期待・要請）や忠誠の概念が多様化し、相対化されるなか、▽期待される説明責任の水準が高まり、リスク情報共有への社会的要請が増し、一方で、▽社会の役割分担の専門分化・複雑化も進んで、専門家らによる内部告発の重要性を高めている。さらに、▽ガバナンス（組織の統治）という視点が登場し、その仕組みの整備が「内部通報」制度を含め組織に欠かせないものとして重要視されるようになり、▽内部の異質の声（たとえば内部告発）の有用性が再評価され、内部告発と自浄作用への期待が高まっている。

そういうなかで今世紀初頭、英国の公益開示法が日本国内に紹介され、「外部への内部告発」と「内部での自浄の努力」を同一線上に相対的に関連づける考え方が日本の文化に合うものとして企業社会にもすんなりと受け入れられた。そのころ現に、内部告発を契機に不正が是正される実例が相次いだ。このようにして、日本社会でも、内部告発者を〝異端〟として弾圧するのではなく、積極的に保護していこうという発想の転換が起きた。

そうした変化の潮流のうえに、２００４年の公益通報者保護法制定と２０２０年のその改正は位置づけることができる。

以下、この節ではそうした潮流を順に見ていく。

だれのために働くのか――忠誠の概念が多様化

だれに忠誠を尽くすべきか？　だれのために働くべきなのか？　会社はだれのものか？という疑問が、後述する戦後日本経済システムの崩壊とともに論点として浮上している。だれのために私たちは組織の一員として働いているのか、忠誠を尽くすべき相手はだれなのかという疑問である。「会社のため」というのはどういうことなのか、従来の「会社のため」が本当に会社のためになっているのか、そう再考せざるを得なくなってきている。

株主のためなのか、顧客のためなのか、会社の経営者のためなのか。あるいは最近は「ステークホルダーのため」という言い方がよく使われるが、それでは、その「ステークホルダー」の意味するところは何なのか。昔は「ステークホルダー」といえばたいてい「シェアホルダー」である株主のことを指していたが、今は、従業員や地域や社会を含め、もっと幅広い意味に――会社に利害のある関係者のすべて、というような意味にも――使われるようになっている。だれのために働くのかということについて議論が百出《ひゃくしゅつ》しうる状況となっている。

養老《ようろう》孟司《たけし》・東大名誉教授のベストセラー『バカの壁』（新潮新書、２００３年）に次のように書かれている。

「サラリーマンというのは、給料の出所《でどころ》に忠実な人であって、仕事に忠実なのではない。職人というのは、仕事に忠実じゃないと食えない。自分の作る作品に対して責任を持たなくてはいけない」

ずいぶん大づかみな議論ではあるが、一面の真実を伝える内容となっている。確かにサラリーマンは「サラリー」のために働くからそう呼ばれるのかもしれないが、それでは「給料の出所」というのは何なのか。社長なのか、株主なのか、顧客なのか、取引先なのか。職人が忠実であるといわれる「仕事」は何を意味するのか。少し考えてみれば、答えはそう単純でないことが分かる。

弁護士は、クライアントのために働く契約上の義務を負う。一方で、「弁護士は、基本的人権を擁《よう》護《ご》し、社会正義を実現することを使命とする」（弁護士法1条1項）とも定められている。弁護士はときには、クライアントの利益に反してでも、真実を裁判に反映させるよう努めるべきである。

公認会計士がクライアントの企業の会計監査にあたるとき、場合によっては、公認会計士はその企業の不正を明らかにして、株主に公開するように指導しなければならない。報酬をもらっている相手先企業の恥部《ちぶ》を明らかにさせる義務が生じうる。それが、株主や市場、社会から期待される公認会計士の役割であり、公認会計士法でもそのように定められている。「公認会計士は、監査及び会計の専門家として、独立した立場において、財務書類その他の財務に関する情報の信頼性を確保することにより、会社等の公正な事業活動、投資者及び債権者の保護等を図り、もつて国民経済の健全な発展に寄与することを使命とする」（公認会計士法1条）

私企業や私契約のみで疑問が生じているのではない。日本という国家のために働くとはどういうことを意味するのか。総理大臣のためなのか、天皇陛下のためなのか、国民個々人の幸福のためなのか、現存する国民だけでいいのか、将来の国民のことは考えなくていいのか。「国家・国民のため」と政治家はよく言うが、そうした政治家のやっていることが本当に国家・国民のためになっているかどうか疑問がかなりある。「お国のため」という言葉の意味も戦前、戦後で変化してきていて、「愛国心」のかけ声には今も、うさんくささがつきまとう。個人の自由や人権に最高の優先順位を与えるということで間違いないという点の再確認も必要となるかもしれない。国家安全保障や国防、テロ対策を具体化する際には必ず、守るべき対象は何なのか、ということの議論が必要で、それは必ずしも、当然のようにそこにある所与の前提であるとは言えない。

未来世代のために何をなすべきかということを含めて倫理を考える、そういう態度もときに必要なのだろう。

だれのために働くべきか、だれに対して忠誠を尽くすべきか、その相手先についての認識や考え方が非常に多様化し、拡散し、より相対化されている——そういう変化が生じている。そして、それに伴って、責任を果たすべき相手先、情報を開示すべき相手先、期待に応えるべき相手先が多様化し、拡散し、相対化されている。

たとえば、技術者はだれのために働くのか。金沢工業大学の札野《ふだの》順《じゅん》教授によれば、エンジニアが道徳的に責任を持つべき対象としては、雇用主、依頼主があり、仕事上の仲間があり、専門職能集団（プロフェッション）があり、そして、公衆（パブリック＝後の世代も含む）があって、そのなかでも公衆の安全をすべてに優先させるべきであると米国では考えられている。

札野教授は、技術者に求められる「専門家としての道徳的自律」として次のように指摘している。

「自分が属する組織や上司の意向、雇い主や依頼主の利害を超越し、あるいは、場合によっては『不完全な』法律の呪縛《じゅばく》を離れて、プロフェッショナルとしての適切な価値判断に基づき、科学技術以外のさまざまな価値も考量して、倫理的判断を下すこと[22]」

もちろん現実の局面でこれを実現させるのは簡単ではないだろうし、さまざまな価値が錯綜《さくそう》して答えも一義に定まらないだろう。が、これが、社会から期待される技術者もしくは専門家の姿であるということは銘記《めいき》されるべきだろう。

コンプライアンスとは――社会規範意識の高まり

コンプライアンスという概念も1990年代以降、日本の企業社会に急速に広まった。

コンプライ・ウィズ（comply with）というのは、いろいろな法令であったり、社会の慣習であったり、ルールであったり、倫理であったり、そうした規範を満足させる行動をとることを指す。法令を遵守《じゅんしゅ》することも一般にコンプライアンスの範疇《はんちゅう》に入るが、それだけではない。やるべきではないと社会から期待・要請されることはやらない。やるべきであると社会から期待・要請されることを行う。一般に求められる倫理の水準を自律的に維持していくこともまたコンプライアンスに含まれる。だれのために働くのか、何のために働くのか、という問いへの回答と、コンプライアンスは表裏一体の関係にある。

「企業倫理」といった場合、その中心に位置づけられるのは経営者の倫理であるが、技術者の倫理や社員ら構成員個々の倫理も重要な一翼を担う。そして、技術者倫理など職業倫理や企業倫理、一般社会の法令や慣習の遵守を包括する概念として、コンプライアンスは位置づけられる。前述した「だれのために働くのか」という問いを「だれの期待にコンプライするべきなのか」と言い換えれば分かるように、さまざまな「ステークホルダー」の正当な期待・要請に沿うこともまた、コンプライアンスの実践の一部をなす。

したがって、コンプライアンスの中身は単純に一義に定まるものではない。何にコンプライすればコンプライアンスか？　意識して考え続けなければならない。部分社会の規範と一般社会の法規範、また日本社会の規範と海外の別の国の規範が衝突する場合もありうる。

経営の専門家である取締役が善良なる管理者としての注意義務（善管《ぜんかん》注意義務）に違反して会社に損害を与えれば、その取締役は個人として会社に対する損害賠償責任を負う。厚生省薬務局の生物製剤課長だった医師が、危険な薬剤の回収を製薬会社に命じることなく漫然と放任し、結果として、その薬剤の投与を受けた患者が死亡したときには、業務上過失致死の刑事責任を問われる。一方、課長の上司である薬務局長が同じように漫然と緊急事態を放置したとしても、その薬務局長は、非専門家である事務官であったがために起訴されない。専門家には専門家のコンプライアンスが必要とされる。

専門家の場合は、専門家だけに求められる注意義務があり、それを怠ることなく果たすことも期待・要請されている。そうした注意義務に違反すれば、コンプライアンスからの逸脱となり、ときには、法的責任を追及される。

さらに、コンプライアンスを実践することに法令遵守が必ず含まれるというのも単純に過ぎる。法令違反を犯すことが期待・要請される局面が想定されうる。

たとえば、新聞記者は取材源を秘匿《ひとく》しなければならない。それはジャーナリストの職業倫理であり、法規範と衝突しても、秘匿を優先させなければならない。「あなたが内部告発者であるとは絶対に外には出しません」ということを約束して内部者から情報を提供してもらうことで真相に迫る記事を書くことができ、そのことが、国家などの権力を監視する国民の力となり、民主主義を機能させる。民事訴訟であろうと、刑事裁判であろうと、情報源はだれか、内部告発したのはだれか、ということについて証言を求められたときには、記者は、それに応じてはならない。そのことによって証言拒否罪という犯罪の嫌疑をかけられるおそれがあろうとも、証言を拒否する。それがジャーナリストにとってのコンプライアンスの実践となる。過去には実際に証言拒否罪に問われて処罰された新聞記者もいたが、新聞業界ではその記者の行為は支持された。

さらなる例でいえば、米国など核兵器保有国や北朝鮮の核科学者は、核兵器の開発や維持管理に全力を尽くすことを、それぞれの国家から期待・要請されている。少なくともそれぞれの国内では、それがコンプライアンスに沿う行為なのだろう。日本では事情が異なる。日本原子力学会の倫理規程では「会員は、平和目的に限定して原子力を利用し、自らの尊厳と名誉に基づき、核兵器の研究・開発・製造・取得・使用に一切参加しない」と定められている。日本政府も非核3原則を宣言し、核不拡散条約（ＮＰＴ）の締約国として核兵器を取得・製造しない法的義務を負っている。日本人科学者が核兵器の開発や維持に関与することはコンプライアンス違反となる。

２００５年11月に改訂される前の日本原子力学会倫理規程では、「会員は、組織の守秘義務に係《かか》る情報であっても、公衆の安全のために必要な情報は、これを速やかに公開する。この場合、組織は守秘義務違反を問うてはならない」と定められていた。これに対し、「法的に問題はないのか？『守秘義務違反』で訴えられたら勝てるのか？」との質問が寄せられた。同学会の倫理委員会は次のように回答した。

「この条文に従って守秘義務違反した会員は罪を問われる可能性はあります。したがって会員は個人の責任で情報公開しなければなりません。この条文は会員に対し非常に厳しい要求をしているということは倫理委員会としてもよく承知しております。それでも会員には公衆の安全第一で行動していただきたいと考えます。なお、問題になるのはどこまでが『公衆の安全』のため必要な情報かに関する判断です。これについても会員は自己の責任において正しい判断をしていただきたいと存じます。なお、この条文があるため学会が訴えられることはないかという点については、顧問の弁護士に相談し、そのような問題は生じないという判断をいただいています」

ジャーナリズムの倫理や日本原子力学会の倫理規程では、法令遵守とコンプライアンスが矛盾することもありうる。

このように、法令とは別に、法令を包摂《ほうせつ》し、かつ法令を超越した「一般に公正妥当と認められる基準（ＧＡＰ：Generally accepted principles）」が専門分野によっては存在する。建設業界の談合の掟《おきて》のような内輪の倫理では世の中に通用しないが、かといって、何がＧＡＰにあたるのかを裁判所や国会の決定に委ねることはできない。専門家としては、ＧＡＰを明確に打ち立てて、世の中に認めさせ、それに沿う行動をとることこそコンプライアンスである、ということになるのだろう。そのためには、専門家は、世の中の変化に応じて、絶えずその基準の内容について検討を重ね、かつ、世の中に理解してもらえるよう努め続けなければならない。

水準の高まる「説明責任」

さまざまな組織や集団に社会から期待される「説明責任」の水準が1990年代後半から急速に高まっていることも重要だ。

たとえば、法令で求められる情報開示に虚偽があったときに捜査当局はそれをどう扱うか。筆者の取材経験から考えるに、90年代前半までは、そうした虚偽報告は比較的軽微《けいび》な「形式犯」に過ぎず、逮捕や体刑《たいけい》は過酷に過ぎ、罰金刑で十分である、という考え方が支配的だった。昔は、たとえば、政治資金収支報告書に記載しないヤミ献金があったとか、企業の有価証券報告書に不良債権の損失を実際より少なく記載したとか、あるいは、いい加減で不正確な情報を発表して投資家をミスリードしたとかいったような不正は政治資金規正法や証券取引法に違反する犯罪ではあるが、「形式犯」に過ぎないと一般にみられていた。同じ犯罪でも、賄賂《わいろ》をもらったり、人を殺したりするのとは異なり、行政法規に抵触《ていしょく》したに過ぎないというような感覚だった。それは捜査当局もそうだったし、記者もそうだったし、おそらく世の中全体もそうだった。制限時速60キロのところを時速70キロで車を走らせた程度の問題であるという見方が一般的で、そういう犯罪がたとえあったとしても、書類送検して略式起訴、罰金刑で処理する。詐欺や違法配当などで「実被害」が生じた場合にのみ逮捕する。そういう運用が当時は普通だった。しかし、90年代後半、それは一変した。

詐欺や脱税、収賄などと併せる形で虚偽報告を罪に問うのではなく、純粋に虚偽報告のみを理由にして容疑者の身柄を拘束した事例としては、１９９４年に摘発された大阪府知事の政治団体のヤミ献金事件が最初だったのではないかと思われる。この事件の起訴当時の解説記事には、「３年前ならこの事件はできなかった」という捜査幹部の言葉が引用されている。以後、政治資金収支報告書や有価証券報告書などへの虚偽記載、行政当局への虚偽報告のみを理由に逮捕・勾留《こうりゅう》する実例が相次いだ。

金融商品取引法（旧・証券取引法）に「風説の流布《るふ》」という犯罪が規定されている。「何人《なんぴと》も、有価証券などの取引のため、または、有価証券などの相場の変動を図る目的をもつて、風説を流布してはならない」とある。要するに、根拠のない噂《うわさ》やでっち上げのウソを広めることで株価を上げたり下げたりして自分の取引に有利にしようとすることを処罰しようとしている。こうした犯罪はおそらく昔から証券市場では当たり前に行われていたのだと思われる。しかし、それが風説流布罪にあたるとして立件されたのはバブル崩壊後までは、ニセ株乱発で虚偽の情報を流した１９６１年の日本レアメタル事件ただ1件しかなかった。つまり、長年にわたり、市場を騙すウソは見逃されてきた。そうした状況がついに変化したのは１９９５年。コンピューターソフトの会社だったテーエスデーの関係先が証券取引等監視委員会に家宅捜索され、東京地検に刑事告発された。エイズワクチンの開発を進めているというウソを記者会見で発表したのが風説流布罪にあたるとされ、元社長がその後、逮捕された。以後、97年の「ギャンぶる大帝」事件、２０００年の東天紅《とうてんこう》事件、02年のドリームテクノロジーズ事件、04年のメディア・リンクス事件と、風説流布容疑での刑事告発が続き、06年のライブドア事件は7件目の摘発だった。

行政当局にウソを報告したこと、市場に対してウソ情報を流したことに対する捜査当局の対応は90

年代半ばを境にして峻厳《しゅんげん》さを着実に増してきた。ライブドアの堀江貴文《ほりえたかふみ》社長は、風説を流布したという容疑で逮捕され、その後、有価証券報告書に虚偽を記載したという容疑で再逮捕された。二つの罪状は、情報開示義務違反を問う点で共通している。小沢一郎《おざわいちろう》衆院議員の秘書が政治資金収支報告書虚偽記載の罪で2010年に起訴された陸山会《りくざんかい》事件も、公表内容の不備を問う点で共通する。いずれの摘発についても、そうした変化のまさに延長線の上にある。

科学技術の分野についてもこうした流れの例外ではない。たとえば、原子力施設のトラブルで関係者の刑事責任が追及された稀有《けう》な事例として、動力炉・核燃料開発事業団（動燃《どうねん》）の事件が二つある。一つは、高速増殖原型炉《げんけいろ》もんじゅで1995年に発生したナトリウム漏れ事故について、もう一つは、東海事業所再処理施設で97年に発生した火災爆発事故について、それぞれ科学技術庁に提出された報告書に虚偽の記載があったという原子炉等規制法違反の罪状で動燃は略式起訴された。事故そのものの責任ではなく、事故に関する情報開示の姿勢について、犯罪に問われて罰金20万円の刑を受け、存亡の縁《ふち》に立たされた。

こうした流れは今後も止まらないだろう。

不正そのものより不正への対応が大事

不正・不備・不祥事そのものより、むしろ、それらを隠すこと、ウソで取り繕《つくろ》うことがより大きな不正・不祥事であるとみなされる。内部の声への対処を誤ると、取り返しのつかないことになる。そういう現実も、前述した「説明責任」の水準の高まりとともに表れてきている。

どこの会社でも組織でも、いろいろな不正や悪いこと、たとえば、不注意で製品に欠陥が生じたというようなことが社内や組織内部に生じることはありうる。そのことを「第1次的な問題」、あるいは、社会にとっての災い・害悪という意味での「災害」であると言うとすれば、そうした「第1次的な問題」あるいは「災害」よりも、それらを隠すこと、ウソで取り繕うという「第2次的な問題」あるいは「2次災害」のほうがより大きな不正・不祥事であるとみなされる傾向がやはり1990年代半ば以降、強まっている。

さらに言えば、社内の不正や欠陥について誤解を生じさせたままそれを放置しておく態度、知るべきことを知らないでおこうとする態度、良きに計《はか》らえと他人《ひと》ごとを装う態度も、ウソをつくことと大差はなく、大きな非難を受ける可能性が高まっている。

したがって、内部通報や内部告発に感度よく適切に対応しなければ組織の存亡に関わると考えなければならなくなっている。

リスクをめぐる開示と議論の必要性

このような状況を背景に、マイナス情報、リスク情報をきちんと開示しておかなければならない、そんな社会的要請が増大していることも見落とせない。

東京電力の原子炉のひび割れ隠し、三菱自動車工業の欠陥車隠しはいずれも、専門家を含む多数の当事者たちが、始期を特定できないほど長期にわたりマイナス情報を組織内で隠蔽し続けた末に2000年6月に内部告発されてその後、発覚した。両社の当事者たちの供述に共通していて興味深いのは「内部できちんとマイナス情報に対応して、是正すべきは是正しているのであり、外部には何らの迷惑もかけていないし、実被害も生じさせていない」という言い分である。

内部をブラックボックスにしたうえで外部には「理由は言えないが、とにかく大丈夫だ」と説明する態度は、おそらくかつては社会的に容認されていた。しかし、１９９０年代、社会の期待する「説明責任」の水準が高まり、そうした手法は規範から逸脱していった。にもかかわらず、三菱自動車や東京電力の当事者たちは、変化を見誤って、旧来の態度をとり続けた。

金融機関の経営内容も長年にわたり、ブラックボックスだった。金融機関は戦後、大蔵省の庇護《ひご》の下に安住し、バブル崩壊後も、官民そろって「経営は健全」と言い、不良債権の実態の公表を避けてきた。金融機関の破綻《はたん》は94年暮れに初めて現実のものとなったが、そんな状態では預金者に「自己責任」を負ってもらうことはできなかった。以後、破綻した金融機関で預金の全額が保護され、その損失は公的資金で穴埋めされた。その結果、莫大《ばくだい》な税金が消えた。金融機関が経営内容を正確に公表できるようになり、預金者は自己責任の原則の下でリスクを負いつつ預金できるようになったということを前提にして、２００５年にようやく、金融機関破綻時の預金切り捨て（ペイオフ）が解禁された。実態を表した適正な情報開示と預金者の自己責任が重視される時代がやっと到来した形となった。

ダスキン（大阪府吹田《すいた》市）が運営するミスタードーナツで無認可添加物入りの中国製肉まんが販売された問題で、同社の役員らは２００１年11月、「自ら積極的には公表しない」との方針を決めた。これについて役員が被告とされた株主代表訴訟の判決で、大阪高裁（小田耕治裁判長）は２００６年６月９日、「『自ら積極的には公表しない』ということは『消極的に隠ぺいする』という方針と言い換えることもできるのである」と指摘し、「経営者としての自らの責任を回避して問題を先送りしたに過ぎないというしかない」と役員らを批判。5億円余を会社に賠償するよう役員らに命じる判決を言い渡した。

社会一般にリスク情報を腹蔵《ふくぞう》なく公開しなければならない。そうした公開への期待・要請はずいぶんと高まってきている。

地震のリスクについても同様である。

以前に比べ、リスク情報の開示はかなり進んでいるが、まだ穴は大きい。地震、津波、火山噴火、洪水、土砂災害の際に予想される被害の範囲を地図上に明示したハザードマップの作成と公表が全国各地で進められている。以前なら「不動産価値が下がる」などとハザード予想地域から苦情が出てタブーだったかもしれないことが実現しつつある。しかし現状では、それは一部に過ぎない。ハザードマップ未作成の地域はまだ多い。すべてのリスクを考慮したものになっているかというと心もとない。

南関東直下型地震や東海地震については、被害想定が作られ、それに基づき、事後の救援計画、復旧計画がかなり詳細に練り上げられている。しかし、たとえば静岡県の被害想定では、東海地震が前触《ぶ》れなく正午に発生したときには死者3695人、重傷者1万6579人の被害が生じると見積もられているが、そのなかに、新幹線の列車が脱線したことによる人的被害は含まれていない。

たとえば、重力加速度を上回る地震動が起こりうることをきちんと明らかにし、それに伴うリスクをどの程度まで許容するか、不幸にしてそうした地震が発生して被害が生じたときに、それはどの程度のものと見込まれて、どのように対処するべきなのか、平時から、みんなで考える必要がある。少なくとも、そうした機会を確保するための手続きを踏む必要があり、その責任は事業者なり技術者なりの側にある。

箸《はし》の上げ下ろしまで事前の行政指導で規制することで消費者の安全や業界の適正を確保していこうとする護送船団型行政は、後述するように金融分野だけでなく、あらゆる分野で、過去の遺物となろうとしている。今後は、規制はますます緩和されていき、各個人、各企業、各組織の創意工夫と自己責任に基づく自由な行動が世の中を進歩させることになるだろう。そうした規制緩和後の社会では、各主体の自己責任の前提となる適時・適正な情報開示はますます重要となり、情報開示義務への違反や説明責任の忌避《きひ》に対する処罰や制裁はより重くなる。ルール違反を犯した者は、事後のチェックと処罰や制裁で退場を促される。

あらゆる事業や企業活動について、適切な情報開示と説明責任を果たすことが期待・要請される。

社会の役割分担の専門化、複雑化という背景

社会の役割分担の専門化・高度化が急速に進みつつあるのも現代という時代の特徴だ。だからこそ、専門家に対する一般の人々からの、より厚い信頼が必要になり、ゆえに、内部告発が円滑になされる土壌を培《つちか》う必要性が高い、ともいうことができる。

社会における役割分担の内容の専門化・高度化が進むにつれて、非専門家は、専門家によって分担されたその役割の内容について、うかがい知ることも、評価することも難しくなる。原子力、医療、会計など多くの分野で、専門外の一般の人々にとっては、受け取るサービスや製品の内容について、

口出しのしようも、注意の払いようもない。このような傾向は今後も強まる方向で進行するだろう。一方で、一般の人々による専門組織や専門家への信頼は決して高まっていない。本当に信頼して任せていいのかどうか、往々にして疑問は募る一方だ。

文部科学省科学技術・学術政策局に2003年に設けられた「安全・安心な社会の構築に資する科学技術政策に関する懇談会」の報告書（04年4月）は次のように指摘している。

「科学技術の発展は、人類にとっての脅威、個人の不安、そして社会の脆弱《ぜいじゃく》性の増大等、いわゆる負の側面をもたらしている。科学技術がもたらした経済活動の発展の副産物である環境問題は、人類の活動に影響を与え、最終的には生存すら脅かす可能性も議論されている。また、科学技術が専門化、高度化すればするほど、個人のレベルでは、科学技術を利用したシステムの全体が把握できなくなり、『分からない』『見えない』といった科学技術への不安感が醸成《じょうせい》される傾向にある。さらに、人々のニーズや欲望を満たすことに主眼を置いてシステムを開発した結果、利用して初めて気付くような隠れた危険がシステムに内在していることや（中略）科学技術による人間の活動力の高まりにより、事故が起きたときの被害が拡大することがある等、科学技術が社会の脆弱性を増大させている側面も見受けられる」

この報告書は「独創的な知見や最先端の技術から生じる可能性のある危険をいち早く予見できるのは、それらを生み出す研究者・技術者自身であ」ると指摘している。

「ハイブリッド・ミスマッチ取引」「条約漁《あさ》り」など、国々の税制の違いのすきまを縫うように利用し、抜け穴をくぐり抜けて、課税の対象を圧縮する租税回避もその一例だ。

英米の税務専門の弁護士や会計士、税理士が知恵を振り絞って、さまざまな手法を大企業や富豪のために考案し、多額の報酬を得ている。制度の濫用《らんよう》ではあっても、適法であり、国税当局も捜査当局も手出しできない。そして、そうした税逃れの最大の被害者は、給与所得から税金を強制的に取り立てられる一般のサラリーパーソンである。

一般の人からすると、知ることのできる情報がほとんどないうえに、その手法は高度に専門的で非常に複雑だ。それらの大企業や大富豪がなぜそんなことをしているのかが素人にはほとんど分からない。そうした実情を明らかにして、問題として提起することができるのは、たいていその分野の専門家たち自身である。

複雑化した社会では、注意を喚起して不正や不備を改めさせる能力を有しているのは、外部の非専門家ではなく、事実上、内部の専門家や組織構成員のみである。だから内部告発は重要なのだ。

専門家は、その専門分野における「負の側面」「脆弱性」に対処するだけでなく、それを早期に察知し、非専門家に知らしめ、非専門家の了解（インフォームドコンセント）の下で対策を促進することにより、「負の側面」「脆弱性」を払拭《ふっしょく》し、人々の「不安感」を解消しなければならない。その責任は、社会の役割分担の専門化・高度化がそれほど進んでいなかった従来に比して、今後は、より複雑で重大となる。

ガバナンスという視点の登場

ガバナンスという視点も１９９０年代に登場し、組織を考えるうえで欠かせないものとなっている。

戦中から戦後を通じて日本経済は、ざっぱくにいえば大蔵省があって、その護送船団行政の下に銀行など金融機関が守られてあって、そのほかのいろいろな事業会社はメーンバンク（主取引銀行）のコントロールの下にあるというピラミッド型の構造で統治されてきた。

しかし、バブル崩壊後、大蔵省から金融行政は分離されて護送船団行政はほぼなくなった。証券市場が発達したことによって事業会社が直接に市場からお金を取るようになったために、メーンバンクの力も小さくなった。戦後日本で長らく続いた経済の統治構造が、バブルの発生と崩壊を経て90年代半ばに消滅してしまった。

それまでは、護送船団行政やメーンバンクシステムにより、銀行や企業はチェックされ、管理され、極端に言えば、統治されてきた。そうした「統治」が消滅した結果として、さまざまな不祥事が表《おもて》沙汰《ざた》となり、金融機関の破綻が次々と起こったともいうことができる。そして、そうした戦後長らくの統治構造に代わって、言葉本来の意味のガバナンスが必要とされるようになってきた。

会社ならば、株主総会があって、取締役会があって、代表取締役がいて、監査役がいて、相互に牽《けん》制《せい》・監視し合うという形で権力を分立させなければいけない。国家における立法、行政、司法と同じようにチェック&バランスを働かせなければならない。それが法律（会社法制）の建前であり、それが実態でなければならない。コンプライアンスを社内に徹底し、さまざまなリスクを組織全体で管理しなければならない。そんなことは昔の会社ではほとんど意識されていなかったが、90年代以降、多くの企業や組織が従来の経営手法の見直しを迫られた。

２０００年から02年にかけて大和《だいわ》銀行や神戸製鋼の株主代表訴訟で、「会社の取締役は法律上、コンプライアンスを含む内部統制システムを社内に構築して適正に運用する義務を負う」という裁判所の考え方が明確にされた。会社法が05年に制定され、証券取引法が06年に改正され、コーポレートガバナンス（企業統治）に対する法的な要請も強まった。

もともと株式会社という制度は欧米から輸入された仕組みだったこともあって、米国や英国などのグローバルなスタンダードに合わせなければいけないという意識も高まってきた。

前述したように1990年代までは内部通報者を保護して、内部通報を社内的に有効に生かしていこうという制度は日本にはほぼ存在しなかったが2000年前後に出てきて、一気に広がった。米国が、企業会計不正を内部告発した人を保護する制度を02年に新設し、日本がそうした流れと無縁でいることはできなかった。公益通報者保護法は、こうした流れに沿って、日本の社会全体に内部通報のシステムを多層的・多元的に作っていこうという試みであると考えることができる。

「内部」への告発と「外部」への告発の境目

内部告発は忠誠に反する行為だと見られがちな実情が従来根強く存在したが、その発想を転換し、場合によっては、内部通報、あるいはその延長線上にある内部告発こそ、組織のステークホルダーの期待・要請にコンプライし、ひいては、真に組織への忠誠をまっとうする道だと考えられるようになってきている。

長年、組織の利益と内部告発による社会の利益を対置させて、いずれを採るべきか議論されてきた。こうした二項対立的な問題のとらえ方が1990年代半ばを境に大きく変化してきている。

たとえば、建築の設計をしている職場の同僚に「計算ミスがありますよ」と注意するのは、組織への忠誠に反するところはなく、いかなる道義にも反しない、正しい行いだ。もし、注意した相手から「余計なことに口を出すな」と煙《けむ》たがられ、注意内容を無視された場合は、組織内部の上司や経営層の注意を喚起すべきであり、それこそが、組織への忠誠をまっとうする道である。ほとんどの人の意見がそう一致する。

それでは、このような組織内部での努力をしたにもかかわらずミスが是正されないとき、あるいは組織内部での注意喚起では煙たがられたり疎外されたりするおそれがあるときは、どうすればいいか。被害を受けるかもしれない建築主、あるいは建築に関する監督官庁、世にある不正をニュースとして追いかける報道機関など、外部のしかるべき相手にその情報を知らせて外圧で是正を図ることこそが、長い目で見たときに、組織の損害を最小限にする道である。建築物が完成した後にミスが明らかになったときの被害に比べれば、事前にそれを是正できたほうが、組織にとってダメージは小さい。

そもそも内部か外部かの境界線が実はあいまいであることに注意しなければならない。株式会社において、株主を内部とみなすとすれば、上場会社では、不特定多数の人々にまで「内部」の範囲は広がる。国家においては、国会は統治機構内部の機関なのだし、ならば、野党の国会議員も、あるいは有権者も「内部」とみなしうることになる。政府機関の内部にある不正をその職員が野党議員や有権者に告発すれば、それはすなわち、国家の内部での「自浄」の努力とみなすことができるという論理的帰結となる。これとは逆に、課内の不祥事を局長に言うこと、省内の犯罪を検察庁に通報することは、国家行政組織の内部での告発ではあるものの、課内や省内など部分社会では、外部への内部告発とみなされることもあるかもしれない。あるいは同じ課内でも、派閥が異なれば「外部」と言われるかもしれない。かくのごとく内部と外部の境目《さかいめ》はあいまいで、相対的である。

こうした考え方の下では、外部への内部告発は、内部での自浄の訴えや注意喚起の延長線上に相対的に位置づけられる。外部への内部告発も、内部での注意喚起も、手法のドラスティックさの程度に違いはあるものの、いずれも、守るべき忠誠心との矛盾はないものと理解される。外部への内部告発（狭い意味の「内部告発」）は、旧来の攻撃的ニュアンスを薄められ、自浄の努力の一類型または発展形であると、とらえられる。

英国の公益開示法が告発の相手先によって3類型に分けて保護要件を定めたのは（本章2節31頁参照）、このような考え方を法文化したものであると考えられ、それが日本でも支持されて公益通報者保護法となった、ということができる。

ここまで論じてきたような思潮の変化は日本に限った話ではなく、時差はあってもどの主要国でも同じように表れ、社会に浸透していき、それが内部告発者保護の制度化への下地になった。そういうなかにあって、２０１０年代に入るまで内部告発者保護法制を受け入れないでいた国々がある。ナチス・ドイツに蹂躙《じゅうりん》された欧州大陸の国々である。

4　欧州大陸では2013年以降に法制化、EUが指令

かつて欧州のドイツで、アドルフ・ヒトラーがその独裁による支配体制を維持するために用いたのは、ゲシュタポ（国家秘密警察）など当局に寄せられる一般の人々からの密告だった。

密告は制度化され、国家によって推奨された。一般の人々はそれに応じ、身のまわりの人を密告した。

それは「万人《ばんにん》の万人に対する冷戦」とでも呼ぶべき状況であり、社会のあらゆる場所で、密告される可能性があり、相互不信が渦巻《うずま》き、体制への抵抗を著しく難しくした[23]。

ナチス・ドイツの密告社会

ヒトラーは１９３３年に首相となり、全権委任法を成立させて、国家社会主義ドイツ労働者党（ナチ党）の下で、国家の全権を掌握《しょうあく》した。翌34年に国家の総統《そうとう》となった。ルドルフ・ヘス副総統はその年、「すべての党員と民族同胞は咎《とが》められる危険をおかすことなく総統または本職に通報することができる」と告示した。１９３７年のドイツ官吏《かんり》法は42条で、反国家的活動について通報する義務を官吏に課した。正しい情報を提供した人には当時の未熟練労働者の１カ月分の給料に相当する額を上限に報奨金を与えることにした[24]。

密告の対象となる「違法行為」はさまざまだった。

「悪質な噂」を取り締まる法令に違反するとみなされたのは、政府批判だけではなかった。ナチ党への批判も犯罪とされた。たとえ少人数の内輪での発言であったとしても、その言説が公の場で繰り返されることを知っていたかもしれないと立証される場合には非合法とされた。その結果、私生活上の会話も取り締まりの対象になった。[25]

ユダヤ人であるというだけで収容所に送られるようになり、ユダヤ人をひそかに支援したドイツ人もやがて処罰されるようになった。

フロリダ州立大学のロバート・ジェラテリー教授がゲシュタポの事件ファイル（1933～45年、ウンターフランケン地方）にある「ユダヤ人にたいする強制的な社会的隔離」の210件を分析したところ、このうち59％の123件は、ナチ党員ではない一般の住民からの報告が端緒だった。出所不明の24件もおそらくは密告だったとみられ、それを合わせるとユダヤ人排斥《はいせき》の7割の端緒は一般の人々の密告だった。[26]

密告は、社会の最下層からエリート層まであらゆる階層で行われた。大学の副学長が疑わしい同僚をゲシュタポに通報したり、軍の将校が戦友を密告したりした。[27] 密告は往々にして、密告された人の死へとつながったが、多くの人々はそれを承知で密告した。

ナチ党ないし国家への忠誠、あるいは、反ユダヤ主義を動機とする密告よりも、個人の利己的な動機からの密告のほうが多かった。競争相手を排除したり、恨《うら》みを晴らしたり、隣人とのもめごとや家庭内のいざこざを手っ取り早く決着させようとしたり、密告者を貶《おとし》めるために密告で報復したり、動機はさまざまだった。[28]

英BBCなど敵側のラジオ放送を聴くのも犯罪とされた。

ゲシュタポの事件ファイルのうち「外国ラジオ聴取禁止の違反事件報告」の226件をジェラテリー教授が分析したところ、このうち73％の164件が住民からの報告を端緒としており、情報源不明の23件をあわせると、8割余が一般の人々からの密告が摘発の端緒だった。[29]

このように、ユダヤ人排斥よりも外国ラジオ傍受《ぼうじゅ》のほうが密告を端緒とする摘発の比率が高かった。つまり、人種主義によって密告に駆り立てられたとは言えない。むしろ、密告から得られる個人的利益をあてにしての行動だったとみられる。[30]

酔いつぶれた人に「酒に酔った勢いで体制に対する反逆をうんぬんしていた」と言いがかりをつけて「密告する」と脅し、お金をゆすり取る恐喝犯人も現れた。若い男との不倫のために夫を遠ざけようと夫を密告した人妻もいた。[31]

1945年にナチス・ドイツの敗北で遠からず戦争が終わりそうな情勢が明らかになった後も、密告は、条件反射のように繰り返された。[32]

自浄の努力との連関

ナチス・ドイツの築いた密告社会はその極端な事例だが、程度は違っても、密告を体制の支配に用いた事例は古今東西珍しくない。

そのような密告と内部告発はどう違うのか、と疑問視する声がある。ちくり、告げ口、たれ込みなど、表現はさまざまだが、それら密告と内部告発は同じように卑怯なふるまいだとの見方が社会に根強くある。

特に欧州大陸ではナチスの密告社会の記憶が生々しいだけに、内部告発を法制度に位置づけることに長年抵抗があったのだろうと思われる。米、英、日、韓など主要国が内部告発者保護法制を導入した後も、ドイツやフランスは長らく、それを拒否してきた。

たしかに、内部告発にしても密告にしても、現場のある情報を、別の場所のある相手に伝えるという行為そのものの外形は同じだ。しかし、その行為の意図や目的、すなわち「何のために」という部分が、内部告発と密告とでは決定的に異なる、と筆者は考える。

米国政府の内部で内部告発者への報復人事を取り締まる政府機関、特別顧問局（ＯＳＣ）のトップだったエレイン・キャプランさんはその違いを次のように説明している。

内部告発者（whistleblower）は、権威や独裁に対抗し、自分の個人的利益をしばしば犠牲にして、一般の民《たみ》（public）の利益のために働く。一方、密告者（informer）は、お上《かみ》（officials）のために働き、個人的な利益を目的とする。[33]

内部告発者は、強い者から報復を受けるかもしれないけれども、一般の人々（パブリック）のために、すなわち公益のために行動し、世論からはヒーローとみなされる。逆に、密告者は、権威とか権力とか強者の利益に奉仕し、お上からは協力者として喜ばれるが、一般の人々からは、自分の保身を図る卑怯者として軽蔑《けいべつ》される。

全体主義的、独裁的な体制の国では内部告発者は弾圧されて密告者がはびこる。一方、民主的で自由な国では、内部告発者は称賛され、密告者は嫌われる。

密告と内部告発とで、行為者の内心には、対極にあると言ってもいいくらいの違いがある。

内部告発とは、日本の古い言葉を探せば、目上の人の過ちを当人に指摘する「諫言《かんげん》」であり、中国の言葉を探せば、怒りを買うのをおそれず、勇気をふるって意見を出す「敢言」のことである。前述したように、英語で内部告発者とは、笛を吹いて反則を知らせるホイッスルブロワー。中国語では「吹哨人《チュイシャオレン》」である。これらの意味するところはいずれも、隠微《いんび》な密告行為、密告者とは正反対だと言って間違いではないだろう。

もちろん、これらは概念上の区分けであり、現実にはそれぞれの色彩が入りまじっているケースがある。政府への不正請求に関する内部告発に報奨金を与える米国の法制度は、欧州や日本の感覚からすれば「密告」奨励に見えてしまうかもしれない。韓国では、公益申告者保護法に基づき、屋台など零細《れいさい》飲食店の食品衛生法などへの些細《ささい》な違反を当局に通報して報奨金を稼ごうとする人たちが現れ、公益申告の理念に反するとして問題視されているという。

法令に違反するとしても、それが国家から公衆に押しつけられた悪法であるのならば、その違反に関しては、公のための内部告発は存在し得ない。それに関する下から上への情報伝達は、公に奉仕する「内部告発」ではなく、権力に奉仕する「密告」と呼ばれるだろう。それとは逆に、法令に違反しなくても、一般の民《たみ》の利益、すなわち公益に反するようなふるまいに対して、当該組織にそれをやめるように促したり、それを世の中に明らかにして非を鳴らしたりするのであれば、密告ではあり得ず、内部告発たりうるであろう。

ナチス支配や冷戦終結から歳月が経過するとともに、そんな認識が受け入れられるようになってきているのだろうと筆者は考える。

大量の電子ファイルが証拠資料に

情報技術の進歩によって内部告発の態様が大きく変わり、それによって内部告発の法制化を迫られている、という側面も見落とせない。特に欧州大陸では、これが直接的な契機となって法制化が進みつつある。

かつては内部告発は口頭のみで行われることが多かったとみられるが、1960年代以降、コピー機の普及によって、証拠資料として文書を伴わせた内部告発が容易となり、告発の質が向上。今世紀に入ると、大量の電子ファイルが内部告発者によって外部に持ち出される事例が増え、大規模な調査報道の原動力になっている。

2010年4月、米軍のヘリがイラクでロイター通信カメラマンら無抵抗の人たちを掃射《そうしゃ》して殺害した様子をヘリのカメラから撮影したビデオが非営利組織「ウィキリークス」によってインターネット上に公開された。ウィキリークスによると、ビデオを入手した後、それにかかっていた暗号を解除し、イラクに記者を派遣して裏付け取材をしたうえで、公開に踏み切ったという。米陸軍の若い情報分析官がビデオを含め大量の電子ファイルを持ち出してウィキリークスに提供したとして同年7月に訴追され、13年8月に禁錮35年の有罪判決を受けた。

2013年6月、米国家安全保障局（NSA）の元契約職員エドワード・スノーデンさんはNSAが電話やインターネットの利用に関する個人の記録を大規模に集めていた問題を内部告発する際に、NSAの内部の電子ファイルを記者に提供した。その数は数万に及び、作成者はNSAのあらゆる部署にまたがり、一部、同盟国の情報機関からもたらされたファイルも含まれていた。[34] スノーデンさんは、米司法省によって政府財産の窃取《せっしゅ》や秘密情報の漏洩の罪に問われ、米当局に追われる身となった。

2016年4月、租税回避地（タックスヘイブン）の法人に関する秘密ファイル「パナマ文書」は、タックスヘイブンと各国首脳らの関わりを暴露して、国際社会に大きな衝撃を与えた。パナマの法律事務所「モサック・フォンセカ」から何者かによって事務所の意に反して持ち出されたファイルの数は1150万に上り、そのサイズは2・6テラバイト。個人情報など機微《きび》な情報を大量に含んでいた。それが南ドイツ新聞に提供され、国際調査報道ジャーナリスト連合（ICIJ）を介して筆者を含む各国の記者たちの取材の素材に供された。

「パナマ文書」についてはスノーデンさんの事例とは異なり、漏洩に対する批判の声はほとんどなく、むしろ、それを容認する声が圧倒的に強かった。米政府のバラク・オバマ大統領は「パナマから流出した大量のデータは、租税回避がグローバルな大問題であることを思い起こさせてくれた」と述べ、[35] 欧州連合（EU）の執行機関である欧州委員会は同年7月5日、パナマ文書に触れたうえで「多くの脱税や税逃れが内部告発者のおかげで最近明るみに出されてきている」と指摘し、「欧州委員会は、内部告発者保護を拡充するため、さらなる措置の必要性を検討する」と表明した。[36]

日本国内の報道現場でも近年、上場企業の内部の電子ファイルが百メガバイト単位で持ち出され、記者に提供される事例が出てきている。大手報道機関では、関係者の正当な権利を不必要に侵害することがないように細心の注意を払いつつ、それらの電子ファイルを取材や報道など公益目的に生かそうとしている。

欧州11カ国が2013～19年に法制化

このような時代の変化に呼応して、ナチスの密告社会の記憶が生々しい欧州大陸でも、今世紀に入って内部告発者保護の法制化が本格的に検討されるようになった。

2003年採択の国連腐敗防止条約は「締約国は、この条約に従って定められる犯罪に関する事実につき、誠実に、かつ、十分な根拠に基づき権限のある当局に報告する者を不当な待遇から保護するための適当な措置を自国の国内法制に取り入れることを考慮する」(33条)と定め、05年に発効した。

欧州人権裁判所は2008年の裁判で、モルドバ共和国の検事総長事務所の報道官が、政治家による捜査・訴追への干渉を示す内部文書の手紙を新聞社に提供したところ解雇された問題について、表現の自由を定めた欧州人権条約10条への違反があったと判断。[37] 表現の自由の見地から内部告発行為を法的に保護する判例を打ち立てた。

独仏伊など欧州の国を含む主要20カ国の首脳は2010年11月、韓国ソウルで開いたG20サミットで、「G20諸国は、公益通報者の保護ルールを2012年末までに制定し、実施する」との腐敗対策行動計画に合意した。[38]

英国を除くEU加盟国では初めて2013年にハンガリーとマルタが包括的な内部告発者保護を法制化。翌14年にスロバキア、オランダ、アイルランドが続いた。

タックスヘイブンの秘密ファイルが報道機関にもたらされ、税逃れやマネーロンダリングなど潜在していた反社会的行為が暴かれる出来事がこのころ相次いだ。2014年に、ルクセンブルク・リークス、16年にパナマ文書、17年にパラダイス文書と大規模な報道が続き、これらのインパクトが特に欧州では大きかった。

パナマ文書の電子ファイルを南ドイツ新聞に提供した匿名の人物は16年5月、その声明で内部告発者保護法制の不備を指摘した。多国籍企業による税逃れをルクセンブルク政府の税務当局が秘密裏に手助けしていたことを示す文書を勤務先の大手会計事務所から持ち出して報道機関に提供し、ルクセンブルク・リークスの報道につなげたアントン・デルトゥさんが罪に問われて刑事裁判にかけられた経緯に触れて、パナマ文書の情報源の匿名の人物は、「欧米で内部告発者と活動家が、明白な不正を明るみに出したところ、その後、生活を破壊されてしまっている」と指摘し、「不正を暴露した正当な内部告発者」の免責《めんせき》と保護を訴えた。[39]

2016年6月にスウェーデン、12月にフランスが、17年11月にイタリアとリトアニアがそれぞれ包括的な内部告発者保護を法制化。18年に当時28のEU加盟国の状況を欧州委員会のスタッフが取りまとめたところ、包括的な内部告発者保護法制を持っているのは英仏伊蘭、スウェーデン、ハンガリー、アイルランド、スロバキア、マルタ、リトアニアの10カ国で（リトアニアは19年施行）、このうち英国を除く9カ国は13～17年の間の制定だった。一方、キプロスなど2カ国はそのような法制度をまったく持たず、残りの16カ国は金融など一部の分野のみを告発者保護の対象としていた。16カ国のうちドイツなど4カ国では告発者の秘密が保障されていなかった。[40] その後、ラトビアは18年に、クロアチアは19年に法制度を創設した。[41]

19年10月23日には、ついにEUが、EU法違反を内部告発した人を保護する法律の施行を加盟国に義務づける公益通報者保護指令を採択し、同年12月16日に施行した。

ＥＵ域内で内部告発者保護の法制化は進みつつあったものの、その内容は、加盟国によってバラバラで、分野によってもデコボコがあった。これに対し指令は、ＥＵ法違反に関する内部告発について最低限の共通基準を設け、加盟国にそれに適合する法制度を21年12月までに定めるよう義務づけている。[42]

指令は、告発の先によって、①内部通報（internal reporting）、②行政機関への外部通報（external reporting）、③公開（public disclosure）――と3類型に分けて保護の要件を階段状に加重していく英国流の制度設計を採用している。

筆者が考えるに、これは、「密告」の色彩のある行政への内部告発（②）とその色彩の薄い内部告発（①と③）を同一の枠組みの下でそれぞれ相対化し、それら内部告発をひっくるめて、国家など「お上《かみ》」の利益ではなく、究極的には、パブリック（一般の人々、民《たみ》）の利益に奉仕するものと位置づけようとしているのだろう。

この制度設計は、英国が1998年に制定した公益開示法で初めて採り入れたもので、日本は2004年にそれに続いている。ＥＵは、日英に遅れること15年以上にして、同様の制度設計の導入をやっと決めたといえる。

ＥＵ公益通報者保護指令の内容

ＥＵ公益通報者保護指令に基づき法的保護の対象としなければならないのは、公務員を含む労働者だけでなく、株主、役員、ボランティア、自営業者、取引先関係者、退職者と幅広い。個別に列挙されたEU法への違反のほか、金融関連、競争法、国家補助、法人税などの違反に関する通報が保護の対象となりうる。指令に基づいて加盟国が国内法を整備する際に対象を広げるのはかまわない。違反に関する情報が真実であると信じるに足る合理的な理由が通報時に存することが、保護を受けるための必須要件となる（6条1項ⓐ）。

EU指令によれば、従業員50人以上の法人は内部通報チャンネルの確立を義務づけられる（8条）。内部で効果的に違反に対処でき、かつ、通報者が報復の危険がないと考える場合には、外部通報の前に内部通報をするよう奨励される（7条2項）。外部通報を受け付ける所轄《しょかつ》官庁は、通報を扱うための独立したチャンネルを確立し、通報者に対し、通報の受領から7日以内にその旨を通知し、3カ月以内（正当な理由がある場合は6カ月以内）にフィードバック（調査などの結果としてとられた措置などに関する情報）を提供することを義務づけられる（11条）。通報者の属性に関する情報は、通報の受領やフォローアップに携わる資格のあるスタッフ以外には開示されてはならず（16条1項）、この守秘義務に違反した個人や法人には罰が科される（23条1項ⓓ）。

内部通報や行政への外部通報を行ったものの所定の期間（原則3カ月、外部通報で一部6カ月）内に適切な行動がとられなかった場合、違反に関する情報を公開することができる（15条1項ⓐ）。つまり、内部通報や行政への外部通報を公開に前置《ぜんち》させるのが原則となっている。が、例外もある。緊急事態などの場合や当局が違反者と結託している可能性がある場合には、直に公開できる（15条1項ⓑ）。

指令の前文は、インターネット上のプラットフォームやソーシャルメディアを使って情報を直接公開する人だけでなく、メディア、公選公職者、市民団体、労働組合、職能団体に通報した人を報復から保護する必要性に言及し（前文45）、また、「ジャーナリストの情報源としての内部告発者の保護は、民主主義社会における調査報道の『番犬』の役割を守護するのに極めて重要である」と述べている（前文46）。筆者が考えるに、報道機関への内部告発は指令の条項に明文では位置づけられていないが、「公開」の保護要件を満たす場合は、報道機関への内部告発も当然、保護の対象となるだろう。

要件を満たす通報や公開をした人に対しては、いかなる形の報復も禁止される（19条）。通報の妨害や報復には罰則もある（23条）[43]。

EU加盟国は指令施行から2年以内にそれぞれ、指令に適合するように国内法を整備（transpose）しなければならない。国際NGO、トランスペアレンシー・インターナショナルのまとめによれば、21年6月にデンマークが法律を制定。9月にスウェーデン、11月にポルトガル、12月にマルタとリトアニアが整備を完了した。しかし、残りの22カ国は期限の21年12月17日に間に合わなかった[44]。

EUの指令に従わない国があった場合、欧州委員会はその国を相手取って、指令の履行を求める手続きを発動する。最終的には、欧州司法裁判所への提訴を経て、金銭的な制裁を課すことになる。が、それに至る前に解決するのが通例であるようだ。

ドイツでは、21年12月に発足したショルツ政権が法制化を公約している。

ナチス崩壊（１９４５年）から75年余を経て、ドイツもようやく、その呪縛から逃れて、内部告発者を正面から保護しようとする法制度を遠からず導入することになるのだろう。

1 42 U.S.C. § 5851, Pub. L. 95-601, § 10, Nov. 6, 1978. https://uscode.house.gov/statutes/pl/95/601.pdf#page=5
2 奥山俊宏、２００４年４月、『内部告発の力　公益通報者保護法は何を守るのか』（現代人文社）１５２～１６３頁。
3 Janny Scott, January 8, 2021, "Now It Can Be Told: How Neil Sheehan Got the Pentagon Papers", *New York Times*, page B10. https://www.nytimes.com/2021/01/07/us/pentagon-papers-neil-sheehan.html
4 Sarbanes-Oxley Act of 2002 § 806(a), 18 U.S.C. § 1514A. https://www.govinfo.gov/content/pkg/PLAW-107publ204/pdf/PLAW-107publ204.pdf#page=58
5 Sarbanes-Oxley Act of 2002 § 1107, 18 U.S.C. § 1513.
6 U.S. Department of Labor, Occupational Safety & Health Administration, "Whistleblower Statutes Summary Chart". https://www.whistleblowers.gov/whistleblower_acts-desk_reference
7 U.S. Department of Justice, Civil Division, February1, 2022, "Fraud Statistics – Overview, October 1, 1986 - September 30, 2021".
8 Tax Relief and Health Care Act of 2006 § 406, 26 U.S.C. § 7623(b).
9 U.S. Securities and Exchange Commission, May 19, 2021, "SEC Awards More Than $28 Million to Whistleblower Who Aided SEC and Other Agency Actions". https://www.sec.gov/news/press-release/2021-86
10 Connors Law Group LLC., News, SEC Rewards. https://www.connorslawgroup.com/news
11 U.S. Securities and Exchange Commission, November 16, 2021, "2021 Annual Report to Congress on the Dodd-Frank Whistleblower Program". https://www.sec.gov/whistleblower/reports-and-publications/annual-reports/2021-annual-whistleblower-program-report
12 共同通信・澤康臣、２０１８年４月29日、「エアバッグ欠陥警告元社員『命の問題 告発は責務』」、愛媛新聞朝刊。
13 Public Interest Disclosure Act 1998. https://www.legislation.gov.uk/ukpga/1998/23/section/1
14 Enterprise and Regulatory Reform Act 2013. https://www.legislation.gov.uk/ukpga/2013/24/part/2/crossheading/protected-disclosures/enacted
15『内部告発の力　公益通報者保護法は何を守るのか』２２５頁、注６。
16 消費者庁ウェブサイト、「法律の施行までの経緯等」。https://warp.da.ndl.go.jp/info:ndljp/pid/11582361/www.caa.go.jp/policies/policy/consumer_system/whisleblower_protection_system/research

17 衆議院ウェブサイト、「議案名『公益通報者保護法案』の審議経過情報」。https://www.shugiin.go.jp/internet/itdb_gian.nsf/html/gian/keika/1D94572.htm
18 公正取引委員会、２０２１年５月26日、「令和２年度における独占禁止法違反事件の処理状況について」。https://www.jftc.go.jp/houdou/pressrelease/2021/may/210526.html
19 https://web.archive.org/web/20080212165724/http://www.kicac.go.kr/english/E_About/E_AboutIntroIntro.jsp
20 公益申告者保護法の英訳は以下のＵＲＬで入手できる。https://www.acrc.go.kr/en/
21 白井京（国立国会図書館）、２０１２年10月、「韓国の公益通報者保護法制――公益通報の奨励」『消費者法ニュース』93。
22 札野順、２００４年、「技術者倫理と安全」『安全工学』43巻３号１７１頁。
23 リヒアルト・グルンベルガー著、池内光久訳、２０００年１月、『第三帝国の社会史』（彩流社）１３５頁。
24 『第三帝国の社会史』１３６頁５〜６、９行、１３７頁４〜５行。
25 ロバート・ジェラテリー著、根岸隆夫訳、２００８年２月、『ヒトラーを支持したドイツ国民』（みすず書房）56〜57頁。
26 『ヒトラーを支持したドイツ国民』１６０〜１６２頁。
27 『第三帝国の社会史』１３９頁２〜７行。
28 『ヒトラーを支持したドイツ国民』２３３、２７３頁。
29 『ヒトラーを支持したドイツ国民』２２６〜２２７頁。
30 『ヒトラーを支持したドイツ国民』２３２〜２３３頁。
31 『第三帝国の社会史』１４０頁。
32 『第三帝国の社会史』１４３頁。
33 Elaine Kaplan, Special Couusel, U.S. Office of Special Couusel, February 24, 1999, “Whistleblower Protection in the United States Government”. https://1997-2001.state.gov/global/narcotics_law/global_forum/F330iocr.pdf
34 Glenn Greenwald, 2014, “No Place to Hide”, New York: Metropolitan Books, p.90.
35 The White House, Office of the Press Secretary, April 5, 2016, Remarks by the President on the Economy. https://obamawhitehouse.archives.gov/the-press-office/2016/04/05/remarks-president-economy-0
36 European Commission, July 5, 2016, “Fair Taxation: The Commission sets out next steps to increase tax transparency and tackle tax abuse”. http://europa.eu/rapid/press-release_IP-16-2354_en.htm

37 European Court of Human Rights, Grand Chamber judgment in the case of Guja v. Moldova, December 2, 2008. https://hudoc.echr.coe.int/eng#{%22itemid%22:[%22003-2266532-2424493%22]}

38 Ｇ20ソウル・サミット首脳宣言、附属書Ⅲ、Ｇ20腐敗対策行動計画、「腐敗との闘い、市場の公正性の促進及びクリーンなビジネス環境支援のための行動に関するＧ20アジェンダ」、２０１０年11月12日。https://www.mofa.go.jp/mofaj/gaiko/g20/seoul2010/annex3.html

39 奥山俊宏、２０１７年11月、『パラダイス文書』（朝日新聞出版）２５０頁。

40 European Commission, April 20, 2018, “Annex 6 : Member States’ Legislative framework, Proposal for a Directive on the protection of persons reporting on breaches of Union law”. https://ec.europa.eu/info/sites/default/files/1-11_annexes.pdf#page=68、https://ec.europa.eu/newsroom/just/items/620400

41 Transparency International, March 24, 2021, “Are EU Governments Taking Whistleblower Protection Seriously? Progress Report on Transposition of the EU Directive”. https://www.transparency.org/en/publications/eu-governments-whistleblower-protection

42 Directive (EU) 2019/1937 of the European Parliament and of the Council of 23 October 2019 on the protection of persons who report breaches of Union law, OJ L 305, 11 26, 2019. https://eur-lex.europa.eu/eli/dir/2019/1937/oj

43 濱野恵（国立国会図書館調査及び立法考査局）、２０２１年９月、「ＥＵ公益通報者保護指令」『外国の立法』２８９。https://dl.ndl.go.jp/info:ndljp/pid/11720910

44 Marie Terracol (Transparency International) and Ida Nowers (Whistleblowing International Network), December 17, 2021, “Are EU countries failing to protect whistleblowers?”. https://www.transparency.org/en/blog/eu-countries-failing-protect-whistleblowers

第2章

オリンパスで相次ぐ内部告発

失敗の教訓に学ぶ

医療用内視鏡を製造・販売する日本の精密機械メーカー、オリンパスは、公益通報者保護法制を考えるうえで参考になる具体的な事例のいわば宝庫だ。最高経営責任者を務めた勤続30年の前社長から入社2年目の若手社員まで、さまざまな階層の従業員が内部告発せざるを得ない立場に追い込まれている。社内のコンプライアンス室への内部通報、ジャーナリストに対する内部告発、アメリカ司法省への内部告発、裁判のための真実の証言などその態様はさまざまで、それら事件は、日本の公益通報者保護法改正への議論やその運用に大きな影響を与えている。同社は内部通報や正当な内部告発への露骨な報復人事を是正せずに放置しており、その結果として、行政当局やジャーナリストなど社外への内部告発が続発する事態となっている。他の多くの事業者にとって、オリンパスはいわば反面教師であり、そのふるまいは他山《たざん》の石《いし》となりうる。こうしたことから、この章では、ケーススタディとしてオリンパスに焦点を当て、その内部告発続発の経緯と背景、教訓を深掘りしたい。

1　内部通報者への不法な仕打ち

コンプライアンス室への電話

2007年6月11日、オリンパスの内部通報窓口「コンプライアンスヘルプライン」に一本の電話があった。コンプライアンス室の女性従業員がそれを受けた。コンプライアンス室長だった古川一男氏（仮名）がのちに法廷に提出した陳述書によれば、それは次のような内容だった。

「矢田IMS事業部長と杉田IMS国内販売部長が最重要顧客である山陽特殊製鋼《さんようとくしゅせいこう》の人事権に介入し、山特《さんとく》から社員を採用し、さらに2人目も採用しようとしているため、同社の信頼を失墜《しっつい》し、ビジネスを失うような状態になっている」

電話をかけてきたのは、鉄鋼製品の傷を探知する特殊な非破壊検査装置（NDTシステム）の営業チームリーダーを務める浜田正晴《はまだまさはる》という名前の46歳の男性社員である。IMS国内販売部長の杉田八郎氏（仮名）は浜田さんの直属の上司であり、IMS事業部長の矢田六郎氏（仮名）はその上にいる事業部門トップである。

「矢田・杉田は、さらに山特から社員を追加採用すると公言している」

「そのため矢田と杉田は山特から出入り禁止となっている」

「山特とのビジネス関係悪化の理由・責任が矢田と杉田にあることを担当役員に伝えたい」

上司２人の非を鳴らす電話の内容について部下の女性従業員から報告を受けて、古川コンプライアンス室長は「他の会社の人事権に介入することなど通常できるはずがない」と不思議に思ったという。古川室長は１９６６年にオリンパス光学工業に入社し、そのとき入社42年目。還暦が目前だった。２００５年11月からコンプライアンス室長を務めていた。

のちに筆者の取材に応じた浜田さんによれば、古川室長の陳述書にある通報内容は大筋では正しいものの、「人事権に介入し」とか「ビジネスを失う」とかの言葉を使っておらず、ニュアンスはかなり異なるという。

公益通報者保護法の施行を５カ月後に控えた２００５年11月、オリンパスは、法令違反や企業倫理上の疑問について、社員が内密に会社のコンプライアンス室に通報できる「コンプライアンスヘルプライン」を設けた。

「風通しのよい職場環境を醸成《じょうせい》し、不祥事の芽を早期に発見して是正する」のが目的で、その運用規程には「コンプライアンス室の担当者は、通報者本人の承諾を得た場合を除き、通報者の氏名を他に開示してはならない」と明記した。通報社員に対して秘密厳守を約束し、「報復など不利益な処遇を受けることは一切ない」とも宣言した。

その開設のタイミングは、オリンパスのような大手企業のなかでは決して早いほうではない。おそらく翌06年４月に公益通報者保護法が施行されるのを目前に仕方なく開設したのだろう。06年度に７

浜田正晴さん

件、07年度に10件の利用があった。

客先と上司の間で板挟み

浜田さんがコンプライアンス室に電話する前年の2006年暮れ、NDTシステムの販売先、兵庫県姫路《ひめじ》市の山陽特殊製鋼（山特）の社員がオリンパスに転職し、IMS事業部のIMS国内販売部で浜田さんの同僚となった。

それから2カ月ほど後の07年2月15日、浜田さんが営業のため山特を訪問したとき、その役員から、山特を辞めてオリンパスに入社したその元社員を名指しで「まさかここにいる若い者と連絡などとらせていないだろうな」と注意された。その強い口調から浜田さんは、元社員がオリンパスに採用されたことをその山特役員は不快に思っていると知った。

それから2カ月ほど経た4月上旬、浜田さんは同僚の口から、山特からまた別の社員がオリンパスに転職してくることになったとの話を耳にした。前年暮れに山特から転職してきた社員の後輩だという話だった。それを聞いて浜田さんは山特役員の剣幕を思い出した。「1度ならず2度までも社員を引き抜いたとなれば、山特が黙って見過ごすはずはなく、営業のチームリーダーとして矢面《やおもて》に立たされて責任を問われるのは必定《ひつじょう》」と思った。

4月12日夕方、浜田さんは、杉田部長の上司にあたる矢田IMS事業部長に直接、「2人目の採用はとりやめるべき」と進言した。

すると矢田事業部長は眉間《みけん》にしわを寄せ、厳しい顔つきになった。その場に杉田部長を呼び、「慎重に動いているだろうな」と念押しし、浜田さんには、口出しするな、と指示した。

その4日後の4月16日午前、浜田さんに矢田事業部長からメールが届いた。「最近ちょっと勘違いが目立つ」と浜田さんを非難する内容だった。

「貴兄が矢田に提言しにきたのも大間違い。貴兄のボスは杉田です。（中略）矢田に直接来ること自体が杉田の顔をつぶしています」

浜田さんからすれば、直属の上司である杉田部長を飛び越えて、矢田事業部長に直接進言したのは、それなりの理由があってのことだった。すなわち、杉田部長は2人目の採用の問題に関わっているのが確実だと思ったからあえて避けたのであり、矢田事業部長については信頼を寄せていたからこそ進言の相手に選んだ。矢田事業部長が2人目の採用に関与しているとは思っておらず、むしろ、山特との関係悪化で矢田事業部長が困るような事態になるのを避けられるようにするため進言したつもりだった。なのに、矢田事業部長はそうした意図をまったく理解してくれていない様子で、浜田さんの不安は募った。オリンパスに入って22年あまり、このように激しく叱責《しっせき》された経験は一度もなく、非常にショックを受けた。

矢田事業部長のメールには「山特との関係性の件、言われるまでもなく微妙です。だからアプローチも慎重にしています。貴兄の仕事は杉田のやりたいことが実現できるように手を貸すことです」ともあった。[1]

これを見て浜田さんは「怖い」と感じた。「やりたいこと」が悪いことであっても、「ボス」のやることを手伝わなければならないのだろうか。「ヤクザの世界みたいだ」と思った。

4月下旬、浜田さんは、山特を辞めて前年暮れにオリンパスに入社した同僚社員から、オリンパスへの転職が「すでに内定している」という山特社員の名前を聞き出した。浜田さんのよく知る優秀な社員だった。それを知って浜田さんは、山特への営業の責任者として「山特とどんなトラブルになるか分からない」と悩まざるを得なかった。

矢田事業部長と杉田部長は5月15日、山特を訪問した。山特の役員と面談し、2人目の採用について相談を持ちかけようとした。しかし、山特役員はたいへん立腹しており、話し合いを拒否された。浜田さんは上司2人と大切な客先との間で板挟《いたばさ》みだった。その状況について、6月11日、浜田さんは会社の内部通報制度「コンプライアンスヘルプライン」を利用して会社のコンプライアンス室に相談を持ちかけたのだ。

この内部通報をめぐって、のちに、浜田さんは会社を相手に訴訟を起こし、それは公益通報者保護法改正の議論にも大きな影響を与えることになる。その訴訟の法廷での会社側の主張や古川氏ら会社側証人の証言、陳述書によると、次項のような経緯があったという。浜田さんの主張と異なるところがあるが、内部通報に対応する事業者側の立場にあるかもしれない本書の読者にとって、より切実で、身につまされる要素を含んでいるであろうと考え、まずは会社側のストーリーを紹介したい。

会社側の主張した事実関係

2007年6月11日、部下の女性従業員から電話内容の報告を受けて、古川コンプライアンス室長は「ともかく話を聞くために」と浜田さんと会うことにした。その日の午後7時20分、社外の喫茶店で部下の危機管理室長とともに浜田さんと面会した。

面談は2時間近くにわたった。浜田さんは興奮している様子に見えた。浜田さんは経緯を説明し、「山特とのビジネス関係が悪化している」と訴えた。「法的問題というより、倫理、企業の踏むべき道として問題と思っている」と力説した。

浜田さんの話を聞いて、古川コンプライアンス室長は〈本人の自由な意思に基づく転職であれば、職業選択の自由があるため違法にならない〉と考えた。

矢田事業部長や杉田部長が何か具体的に法令に違反したことを示す内容は浜田さんの話に含まれておらず、古川室長は、これは違法行為とはいえず、コンプライアンス上の問題というよりも、職場の人間関係の問題だと考えた。

「矢田事業部長及び杉田部長ときちんと話し合いをすべきです。もし必要であれば、コンプライアンス室が間に入って、話し合いの場を設定することもできます」

古川室長は、コンプライアンス室として間に入って人間関係の修復を手伝ってあげたいと浜田さんに持ちかけた。

「その場合には、浜田さんがコンプライアンス室に連絡したことや、その内容が関係者に推測可能になってしまう。それでもよいですか」

古川室長がこのように言うと、浜田さんは「そうですか」とだけ言い、承諾しなかった。

2週間あまり後の6月26日、コンプライアンス室に再度、浜田さんから電話があった。社外の喫茶店で11日に古川コンプライアンス室長とともに面談した危機管理室長が電話に応対した。45分間にわたったその電話で浜田さんは、山特従業員の転職によって山特と当社の信頼関係がこじれていると何度も強調した。

危機管理室長が浜田さんに「通報者として望むことは？」と尋ねると、浜田さんから「お客様との間の関係正常化と、安心して働ける職場環境」との返答があった。浜田さんは「そのために自分はどうすべきかアドバイスをほしい」と求めてきた。

危機管理室長は「やはり関係者間の話し合いをすることが必要なのではないか」と答えた。「コンプライアンス室が間に入って関係修復のための話し合いをすることはできるが、その場合必然的に、浜田さんがコンプライアンス室に連絡したことやその内容が事業部の関係者に分かってしまう」

危機管理室長がのちに法廷に提出した陳述書によれば、浜田さんは「それでもかまわないからお願いしたい」と了解した、とされている。

古川コンプライアンス室長と危機管理室長は6月27日、矢田事業部長から事情を聴取した。山特の従業員を1人採用したが、2人目については山特から抗議を受けたため採用を取りやめており、この件に関して山特との関係はすでに決着している、というのが矢田事業部長の説明だった。その際、古川コンプライアンス室長は、浜田さんが通報したとの事実を矢田事業部長に伝えた。

7月3日午後2時36分、古川コンプライアンス室長は浜田さんにあてて「コンプライアンスヘルプライン通報に関する件」との表題のメールを送った。

「先般コンプライアンス室に通報いただきました山陽特殊製鋼（株）からの採用に関する件につきましてご連絡します」というのが書き出しだった。

「重要取引先から続けて二人を採用することについては、たとえ本人の意思による転職であっても、先方に対する配慮を欠いたといわざるを得ない」

そのように浜田さんの問題意識を認める内容がメールに盛り込まれた。

メールにはさらに、「本件に対する処置」として「取引先担当者の採用に関する注意喚起」との項目があり、その内容として次のように書かれた。

「人事部では、基本的には道義的な問題があり、〝採用は控える〟というのが原則だと考えている」

そのメールの「ＣＣ」欄に矢田事業部長と古閑《こが》信之《のぶゆき》人事部長の名前があった。[2] すなわち、このメールは浜田さんの上司と人事部長にも同送された。それはつまり、浜田さんがコンプライアンスヘルプラインに通報したという事実が両人に明確に伝えられたことを意味する。

ここまでが、法廷で会社側が主張したり認めたりした事実関係である。浜田さんは法廷でこれの一部を否定した。

コンプライアンス室は何を間違ったか

浜田さんとしては、コンプライアンス室へ通報したのが自分であるという情報を上司や人事部に伝えていいというような了解を与えたつもりはまったくなかった。

浜田さんによれば、古川コンプライアンス室長に伝えたかったのは、山特からの引き抜きがまた実行されるかもしれないし、顧客からのこれ以上の信頼失墜《しっつい》を招く事態を防ぎたいと考えている、ということだった。

のちに法廷に提出された浜田さんの陳述書によれば、6月11日の面談の2週間あまり後の26日にコンプライアンス室に電話したのは、その間、何の連絡もなかったので、どうなっていますか？と問い合わせるためだった。

法廷に提出した陳述書で、浜田さんは「私は、通報者として私（のこと）が特定できる私の個人情報の、矢田事業部長、古閑人事部長らへの開示承諾など絶対にしていません」と主張した。

原告本人尋問で「名前を開示していいかということを聞かれてはないんですね」と質問され、浜田さんは「聞かれてないです。そんな話は一切ありません」と答えた。[3]

筆者が考えるに、取引先からの社員引き抜きについて調べたり正したりする際に、コンプライアンス室は、浜田さんが通報者であることをあえて人事部や矢田事業部長に伝える必要はまったくなかった。山特社員の相次ぐオリンパスへの転職の問題については、だれが通報者なのかを伏せて調査・是正を図ることが可能だった。調査や是正にあたって通報者の名前を関係者に開示することが本当に不可欠だったのか、コンプライアンス室は十二分に検討するべきだったのに、安易に開示した。これは、浜田さんの了解があってもなくても指摘できる、コンプライアンス室の対応の初歩的な問題点である。

初歩的な問題点がもう一つある。もし仮に、法廷で会社が主張した通り、コンプライアンス室が

「浜田さんがコンプライアンス室に連絡したことや、その内容が矢田事業部長ら関係者に推測可能になってしまうが、それでもよいか」と浜田さんに事前に尋ねて、その了解を得ていたとしても、「推測可能」であることと、確定的に「この人が通報した」と知らされることには大きな違いがある。すなわち、この人が通報者であると推測することと、確定的に認識することは、その後の展開をまったく異なるものとする可能性がある。人事権を持つ上司や人事部にとって、推測だけで人事権を行使するのには躊躇《ちゅうちょ》があるのがふつうだが、確定的な認識があれば、その躊躇が薄れるのだ。ところが、古川コンプライアンス室長やその部下の危機管理室長、そして会社はその違いを認識できておらず、混同しているように見受けられる。

このように会社側の主張を前提に事実を認定したとしても、会社側、コンプライアンス室側の対応には重大な落ち度があった、ということができる。

問題が深刻化するのは、２００７年7月3日の同送メールの後だった。

チームリーダーから部長付への異動

浜田さんの上司の矢田事業部長は、その前の年までの浜田さんについて、次のように評価していた。

「卓越した推進力と、困難な利害対立の場面もその障害を取り除き、正しい方向に導く交渉能力を有する。一方で、あまりにも率直なため、時として仕事の繋《つな》がり・目的・計画性が見えづらくなったり、強引になってしまうことがある」

このように人事評価には書かれ、評価の点数もよかった。

ところが、矢田氏本人の法廷供述によれば、2007年7月ごろ、浜田さんの異動の検討を始めた。そのタイミングは、コンプライアンスヘルプラインへの浜田さんの通報から1カ月ほど後のことであり、矢田事業部長が通報の事実を知った直後にあたる。

8月27日、矢田事業部長は杉田部長同席の場に浜田さんを呼び出し、IMS企画営業部の部長付への異動を内示した。役割は「新事業創生探索活動」とされた。

のちに矢田事業部長が法廷に提出した陳述書によれば、それを聞いた浜田さんは見る間に険しい顔つきになった。

浜田さんにとって、その異動はすなわち、営業の第一線を外されるということであり、チームリーダーの役職を外されるということであり、部下もいなくなるということだった。

浜田さんは、岡山県の津山《つやま》工業高等専門学校で機械工学を専攻し、日立電子に3年8カ月勤め、1985年1月、オリンパスに転職した。しばらくは電子カメラの試作設計などに携わったが、1994年、上司に願い出て営業職に転身して以降、技術系の職には就《つ》かず、職歴の中心はカメラの営業だった。浜田さん本人は営業に自分の適性を見いだし、会社も同様の見方であるようだった。特に、米国ニューヨークに5年あまり駐在したときは営業担当として存分の活躍をしたとの自負があった。そんな浜田さんにとって、「新事業創生探索」は畑違《はたけちが》いであり、自分の能力や適性を生かせる仕事であるとは考えられなかった。

翌8月28日、杉田部長は浜田さんに顧客訪問をすべてキャンセルするようにと指示した。浜田さんはそれを「何の合理的理由もない仕事外し」と受け止めた。

10月1日、浜田さんはＩＭＳ企画営業部部長付に着任した。新たな直属の上司は定年間近の担当部長だった。会社貸与の携帯電話は「オマエの仕事では必要ないから」と事前に返却させられた。担当部長は、対面の座席にいるにもかかわらず、「質問はメールによらなければ受け付けない」と言い放った。ひんぱんに「オマエ」呼ばわりされるようになり、浜田さんは人格を否定されたように感じた。

不本意な異動から2カ月余を経た12月5日、浜田さんは元上司の杉田部長から冬期ボーナス査定の前提となる4～9月の人事評価の書面を手渡された。そこには「業務指示違反」「社内情報の顧客への漏洩《ろうえい》」と記載されていた。浜田さんがその根拠を尋ねると、杉田部長は「漏洩」のくだりを削除し、代わりに「組織の規律を乱した」と書き換えた。

新しい職場では毎月、上司のＩＭＳ企画営業部長と担当部長の2人による面談があった。面談の際、浜田さんが「今、この業務に私を必要と思ってくれているわけですよね」と確認を求めると、担当部長が「こんなんでいるんだったら必要ないよ」と言うこともあった。

浜田さんは社外の人脈との接触を禁じられたうえに、およそ達成できない業務目標を設定され、最低レベルの成績評価をつけられた。

異動から4カ月あまり後の２００８年2月18日、浜田さんは、会社と矢田事業部長、杉田部長を相手に異動の無効の確認と損害賠償を求め、東京地裁で訴訟を起こした。

翌19日、浜田さんは上司の担当部長から「前職場で得た人脈への接触は引き続き禁止。その他の外部の情報源と接触するときは私の承認を必ず得ること」と指示するメールを受け取った。浜田さんは接触禁止の理由を尋ねたが、「混乱を避けるため」としか説明がなく、「多くの要因から総合的に職《しょく》制《せい》が判断した」と伝えられた。のちにこの接触禁止令について、東京高等裁判所はその必要性を否定し、むしろ「新事業創生探索活動をいたずらに制限し、業務目標の達成を難しくするものだ」と指摘し、さらに、「浜田さんを孤立させて無力感を抱かせることを目的としたものと推認できる」と判断した。[4]

提訴から1年後の09年2月27日、読売新聞朝刊の一面で「告発者名 社内窓口が明かす オリンパス社員『制裁人事』救済申し立てへ」と報じられた。浜田さんへの取材を根拠にした記事だった。

3日後の3月2日、会社の総務部は「社員の人権救済申立てに関する一連の報道について」と題するメールを社内の本部長、部長、支店長、営業所長に送った。そこには「異動後の人事評価についてですが、当該職場における評価の公正さに問題はなく、この社員につきましては本人の努力不足から、残念な結果となっています」と書かれていた。

浜田さんからすれば、これは「大企業が社員を中傷するメールを社内に流した」という状況だった。

証人として立った法廷で、コンプライアンス室長だった古川氏は、通報者の情報を矢田事業部長や人事部長に漏洩したと非難されていることについて、逆に浜田さんを批判した。[5]

「浜田さんからの要請を受けて、浜田さんの人間関係を修復するために誠心誠意やったつもりでおります。それがこのような結果で返されたことに対して、大変怒りを感じております」

筆者が証言反訳書《はんやくしょ》を読む限りでは、古川コンプライアンス室長は自分が何をどう間違えたのかを自覚できていなかった。それはオリンパスという会社組織も同じだった。

古川コンプライアンス室長は浜田さんが通報者であることを当の通報対象の上司や人事部長に知らせてしまい、その直後、浜田さんは閑職《かんしょく》に追いやられた。筆者が考えるに、これは客観的にみて、コンプライアンスヘルプラインへの通報に対する報復人事であると受け止められても仕方のない状況だった。それを理解できない、あるいは、理解しようとしない古川元コンプライアンス室長もオリンパスという会社も、あるべき組織、組織人の姿と感覚がずれてしまっていた。

訴訟が続くなか、浜田さんは２０１０年１月１日付でＩＭＳ事業部から別の事業部門の品質保証部への異動を命じられた。これも希望したことのない未経験の部署だった。顕微鏡の規格の和文英訳を担当させられたが、基礎知識がまったくなかった。すると、「浜田君教育計画」と題する書面を渡され、顕微鏡について初歩から勉強させられた。

同月15日、一審・東京地裁は「配転命令による原告の不利益はわずかなものであり、会社が原告の通報を理由に配転を命ずるとは考えにくい。報復目的とは容易に認定し難い」などとして、原告の浜田さんを敗訴させる判決を言い渡した。[6]

判決言い渡しの後、49歳の浜田さんは司法記者クラブで記者会見を開き、「公益通報者が守られる社会を！　ネットワーク」を発足させたと発表した。

メンバーは浜田さんのほかに、トナミ運輸の社員だった１９７４年に運送業界のヤミカルテルを読売新聞や公正取引委員会に内部告発した63歳の串岡弘昭《くしおかひろあき》さん、現職警官だった２００５年に愛媛県警の裏金問題を記者会見で内部告発した60歳の仙波敏郎《せんばとしろう》さん。２人とも直後に閑職に追いやられたが、最終的には裁判で勝訴。満60歳で定年退職した。3人は並んで記者会見し、公益通報者保護法の抜本改正を求めて活動すると明らかにした。仙波さんは、孤立させられがちな内部告発者を「体験者」として精神的にケアしたいと語った。

内部告発経験者たち自身が、内部告発者保護の充実を目指して運動体を立ち上げるのは日本で初めてのことだった。これ以降、浜田さんは、一審・敗訴をものともせず、このネットワークを足がかりに、営業の経験を生かし、報道機関の記者たちや官僚、国会議員、有識者らに働きかけを重ねていくことになる。

筆者自身も朝日新聞の記者としてその働きかけの対象の一人だったといえるだろう。それまでに記事で取り上げたことのあった愛媛県警OBの仙波さんから勧められて、筆者は、一審判決6日前の10年1月9日、初めて浜田さんと会った。それ以降、何年にもわたって、筆者は毎月のように浜田さんから電話やメールで連絡を受けるようになる。

そのような浜田さんの「卓越した推進力」と「交渉能力」、そして「営業」努力が、公益通報者保護法の初めての抜本改正への動きを後押ししていくことになる。

浜田さん全面勝訴の高裁判決

2011年8月31日午前11時半、東京高裁民事第809号法廷。鈴木《すずき》健太《けんた》裁判長は、小さく低い声でささやくように判決主文を読み上げ始めた。控訴人席には浜田さんがいて、傍聴席は満席となっているが、被告・会社側の席にはだれもいない。

「品質保証部システム品質グループにおいて勤務する雇用契約上の義務がないことを確認する」。鈴木裁判長が主文第１項の⑴をそう読み上げると、浜田さんは軽くうなずいた。浜田さんの左横に座る光前幸一《こうぜんこういち》弁護士は左手の平《ひら》をグーの形にして、そのひじを机の上にたてた。裁判長が「２２０万円の金員《きんいん》を支払え」と会社に命じると、浜田さんは再びうなずいた。右横の中村雅人《なかむらまさと》弁護士はじっと裁判長を見つめた。

傍聴席の最前列には、「公益通報者が守られる社会を！　ネットワーク」の仲間の串岡さん、仙波さんが座っていた。その後ろには、日本消費生活アドバイザー・コンサルタント協会の消費生活研究所長などを務め、著書『内部告発の時代　組織への忠誠か社会正義か』（花伝社）を２００２年に出した宮本一子《みやもとかずこ》さんの姿があった。串岡さんは判決主文を聞きながら何度も大きくうなずいた。

言い渡しが数分で終わり、裁判長が退廷すると、浜田さんは中村弁護士と握手した。宮城朗《みやどあきら》弁護士と抱き合って、その背中をたたいて喜びを表した。「浜田さん、おめでとう」。仙波さんの声が法廷内に響いた。東京高裁は、会社側に「人事権の濫用《らんよう》」があったと認め、異動の命令を無効とし、控訴人・浜田さんを全面的に勝訴させる逆転判決を言い渡したのだ。

裁判所は矢田事業部長の責任を次のように指摘した。

「山陽特殊鋼の従業員転職に関する本件内部通報を含む一連の言動が控訴人（浜田さん）の立場上やむを得ずされた正当なものであったにもかかわらず、これを問題視し、業務上の必要性とは無関係に、主として個人的な感情に基づき、いわば制裁的に配転命令をしたものと推認できる」

「47歳であった控訴人をまったく未経験の異なる職種に異動させることは、従来のキャリアの蓄積をゼロにして、事実上、昇格及び昇給の機会を失わせる可能性が大きい」

「被控訴人矢田は、少なくとも過失責任を免《まぬか》れない」

「被控訴人矢田の行為は、不法行為法上も違法というべきである」

敗訴した一審で浜田さん側は、コンプライアンス室への通報の内容について、オリンパスの取引先である山特やその競合他社の営業秘密が山特出身のオリンパス社員を通じて互いに漏洩することで不正競争防止法に違反してしまう可能性、つまり、法令違反にあたる可能性があり、したがって公益通報者保護法の保護対象に入る、との主張に力点を置いた。しかし、地裁では認められなかった。二審判決もこの点については一審と同様の判断だったが、一方で、二審の東京高裁は浜田さんの通報内容について、「取引先からの信用失墜などのビジネス関係の悪化に関するもの」と認定したうえで、「その危《き》惧《ぐ》は相当の根拠を持つものであった」と指摘した。

オリンパスの社内ルールである「行動規範」には次のように書かれている。

「法令はもとより、倫理に反した活動や、これにより利益を得るような行為はしません」

浜田さんが問題視し、コンプライアンス室に通報した内容について、裁判所は「少なくともこの『行動規範』に反する、または反する可能性があると感じる行為に該当する」と判断。「営業チームリーダーとして、取引先企業の従業員のオリンパスへの転職の情報を得た場合、その事情を調査し、取引上の影響が危惧される場合に、上司にその旨を具申《ぐしん》するのは当然」と指摘した。

オリンパスのコンプライアンスヘルプライン運用規程では通報内容として「法令違反」だけでなく、「行動規範に反する、又《また》は反する可能性があると感じる行為」「業務において生じた法令違反等や企業倫理上の疑問や相談」を挙げている。裁判所は、これらに浜田さんの通報は該当すると判断した。そして、異動について「控訴人（浜田さん）が本件内部通報をしたことをその動機の一つとしている点において、配転命令は、通報による不利益取扱を禁止した運用規定《ママ》にも反する」と判断した。

　コンプライアンスヘルプライン運用規程には次のようにも書かれている。

「コンプライアンス室の担当者は、通報者本人の承諾を得た場合を除き、通報者の氏名等、個人の特定されうる情報を他に開示してはならない」

　これを前提にして、裁判所はコンプライアンス室長を批判した。

「コンプライアンス室の古川らは、控訴人（浜田さん）の秘密を守りつつ、本件内部通報を適正に処理しなければならなかった」

　ところが現実には、コンプライアンス室長は、浜田さんが通報者であることを上司の矢田事業部長に伝えた。これについて裁判所は「コンプライアンス室の対応は運用規定《ママ》の守秘義務に違反したもの」と判断した。

　品質保証部への異動についても、裁判所は「控訴人（浜田さん）の経歴にそぐわないものであること等をしんしゃくすると、本来の業務上の必要性や控訴人の適性とは無関係に、最初の配転命令の延長としてされたものと推認できる」とし、やはり「人事権の濫用」と判断した。

　浜田さんに対する会社側の人事評価についても裁判所は「不当に低いといえる」と指摘。「配転前においては合格点を下回る評価を受けたことはなかったのであるから、上司らの不法行為がなければ、賞与支給額の減額を受けることがなかった」と推認した。

裁判所は、複数の上司によるパワーハラスメントがあったとの事実も認定し、配転命令を無効とするだけでなく、損害賠償として220万円を浜田さんに払うよう会社に命じた。「オマエ」と呼んだり、提訴の翌日に社外との接触を禁止したりした一連の会社側の対応についても、裁判所は「不法行為にあたる」と判断。[7] 基礎知識のない配転先で新人同様の勉強をせざるを得ない浜田さんに「浜田君教育計画」と題する書面を渡したことについても、裁判所は「50歳となった控訴人（浜田さん）への侮辱《ぶじょく》的な嫌がらせであり、違法というべき」と批判した。

この判決は、内部通報制度に関する会社の内部ルールに会社の側が違反したことを理由に社員の人事異動を無効にした初めての裁判例とみられる。雇用をめぐる訴訟で、裁判所が配置転換を無効と判断するのは珍しく、また、会社の内部通報窓口の担当者による守秘義務違反を事実として認定した点、法令違反とはいえない企業倫理上の懸念を会社の内部通報窓口に通報した従業員を保護したという点でも、この判決は、企業社会全般に大きな影響をもたらすであろう画期的な内容だった。

判決言い渡しを法廷で傍聴した後、内部告発経験者の串岡さんは筆者に次のように述べた。「日本の企業風土を変えていく基礎になる良い判決が出た。こういう人事（内部告発者の左遷《させん》）を行えないように抑止する判例になるだろう。きわめて不十分な今の公益通報制度をより良い方向に変えていくきっかけになってほしい」

判決後の記者会見で浜田さんは「これまでサラリーマンとして組織に属しながら一人で組織と闘ってきました」と切り出し、次のように続けた。

「そのなかでいろいろな屈辱《くつじょく》、苦痛がありました。会社のこと、社会のことを思って正しく行動したつもりなのに正直者が馬鹿《ばか》を見る、そんなことがあってもいいのか、そんな事実から逃げるわけにはいきませんでした。それでもやめずにいたのは、これだけはどうしても納得できない、だから闘いをやめるわけにはいきませんでした。今日、裁判所より、配転命令の無効、不法行為による損害賠償を認める判決をいただき、とりあえず一区切りがついたという思いです。オリンパスには、この判決に従って私の適正な処遇を考えていただきたいと思います。そして平和な普通のサラリーマン生活に一日も早く戻してほしいと思います」

浜田さんの訴訟代理人であり、内閣府の消費者委員会委員長代理でもあった中村雅人弁護士は「裁判所は各企業に向けて『こういうことをやってちゃダメですよ。通報制度の運用を適切にやりなさい』というメッセージを送っているんだと思う」と述べ、「日本の公益通報者保護法が実質的に意味のある〝生きるもの〟になっていくためのメッセージを含んだ歴史的意義のある判決だ」と評価した。

2　巨額不正経理を英国人社長が追及

ジャーナリストに資料を提供

東京・西新宿の高層ビルにあるオリンパスの中枢《ちゅうすう》部署に、のちに深町隆《ふかまちたかし》という筆名で呼ばれることになる40歳代の男性社員がいた。

社内の奥深くで巨額の不正経理が行われているようだという疑いに、その深町さんが気づいたのは、

２００８年５月のことだった。

きっかけはその年２月22日の取締役会の資料だった。３カ月ほどの時間差があったが、たまたま目にする機会があった。そこに書いてあった異常な支出に、深町さんは「特別背任に問われかねない案件だ」と直感した。

その２月22日の取締役会で、オリンパスは、資源リサイクル会社「アルティス」、健康食品販売会社「ヒューマラボ」、調理容器製造会社「ＮＥＷＳ　ＣＨＥＦ」の３社の株を最大６１４億円で買い増して、これら３社を子会社化すると決定した。３社のために投入する総額は、それ以前の投資をあわせると７００億円を超え、それは３社の事業内容に比較して、あまりに高い値段だった。

実はこの「買収」は、ひそかに損失を穴埋めするための資金を調達するスキームの一環で、菊川《きくかわ》剛《つよし》社長、山田秀雄《やまだひでお》専務、森久志《もりひさし》取締役らが画策した偽装工作だった。高山修一《たかやましゅういち》氏ら多くの取締役はそうした事情を知らずにこの「買収」に賛成し、のちに「経営判断の推論過程及び内容が著《いちじる》しく不合理であって、善管《ぜんかん》注意義務違反が認められる」と批判され、会社から訴えられることになる。

２００８年当時、そうした裏の事情を知るのはごくわずかな数の役員と社員だけで、深町さんは知らなかった。しかし、同年５月に偶然資料を見てその異常さには感づいた。

それ以降、疑念は消えることなく、深町さんの良心を苦しめ続けた。その苦悩を共有し合える人が社内にはいなかった。異常に気づいている人はいたが、担当役員の怒りに触れないように、知らないふりをするしかなかった。

深町さんは、内部通報や内部告発を検討したが、なかなか実際の行動には踏み切れなかった。

翌２００９年２月27日、「告発者名　社内窓口が明かす　オリンパス社員『制裁人事』」という見出しの記事が読売新聞に掲載された。浜田さんに関する記事だ。それを読んで深町さんは「内部通報制度を利用すると逆に危ない」と思った。結局、検討していた内部通報制度の利用をあきらめた。

10年11月、尖閣《せんかく》諸島沖での中国船と日本の巡視船の衝突を映したビデオが動画サイト「ユーチューブ」で暴露されたものの、投稿者の海上保安官が当局によって突き止められてしまう出来事があった。「ネットを使った告発も結局はリスクが大きい」と思った。

11年２月、新しく社長になると発表されたマイケル・ウッドフォードさんに直接連絡をとろうかと考えたが、社内の友人に「彼が真に受けてくれる保証がどこにあるのか」と忠告された。ウッドフォードさんも菊川社長に後任の指名を受けた人物である。それに、副社長の山田氏に総務・人事はすべて押さえられており、不正の通報のたぐいはすべて山田氏のもとに集約されるであろうことを想像できた。

のちに深町さんが出版した著書『内部告発の時代』（平凡社新書、２０１６年）や本人の話によれば、思案した揚《あ》げ句《く》、11年３月、東日本大震災と福島第一原発事故で世の中が騒然としていたころ、都内のレストランで、知り合いのジャーナリスト、山口義正《やまぐちよしまさ》さんに資料を手渡した。

その年の７月19日、深町さんの内部告発に基づいた山口さんの取材によって、１千億円を超える不正経理の疑惑が月刊誌「ＦＡＣＴＡ」の２０１１年８月号で報じられた。

「オリンパス『無謀Ｍ＆Ａ』巨額損失の怪《かい》」との見出しがつけられたその記事は、のちに刑事事件の核心として問題となる二つの事実をほぼ正確に暴露していた。すなわち、新事業を手がける国内３

社を700億円という破格の高値で買収し、翌年、その大部分を損失に計上した問題、そして、英国の医療機器会社ジャイラスを2100億円余で買収した後、正体不明の相手に約600億円を払った問題である。情報源の名前は伏せられていた。

そんなに多くの人が目にする雑誌ではないものの、たまたま、オリンパスのイギリス人社長、マイケル・ウッドフォードさんは、知り合いからこの記事の翻訳を受け取った。ウッドフォード社長は、これはただ事ではないと思った。

英国人社長による社内の追及

ウッドフォードさんは、81年3月にオリンパスの英国代理店に入社し、以後30年あまりにわたってオリンパスのために働いてきた。妻と出会ったのも81年で、のちにウッドフォードさんが日本の記者たちを前に自身の「忠誠心」の厚さを示そうと強調したのが、オリンパス、そして妻との30年にわたる付き合いの長さだった。オリンパス欧州法人の社長などを経て、2011年4月に菊川氏の後任のオリンパス社長となった。ひそかに損失隠しに関わっていた菊川氏は会長に、森氏は副社長に、山田氏は2カ月後に常勤監査役となった。

『FACTA』の記事を見たとき、私は『ああ、私は何もやることがない』と思いました」と、ウッドフォードさんはのちに振り返った。そのくらいに「FACTA」の初報は、データがしっかり書き込まれていて、オリンパスの中枢にいる内部告発者の協力を得たであろうことを推測させる書きぶりだった。情報源を保護するために一部はぼかされていたが、非公表のデータがふんだんに盛り込まれていた。専門知識のない素人でもその二つの巨額の支払いについて、不自然で不明朗《ふめいろう》だと容易に理解できる内容となっていた。

ウッドフォードさんの話によれば、11年8月2日昼、前任の社長でそのときは会長だった菊川氏に「『ＦＡＣＴＡ』の記事は事実ですか？」と問いただした。菊川会長は、大部分は事実と認めた、という。

9月23日以降、ウッドフォード社長は担当の森副社長に6回にわたって次々と質問状を送った。そのやりとりは同僚の取締役や監査役に同送された。いわば社内の取締役会の監視のもとに調査を進めた。

9月30日に開かれた取締役会で、ウッドフォード社長をＣＥＯ（最高経営責任者）に昇進させる人事が決まり、菊川会長は経営執行会議のメンバーから外れて同会議に出席しないことになった。

ＣＥＯ昇格に関する同社の発表文はウッドフォード社長について「就任時の期待を超える仕事をしてきた」と称賛し、菊川会長も「マイケルが実施している社内改革はすでに、非常にポジティブな効果をもたらしている」とコメントした。もっとも、この発表文は英語でしかリリースされなかった。

マイケル・ウッドフォードさん

ウッドフォード社長は、大手会計事務所ＰｗＣに不正経理疑惑の調査と分析を依頼した。10月11日、「不適切な行為が行われた可能性を排除することはできないと考えられる」との報告書をＰｗＣから受け取った。

ウッドフォード社長は、これはガバナンス上の深刻な問題であるという結論に達し、「会社の信用と自分の良心を守るためには、菊川氏らの辞任を求めるしかない」と考えた。10月12日夜、「当事者の責任が明確にされなければならない」とのメールにPwCの報告書を添付し、それを取締役会メンバーに送信した。前任社長である菊川会長と部下の森副社長の2人に対して辞任を求める手紙を突きつけたのだ。

内心ではウッドフォードさんは、菊川会長らの辞任が実現する可能性は低い、と分かっていた。「彼らは私の動きを止めようとするだろうと予測していました。私が社長を続けていれば、会計士に過去の企業買収の経緯を調べさせ、場合によっては捜査機関にも情報を提供する可能性がありました」。そのため、自分の身に何かが起こることに備え、辞任要求のメールは監査法人にも同送した。没収されないようにパソコンや資料を事前に安全な場所に移した。

2日後の14日午前9時に緊急の取締役会が招集され、菊川会長が緊急議題としてウッドフォードさんの社長解任を提案。利害関係者として投票を認められなかったウッドフォードさんを除く全員の賛成で可決された。

その日、対外的には、オリンパスは社長解任の理由について、「ウッドフォード氏と他の経営陣の間にて、経営の方向性・手法に関して大きな乖離《かいり》が生じ、経営の意思決定に支障をきたす状況になりました」と発表した。

東京証券取引所で森副社長とともに、社長に復帰した菊川会長が記者会見した。

「日本の文化といったようなものを日本の経営には生かさなくちゃいけないわけですが、そのへんを彼には理解してもらえなかった」

「コミュニケーションやカルチャーなどの、さまざまな壁を打破できませんでした」
菊川会長兼社長はそのようにウッドフォード社長解任の理由を説明した。

前社長による英国経済紙への内部告発

前社長でいち取締役となったウッドフォードさんは「だれに連絡するのが最良だろうか」と考えた。英国の経済紙フィナンシャル・タイムズ（ＦＴ）のジョナサン・ソーブル記者が頭に浮かんだ。

２０１１年４月にオリンパスの社長になって間もないころ、ウッドフォードさんは西新宿の本社で、ＦＴ東京支局のソーブル記者のインタビューを受けたことがあった。その結果、７月５日、「変化しつつある日本の『ガイジン』社長たち」という見出しの記事が大きくＦＴ紙面に掲載された。ソーブル記者は日本について多くの記事を書いており、ウッドフォード社長はその読者だった。ウッドフォード社長はソーブル記者をジャーナリストとして尊敬し、それに加えて、ＦＴの独立性にも敬意を抱いていた。ＦＴは広告など営業上の配慮で紙面を歪《ゆが》めることはないし、何者に対しても遠慮をしないだろうということを知っていた。だからソーブル記者を選んだ。

9月20日発売の「ＦＡＣＴＡ」（10月号）のオリンパスの巨額損失に関する続報記事は、この問題について「反社会的勢力」の関わりをほのめかしていた。就任したばかりの社長を解任するなどという乱暴な手段を使ってくるということは、やはりこの不明朗支出の背後に反社会的勢力の関与があって、菊川会長や森副社長はそれへの恐怖心に駆《か》られているのではないか。ウッドフォードさんとしては、そう疑わざるを得なかった。身の安全を考えて「一刻も早く日本を出たい」と思った。ウッドフォードさんは、渋谷区代々木神園町《よよぎかみぞのちょう》の自宅マンションに戻り、荷物をまとめて自宅を出ると、そばの代々木公園からソーブル記者に電話した。先の取締役会から2時間たった午前11時ごろのことだった。

事前に段取りしたわけではなく、ソーブル記者が東京にいるかどうかは分からなかった。

代々木公園近くにある自宅マンションにいたソーブル記者は、「マイケル・ウッドフォード」の名がアイフォーンの画面に表示されているのを見た瞬間、「わざわざ彼が電話してくるということは、社長解任の裏に、会社が隠している何かがあるのだろう」と即座に思い至った。

ウッドフォード前社長が用件を話し始めるより先、ソーブル記者は電話に向かって言った。

「私もあなたに電話しようとしていたところでした。ニュースは見ました。何があったんですか?」

ウッドフォードさんはソーブル記者の問いかけに「実はすごいことが起きてるんだ」と答えた。

「何億ドルもの資金が消えたんだ。私の解任理由として会社が言っていることはデタラメで、それを裏付ける資料も全部ある。それをあなたに渡したい。代々木公園の中にアイスクリームスタンドがあって、いま、そこにいる。来てくれないか」

ソーブル記者は「なぜ公園で?」と疑問に思って尋ねた。ウッドフォードさんは「身の安全を心配している」と答えた。

「この件にどのような人が関わっているか分からない。これだけの大金が消えているのだから、もしかしたら、怖い人たちがからんでいるかもしれない。だから気をつけている」

ソーブル記者は「小さなカフェが近くにあるので、そこに来てください」と言った。ソーブル記者が住むマンションの隣のビルの1階に、カジュアルフレンチのブラッスリーがあった。そこを待ち合わせ場所に指定した。

電話を切ってから着替えを済ませ、そのブラッスリーに入るまで10分ほどしか過ぎていなかったが、ソーブル記者が店に入ると、すでに、一番奥の席にウッドフォードさんがいた。神経質になっている様子がその表情に見てとれた。午前11時半に開店した直後のその店には、ほかに男性客が一人いるだけだった。

厚さ10センチほどもある書類が綴《と》じ込まれた黒いバインダーを渡された。ウッドフォードさんが調査と分析を依頼した大手会計事務所ＰｗＣの調査報告書があった。９月23日から10月12日にかけてウッドフォードさんが森副社長、菊川会長らオリンパスの取締役に送った6通のメールと、それへの返信メール、その添付資料があった。疑惑を7月19日に最初に報じた月刊誌「ＦＡＣＴＡ」の記事の英訳もあった。

1時間ほど話をした。ソーブル記者によれば、ウッドフォードさんは自身について「内部告発者(whistleblower)」であることを自覚していた。ウッドフォードさんは「ほかに、名前を出せない内部告発者がいる。彼らは私よりも大きなリスクを背負っている」とも話した。深町さんのことだ。カフェラテをお代わりした。

ウッドフォードさんによれば、ソーブル記者に「世界にこれを公表することがとても重要だ」と伝え、そのときソーブル記者はショックを受けているように見えたという。

ウッドフォードさんはその日、空路、東京・羽田空港を出発した後、経由地の香港でソーブル記者と連絡を取り合い、補足の質問を受けた。翌15日、土曜日にロンドンの空港に到着した。新聞売り場にFTがあった。

「解雇されたオリンパス社長が10億ドル超の支払いの理由を追及」という見出しの記事が、そのFTの一面に掲載されていた。「ウッドフォード社長は10億ドルを超える支払いについて疑問を提起している」という内容の記事だった。「単なる文化の衝突ではない」とのサイド記事もあった。

「機密情報開示に憤り」と新社長

この記事が出た後もしばらく、オリンパスは会社を挙げて、「決して不正はございません」「ウッドフォード氏の独断専行な行動、大きな不協和音があった」と言い続けた。

FTの報道によって解任の舞台裏が明らかとなり、以後、海外メディアを中心に疑惑に関する報道が相次いだ。週明け、オリンパスの株価は急落した。

インターネット上にあるオリンパスのホームページのトップに、菊川社長のメッセージが掲載された。「一連の報道内容や株価の低迷等を通じて、各方面にご心配、ご迷惑をおかけしておりますことについて「深くお詫《わ》び申し上げます」と前置きしたうえで、「新聞等で報道されている過去の買収について「適切な評価、手続きを経て実施した」「決して不正行為はございません」と抗弁した。「報道が悪い」と言わんばかりの反論だった。

2011年10月19日、オリンパスは「一連の報道に対する当社の見解について」と題する書面を発表した。[8] その中で、ウッドフォードさんを次のように批判した。

「現在も当社の取締役という立場であるにもかかわらず、経営の混乱を招き、企業価値を損ねたことは真に遺憾《いかん》であり、同氏に対し、必要に応じて法的措置も検討したい」

10月22日にはオリンパス本社の総務部門幹部から、取締役や執行役ら数十人に「【秘】法的対応に向けた情報収集―資料作成のお願い」と題するメールが送信された。

「現在経営が直面しておりますマイケル・シー・ウッドフォード氏（ＭＣＷ）の件については、今後法的措置を講ずる局面に進むことが避けられない状況であり、会社として問題提起／防御の両面から材料を準備しておく必要があります。これに備えるために、社長就任前後から今日に至るまでのＭＣＷの行動について整理し、問題点を積み上げることが必要となります。日々、ＭＣＷ氏のマスコミや当局に対する情報の流布《るふ》が活発化しており、出来るだけ早い法的措置を準備すべき状況です。つきましては……」

そんなふうにそのメールは始まっており、「ＭＣＷの代表取締役・取締役・社長としての資質・能力を欠くと思われる行動・発言又は意思決定等をご存知《ぞんじ》であれば、その具体的な内容をご教示下さい」など5項目の依頼が列挙され、２日後までの返信を求めていた。つまりこれは、解任した後に解任の理由となる「材料」を探すというありさまである。

10月26日、菊川氏は社長兼会長を辞任した。筆者はその一報を聞いて、ついに菊川氏は不正経理の責任をとらされたのだろうと推測したが、それは間違いだった。高山修一《たかやましゅういち》・新社長の記者会見でそれが否定されたのだ。

東京・西新宿の京王《けいおう》プラザホテル44階の宴会場「ハーモニー」でその日の夕方、高山新社長の記者会見は急きょ開かれた。新社長お披露目の記者会見ではあったが、華やかな空気はみじんもなく、前任の菊川氏の姿がないなか、高山氏が一人ぽつんと、沈痛な表情で座っていた。解任されたウッドフォード社長による内部告発が明らかとなり、騒動が始まってから初めてのオリンパス経営者の記者会見でもある。内外の記者たちからの注目度は高く、筆者もあわてて駆けつけ、高山新社長の言動を固《かた》唾《ず》をのんで見守る、その一人だった。

高山社長は、疑惑をもたれている国内3社の買収価格について「適切だというふうに認識をしております」と断言した。ウッドフォード社長解任についても、「独断専行な行動、私の部下を含めて極めて強い恫喝《どうかつ》、こういったものが随所にあった」として「これでは会社としてうまく進めていくことができない」と正当化した。また、ウッドフォードさんへの法的措置を検討しているとも述べた。

「ウッドフォード氏は本来取締役でありながら、社内の機密情報を全部開示してしまったわけですよね。このことについて我々としては大変な憤《いきどお》りを感じているわけであります」

この記者会見で筆者は、浜田さんを勝訴させ、会社を敗訴させた2カ月前の東京高裁判決に触れて、高山社長に質問した。

筆者「朝日新聞の奥山と申します。8月末に東京高等裁判所であった判決はご存じだと思うんですが、コンプライアンス違反の疑いを指摘した人を社長から解任したり左遷したり、そういうことが相次いでいるのは、何か会社のガバナンスに問題があったのではないかと疑わざるを得ないんですけれども、そのあたり、もし、判決で指摘されたことも含めて、反論があれば。特に内部告発者保護とか公益通報者保護とか、そういう観点から見たときに先ほど社長は『社内の機密を外にばらまいた』ということで元社長、ウッドフォード氏を厳しく批判されましたけれども、裏を返せば『そういう内部告発をしたらいかん』とおっしゃっているように聞こえるので、そのあたりちょっとかみ砕いてご説明していただけたらと思います」

社長「まったく無関係でございます。本日は大変申し訳ないのですが、この件についてコメントするときではございませんので、きょうは以上にさせていただきたいと思います」

筆者「同じようなことが相次いで指摘されているので、もうちょっとかいつまんでご説明していただいたほうがいいのかなと思ったんですけど、それは無理でしょうか？」

社長「きょうは控えさせていただきます」

高山新社長の受け答えを聞いて、筆者は、オリンパスは公益通報者に報復する会社であると見られてかまわないと宣言したのも同然であると思った。

翌27日昼に同じ京王プラザホテルの4階の宴会場「花」で開かれた記者会見でも、高山社長は、ウッドフォード元社長から指摘された過去の企業買収の問題点について「適正な処置をしていると認識していたので、ウッドフォード氏の主張はあたっていないと判断した」と強弁した。また、「それを理由に『辞めろ』というようなところまで言うような社長に対して、『これではいけない』というのが本音でございます」と明かした。ウッドフォードさんが疑惑の責任を追及して菊川会長らに辞任を要求したことが、ウッドフォードさんを社長から解任するに至った真の理由であるとの「本音」を認めたとも言える発言である。

この記者会見で、高山社長の右隣に座る川又洋伸《かわまたひろのぶ》・取締役財務本部長は次のようにウッドフォード元社長を批判した。

「社内の、非常にあの、機密文書、あるいは契約書につきましても、契約、第三者の契約当事者と守秘義務があるにもかかわらず、外部に対してその情報を流していたということに対して、その責任は非常に重い」

正当な内部告発への敵意をむきだしにした発言だと筆者は思った。

「重大な非行」理由に報酬減額

一方、ウッドフォードさんは、各国の新聞記者だけでなく、英国の重大不正取締局（SFO）、米国の連邦捜査局（FBI）、日本の証券取引等監視委員会など当局に資料を提供し、精力的に疑惑を内部告発した。ニューヨークでFBIの捜査官と会った際には米司法省の検事2人も同席し、会合は3時間を超えた。

ウッドフォードさんにとって、このような、世界各国の捜査機関や報道機関に働きかける活動は、のちに「こんなに会社のために働いたことはそれまでなかった」と振り返るほどだ。と同時に、「人生で最も精神的に困難な試練が続いた」という。「家族や周囲の人々は深刻なトラウマ（心的外傷）に悩まされてきた」。妻が夜中に悪夢にうなされ、おびえながら目を覚ますことがしばしばあった。

２０１１年11月３日には、英国ロンドンで筆者のインタビューを受けた。筆者は、１９９０年代から多くの経済事件を取材してきており、内部告発に関する著書もあると自己紹介した。すると、ウッドフォードさんは「グーグルであなたの名前を検索した」と言い、「あなたは独立心のあるジャーナリストですね？　あなたは強い者に従順でないですね？」と確認を求めてきた。ウッドフォードさんは、日本の新聞の消極的な報道ぶりを取り上げて、「とても心配です」と述べた。「民主主義と資本主義にとって、物事が機能するためには、強い報道機関がなければなりません。ときには人々がメディアを批判することがあります。しかし彼らは、物事を健全で自由で正直で透明にしておくには最も重要な機関かもしれません」

ウッドフォードさんの態度は真剣勝負そのものだった。良い加減でお茶を濁すのではなく、妥協を許さず、完璧を目指して根底を突き詰めるコミュニケーションのスタイルだ。パソコンを操りながらの、51歳の辣腕《らつわん》ビジネスパーソンの立ち居振る舞いの途中、ポーズをとっての写真撮影に応じたとき、はっとするほどナイーブなティーンエイジャーのような表情を見せた。筆者のインタビューは約３時間にわたった。

オリンパスは、日本の企業統治の欠陥を象徴する問題として世界の注目を集めた。フィナンシャル・タイムズ紙は10月27日付の社説で「オリンパス取締役会は支出の解明よりも菊川前会長を守ることに関心を示している」と批判。「同じような説明責任の欠如《けつじょ》があまりにも多くの日本企業に見られる」と指摘した。

米ニューヨーク・タイムズ紙は「真に独立した取締役がめったにおらず、企業統治にしばしば欠陥がある日本の現状を裏付けるエピソードだ」という専門家の見方を紹介。ウォールストリート・ジャーナル紙も社説で「どういうわけか日本企業のガバナンスは常に改革の入り口で足踏み状態にある」と皮肉った。

森岡《もりおか》孝二《こうじ》・関西大学経済学部教授（企業論）は「近年は日本の株式会社でも、企業統治、法令順守、説明責任、情報開示の重要性が言われてきた」と指摘。「これらが全て欠けているのが今のオリンパスではないか」と話し、筆者の記事に引用された。[9]

オリンパスは第三者委員会を設けて、その弁護士たちに調査を依頼せざるを得なくなった。すると、第三者委員会が調べ始めて1週間ほどして、巨額の粉飾決算が異常な支払いの原因であることが判明した。11月8日朝、オリンパスはそれを公表し、やっと不正経理を認めた。

その8日の午後、高山社長は京王プラザホテルで緊急記者会見を開き、その冒頭、立ったまま次のように述べた。

「前回10月27日の会見におきまして申し上げたことと異なる事実が判明いたしましたので、ここにお詫びを申し上げるとともに、ご報告をいたします。今回の一連の経緯につきましては、過去の損失計上を先送りしたことによるものと判明をいたしました。たいへん申し訳ございません」

高山社長が頭を下げると、カメラのシャッターを切る音がしばし猛烈な勢いで響いた。その後、高山社長は椅子《いす》に座った。

高山社長は「昨日夕方に森副社長から報告を受けた」として損失隠しを認め、「前回の発表は間違いであったということでございます」「この一件に関わる責任者は菊川、山田、森の3人でございます」と述べた。

ウッドフォード元社長について、記者たちと高山社長の間で次のようなやりとりがあった。

記者「ウッドフォード氏の処遇等については？」

社長「現在退職をしている状況でございますが、変える予定はございません」

記者「その理由を教えてください。というのは、ウッドフォード元社長は過去の買収を問題にしていたわけで、その社長を解任したのは取締役会全体の問題があると思うんですが」

社長「ウッドフォード元社長の件でございますが、ウッドフォード元社長の解任については、ご本人の資質、ならびに独断専行的な行動、これを私どもが受け入れられないと認識し、処置をいたしましたので、現時点におきましては、ウッドフォード社長の現在の措置を変更することはございません」

記者「『独断的な行動』ということなんですが、今から見ると、どちらかというと正しい行動に見えますが、そのへんはどう思いますか？」

社長「社長でありながら、日本におりませんでしたし、会議が延期されるという状況もありまして、会社として十分機能しないという面もございました。組織を飛び越えてダイレクトにいろんな指示をするということもありまして、そういった点からウッドフォード氏の評価をいたしました」

記者「そのウッドフォード氏が社長にならなければこの問題は表に出なかったということについてどう思う?」

社長「必ずしもそうではないと思うんですね。今回も監査、入っておりますけれども、この監査のなかでも本来であれば分かる可能性もあったと思ってます。まぁ、たまたま、まあ早かったかもしれません」

記者「それは本気でおっしゃってるんですか? 10年、20年気づかなかったことを、近いうちに監査役が気づいたとか、本当にそういうふうに思っている?」

社長「あの今のお話で私としては社内でも明確にしなければならないというふうに思っていますので、本来であれば取締役や監査役でですね、明確にすべき内容だったというふうに思ってます」

記者「ウッドフォード氏について『独断専行』とおっしゃっているんですが、この『独断専行』という評価の理由の一つとして、本件に関する指摘を取締役会等で行ったことも含まれているという理解でよろしいですか」

社長「この件は基本的にはそのときにはなく、あの、これまでのウッドフォード氏の約6カ月にわたる行動が主でございます」

損失隠しを認めた後も、オリンパスはウッドフォード元社長への嫌がらせをやめなかった。11月21日、「重大な非行」を理由に報酬の大部分の支払いを25日から停止すると元社長に通告した。10月14日に社長職を解任された後も、ウッドフォードさんは執行権限のない取締役を務めていた。

ウッドフォードさんの待遇は、４年間の条件固定で、地位の変更があっても変わらない約束だが、「重大な非行」があった場合はその例外になる。「重大な非行」の内容について、オリンパスからウッドフォードさんに説明はなかった。

「だれも本当のことを言わなくなった」

元最高裁判事の甲斐中辰夫《かいなかたつお》弁護士を委員長とする第三者委員会は２０１１年12月６日、調査報告書をオリンパスに提出した。

その報告書には次のように書かれていた。

「経営中心部分が腐っており、その周辺部分も汚染され、悪い意味でのサラリーマン根性の集大成ともいうべき状態であった」

「役員の間には、会社を私物視する意識が蔓延《まんえん》し、株主に対する忠実義務などの意識が希薄であった」

「取締役にはイエスマンが多く、取締役会は形骸《けいがい》化していた」

「公正であるべき人事が歪められ、秘密を共有する者、隠蔽《いんぺい》等に加担した者が優遇される体制が維持されたことは重大な欠陥である」

「会社トップが長期間にわたってワンマン体制を敷き、（中略）正しいことでも異論を唱えれば外に出される覚悟が必要であった（そのことは、ウッドフォードの処遇を見ても明らかである）」

第三者委の報告書は、オリンパスの取締役たちについて「巨額の資金の運用や移動、巨額損失の発生といった事象について問題として意識もされない程《ほど》に役員の感覚が鈍磨《どんま》していた」と批判し、「健全な経営感覚からすると疑いを持ってしかるべき取引が取締役会に上程《じょうてい》されたとき、正確な情報が与えられないこともあったが、十分な検討が行われた形跡はない」と指摘した。また、疑惑を追及したウッドフォード元社長を解任したことについて、第三者委の報告書は「オリンパスの取締役会はここでもチェック機能を果たせなかったことになる」と批判的に言及した。

第三者委の甲斐中委員長はその日の午後3時から、東京・大手町の貸会議室で記者会見を開いて、次のように述べた。

「ワンマン体制が長く続いて、会社で異論を述べることがはばかられるような状況、正論を言えば外に出されることを覚悟しないといけない、というような状態が続いていた。そうするとイエスマンがまわりに増えて、だれも本当のことを言わなくなる、というような状態があった」

第三者委の調査で判明したことの一つに、内部通報制度に関するある経緯があった。

オリンパスでは過去、コンプライアンス室や監査役会から、コンプライアンス室の窓口に加えて、外部にも通報窓口を設置する案が複数回にわたって提案されていた。にもかかわらず、副社長だった山田氏がこれに強く反対し、実現しなかった。[10] 山田氏は反対の理由について「労務問題が多いので、外に設ける必要はないのではないか」と主張したという。[11] その結果、オリンパスでは、重要な内部通報案件はすべて最終的に社長に報告される仕組みだった。

山田氏は、その社長とともにそのころ粉飾決算を主導した当人だった。つまりオリンパスでは、内部通報制度を充実させようというコンプライアンス室の構想が粉飾決算の犯人らによって却下され、内部通報制度が骨抜きにされていたのだ。

コンプライアンス室は匿名の内部通報も受け付けていたが、通報を取り上げて調査を開始するにあたっては通報者に実名を明かすよう求めていた。実際、「架空《かくう》伝票処理」の通報があったのに、その社員に名前を明かすよう求めたために、通報が取り下げられたこともあった。

第三者委は「内部通報制度本来の機能（不正に関する社内自浄機能）は著しく損なわれていた」と結論づけた。

「通報内容が（中略）経営者を含むコンプライアンス室の上長に関連する事象であれば、通報者は通報をためらうことが予想される。したがって、通報者の保護や、通報に対する適切な対応という観点から、より独立性の高い機関、たとえば社外役員や、監査役、外部機関（法律事務所等）に直結した通報窓口も併せて設けるべきである」

最初にこの不正を月刊誌「ＦＡＣＴＡ」に内部告発した深町さんは、不正を追及しようとする人間を社長でさえ解職する会社の強い姿勢を目の当たりにして、「いずれにしろ、内部通報制度の利用は無理」と改めて思った。

「そもそも、現行（06年4月施行）の公益通報者保護法は、トップが関与した犯罪に関しては、効力がないということです。オリンパスも、取締役会、監査役会、監査法人など、会社法で定められた強力なチェック機構がすべて無力化されました。それだけ、日本企業のトップが持つ経営権は強いのです。ですから、最初、内部通報制度を利用しようとした自分は、まったく認識が甘かったと思いますし、浜田さんの事件のおかげで、目を覚まされたと言ってよいでしょう」
「結果からしても、信用の置けるジャーナリストへの匿名通報を選ばざるを得なかったし、今でもそれが最良の方法だったと思っています」

3 もの言えない風土に長年の不正

バブル期に始まった損失隠し

第三者委員会による調査や東京地検特捜部の捜査などによって分かったところによれば、オリンパスの損失隠しは1980年代後半のバブル期に端を発していた。

オリンパスは、日本国内で製造したカメラや顕微鏡、内視鏡を欧米に輸出していたが、85年（昭和60年）以降、急激な円高で収益を圧迫された。そのため、下山敏郎《しもやまとしろう》社長（当時）は証券投資を積極的に行い、営業外収益を確保しようと考えた。安全な金融商品だけでなく、債券や株式の先物取引、金利・為替スワップ、仕組み債、特定金銭信託、特定金外信託《きんがい》によって積極的な「財テク」を始めた。

ところが87年、10月19日に発生した世界的な株価大暴落、いわゆるブラックマンデーで100億円の損を被《こうむ》った。検事に対する供述の調書によれば、下山社長は、これだけの損失を計上すれば、投資家に不安を与え、オリンパスの経営に大きな影響が生じかねないことから、損失計上を避けたいと考えた。取締役経理部長だった岸本正寿《きしもとまさとし》氏や財務担当だった山田氏らに対し、「損失を表に出さないように処理してくれ」と指示した。

90年に入ると、バブル経済が崩壊を始め、株式相場が大幅に下落した。オリンパスは、その保有する金融商品に含み損《ふくぞん》を抱えてしまった。この含み損を取り戻すため、ハイリスク・ハイリターンのデリバティブなどの金融商品に手を出したが、ますます損は大きくなった。下山社長はその損失を表《おもて》沙汰《ざた》にしないことにした。91年ごろには、損失計上を先送りするために金融テクニックを駆使した決算対策商品に手を出した。決算期末に含み損を抱えた金融商品を証券会社に購入させ、期末が過ぎると買い戻す「飛ばし」も始めた。

96年夏ごろには資産運用の含み損は約９００億円に達した。一方、「飛ばし」に協力してくれる証券会社は徐々に減っていった。そこでオリンパスは、下山氏の後任の岸本社長の了承の下で、租税回避地（タックスヘイブン）のケイマン諸島に帳簿外のファンドをつくり、そこに含み損を抱えた金融商品を移すことにした。山田、森の両氏はオリンパス本社の財務部門に所属し、こうした損失の「飛ばし」を実行した。98年ごろには損失は９５０億円ほどに膨らんだ。

東京地検の検事が作成した岸本氏の供述調書によると、岸本氏は、損失を公表したくない思いと、損失を公表すべき責務との間で「板挟み」だった。隠している損失額があまりに多額で、99年ごろ、「このまま乗っている飛行機が墜《お》ちればいいのに」と現実逃避を思ったこともあった。のちに岸本氏は「損失隠しの問題で、私の後任である菊川や、損失隠しの実務を任せていた山田、森が逮捕されるという事態にまで発展したわけだが、損失を隠したことや損失を膨らませてしまった責任はむしろ私にあるとさえいえると思う」と検事に供述した。

下山氏は2004年に取締役を退任し、その後任の岸本氏も05年に取締役を退いたが、損失隠しはその後も菊川社長の下で継続した。

森氏の供述調書によれば、森氏は「自分の果たすべき責任を覚悟して全力を尽くす」という心境で損失隠しに関わった。もてる力を精いっぱい傾け、「長年の負の遺産」に取り組んだ。社内の会議で「様々な作り話」をした。決して表に出せない秘密を抱え、社内の同僚を欺《あざむ》いた。それも「私がやるしかない」と覚悟を決めていたからできたことだった。

見かけ上の利益を水増しした決算を発表し、その決算に基づいて株主に配当したり自社株を取得したりした。そのようにして株主に支払われた社内資金の総額は2007年から11年にかけての4年余の間に586億円余に上った。それは、決算の真の実情からすると、許されざる違法な資金流出だった。

「飛ばし」によって隠した損失は1千億円超に達したが、いつまでも放置できるはずがなく、いつかは解消しなければならなかった。そこで山田、森の両氏は、アルティスなど国内の新事業3社を買収する際にその代金を水増しし、水増し分を還流させて損失を穴埋めすることにした。水増しと還流、損失穴埋めについて事情を秘したうえで、国内3社の買収について08年2月22日の取締役会で承認の決議を得た。

深町隆さんが巨額不正に感づいたのは、そのときの取締役会の資料を目にしてのことだった。

経営陣が自白に追い込まれた舞台裏

２０１１年春、菊川氏は、執行役員のマイケル・ウッドフォードさんを後任の社長に登用し、自分は会長となった。

損失隠しについて、ウッドフォード社長は何も知らされていなかった。前述したように、深町さんの内部告発に基づいて執筆された月刊誌「ＦＡＣＴＡ」の記事を見て、その年の夏以降、社内で調査を進め、10月12日、菊川会長と森副社長に辞任を迫った。

10月14日、取締役会はウッドフォードさんを社長・ＣＥＯから解任した。翌15日以降、ウッドフォード前社長の捨て身の内部告発により、疑惑報道が相次ぎ、オリンパスの株価は急落した。

このとき専務だった高山氏の刑事公判での証言によれば、取締役たちの議論のなかで「混乱を収拾するためには菊川さんに辞任していただかざるを得ない」という結論となり、10月26日、高山氏が後任社長に就いた。その際に損失隠しについて引き継ぎはなく、高山社長はなお、記者会見で「不正はない」と言い続けた。11月１日に第三者委員会を設置し、疑惑に関する「徹底的な調査」を依頼したが、その時点で高山社長は「調べれば、おそらく『問題ない』という結論が出るだろう」と思っていたという。筆者は法廷でこの証言を直接聞いており、高山氏の口ぶりからすると、どうやら高山社長は本気でそう思い込んでいたようだ。

第三者委の調査に対し、オリンパス社内の関係者は全員、当初は「いっさい不正はない。正当な取引である」と主張した。それに対し、第三者委の甲斐中委員長は「どう考えても、この取引には矛盾があり、疑問点があまりにも多い」と感じ、聴取を重ねた。

社長を辞任したものの取締役として会社に残っていた菊川氏は週末の11月５日、森副社長、山田常勤監査役（元副社長）と東京都千代田《ちよだ》区内幸《うちさいわい》町の帝国ホテルで落ち合った。３人は長年にわたって損失隠しを主導し、秘密を共有する間柄だった。

　刑事公判での山田氏の供述によれば、山田氏はその場で「もうこれ以上は隠し通すことは無理です」と菊川氏を説得した。

　菊川氏は「このまま開示しないでもうしばらく行けることはないだろうか。何とかならないだろうか？」と言った。

　山田氏は「もうそれはこの期《ご》に及んで絶対できません」と答えた。「ほっとけば、ますます会社が混乱します。社会も混乱します。もうここまで来たら、きちんと皆様に公表してその真実で審判をあおぐべきです」

　菊川前社長はしばらく考え込んだ末に「わかった。そうしよう」と答えた。

　翌6日、日曜日の夕刻。菊川前社長は、東京・丸の内にある三井住友銀行本店21階の応接室で、主取引銀行である同行の国部《くにべ》毅《たけし》頭取、清水喜彦《しみずよしひこ》専務、三井住友フィナンシャルグループの奥正之《おくまさゆき》会長と会い、損失隠しを打ち明けた。

　面談は1時間を超えた。銀行側は「高山社長、第三者委員会、弁護士に報告して、しかるべき対応を」と助言した。菊川氏の公判での供述によれば、損失の金額について、山田常勤監査役が「菊川が社長になったときには６００億円くらい」と説明したため、菊川氏が「１１００億円じゃないのか」と言ったところ、三井住友銀の清水専務が「それは飛ばしだから、経費なり金利なりがかかって６００億が９００億くらいになりますよ」と説明する場面があった。菊川氏はそれまで損失隠しの維持費用によって損失がさらに膨らむことを知らなかったという。

そのとき、11日前に専務から社長に就任したばかりだった高山氏はこうした３人の動きを知らなかった。高山氏の公判証言などによれば、翌７日朝、菊川前社長の部屋に呼ばれて、「実は隠していたことがある」と打ち明けられ、「前日に三井住友銀行に行って支援を要請してきた」と告げられた。

その面談に遅れて加わった山田氏の供述によれば、菊川氏はこの面談の際、「実は俺はつい先日、山田や森から告白を受けて初めて知ったんだ。俺も驚いているんだけど、こうなった以上は、高山君に善後策《ぜんごさく》を考えてもらわなければならない」と高山社長に述べたという。山田氏は「この場で菊川さんを責めてもしょうがないな」と思い、そこでは反論しなかった。しかし、「社長には事実を知っておいてもらわなければ今後の対処を間違ってしまう」と考え、高山社長にはそのあと「菊川さんはずいぶん前からご存じでした。『初めて聞いた』というのはデタラメです」と伝えた。

その日の夕方、広報・ＩＲ室に翌８日の緊急記者会見の準備が指示された。

箝口令「事件の話はタブー」

オリンパスが損失隠しを認めた日の翌々日にあたる２０１１年11月10日、元オリンパス専務でそのとき70歳の宮田耕治《みやたこうじ》さんが、「勇気をもって告発した元社長のウッドフォード氏こそ、信頼回復のリーダーシップをとるに最適な人物」との呼びかけ文を作り、ウッドフォードさんの社長復帰を求めて現役社員への働きかけを始めた。

宮田さんは１９６５年にオリンパスに入り、長年にわたって内視鏡部門を担当した。父親も同社で専務を務め、親子2代で延べ86年、同社に勤務した。1980年代に、英国の代理店の幹部だったウッドフォードさんと知り合い、以前から「自分がよって立つ座標軸、原理・原則が強靭《きょうじん》な人物」とウッドフォードさんを評価していた。

宮田さんは11月11日、東京都新宿区新宿3丁目にある喫茶室ルノアールの貸会議室で、筆者の取材に応じ、「世界に認められる体制でオリンパスが再スタートするにはウッドフォード氏が不可欠」と述べた。

宮田さんは1995年から2006年までオリンパスの取締役を務めており、取材の冒頭、「もしその間に不正があって、それを会社として決断していたということになれば、それに関しては私はクリーンではない、責任を果たせなかったということになる」と前置きした。

悠々自適の生活を送る、穏やかな好々爺《こうこうや》という風貌の宮田さんだが、その語りは論理的で、口調は百戦錬磨のビジネスパーソンのそれだった。

宮田さんは「客観的に考えて、ウッドフォード氏が引き受けてくれればオリンパス復活のチャンスがあるが、それ以外の人が社長になっても世間は温かく見守ってくれないと思う」と語った。取締役会がウッドフォード社長を解任した理由として挙げた同氏の「独断専行」について、宮田さんは「それはあり得ない」と否定し、「弊社経営陣による事実無根の名誉毀損《きそん》が行われたことについて彼におわびしたい」と話した。

11月12日、インターネット上に「オリンパスの再生に向けて、社員が立ち上がるサイト」と題するウェブサイトが開設された。「『座して死を待つ』でなく、『行動する勇気』を」と呼びかける宮田さんの手紙が掲載された。宮田さんはさらに広く、ウッドフォード元社長の復帰を訴え、現役社員に賛同を呼びかけ始めたのだ。翌13日には、了承の得られた39人の賛同者の実名と所属部署が同ウェブサイトで公開された。

11月14日未明、20歳代のある若手オリンパス社員は、就寝直前の布団の中でスマートフォンの画面上にツイッターを呼び出し、いつものように「オリンパス」の単語でツイートの数々を検索した。すると、「オリンパスの再生に向けて、社員が立ち上がるサイト」を紹介する書き込みが目に入ってきた。サイトにアクセスすると、「行動する勇気を」と呼びかける宮田さんに賛同する社員たちの名簿が掲載されていた。若手社員はそれを見て「人数が少ない」と思った。

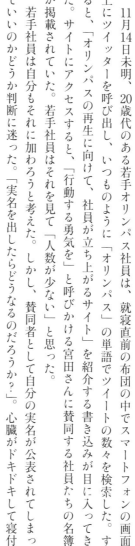

若手社員は自分もそれに加わろうと考えた。しかし、賛同者として自分の実名が公表されてしまっていいのかどうか判断に迷った。「実名を出したらどうなるのだろうか?」。心臓がドキドキして寝付けなかった。浜田さんの訴訟のことも知っていた。「怖い」と思った。しかし、匿名では効果が上がらないだろうとも考えた。多くの人が実名を出して賛同していることが外部にアピールされて初めて効果が出てくる。布団の中で2時間ほど悩んだ末に「本名で記載を希望する」というボタンを押した。自分個人の損得は考えなかった。

宮田耕治さん

翌15日、高山社長は社内のイントラネットに載せた社員へのメッセージのなかで、「元役員ＯＢによるネット上の運動が始まっていますが、このような〝雑音〟に惑わされることのないようにしてください」と宮田さんの行動を切り捨て、「職制を中心に現場で一つにまとまってください」と社員に求めた。

このころから、会社は「マスコミの取材は広報・ＩＲ室に一元化しておりますので、個人としての対応はされないように」と社員に呼びかけ始めた。

12月に入ると、宮田さんのもとに、「今回の署名に参加した者の氏名はオリンパス人事で掌握《しょうあく》されており、次の人事異動ではこのための何らかの影響がくだされる」と上司から言い渡され、「裏切り者」のように扱われた人がいるという情報がもたらされた。宮田さんは「正しいと思ったことを行動に移す、そのことに必要以上の勇気と代償が求められる今の社風は、何とか変えてゆかねばなりません」とコメントした。

損失隠し事件の調査のために会社が設けた第三者委員会は12月6日に発表した報告書のなかで、事件の「主要な要因」の一つとして「企業風土、意識に問題があったこと」を挙げ、その内容として「風通しが悪く、意見を自由に言えないという企業風土」「ワンマン体制に会社内部で異論を述べることがはばかられる雰囲気」を指摘した。その報告書について高山社長は記者会見で「真摯《しんし》に受け止める」と語ったが、箝口令《かんこうれい》はその後も解除されなかった。

12月20日、会社の代理人として7人の弁護士が名を連ねた書面が浜田正晴さんに渡された。

「近時、テレビ、ラジオ番組等において当社を徒《いたずら》に誹謗《ひぼう》する発言をしているようですが、そのような発言は控えるよう……」

就業規則を根拠に、社外での発言を差し控えるようにと浜田さんに求める内容だった。

浜田さんは、４カ月前の８月末に会社の人事権濫用を痛烈に批判する判決を東京高裁で勝ち取った。それから２カ月弱ほど後の10月にウッドフォード元社長の内部告発で不明朗な資金流出の疑惑が世の中の関心事となると、それ以降、浜田さんのもとに報道機関から取材の申し込みが相次いだ。浜田さんは「勤続25年の現役オリンパス社員」として国内外の報道に次々と登場した。

ＮＨＫの番組で、浜田さんは、もの言えぬ社内について「逆らうと自分がどうなるか分からないと怖がっている社員がいっぱいいる」と紹介。ＦＭ東京の番組では「閉鎖的な社会」と指摘し、自身の境遇について「干されている」と述べた。そういうなかでの会社側の申し入れに、浜田さん側は「裁判の話もしたらいけないのか」と憤った。

本社で勤務する40歳代後半の中間管理職が12月24日に匿名を条件に国内外の報道機関５社のインタビューを受け、「早く解決しないと、顧客も社員も信頼も失い、日本経済への不信も呼んでしまう」と危機感を語った。

次の株主総会で選ばれる新しい経営者について、この社員は「一点の汚《けが》れもない人で、かつ、これまでもオリンパスに貢献してきた人がいい」と思っているものの、社内は、そうした意見を表明する場がなく、事件の話題を避けて「触《さわ》らぬ神にたたりなし」との雰囲気。そうした状況を見て「ＳＯＳを発信しなければいけない」と考え、あえて記者に会うことにした。

営業の現場で働く30歳代の社員も同じ日、損失隠し事件をめぐる社内の空気について「ふつうは話題になると思うのですが、本社の人間と話しても、その話にならない」と筆者に語った。「ランチでも喫煙所でもタブー」だという。

宮田元専務の呼びかけに賛同を表明した20歳代の若手社員によれば、社内にはもともと「専門的なことは専門的な人に任せる」「餅《もち》は餅屋」という空気がある。第三者委員会は損失隠し事件の背景事情として、オリンパス役員たちの「自分の担当部分以外に対する極端な無関心」を指摘したが、この指摘の後も、経営のことは経営者に任せ、現場の社員は口を出すべきではないという社風が抜けがたくあった。同僚たちは「上は上でやってるから、我々は我々の業務をまっとうしよう」と確認し合った。これに対し、若手社員は「『おかしいな』と思ったら、担当外でも首を突っ込むべきではないか」と思った。だから筆者の取材に応じた。

オリンパスの広報・IR室は筆者の問い合わせに対し、「人事異動への影響」の言い渡しについて「事実確認ができない」と答え、「裏切り者」扱いについては「そのような現状はないと認識している」と回答した。

法廷で語られた山田元副社長の悔悟《かいご》

山田前常勤監査役（元副社長）、菊川前社長、森前副社長の3人は2012年2月16日、資産を1136億円多く見せかけてオリンパスの決算を偽《いつわ》ったとして東京地検特捜部に逮捕された。3月7日、3人は法人としてのオリンパスとともに金融商品取引法違反の罪で起訴された。

刑事公判での弁護人の主張によれば、取締役に就く前の１９９２年、山田氏は辞表を胸に、下山社長、岸本専務に損失の開示を進言したことがあった。しかし、下山社長から「意見はよく分かるが、開示することは不可能であろう。ぜひ挽回《ばんかい》策を考えてもらえないか」と言われたという。

山田氏によれば、「体も心もへとへとの状態」で、上司に「終止符を打っていただきたい」などと進言したが、いつも提案を却下された。世間や同僚を欺くことに苦しみ、オートバイに乗って民家の壁に突っ込み、自殺を図ったこともあった。

山田氏の弁護人は２０１３年４月23日の刑事公判で、「損失が拡大し続けていた当時は内部告発者を保護する法的環境も未整備であったことから、仮に内部告発を行えば、オリンパスを倒産させるのみならず、被告人山田自身も職を失い、家族を路頭に迷わせる恐れが高かったため、内部告発に踏み切ることも困難な状況だった」と主張した。

内部告発者保護法制の未整備が、犯罪に手を染めざるを得ない一因になったというのだ。

被告会社オリンパスの弁護人は刑事公判で、「風通しが悪く、社内において意見を自由に言えないという企業風土が形成されていた」との自己反省を示し、事件発覚後のコンプライアンス体制見直しの一つとして「新たに社外の法律事務所を内部通報窓口とする等の内部通報制度の拡充を行った」と述べた[12]。

13年７月３日、オリンパスは罰金７億円の有罪判決を受けた。菊川氏と山田氏は懲役３年執行猶予５年、森氏は懲役２年６月《げつ》執行猶予４年だった。

3人は高山社長らとともに、会社やその株主から損害賠償を求める民事訴訟も起こされ、その被告とされた。

2016年12月1日、その民事訴訟の法廷で、証言席に座る山田氏を前に見すえ、東京地裁民事第8部の大竹《おおたけ》昭彦《あきひこ》裁判長は尋問の最後に諭《さと》すように問いかけた。

「いま考えてみて、取締役に就任した後、あなたに何かできることはありませんでしたか」

2003年に取締役になった後も11年に発覚するまで山田氏は損失隠しを続けた。裁判長の質問はそこを突いていた。

山田氏は答えた。

「いま考えてみれば、思い切ってそのときに第三者に話をするなり、今で言う内部告発といったことを含めて考えれば、その時点でできたかな、というようなこともあります」

外部に通報窓口を設置する案に強く反対し内部通報制度を骨抜きにした当人である山田氏が、事件ですべての地位を失った後に思い当たったのが内部告発の有用性だった、というのだ。

最高裁で会社敗訴が確定した後も不当処遇継続

2012年4月20日、オリンパスは臨時株主総会を開き、高山社長ら取締役会メンバーの全員が退任した。

新しい社内取締役5人のうち2人は銀行から招いた。メーンバンク（主取引銀行）である三井住友銀行から同行元専務の木本《きもと》泰行《やすゆき》氏、準主力銀行の三菱東京UFJ銀行から同行元執行役員の藤塚《ふじづか》英明《ひであき》氏。木本氏は会長に、藤塚氏は専務に就いた。社長は、内視鏡の開発部門で長年勤め、執行役員として医療部門のマーケティング本部長を務めていた56歳の笹宏行《ささひろゆき》氏。これら社内取締役5人のほかに、社外取締役が6人選ばれ、取締役会の過半数を占めた。

臨時株主総会では、株主の一人から浜田さんとウッドフォードさんを取締役に推挙する動議が出された。「内部通報者が保護されるという前例をつくるべき」と提案理由が説明されたが、否決された。

新体制となってオリンパスは生まれ変わったのだろうか。

巨額不正経理を内部告発した深町隆さん（筆名）の2016年の著書『内部告発の時代』によれば、その後も、社内では粉飾決算に関わった幹部職員の処分が「極めて不十分」だった。その結果、「排除されるべき人間が新しい経営体制の構築に関わってしまったために、逆に社内規律の崩壊が加速してしまった」という。経営陣に対する一般従業員からの信頼は回復することなく、「居座《いすわ》った幹部職員同士は（中略）結束を固め、まともな社員を経営の中枢から排除していった」という。深町さんの分析によれば、「信賞必罰《しんしょうひつばつ》を明らかにすることによって、初めて社内に規律がもたらされ、様々に構築された内部統制が有効になる」が、オリンパスではそれが逆になっているというのだ。

経営陣が一新された後も、浜田さんの苦難は続いた。閑職への異動を無効とする高裁判決が2012年6月28日に最高裁で確定したのに、それでも浜田さんは原職に復帰できなかったのだ。

確定判決は、浜田さん側の主張を全面的に認め、内部通報より後の浜田さんの異動について、「内部通報等の行為に反感を抱いて、本来の業務上の必要性とは無関係にしたものであって、その動機において不当なもので、内部通報による不利益取扱を禁止したコンプライアンスヘルプライン運用規定《ママ》にも反する」と述べてすべて無効とした。そのとき浜田さんの所属させられていた品質保証部において勤務する雇用契約上の義務がないことが判決主文で確認された。

確定から4日後の7月2日、浜田さんは人事部長から「しばらく自宅など任意の場所または現職場で待機」と指示され、上司からは「もう上司ではない」と言われ、以後、仕事を与えられなくなった。確定6日後の7月4日、浜田さんの訴訟代理人を務めた中村雅人弁護士らから笹社長に対し、「日々、新たな人格権侵害が発生している」と是正を申し入れた。しかし、是正はなかった。

1カ月後の8月1日夕、笹社長は、全社員が読むことができる社内の電子掲示板に「司法判断に対する当社の対応」と題するメッセージを掲載した。訴訟の経過に触れたうえで、「会社は、裁判所による司法判断を厳粛に受け止め、当時のコンプライアンス体制に甘さがあったことを素直に認め、反省します」と表明した。浜田さんの名前は出さなかったものの、「ご本人には、裁判で認定された会社の過去の行為について、心からお詫び申し上げますと共に、今後、新たな職場でご活躍いただきたいと思います」と謝罪した。

10日には、会社は社員向けの電子掲示板で、浜田さんを閑職に追いやった矢田執行役員を名指しし、「従業員に対し不当な配置転換を行ったことは遺憾である」として、就業規則に定める懲戒事由である「企業倫理・法令に反した」に該当すると指摘した。そのうえで「情状を酌量《しゃくりょう》し、出勤停止2日とする」と開示した。

ところが、そのときも、浜田さんは品質保証部のシステム品質グループでほかの社員から疎外された状態だった。

1千億円を超える損失隠しを見過ごした前任の高山社長が辞任したことを受けて、笹氏が4月20日に社長に就任して3カ月あまりが経過したが、浜田さんへの処遇は変わらなかった。元の営業職場に戻されなかっただけでなく、希望する別の職場への異動も退けられた。それどころか、人事部からは子会社への転籍や出向を提案された。浜田さんはオリンパスに残ることを希望し、これらを断った。人事部から代わりの提案はなかった。

そのため浜田さんは再び訴訟を起こさざるを得なくなった。

9月3日、再度の提訴を発表するため記者会見を開いた浜田さんの代理人の光前幸一弁護士は「裁判で決着がついた問題についてさらに『子会社へ』と言ってくるのは、裁判に負けた腹いせなど不純な動機があるとしか考えられない。こういう形で司法判断を無視するのでは法の支配が貫徹《かんてつ》できない」と話した。

11月12日、浜田さんは12月1日付で新設の品質教育グループのチームリーダーとなる異動を命じられた。しかし、浜田さんのほかに同チームへの異動を発令された人はおらず、浜田さん側はこれを「『リーダー』といっても名前だけ。内部通報に対する報復を続けている」と受け止めざるを得なかった。

経営陣交代後も変われないオリンパス

このように、浜田さんを営業現場から外した異動について、会社は、最高裁で敗訴し、異動の無効が確定したにもかかわらず、それでも浜田さんを元の職場に戻そうとするそぶりさえ見せず、浜田さんの意に沿わない新たな異動を発令した。社長を解任されたウッドフォードさんは、内部告発の正しさが証明された後、一時は社長への復帰を目指して運動したが、思うように受け入れられず、断念した。その後もオリンパスはウッドフォードさんを社長に戻そうとしなかった。つまりオリンパスは、内部通報者や内部告発者に対する報復的な処遇を経営陣一新後も継続している。

そういう会社において内部通報制度を信用できるだろうか。信用できない、と社員らが感じるのは当然のことだろう。

2012年4月20日に新体制をスタートさせた臨時株主総会で、議長を務める高山社長は、損失隠し発覚以降の経緯と対策を説明するなかで、「内部通報制度を拡充します。内部通報窓口の社外設置など通報窓口を整備・拡充し、また、不正を知った者の内部通報義務を明確化します」と述べた。翌5月、笹社長ら新経営陣はヘルプライン運用規程を改めた。

ところが、その新しい運用規程をよく読むと、「通報が悪意に基づくものであることが判明した場合」には通報者の氏名などの情報について「必要な範囲において開示できる」との但《ただ》し書きが新設されていた。さらに13年3月に再改定した運用規程では、「風通しの良い職場環境を醸成《じょうせい》し、不祥事の芽を早期に発見してその是正をし、健全な企業活動を維持していく」という制度の目的を挙げて、「通報が目的の主旨《しゅし》に沿った内容でないと判断した場合」には「必要最小限の範囲において通報者の氏名を開示できる」とした。

これについて社員たちの間から、通報を思いとどまらせる結果となりかねないとの指摘が相次いだ。「氏名を開示される恐れがあり、不安で通報できない」「問題と対策が逆行している」との声が社員から出た。会社が全社員を対象に行った内部通報制度の研修でも一部の参加者から不安の声が寄せられた。同社の労働組合が２０１３年、職場委員ら１８０人を対象にアンケートしたところ、回答者の約半数が不安を感じると回答。不安を感じないという回答は2割ほどしかなかった。このため、組合は会社に但し書きの削除を申し入れた。

そこで同社は、14年4月25日に運用規程を再々改定し、これら「通報者の氏名を開示できる」との定めを全面的に削除した。筆者の取材に対し、同社は「個人を特定する情報の開示を不安視する意見があり、また、発生可能性が低いレアケースでもあるため、開示の可否とその条件に関する記載を削除した」と説明した。

公益通報支援センターの共同代表だった森岡孝二・関西大学名誉教授（企業論）は取材に対し、「あきれた話で、あいた口がふさがらない」と次のように語った。

「社員から通報が上がってこないように門を閉ざそうとしているとしか言えない対応を事件後も続けていたことになる。撤廃は当然だ。内部通報者を不利益に扱う隠蔽体質は、公益通報者保護法が施行された後も、多くの企業に残っており、それの表れの一つでもある」

オリンパスでは経営陣が一新された後も、このように、内部告発や内部通報を経営に生かそうという態勢・姿勢からまったく程遠い状況が継続し、オリンパスの社内から、報道機関や捜査当局など外部に内部告発が相次いで寄せられている。

4 医師への賄賂と感染報告遅れ

医師や病院にキックバック、賄賂

「オリンパス米州法人とオリンパス・ラテンアメリカは何年にもわたって、キックバックや賄賂を防ぐための方策を採るのを怠って、それらを支払い、不品行をおかしてきた」

2016年3月1日、アメリカ政府の司法省は、ニュージャージー地検トップのポール・フィッシュマン連邦検事のそんなコメントを発表した[13]。

公表された起訴状によれば、両社は、米国、アルゼンチン、ボリビア、ブラジル、コロンビア、コスタリカ、メキシコで、オリンパス製の内視鏡を購入してもらうため、医師らにキックバックや賄賂を払ってきた。

それらについて、両社は罪を認め、その罰金や制裁として合計6億4600万ドル（約731億円）を米政府や州政府に払うと約束した。その代わりに、それ以上の責任追及を免れるとの内容で司法省とオリンパス側の和解が前の日に成立したのだ。

オリンパスの各国法人は、内視鏡など医療用の機器を世界各国で販売しており、医師はオリンパスにとって顧客にあたる。

一方、米国の法律、反キックバック法は、米政府の医療保険でまかなわれるサービスや物品の購入を促すことなどの見返りに報酬を払うことを犯罪とし、５年以下の禁錮刑などの処罰を定めている。医師による医療上の判断が、製薬会社や医療機器メーカーからの働きかけでゆがめられるのを防ぐための規定で、患者や医療保険制度を守ることを目的とする。

また、米国の別の法律、不正請求防止法は、政府からお金を騙《だま》し取った業者から被害額を回収するための民事手続きを定めている。その規定によれば、それを不正と知りながら米国政府への不正請求に関わった者は、政府が被った損害の３倍の金額と制裁金を政府に支払う義務を負わされる。米政府は高齢者・障がい者向けの公的医療保険「メディケア」など複数の医療保険制度を運営しており、医療費の不正請求は政府への不正請求を含むものとしてこの法律の適用を受ける。

「医療機器を処方・使用する医療従事者と医療機器メーカーの間の不適正な経済的利害関係について、司法省は長年にわたって懸念してきている。そのような関係は患者の医療ニーズに関する医師の判断に不適正な影響を及ぼす可能性があり、それは、より劣る医療機器、または高値すぎる医療機器の使用へとつながり、すべての人の医療負担を押し上げる結果となる可能性がある」。司法省民事局の幹部はそう指摘する。

医療費の抑制が先進各国共通の課題となるなか、医療制度改革（オバマケア）を進める米政府は、製薬会社や医療機器メーカーから医者へのリベートを医療費の不正請求につながると位置づけ、その取り締まりを強めていた。

オリンパス米州法人は、米国内の医者への利益提供について、反キックバック法と不正請求防止法に違反したとして、３億１２４０万ドルの罰金と３億１０８０万ドルの民事和解金、合計７００億円余を払わされる。その100％子会社、オリンパス・ラテンアメリカは、中南米の公立病院の医者への利益提供について、外国公務員への贈賄を禁止する米国の法律、海外腐敗行為防止法（ＦＣＰＡ）に違反したとして罪に問われ、2280万ドル（26億円）の罰金を払わされる。

これは、反キックバック法に基づいて医療機器メーカーが当局に支払わされる金額としては史上最高だった。と同時に、米司法省が摘発した事件で日本企業の側が米政府に支払わされる金額としてもこの時点で過去最高だった。[14]

司法省の発表文のなかに、オリンパス米州法人の元最高コンプライアンス責任者（chief compliance officer）、そして内部告発者（whistleblower）として、ジョン・スロイクさんの名前があった。

「不正請求防止法に基づき、ジョン・スロイクが提起した訴訟も、この和解によって解決される。それらの法律は、政府機関に対する不正な請求について内部告発者が訴訟を提起することを認めており、内部告発者は、回収した金額のうち応分の額を受け取ることになっている。スロイク氏は……」

司法省の発表文にスロイクさんが受け取る報奨金の額が明示されていた。連邦政府の分は4410万ドル、州政府の分は700万ドル。合計すると、5110万ドル。その日の為替レートで日本円に換算すると62億円。一個人への報奨金としては、米国でも珍しいとても大きな金額だった。政府側がオリンパスから回収した金額がとても大きく、また、それに対するスロイクさんの貢献が大きかったことがその理由だとみられる。

最高コンプライアンス責任者の内部告発

捜査の発端は、「キイタム訴訟」の提起という形をとったスロイクさんの内部告発だった。

米司法省の発表文にあるように、米国では、医療保険も含め政府に対する虚偽の請求について、私人である内部告発者が政府に成り代わって原告となり、加害者を相手に起こす「キイタム」と呼ばれる類型の訴訟が、不正請求防止法によって制度化されている。

日本の住民訴訟や株主代表訴訟と似た制度だが、決定的な違いは、勝訴した原告に政府から回収額の15~30%が報奨金として支払われることだ。不正請求の金額が大きい場合、回収額も大きくなり、その結果、原告である内部告発者に渡される報奨金の額も大きくなる。勝訴の見込みのあるキイタム訴訟ならば、報奨金を目当てに優秀な弁護士が着手金ゼロで原告・内部告発者の側につく。こうした経済的な誘因によって、不正の追及が活性化される効果がある。[15]

キイタム訴訟は、一般の訴訟と異なり、その提起は公表されず、提訴の事実そのものが秘密の事項として扱われる。被告のオリンパス側にも当初は秘匿《ひとく》され、訴状は送付されない。司法省などしかるべき政府機関にのみ訴状は送付され、それらの検討と捜査・調査に委ねられ、その結論を待つことになる。

スロイクさんが政府に成り代わってオリンパスを相手に起こした「キイタム訴訟」の訴状が公表されたのは、提訴の5年あまり後、２０１６年3月1日に司法省によって結末が発表され、和解が成立した後のことだった。すべてを会社側が認めたわけではないが、その訴状を読むと、オリンパス米州法人でも、浜田さんやウッドフォードさんと同じように、正論を唱える社員への激烈な嫌がらせがあったことがうかがえる。

訴状によれば、スロイクさんは1991年にオリンパスの米州法人で働き始めた。税務や人事を担当し、97年から2004年まで内部監査部門を率いた後、財務担当副社長に昇進。09年には政府・規制担当の副社長となった。同年1月23日には、最高コンプライアンス責任者への任命がマーク・ガムス社長から社内で発表された。

それまで米州法人にコンプライアンス担当部署はなく、予算も人員もなかった。コンプライアンス部門にはスロイクさんのほかに1人しかスタッフがいなかった。最高コンプライアンス責任者としてスロイクさんは、医師への賄賂などキックバックをやめさせなければならない責任を負うことになった。

スロイクさんの訴状によれば、オリンパスの側から表面上は教育・研究目的の補助金という名目で医師や医療施設に数十万ドル（数千万円）が提供されていた。それらは、オリンパスの製品の売り込みのためのキックバックだった。

補助金拠出の決定には製品売り込みの営業担当幹部が関与した。ある大学病院の医師への補助金をめぐって、東京にいるオリンパス幹部から米州法人の医療製品担当副社長に送られてきたメールには「販売」「ビジネス拡大」など、あけすけな文言を使って、次のようにその狙いが書き込まれていた。

「将来のビジネス拡大（将来の販売可能性？）のために医師をサポートする米州法人のスタンスを理解したい」

スロイクさんはガムス社長に対し、補助金をめぐるこの種の議論は不適切だと指摘した。すると、ガムス社長はスロイクさんの目の前で、自分のコンピューターから関連文書を削除した。

表面上は講演料という名目で医師たちに総額で年に数十万ドル（数千万円）を払ったのも、オリンパスの製品を使ってもらったり、同僚の医師たちにＰＲしてもらったりするためだった。スロイクさんがやめさせる２００９年まで、年間10万ドル（１千万円前後）を上限に、医師から求められるがままの額を払っていた。

医師たちを日本旅行に招待し、高級ホテルに宿泊させ、接待するための費用も会社から支出した。こうした活動は、米国だけでなく、カナダ、メキシコ、ラテンアメリカ諸国に及んでいた。スロイクさんはこれらをやめさせようとした。しかし、そのたびにガムス社長はそれをすげなくやり過ごした。

ガムス社長はスロイクさんに言った。

「ビジネスに影響を与えることのないように、ルールの回避策を出してほしい」

スロイクさんはガムス社長と長く親密な関係を保ち、公私両面で助言を求められることがしばしばあった。しかし、２０１０年初めには両者の対立は個人的なレベルまで深まり、スロイクさんは遠ざけられ、職場にいづらくなった。ハラスメントとストレスが原因となって、10年３月22日、スロイクさんは病気休暇に入った。

３月末、スロイクさんは、「成果なし」を理由に「水準以下」との成績評価を受け取った。20年近くオリンパスに勤務してきたなかで初めての経験だった。それまで一貫して昇進を重ね、傷のない経歴を自負していたのに、最高コンプライアンス責任者の地位から外された。

さらに９月８日、スロイクさんはオリンパスを辞めさせられた。[16] 11月16日、「キイタム訴訟」の制度にもとづき、スロイクさんとその弁護士たちは、オリンパスを相手取った訴状をニュージャージー地裁にひそかに提出した。[17]

それは、浜田さんが会社を相手取った訴訟の一審で敗訴し、控訴した2010年1月より10カ月ほど後のことで、浜田さん勝訴の控訴審判決が言い渡される11年8月より9カ月半ほど前のことだった。巨額不正経理の疑惑をめぐって、オリンパス取締役会によってウッドフォード社長が解任される事件が起きたのは、スロイクさんの提訴のほぼ1年後の2011年10月のことで、その時点では、スロイクさんによる提訴の事実やその訴状の内容は依然として秘密とされていた。

ウッドフォードさんは、社長を解任された後、米司法省の検事やFBIの捜査官と面会し、不正経理の捜査を求めた。スロイクさんの告発の対象となった医師へのキックバックについても、このころから捜査が本格化したようだ。

捜査の結果、オリンパス米州法人は少なくとも2006年から11年にかけて、医師や病院にさまざまな利益を提供することで、米国内で医療用内視鏡の販売など6億ドル（約600億円）の売り上げを促進し、2億3千万ドル（約230億円）の粗利《あらり》を得ていたことが判明した。

たとえば、ある著名な職能団体のトップを務める医師とその配偶者を、毎年のように日本旅行に招待し、旅行中に講演してもらう謝礼として1万ドル（100万円前後）を払った。07年10月には、カリフォルニア州の著名な医療機関が他社製からオリンパス製に切り替える見返りとして、3人の医師の日本旅行の費用をもつと約束した。そのうちの一人は旅行後、「予想していなかった素晴らしいエクストラのエンターテインメントを提供してくれた」とオリンパスに感謝した。米南東部の医療機関で機器購入に影響力があるとオリンパス側が信ずるある医師には06〜11年に11万２３００ドル（1千万円前後）をコンサルティング料として支払った。オリンパス側はこうした罪状を認めた。[18]

中南米ではもっと露骨だった。たとえば08年、ブラジル政府の保健省の官僚から国立病院の内視鏡の業者を決める競争入札をめぐって賄賂を要求され、09年初頭に９万７千レアル（４００万円弱）を支払った。オリンパス側が継続的に利益を提供していた別の国立病院の医師からは、入札に関する秘密の情報を得た。そして09年３月、９万７千レアルの賄賂を代理人に払った。そのほかボリビア、コロンビア、アルゼンチン、メキシコ、コスタリカでも不正な利益提供を行い、その総額は少なくとも３００万ドル（３億円余）に上った。これらの罪状もオリンパス側は認めた。[19]

提訴から5年あまりを経て、スロイクさんの告発の正しさは証明され、それが司法省によって発表されたのだ。

スロイクさんがオリンパスから受けた報復や解雇は、ウッドフォードさんが受けた仕打ちと相似形《そうじ》だった。

スロイクさんの訴訟代理人を務めたキャスリン・シリング弁護士は、司法省の発表と同時に出したコメントのなかで、「ウッドフォードの物語は私たちのクライアント（スロイクさん）のそれを忠実になぞっていて、ウッドフォードの正しさが証明されるのを見るのは痛快でした」と振り返った。[20]

内視鏡の院内感染の報告を怠った罪

手を染めた犯罪は賄賂やキックバックだけではなかった。

オリンパスは患者の健康を危険にさらしていた――。２０１８年12月10日、アメリカ政府の司法省はそんなコメントを発表した。[21]

オリンパスが製造・販売する十二指腸《じゅうにしちょう》内視鏡「ＴＪＦ－Ｑ１８０Ｖ」で施術を受けた欧州の患者が相次いで感染症にかかった問題について米政府・食品医薬品局（ＦＤＡ）への必要な報告を怠ったとして、米検察当局は、オリンパス子会社のオリンパスメディカルシステムズと同社の元取締役でオリンパス本体の執行役員でもあった当時62歳の矢部久雄《やべひさお》氏を連邦食品・医薬品・化粧品法違反の罪で刑事訴追したのだ。会社と矢部氏はその日、ニュージャージー州ニューアークにある連邦ニュージャージー地区裁判所（スタンレー・チェスラー裁判官）でいずれも罪を認めた。会社は罰金８千万ドル（90億８６００万円）、没収５００万ドル（５億６８００万円）の判決を受け[22]、合計96億円を払った。矢部氏は翌19年5月22日に保護観察1年、罰金５千ドル（55万円）の有罪判決を言い渡された。

ニュージャージー地検のレイチェル・ホニグ検事は「特に問題なのは、オリンパスが医療機器の安全性を疑問視する独立した専門家から新たな情報を受け取った際に沈黙を貫いたことだ。医療機器メーカーにとって患者の安全は常に最重要の懸念事項でなければならないが、被告らはそのような重大さをもって懸念を取り扱わなかった。利益追求によって患者の安全が危険にさらされているときには必ず検察は行動する」と述べた。

この事件もまた、内部の懸念の声を封じ込めた末に起きたものだった。そして、それを内部告発と呼べるかどうかはともかくとして、社外の弁護士に対する米州法人幹部の証言が会社の非を明らかにする原動力となった事例だった。

少なくとも１９０人余が院内感染

米議会上院厚生委員会の民主党筆頭議員（ランキングメンバー）が２０１６年1月に発表した報告書によれば、２０１２年から15年春にかけて、オリンパス製の十二指腸内視鏡に関連して、17の医療施設で１９０人余（米国約１４０人、欧州52人）がカルバペネム耐性《たいせい》腸内細菌科細菌（ＣＲＥ）など命を脅《おびや》かす重篤《じゅうとく》な病気に感染した。ＣＲＥは強力な抗生物質にも耐性があり、感染者の相当数が死亡するといわれる。[23] これら院内感染によって米国では「少なくとも35人が死亡した」と報道された。なぜこのように被害が広がったのか、多くの人が疑問を感じた。

内視鏡は異なる患者に繰り返し使用される。そのため、毎回必ず、洗浄・消毒・滅菌の「リプロセス」を施《ほどこ》す必要がある。十二指腸内視鏡は先端部の構造や形が複雑で、洗浄が徹底されないことがあり、感染の原因になっているとみられる。日本国内で販売されている型は先端部を取り外すことができるが、欧米で２０１０年から販売されているＱ１８０Ｖは、先端部を取り外すことができない。先端部を取り外せないと、より洗浄しづらい、との指摘がある。

Ｑ１８０Ｖが院内感染を媒介《ばいかい》したと初めて疑われたのは発売2年後の２０１２年春、欧州でのことだった。同年初めにオランダのエラスムス医療センターで16人の患者が同じＱ１８０Ｖで施術を受けた後に緑膿菌《りょくのうきん》に感染した。その原因について、現地オランダのデルフト工科大学のアージョ・ロエブ博士が依頼を受けて調査にあたった。同年5月、Ｑ１８０Ｖの先端部に細菌の隠れ家となりうるさまざまなキズがあり、完全な洗浄は非常に難しいと問題点を指摘し、Ｑ１８０Ｖの先端部の設計変更や洗浄マニュアルの更新を提案する報告書がロエブ博士の手でまとめられた。起訴状によれば、この報告書はオランダ語で書かれていたが、英訳され、同年8月6日ごろに矢部氏はそれを受け取った。

矢部氏は1979年にオリンパスに入社し、2012年4月1日にその執行役員になった。グループ経営統括室の薬事法務本部長や医療事業グループの品質・環境本部長を務め、FDAへの有害事象報告を担当していた。

矢部氏に対する起訴状によれば、矢部氏はロエブ博士の提案を採り入れず、12年9月12日、既存のマニュアルの通りに洗浄などリプロセスをすれば十分だという主張に固執《こしつ》し、「医師や看護師の手など」が感染の原因である可能性があるとオランダ当局に報告するのに関与した。[24]

起訴状によれば、これに先立つ5月25日にオリンパスメディカルシステムズは米政府FDAにオランダでの感染について「内視鏡ではない施設の環境に起因する感染の可能性も考えられる」と報告した。ロエブ博士の報告書はそれと異なる可能性を示しており、同社はその内容について米政府FDAに追加報告をする義務があった。にもかかわらず、同社はそれを怠った。それが矢部氏や同社の罪状とされた。[25]

オランダで問題がくすぶっていた2012年7月4日、フランス・パリ郊外のクレムラン・ビセートルで同じQ180Vで施術された後に5人の患者が緑膿菌に感染した事例がオリンパスメディカルシステムズに報告された。起訴状によれば、これについて同社は当時、米政府FDAにまったく報告しなかった。この不報告も同社の罪状とされた。

同年11月、今度はフランスのベルシー病院で3人の患者が同じQ180Vで施術された後に大腸菌に感染した。起訴状によれば、同年12月20日、オリンパスメディカルシステムズは米政府ＦＤＡに「現時点では正確な原因は確定できないが、不十分なリプロセスとユーザーの取り扱いも原因として排除できない」とする有害事象報告を提出した。

ところが、独立した微生物学研究所がフランス当局の依頼で調査にあたったところ、翌13年春、問題のＱ１８０Ｖはさまざまな細菌で汚染されており、マニュアル通りに洗浄しても汚染が残ったと指摘する報告がまとめられた。「メーカーのガイドラインに従った手続きで洗浄・消毒をしてもなお、汚染が残るリスクがある」とその報告には書かれていた。起訴状によれば、オリンパスメディカルシステムズは13年４月13日にその報告を受け取ったが、米政府ＦＤＡにそれを伝えなかった。これも同社の罪状とされた。

米国の民事訴訟に証拠として提出されたオリンパスの社内メールによれば、12年12月20日、オランダの規制当局はオリンパス側に対して、翌１月中旬までにユーザーに院内感染の続発と適切なリプロセスについて情報を提供するよう要求した。[26]

これを受けて13年１月、オリンパスの欧州法人は欧州の医療関係者に注意喚起の手紙を送り、そのなかで、特別な洗浄ブラシ「ＭＡＪ-１８８８」の使用を勧めた。「不適正な再生処理などで引き起こされる汚染、さらなるリスクを防ぐ」のがその目的だった。ところが15年２月まで２年あまり、米国内の顧客にはそれを知らせなかった。

顧客や当局に「積極的には」知らせず

訴訟のために録取《ろくしゅ》されたオリンパス米州法人のローラ・ストームズ副社長（規制・臨床・品質保証担当）の証言によれば、2013年1月28日、オリンパス欧州法人が域内の病院に注意喚起をしているとの事実を外部の非営利組織のスタッフから知らされ、欧州法人に事実関係を問い合わせた。オランダやフランスでQ180Vを介した院内感染が問題になっていることをストームズ副社長はそこで初めて知った。それまで東京本社からそのような知らせはなかった。

同月31日、ストームズ副社長は、東京にあるオリンパス本社の医療品質保証部門の幹部にメールを送った。そのメールのなかでストームズ氏は、洗浄ブラシ「MAJ－1888」使用の推奨について欧州と米国で対応に違いがあると指摘。米国でもQ180Vに関連してピッツバーグ大学病院で同様に院内感染の報告があるとも指摘し、そのうえで次のように質問した。

「オリンパス・アメリカ社は、欧州法人が欧州のユーザーに伝達している情報をアメリカのユーザーに伝達するべきですか？」

副社長の証言やメールの履歴によれば、東京の医療品質保証部門の幹部は2月6日、次のような返信のメールをストームズ副社長に送り、上司の矢部氏にもそのメールを同送した。

「すべてのユーザーに積極的に知らせる必要はありませんが、問い合わせをしてきたユーザーには知らせるべきです」

特別なブラシを使わなくても、既存マニュアルの通りに再生処理（リプロセス）をすれば、高いレベルの除菌が可能だと幹部は主張した。

　ストームズ副社長はその日のうちに再度のメールを東京に送り、そのなかで、「不十分なリプロセスが院内感染の原因だという結論にどのようにして達したのか説明できるのか」と質問した。院内感染が発生した米国の病院に東京本社の人間が調査に来ていないと指摘し、「どのようにしてその結論を得たのか」と問いただした。すると、東京本社の幹部は「ノイズなどその他の要因」を指摘した。ストームズ副社長は「ノイズ」が何を指すのか理解できなかったが、東京本社の指示に従った。つまり、積極的に米国内の顧客に事態を知らせたり注意を喚起したりしようとはしなかった。

　この後、２０１３年春から15年2月にかけて、ワシントン州シアトルやカリフォルニア州ロサンゼルスなど米国内の8カ所の病院で院内感染が発生した。

　起訴状によれば、米政府ＦＤＡがオランダのロエブ博士の報告書を独自のルートで知ったのは、報告書作成から2年あまり後の14年10月だった。ＦＤＡはその重大性を認識し、オリンパス側にそれを知っていたのかと問い合わせた。また、ロエブ博士の報告書を入手して読んでみるようにとオリンパス側に勧めた。実際にはオリンパスと矢部氏はその2年以上も前にロエブ博士の報告書を受け取っていたのだが。

　２０１５年1月21日、ワシントン州の地元紙シアトル・タイムズがシアトルの病院で起こった院内感染を報じ[27]、十二指腸内視鏡を介した院内感染が初めて明るみに出た。ロサンゼルス・タイムズ紙が2月18日にカリフォルニア大学ロサンゼルス校の病院での事例を報道[28]。報道を追いかける格好《かっこう》で翌2月19日、オリンパスとＦＤＡは初めて米国内の病院に注意を促し始めた。オリンパスは米国内でも洗浄ブラシ「ＭＡＪ－１８８８」を添付する方針に転換し、3月26日、再生処理マニュアルの改訂を各地の病院に知らせた。[29]

4月13日から24日にかけて、米ＦＤＡは東京都八王子市のオリンパスの研究開発拠点や福島県会津《あいづ》若松《わかまつ》市の生産工場で立ち入り検査を行い、8月12日、同社に警告状を出した。翌16年1月15日、オリンパスはＱ１８０Ｖのリコール（回収・修理）と洗浄マニュアルの再改訂を発表した。[30] こうした対策を経て、Ｑ１８０Ｖ関連の院内感染の報告は減少した。

オリンパス側から米政府ＦＤＡにロエブ博士の報告書に関する追加報告があったのは、同社がそれを知ってから3年近く後の２０１５年3月13日。フランスのクレムラン・ビセートルでの感染がＦＤＡに報告されたのは発生4年後の16年7月7日だった。これらの報告遅れがオリンパス米州法人の犯罪嫌疑とされた。

２０１７年1月19日、オリンパス米州法人のストームズ副社長は、シアトルの病院で死亡した患者の遺族が起こした民事訴訟のための証言録取に応じ、原告側の弁護士の質問に次のように答えた。

弁護士「実際、オリンパス米州法人はＭＡＪ－１８８８のブラシの使用を２０１５年まで米国の顧客に勧めなかった。それは事実ですか」

副社長「そうです」

弁護士「つまり要約すると、オリンパスは、欧州の顧客に提供したのと同様のアドバイスをそれよりも2年遅れて米国の顧客に提供している。それは事実ですか」

副社長「そうです」
弁護士「あなたは、東京本社の助言に従って、だれかから質問されない限り、積極的には米国の顧客に問題を知らせなかったのですか」
副社長「オリンパス欧州法人が作成した文書について、積極的には顧客に言いませんでした。その通りです」
弁護士「あなたは、Ｑ１８０Ｖ内視鏡に関連する院内感染の問題について、２０１５年2月以前に、米国内の顧客に警告しましたか？」
副社長「いいえ、していません」

民事訴訟で、オリンパスは「病院が内視鏡の適正な再生処理を怠った」などと主張し、自分たちの責任を全面否定した。しかし、米州法人のストームズ副社長は２０１５年2月までの少なくとも2年間にわたって、米国内の医療従事者や米当局への注意喚起を怠り、これは事態の悪化を放置するものであったと認めたのも同然だった。

東京の品質本部の幹部や矢部氏は東京・赤坂の米大使館で尋問を受けたが、ほとんどの質問に「何《なん》人《びと》も刑事事件において、自己に不利な供述を強制されない」と定めた米国憲法修正第5条の権利を行使し、返答を拒否した[31]。

米州法人のストームズ副社長も同じように証言を拒否することができたのに、あえて会社に不利な内容を証言した。それは、いわば内部告発だったともいえるように筆者には思われる。

5　中国・深圳での不明朗な支払い

「バックが強大」なコンサルに4億6千万円

オリンパスの経営陣を直撃するまた新たな疑惑が浮上している。それは、2013年ごろにくすぶり始め、2022年になってもなお、消えずにいる。

疑惑の舞台は、中国・広東《カントン》省深圳《シェンチェン》《しんせん》市。「世界の工場」として知られ、日系企業も約500社が進出しているといわれる。オリンパスも現地法人を置いてカメラを生産していた。

その現地法人OSZ〈Olympus〈Shenzhen〉Industrial Ltd.〉は、中国の税関当局とのトラブルを解決するため、2013年、「当局に強いパイプを持つ」といわれる現地の企業グループとの間でコンサルティング契約を結ぶことにした。

税関当局に支払わなければならない罰金などの額を3千万人民元（5億数千万円）に抑えることを目標とし、それを下回った場合には、下回った額の8割をオリンパス側からコンサル側に報酬として払う。もし仮に罰金や追加課税をゼロに抑えるのに成功すれば、オリンパス側はコンサル側に4億数千万円を支払う。もし目標の3千万人民元を超えたときは逆に超過額の2割をオリンパス側がコンサル側から受け取る――。そんな異常な契約内容だった。

OSZがこの契約を結ぶには、越えなければならないハードルがあった。OSZの親会社にあたるオリンパス中国法人を管轄《かんかつ》するアジア統括法人の承認が必要であり、金額によっては、東京のオリンパス本社の承認が必要だった。

　オリンパス中国法人の法務部長を務め、アジア統括法人のコーポレートガバナンス本部ゼネラルマネージャーを兼務する織田《おだ》秀一《しゅういち》さんは13年12月２日、東京のオリンパス本社に出向いた際、そのコンサル契約について本社の総務部長から説明を受けた。その総務部長は、その年の春までＯＳＺの製造管理本部長を務めていて事情をよく知る立場にあった。

　このコンサル契約をめぐって、のちに監査役の発議で外部の弁護士を入れた社内調査が行われ、報告書がまとめられた[32]。さらに、オリンパスの別の社員が会社を相手に起こした訴訟の法廷に織田さんの陳述書が提出され[33]、織田さんは証人として尋問を受けた。それら報告書や陳述書、証言などを総合すると、この契約の案は以下のような経緯をたどった。

　織田さんの陳述書や法廷証言によれば、２０１３年12月２日、東京のオリンパス本社に出向いた際にその総務部長から持ちかけられたのは、コンサル契約を承認してほしい、という要請だった。

　その説明によれば、このコンサルのグループは以前も消防施設の欠陥の問題を地元当局とのパイプを使ってうまく解決した実績があり、今回の税関の問題についても、ＯＳＺの試算を大幅に下回る罰金額に抑えると言っている、という。木本泰行会長、笹宏行社長ら本社の執行側の取締役の承認はすでに取っているので、アジア統括法人の内部で決裁が回ってきたら承認してほしい、という。ただし一部の取締役の指示で、この決裁をオリンパス本社に回さないことにしており、そのための工夫として、ＯＳＺからコンサル側への支払いの一部についてＯＳＺ従業員寮をコンサル側に譲渡する際に対価を値引くことで調整することになった、という。織田さんはアジア統括法人の幹部として、傘下の現地法人ＯＳＺの重要契約をチェックする立場にあった。

織田さんは、総務部長の話を聞いて、〈極めて不適切な取引で、贈賄のリスクが疑われる〉と考え、次のような思いに駆られた。

〈これでは２０１１年の損失隠し事件と同じではないか、あのときも「取締役の判断」ありきで、各種決裁は無効化され、内部統制機能が働かず、大問題になったのでは……〉

そのような契約を結べば、贈賄などの違法行為を誘発させる可能性が高い。と同時に、その案件のチェックを抑制しようとする本社取締役がいることに、損失隠し事件の再演になると感じたのだ。

〈損失隠し事件からわずか2年しか経っていないのに、当社の統治機能の強化を図るために選ばれた取締役が、同じ過ちを繰り返そうとしている〉

〈これでは、当社の健全化どころか、地道に取り組んできたアジアのガバナンス体制も崩れてしまうのではないか〉

本社の総務部長を前に思わず、織田さんは「また、そんなこと言っているのか」と口走ってしまった。

とはいえ、すでに東京の本社の会長、社長ら役員の合意を得ているという話なので、〈あまり異論を唱えても仕方ない〉と考え、その場は聞くだけにとどめた。

後日、アジア統括法人の内部で法務の観点からこの契約を検討した。その結果、外国公務員の側への贈賄やその共謀《きょうぼう》を禁止した米国の法律、海外腐敗行為防止法（ＦＣＰＡ）に抵触《ていしょく》する可能性があると考えられた。調べてみると、コンサル側のグループ企業には贈賄疑惑を報道された過去があった。このため、契約は中止するしかない、との結論になった。

日本の法制度とは異なり、米国では、実際には贈賄行為がなかったとしても、そうなるかもしれない可能性があることを薄々認識しつつ、それに加担する行為の共謀が禁止されており、処罰や制裁の対象となりうる。オリンパスは米国内で預託《よたく》証券（ＡＤＲ）を発行して資金を集めており、また、ブラジルの医師らへの贈賄の容疑で米司法省の捜査の対象となっており、こうしたことから、米司法省による摘発のリスクは小さくないと考えて当然の状況だった。

織田さんら部下たちの意見を採り入れた結果なのか、翌14年1月24日、アジア統括法人のトップである董事長《とうじちょう》はコンサル契約の決裁を否決した。

しかし、のちの社内調査の報告書によれば、このときすでに、コンサル契約は「既成事実化された状態」になっていた。現地法人ＯＳＺの人事総務部長は「案件がすでに走り始めている」とアジア統括法人にメールを送ってきた。14年2月12日、オリンパス本社の総務部長やカメラ事業会社オリンパスイメージングの構造改革推進室長らを交えて、アジア統括法人のトップやＯＳＺのトップがテレビ会議を開き、再決裁に向けて、過去の疑惑が晴れていることを示す「公安証明書」を見せてもらうようコンサル側に要請するなどの方針を決めた。織田さんはこの場に呼ばれなかった。

14年4月8日、コンサル報酬の見込み額を最大３００万人民元（約５千万円）とする決裁が新たに起案され、アジア統括法人の内部で再び決裁手続きが始まった。「300万人民元」というのは当時、アジア統括法人の内部だけで決裁が可能な上限と同じ金額だった。アジア統括法人の社内では前回の決裁手続きの際と同様、織田さんら複数の幹部から「懸念が払拭《ふっしょく》されていない」という意見が出た。しかしそれを振りきって、同月25日、アジア統括法人のトップはこの決裁を承認した。

同日、コンサルティング契約が交わされ、それと同時に、アジア統括法人の決裁を経ることなく、従業員寮2棟をコンサル側に長期使用させ、そのあと売却するとの「補足契約」が交わされた。

その年の夏、税関当局との交渉がまとまり、罰金はゼロで済むことになった。11月11日、カメラ事業会社オリンパスイメージングの社長が電子的に決裁して、12月18日、2400万人民元(約4億6千万円)が現地法人からコンサルに支払われた。さらに、その前から、従業員寮を使う権利がコンサル側に与えられた。

結果的に、コンサルに支払われた金額は、8カ月前にアジア統括法人で契約締結を決裁した際の「最大300万人民元」の8倍に上った。そのうえさらに、補足契約に従った寮の売却がどうなるのかがはっきりしないまま、実質的に寮の使用収益の権利がコンサル側に譲渡された形になった。

法務本部長の異論「誰に怨まれてもやりきる他ない」

織田さんの法廷での証言や裁判所に提出された陳述書によれば、コンサルティング契約が交わされた後も、織田さんはこの契約の問題点について検討を続けた。複数の法律事務所からFCPA抵触のおそれを指摘する意見書を得て、それらを手に、オリンパス監査役の一人、清水昌《しみずまさし》氏に相談した。

清水氏は、オリンパスの生え抜きではなく、大株主の日本生命の出身。日本生命で財務審査部長を務め、損失隠し事件を受けて2012年4月の経営陣刷新の際に常勤監査役に就任した。清水氏の代理人弁護士がのちに株主代表訴訟の法廷で主張したところによれば、清水氏は14年7月、法務部員から報告を受けてコンサル契約の「潜在的な問題点」を認識し、秘密裏《ひみつり》に事実関係の調査を始めていた。

清水監査役は、中国と東京を行き来していた織田さんを執務室に呼んで直接、事情を聴いたり、個別に複数の関係者に連絡したりして、水面下で情報を集めた。中国での事案であるという地理的制約もあり、情報収集は一朝一夕にはいかなかったが、その年の暮れに概要をつかめてきたことから翌15年1月にかけて、三つの法律事務所へ相談に出向いた。[34]

15年1月5日に織田さんから清水監査役に送られたメールには、次のように書かれていた。

「本件考えるほどに気が重くなり、リスクのある案件ですが、誰かの立場ではなく、会社の立場に立ってアジアの法務責任者という職責に従った正しい行動をとると決意していますので、取締役等への説明に私の名前をご遠慮なく出していただいて結構です。誰に怨《うら》まれてもやりきる他ないと思っております」

清水監査役は社外の法律事務所に依頼して、経緯を調査してもらう方向で検討した。同僚の監査役とも情報を共有したが、「こんなことをしたら経営陣と対峙《たいじ》、対立することになる」との消極意見があった。「本件は過ぎたことなので、掘り返すべきではない」との否定的意見もあった。[35] しかし監査役は独任《どくにん》制の機関であり、他の監査役や取締役の意見にかかわらず、自分のみの判断と責任で「いつでも、取締役や使用人に対して事業の報告を求め、又は会社の業務及び財産の状況の調査をすることができる」（会社法381条2項から）。

15年2月4日、ついに清水監査役は単独で動いた。取締役会メンバーの全員に対し、「監査役調査の開始に関するご連絡」を送付したのだ。それまで何も知らない〝寝耳に水〟の社外取締役もいた。社内の緊張感は異様に高まった。その結果、取締役会は、社外取締役3人と社外の弁護士1人に調査を委嘱《いしょく》せざるを得なくなった。社外取締役らは実際の調査をシャーマンアンドスターリング外国法事務弁護士事務所と西村あさひ法律事務所の弁護士に依頼した。

オリンパス会長だった木本氏が筆者に語ったところによれば、同氏自身も、社内調査の対象になり、パソコンの中身を提出した。また、米司法省に対して、何も隠しておらず、オープンでフェアであるということを明確にするため、それまでの状況について同社から同省に情報を提供した。

すると、米司法省も関係者の事情聴取に乗り出してきた。4月に中国法人の法務本部長になった織田さんにも聴取の要請があった。

米司法省の捜査への協力について、織田さんは会社と米司法省の双方に対し、「この協力は決して個人の内部通報のようなものではなく、当社としての行為であり、当社の自浄作用の一環であること」「会社を守るために協力するものであるが、ここでいう会社とは、一部の取締役を指すのではなく、株主やすべてのステークホルダーのものである会社を指すこと」を確認してもらったうえで、応じることにした。15年7月2日、米司法省の聴取を受けた。

その2カ月ほど後の9月初旬、織田さんは、畑違《はたけちが》いとなる東京都八王子《はちおうじ》市の職場への異動をオリンパス本社で人事部や法務部などコーポレート部門を統括する古閑信之執行役員から内示された。

その法廷証言によれば、織田さんはその場で内示に異議を唱えた。

「まさに深圳事案について調査が進行している最中、また、米国の司法省に対して証人として意見交換している最中に、これは、米国法では報復にあたる、場合によっては司法妨害とかにあたる可能性があると聞いておりますが、よろしいんですか。危険だと思います」

すると、その日の夜、内示は撤回された。

外部の弁護士に依頼した調査は９カ月弱にわたって続いた。２０１５年10月29日付で報告書がまとめられ、同社に提出された。

ところがその中身について、同社は「速やかに開示すべき内容はなかった」として一切公表しようとしなかった。「問題なし」との結論になったのかどうかについても、同社は説明を控えた。公表しないだけでなく、中国法人の法務本部長である織田さんにも報告書を見せず、社内でもひた隠しにした。

オリンパス社員から渡された秘密報告書

そんな最中の２０１６年2月1日、筆者のもとに、旧知のオリンパス社員からメールが入った。

「例のものが、手に入りました。お渡ししたいのですが、今日、明日のご都合はいかがでしょうか？」

その日の夜、東京都内の駅構内の喫茶店で筆者は、そのメールの送り主である彼に会った。

「封筒の中身が何かは知りません。見てませんので。また、誰から由来するのかも知らないのが事実です」

彼から渡された封筒の中を確かめたところ、報告書らしきもののコピーが入っていた。

彼は、このコピー提供が公益通報者保護法によって法的に保護される「公益通報」に該当するかどうかを気にしていた。

翌々日の2月3日、彼からメールが届いた。「ちょっと慎重に対応した方が良さそうです」とあった。

メールの文面によれば、知り合いの弁護士に尋ねたところ、報告書のコピーの提供は、公益通報者保護法の保護対象に該当するとまでは言えない、と消極の見解だったという。

日本の不正競争防止法が禁止する外国公務員贈賄の事実があったと信ずるに足りる相当の理由があるのだとすれば、それに関する内部告発は公益通報者保護法の保護対象に入り得るが、おそらく、そこは微妙であるのだろう。

日本の不正競争防止法は、外国公務員への単純な贈賄を罪としていない。「不正の利益を得るため」などの要件が満たされないと、犯罪にならない。また、中国の公務員に賄賂が届いたかどうかを確認しなければならないが、それは現実には非常に困難だ。実際に公務員に賄賂が届いたことの立証がなくても、米国の海外腐敗行為防止法（ＦＣＰＡ）では共謀罪で処罰できるが、日本の不正競争防止法では処罰できない。このように日本の不正競争防止法は、米ＦＣＰＡに比べて、外国公務員への利益提供を罪に問える範囲が非常に狭い。したがって、不正競争防止法に違反する外国公務員贈賄の事実があったと信ずるに足りると立証することで公益通報者保護法の保護を受けようと考えても、そのためのハードルはとてつもなく高い。他方、米ＦＣＰＡに違反する事実があったとしても、それに関する内部告発は日本の公益通報者保護法の対象外である。

そのため、筆者は「まぁ、そんなところだろうな、とは思いました」と返信した。そして、次のように書き添えた。

「公益通報者保護法の保護対象に入らないからといって、正当な内部告発であることが直《ただ》ちに否定されるわけではなく、一般法理による保護もあります。とはいえ、そこは法的な評価が微妙なところですし、実際の効果も不明確なので、安全策を採ったら、弁護士のような意見になるということなのでしょう」

さらに「もともとの情報源の方はこのコメントを見て、どんな反応でしょう？」と彼に尋ねた。

翌４日、彼から返答のメールが来た。

「協力者に聞きました。リスクは承知しているが、奥山さんが、公益に資すると判断するなら、是非《ぜひ》、書いてください、とのことでした」

筆者は、報告書の内容を裏付けるための取材を始めた。

取材の終盤、筆者は、オリンパスの広報・ＩＲ部を通じて、笹宏行社長にインタビューを申し込んだ。が、拒否された。

「企業統治やコンプライアンスについて企業トップとしての肉声が聞こえてこないとの評を社内外で聞くのですが、これについて、いかがお考えでしょうか」など具体的な質問を笹社長あてに送り、取材を申し込んだが、「社長としてのコメントは差し控えさせていただきます」との返答だった。

２０１６年3月19日、週刊誌「ＡＥＲＡ」に「またもや不明朗な取引」との見出しを掲げた筆者の原稿が掲載された。やや小さい文字で「オリンパスの体質はなぜ改まらないのか」という見出しが添えられ、本文は次のように始まっている。

「記者は今回、オリンパスが外部に公表していないある調査報告書を入手した。中国・広東省深圳市の現地法人で問題になったある支払いに関するものだ」

「ガバナンス上の問題があった」

報告書には、この取引の異様さが浮かび上がっていた。

報告書によれば２０１３年11月15日ごろ、オリンパス本社の総務部長がアジア統括法人のトップとともに、トラブルの概要とコンサル起用の方針を本社の２人の専務に説明した。コンサル契約と寮売却がセットで進められていることも説明した。11月18日には、木本会長と笹社長にも総務部長が同様の説明をした、とされる。

報告書によると、首脳たちは説明を聞いてさまざまな反応を示した。

中国で腐敗が厳しく取り締まられている状況を心配してなのか、ある専務は「宿題」を出した。

「中国の状況から役人の汚職に厳しく対応する中、リスクヘッジをどうするか」

後日、総務部長から次のような回答があった。

契約書に「合法・合理的な対応で解決を行う」といった文言を入れます——。

これについて報告書は、それだけではリスクをかなり減らせたとは言い難い、と批判した。

銀行出身の役員からは「決裁」の階層への言及があった。

アジア統括法人での決裁で完了させてほしい――。

報告書によれば、部下たちの一人はこの発言の趣旨について「地域の問題として完結していた方がオリンパスグループ全体としてリスクが小さいから」と理解したという。

これについて、調査報告書は次のように特に厳しく批判している。

「グループ全体をけん引するオリンパス経営陣は、責任が上位者に波及するのを避けるべく部下や下位組織に決裁責任を取らせるといった責任逃れの態度や、責任逃れと解釈されうる発言を厳に慎むべきである」

笹社長は、コンサルの属する企業グループの関係者が過去、何らかの不正をしていたとして報道されたことがあるとの報告を受け、不正の前科の有無を調べるよう指示。後日、コンサルは処罰を受けたことがなく、問題はない、との報告を受けた。

報告書によれば、現地法人ＯＳＺはこのコンサルについて、「適切な反贈賄デューディリジェンス」の手続きをしていなかった。

すなわち、このコンサルが業務を遂行するにあたり、当局者に対して贈賄するおそれがないか、またはその他の観点から不適切な取引相手でないかといったことを調査によって洗い出す手続きをとるのが、企業として当然求められる努力事項（Due diligence）であり、オリンパスでもそのような内規が一応あったのに、そうした手続きがとられなかった。

実際に税関職員への贈賄があったかどうかについては、コンサルが調査に応じず、その代理人は合法性を主張して疑惑を否定したため、調査報告書は「疑いを完全には払拭できないものの、贈賄関連法令に違反する行為があったとの認定には至っていない」と記述するのにとどめた。ただし、「素性《すじょう》に不審な点があるコンサルタントを起用したことは、コンプライアンス上問題があり、オリンパスには改善が求められる」と指摘した。

報告書は「中国における商慣習に照らし、現地法人が税関当局とパイプがあると思われたコンサルタントに依頼したことも一定の合理性はある」とし、笹社長ら経営陣の判断について「著しく不合理であったとまではいえない」と結論づける一方で、「ガバナンス上の問題があった」とも述べ、次のように指摘した。

「早期の段階でコンプライアンス管理部門に対して経営トップとして率先してコンサルのバックグラウンドチェックを含めた事実確認を指示し、各当事者の意見を直接聴取するなど、特に慎重に対応するべきであったと考えられる」

さらに報告書は、オリンパスの「コンプライアンスの脆弱性《ぜいじゃく》」を問題視し、その解決のためとして、次のように提言した。

「経営陣として、海外子会社を含め、どのようにガバナンスを機能させるか、不正の存在が疑われる端緒を把握した際、どのように対応すべきかという点について、研修が必要である」

筆者は、報告書がまとめられて4カ月ほどとなる16年3月2日、笹社長はすでに「研修」を受けましたかとオリンパスに問い合わせたが、回答を得られなかった。[36]

異論唱えた法務本部長を左遷

その後も、織田さんはアジア統括法人の幹部として、また中国法人の法務本部長として、社内調査で済ませるのではなく、第三者委員会を設置して調査するべきだと主張し続けた。

２０１６年６月20日、織田さんから清水監査役に送られたメールには「問題の拡大につながる懸念があります」と記された。

中国・深圳では、従業員寮をめぐるコンサル側の要求がエスカレートしつつあった。

コンサル側は、受け取った４億６千万円のほかに、コンサルタント業務の対価として従業員寮２棟をＯＳＺからコンサル側に譲渡する義務があるのに、その義務が果たされていないと主張した。13年10月16日付でコンサル側とＯＳＺの間でその義務を裏付ける覚書《おぼえがき》が交わされたと主張した。

16年11月になると、コンサルによって従業員寮が占有され、賃貸アパートに改装されてしまった、との情報が織田さんのもとに入ってきた。12月23日、コンサル側は46億円余の損害賠償をＯＳＺに求める訴訟を深圳市中級人民法院に起こした。

もし、この従業員寮あるいはそれに代わる40億円前後がコンサル側に提供されるのだとすれば、それもまた、新たなＦＣＰＡ違反を構成するのではないか、との疑念があった。

翌17年春、織田さんは中国法人の法務本部長あるいはアジア統括法人の幹部として、外部の複数の法律事務所に意見を求めた。どの法律事務所も、４億６千万円の支払いや従業員寮譲渡について、ＦＣＰＡに違反する可能性を指摘した。

これを受けて、織田さんは、社外の弁護士の助言を受けつつ、オリンパスの監査役や社外取締役に是正を働きかけた。

17年7月、東京本社の法務部に所属する入社2年目、29歳の社内弁護士、榊原拓紀《さかきばらひろき》さんから織田さんに連絡があった。

のちに榊原さんが訴訟の法廷に提出した陳述書や法廷での尋問への返答によれば、以下のような経緯があった。

榊原さんは筑波大学附属駒場《こまば》高校から東京大学文科1類に進み、東大法学部、同法科大学院を経て、2012年に司法試験に合格。13年12月に司法修習を終えて弁護士になった。西村あさひ法律事務所などを経て、16年6月にオリンパスに入社。欧米で販売されたオリンパス製の十二指腸内視鏡「TJF‐Q180V」を介して発生した院内感染の問題への対応を担当した。主に民事訴訟への対応を担当したが、米政府の食品医薬品局（FDA）や米司法省（DOJ）への対応に関わることもあった。

17年6月23日、シャーマンアンドスターリング外国法事務弁護士事務所の弁護士から受け取った「米国FDA／DOJ対応関連請求書5月分」の中に、見知らぬ案件に関する作業の記載があるのを見つけ、榊原さんは不審に思った。

「海外子会社の特定法務担当者に関する人事上のご相談[37]」

その外国法事務弁護士事務所には、院内感染の問題で業務を委託していたが、その記載は一見して院内感染とは無関係だった。

榊原さんは先輩の法務部員にその意味を尋ねた。すると、その先輩法務部員は小声で「深圳について、織田さんのことではないかな」と織田さんの名前を挙げた。

深圳案件は、法務部内でも情報の共有がまったくなく、「何か口に出してはいけないこと、というような神経質な扱い」になっていた。榊原さんはそれを異様に感じ、織田さんに直接問い合わせた。

７月10日、織田さんが東京の本社事務所を訪れた際に２人は面談した。

織田さんから資料を受け取り経緯を聞いた榊原さんは、利害関係のない社外取締役に主導してもらって第三者委員会を立ち上げ、ＯＳＺの問題を再調査し、米司法省にその結果を自主的に開示することで、摘発の法的リスクの減免につなげ、会社を守らなければならないと考えた。

04年に日本弁護士連合会が制定した「弁護士職務基本規程」では、会社や官庁に在籍する組織内弁護士は、その担当する職務に関し、業務上法令に違反する行為が行われていると知ったときには、それを放置してはならず、取締役会への勧告など適切な措置をとらなければならない、と義務づけられている。

榊原さんは、決して正論を曲げず、この定めに従って行動しようと考えた。

ちょうど同じころ、オリンパス社内では、十二指腸内視鏡「Ｑ１８０Ｖ」を介した院内感染の問題を刑事事件として捜査している米司法省の担当官から17年６月の会合で「不祥事を繰り返すオリンパスの社内カルチャー」を問題視する意見が伝えられたのにどう対応するかが、経営課題に浮上していた。そこで榊原さんは、企業文化の改善を米司法省にアピールするための資料を集める目的で、社外取締役にインタビューしてみるのはいかがだろうかと社内で提案し、了承された。17年８月から９月にかけて、6人の社外取締役、2人の社外監査役の全員を対象に、11年に損失隠し事件が発覚して以降の取り組みやオリンパスのガバナンス、コンプライアンス、企業文化についてインタビューした。その8人のなかで榊原さんが最も期待をもてそうだと見定めたのは、元伊藤忠商事副会長の藤田純孝《ふじたすみたか》氏だった。

7月10日の面談から3カ月後の10月23日、榊原さんは織田さんとともにオリンパス社外取締役の藤田氏と会った。榊原さんの陳述書によれば、その面談の結果として10月末、藤田氏は笹社長に、OSZの問題について掛け合ったという。すると、「その件は弁護士にしっかりと費用を支払って再調査してもらっています」と笹社長から返事があったという。11月8日、米国の法律事務所の弁護士らによって再調査の結果が取締役たちに説明され、その結論に疑問を持つ人はいなかったという。そうした進捗《しんちょく》についてそのつど、藤田氏から榊原さんに電話で伝えられた。

11月21日、社外取締役向けに「アジア訴訟の件」の説明会が開かれた。事前に織田さんは、説明が偏《かたよ》ったものになるのを心配し、きちんとした情報を伝える必要があると考え、「私も参加させてください」と申し出たが、受け入れられなかった。

11月30日、織田さんは、東京本社の法務部長らから呼び出された。コーポレート部門の責任者と人事部長が同席していた。本社の新設部署への翌18年1月1日付の異動を内示された。実態の定かではないポストだった。

「『悪い意味でのサラリーマン根性』は真《ま》っ平《ぴら》ごめんなので」

これを知った榊原さんは2017年12月6日朝、藤田氏ら6人の社外取締役の全員にあててメールを送り、人事の是正を求めた。

「内容的にも時期的にも通報に対する報復人事の可能性が高く、当社の公益通報者保護法違反などのおそれがあります。当職は弁護士職務基本規程第51条（違法行為に対する措置）に基づき、社外取締役の皆様に速やかに上記事実関係の確認・是正等の対応をお願いしたくご通知申し上げます」

2日後の8日午前、榊原さんは、このメールを20人以上の法務部員の全員に転送し、そこに次のように書き添えた。

「よく、『君は弁護士である前に会社員だから』って言われましたが、やはり私は『会社員である前に弁護士』みたいです。（中略）『悪い意味でのサラリーマン根性』は真っ平ごめんなので」

その日の夜、直属の上司の法務部長から榊原さんに「本メールを発出した意図などを聞きたい」として、週明けの月曜日の面談を申し入れるメールが送られてきた。「本来であれば、このような内容は、所属長にまずは相談するのが筋だ」との指導の言葉もあった。「このようなメールをみんなにばら撒《ま》くことは不適切だと思います」とも書かれていた。

このころ、東京本社の法務部員の間でさまざまなメールが飛び交った。

週明け月曜の11日昼に、織田さんから東京本社の法務部長とグループリーダーに送信されたメールは、自分に対する人事異動の問題点を指摘するものだった。

「まさに2011年に関与者が行った当社伝統の手法、すなわち『報復で黙らせる。』であります」

そのメールは、11年10月にウッドフォード社長を解任した経緯に言及していた。

「今回の異動も含め一連の不適切なアクションは、会社として大きなリスクを惹起《じゃっき》すると思います。したがって、これを受け入れますと、2011年とまったく同じです。ですので、法務マンとしてお受けできません」[38]

織田さんの後任への人事を命じられた法務部のグループリーダーから法務部員に送信されたメールには次のように書かれた。

「今回の辞令は会社の法的リスクを拡大しかねず、私は、自身の判断として、現状で後任をお引き受けすることはできないという立場です。また同様に、今回の事情を知るや否《いな》や、榊原さんは守るべきものを守るために、勇気をもって、正々堂々、極めて適切、迅速にご対応されていると私も思っています。(中略)勇気、強い意志、本当に素晴らしいと思います」[39]

12月15日夕、榊原さんは、織田さんの異動などに関する最高コンプライアンス責任者との英文メールでのやりとりを笹社長ら約60人に転送した。

19日正午過ぎには、人事部、コンプライアンス部、法務部、アジア統括法人の141人の従業員をあて先として、13日前の6日に社外取締役6人に送ったメールを転送した。翌20日午前には、内部統制統括部、CSR本部、総務部、財務本部、広報・IR部の197人の従業員に前日のメールを転送した。これら2件のメールはオリンパス取締役ら15人にも「CC」で同送した。

榊原さんとしては、これらのメール送信は違法な異動を正そうとしての非常手段だった。一方、上司である法務部長からすれば、「自己の要求を実現するための業務外の不適切な実力行使であって、およそ許容し難いもの」だった。

12月20日午後、法務部長と人事部長から榊原さんはメール使用の禁止を言い渡された。同時に、出退勤、社内掲示板、法務データベースなどのシステムにアクセスできなくなった。

年が明けて2018年1月19日、榊原さんは、会社と法務部長、人事部長を相手取って東京地裁に訴訟を起こした。

訴状のなかで、榊原さんは「メール送信は公益通報に該当する。メール使用禁止は、公益通報に対する不利益扱いであり、公益通報者保護法に違反する」と主張し、精神的損害500万円を賠償するよう会社などに求めた。

オリンパスの広報・IR部は筆者の質問に対して1月26日にメールで回答し、織田さんの異動について「業務上の必要性に基づくもので、通常の人事異動の一環です」と説明。榊原さんのメール使用禁止については「複数回の指導にもかかわらず、当社の電子メール利用規程に反して、正当な利用とは認めがたい不適切なメールの利用が行われたための措置であり、報復を目的として行われたものではなく、公益通報者保護法違反の事実もありません」と反論した。いずれについても「不当な報復と指摘されるべきものではありません」と主張した。

榊原拓紀さん

榊原さんと会社は冷戦状態となった。18年4月16日、榊原さんは会社から自宅待機を命じられた。

11月1日、榊原さんは、ジャーナリストの山口義正さんのインタビューに応じた。7年前に深町隆さんから情報提供を受けてオリンパスの巨額不正経理を情報誌「FACTA」でスクープしたあの山口さんである。榊原さんは、十二指腸内視鏡の院内感染に関する米政府FDAへの報告が遅れた問題で場合によっては米国市場から排除されるリスクがあると米国の弁護士から指摘されたことや、オリンパスの社外取締役が「オリンパスのコーポレートはレベルが低い」と言ったことを明かし、そのインタビューの内容は「FACTA」18年12月号に掲載された。[40]

11月21日、榊原さんは日本外国特派員協会で記者会見を開いた。「悲惨な事態を防ぐためには、オリンパスは会社の文化と会社の統治を立て直すべきだ」と述べた。

翌19年2月12日、人事部は榊原さんを出勤停止7日の懲戒処分にした。その通知書には「非違《ひい》行為」として、「オリンパスのコーポレートはレベルが低い」という社外取締役の発言を漏らしたこと、「オリンパスは企業文化をどうしようとしているのですか」という米司法省のコメントを漏らしたことなどが列挙された。

社内調査「著しく不合理とまでは認められない」

東京地裁は2020年7月2日、榊原さん敗訴の判決を言い渡した。

判決理由によれば、裁判所は、公益通報者保護法の趣旨に照らして、会社内で公益通報の相手先となりうるのは、会社の代表者のほか、通報対象事実について調査し、是正する具体的な権限を有している者と解するのを相当とした。具体的には▽通報窓口であるコンプライアンス部の管理職、▽ヘルプラインに属する職員、▽榊原さんについて業務上の指揮監督にあたる者、▽OSZ案件についての責任者――がそれに当たると指摘した。

そのうえで、17年12月19日、20日に多数の従業員に送った２通のメールについて、裁判所は「通報対象事実について調査、是正する具体的権限を有している者だけでなく、具体的権限を有しているとは認められない者も多数含まれている」と指摘し、「各メールの送信をもって、労務提供先である被告会社に通知したものと認めることはでき」ず、したがって「公益通報に当たるということはできないと結論づけた。さらに「通報の態様としても著しく相当性を欠くものであったといえる」として、「各メールの送信行為は、もはや内部通報の範ちゅうを超えており，内部通報制度の趣旨・目的に適《かな》った行為とみることはできない」とも結論づけた。

榊原さんはＯＳＺ案件に関する調査が極めて不十分だと主張したが、裁判所は次のような公益通報者保護法の解釈を示した。

「公益通報者保護法の趣旨に照らすと、ここで保護されるべき内部通報とは、事業者に対して、通報の対象となる事実についての調査と調査に基づいて適切な是正を行わせる端緒《たんしょ》となる情報を提供することであって、内部通報に対して、どのような体制、どのような方法で調査を行うかは、基本的に事業者の裁量に委ねられており、事業者に特定の方法による調査を行わせるという内容までを含むものではない」

たしかに裁判所の言うとおり、従来の公益通報者保護法は、内部通報を受けての調査について、その結果を通報者に遅滞《ちたい》なく通知するよう努めなければならないと定めるだけで、調査のあり方について触れるところはまったくなかった（従来法９条）。

それを前提に裁判所は、ＯＳＺ案件に関するオリンパスの調査について、「当不当の範囲を超えて、著しく不合理な調査を行ったとまで認めることはできない」と判断した。不十分かどうか、不合理かどうかの判断ではなく、「著しく」という副詞を添えて、「調査の内容が著しく合理性を欠くとか、著しく妥当を欠く方法で調査を行ったことを認める証拠もない」というのが裁判所の結論だった。

榊原さんはこの地裁の判断を不服として、東京高裁に控訴した。

筆者が考えるに、この判決を裏返しにして読むと、それは、「著しく不十分」とまでは言えないとしても、ＯＳＺの問題に関する調査が社内調査だけでは不十分であることをなかば認めているように読める余地があると思われる。

内部通報を受けての調査について、前述のように従来法では何の規制もなかったが、22年6月以降の通報については、改正法とその指針に基づいて、事業者は「必要な調査」の実施を義務づけられる。事業者にフリーハンドの裁量があるのではなく、消費者庁による一定の規制に服することになる。「著しく不合理な調査」が許されないのは当然だが、改正法施行下ではもはや「不合理な調査」は許されない。内部通報を受けての調査は、客観的に見て合理的なものでなければならない。

また、筆者が考えるに、この判決は、２０１７年12月18日以前の榊原さんの行動、すなわち、社外取締役や社長らへのメール送信などを正当であるとなかば認めている、と解釈することが可能であるようにも思われる。

この訴訟で、オリンパス側の訴訟代理人弁護士は、12月19、20日に行われた約３５０人の社内関係者に対する大量一斉メール送信に絞って、弁護士職務基本規程によって正当化されるものではないと主張し、「本件不適切メールは内部通報と区別される」と主張した。

保護されるべき正当な内部通報と、そうではない言動と、どこで一線が引かれるべきかについて、さまざまな議論があり得るところだろう。

のちに、控訴審の東京高裁で21年２月10日、榊原さんと会社の和解が成立した。榊原さんはオリンパスを退社し、新天地で働くことにした。

6 オリンパス不祥事で法改正論議

浜田さんと会社の和解

浜田正晴《はまだまさはる》さんと会社が和解したのは２０１６年２月18日、浜田さんが不当に左遷されてから実に８年半も後のことだった。

東京地裁民事19部で成立した和解の条項によれば、会社は「解決金」として１１００万円を浜田さんに払う。また、定年後の再雇用を含め浜田さんの今後の処遇で不当な取り扱いをしないことを約束する。さらに、11年８月の東京高裁判決で「配置転換で原告が受けた被害」に関する種々の指摘があったことを確認し、その指摘を列挙した和解調書をＰＤＦファイルにして社内の社長メッセージのデータベースに２年間掲載し、それへのリンクをほぼ全社員にあててメールで知らせる。一方、浜田さんは現在の職場で働くことを受け入れ、また、別件の訴訟や弁護士会への人権救済申し立てを取り下げる。

その日、和解成立直後に司法記者クラブで記者会見した浜田さんはまず、2008年2月の最初の提訴から8年経ったことに触れて、「会社と仲直りできて本当によかったと思っております」と述べ、次のように続けた。

「サラリーマンとして、会社に身を置きながらこれまで裁判を続けてきたのは、内部通報する前の自分に戻してほしいと、普通のサラリーマンとして、オリンパスの社員として、同僚としっかり協力をして、会社の発展のために尽力できるように戻してほしいと、そういう願いを込めながら、この8年間、愛する会社と闘ってまいりました」

浜田さんは、いつものアドリブでの語りではなく、手元の紙のメモを読み上げている。時折、紙に目を落としつつ、顔を上げたときは記者席ではなく、宙の一点に目を向けている。笑顔はない。

裁判所の判決では、配置転換が無効と認められても、配転先の職場での勤務の義務がないことを確認するにとどまり、元の職場への復帰までは命令できない。このため、配置転換を無効とする判決が確定しても、会社は、浜田さんを配転前の元の職場に戻すことを強制されない。

「これでは何回裁判で勝っても、また会社との話し合いになる。気がついてみればもう定年まで5年を切りました」

浜田さん側の話によると、和解協議のなかで、浜田さんは確定判決に従って元の営業職場に戻すことを求め続けたが、最終的に会社はこれを拒否した。一方、和解金の増額については会社は受け入れた。

元の職場に戻れなかったことについて、浜田さんは記者の質問に答えて「この点は正直いうと残念です」と述べた。

「というのは、私の天職は営業ですから、そこの原職に戻る、最低でも、事業体の営業に戻るということは和解協議のなかで、さんざんそこら辺の話はしましたけど、結局、会社側としては今の職場でなければチームリーダーとして勤務をすることは、受け入れられない、今の職場だけである、ということを明確にしたので、もうそれ以上何も言えないというのが労働者の立場かなと、いうことですから、私としては『それは残念です』というのはありますが、逆に、やはり気持ちを入れ替えて、営業というスキルを、会社のなかで、あらゆるセクションで生かしていくことも、サラリーマンの宿命かなと気持ちを切り替えて、笹宏行社長以下現経営陣、同僚とともに、しっかり、会社のために出来ることをやっていきたいと、いうふうに思ってます」

浜田さんの訴訟代理人、光前《こうぜん》幸一《こういち》弁護士は、1100万円となった解決金の額について、「満足できる金額ではないんですが、一般の労働事件の和解金としては、かなりの金額に達しているということで、会社の誠意がそれなりに認められる」と説明した。また、「高裁判決の要旨が載っている和解調書そのものが全社員に公開されるという、これも異例の措置になっております」と付け加えた。

浜田さんが内部通報した前年にあたる2006年、公益通報者保護法が施行された。しかし、裁判では浜田さんが同法の定義する「公益通報者」にあたるとは認められず、その保護を受けることができなかった。記者会見で浜田さんは同法について次のように述べた。

「罰則も無い。裁判前提。公益通報者保護法に該当する『公益通報者』になるための対象範囲が大変狭い。そういう部分などについて実効のある改善をしっかりしていただきたい」

日本弁護士連合会（日弁連）の消費者行政一元化推進本部長代行や内閣府の消費者委員会委員長代理を歴任して公益通報者保護法に詳しく、浜田さんの訴訟代理人を務めた中村雅人《なかむらまさと》弁護士は次のように述べた。

「この事件は、公益通報者保護法がどういう法律でどこに問題があるかってことを実験的に明らかにしてくれた事件だったと思ってます。

私ども、公益通報者保護法制定時にも、日弁連の委員として立法にいろいろ絡んだんですけど、問題点は最初からいっぱい含んでたんですけども、5年後見直しをしようということでスタートしながら、監督官庁も全然見直しをしないで放置してきた。その間に、浜田さんのこういう事件が起こって、やっぱり問題はあるじゃないかということを証明してくれたような事件です。

私ども、いくつか公益通報の事件を扱ってますが、不利益を受けた人が、会社に籍を置きながら闘うってのは非常に難しいことで、ほとんど皆さん会社の外へ出て、裁判やっておられるんです。トナミ運輸の串岡さん（第4章3節301頁参照）とか今回の浜田さんというのはそういう意味では異例で、会社に籍を置いて頑張り続けて、会社の誤りを司法上明らかにさせた。裁判終わった後もそのまま籍を置いたままで解決している、というのは非常に珍しい。こういうことがどうして非常に珍しいのかというと、通報した後に受ける攻撃というのは、ふつうの人は耐えられない。そんな状況に追い込まれていくんです。

浜田さんも串岡さんも私はたまたま（訴訟代理人を）担当させてもらって、非常に感じるのは、2

人とも個人的には非常に意志の強いかたで、並外れたタフな精神力のかただったという、そういう個人的な要素ももちろんあるのですが、もう一つはやっぱり、マスコミの皆さんのその目で、きちっと守っていただいたっていうのを、非常に感じます。ぜんぜん報道もされずに、しょんぼりしやってる事件ってのもいっぱいあるんですが、そういう人たちはやっぱりほんとにくたびれていって、なかば泣き寝入り的な解決に、どうしても転んでいってしまう。ですけど、浜田さんとか串岡さんは、報道にときどき載って、その報道の目に守られながら裁判を進めることができた。そこがやはり、会社もそれ以上、下手《へた》なこともできないし、世論も下手なことを許さない。そういう目があるから、ここまでやってこれたと思うんですね。裁判を起こしてから8年です。4年で最高裁（決定）が出て、最高裁のあとまた4年も裁判やんなきゃいけなかったという、まったくこんな異例なことを支えていただいたのも、やっぱり報道の皆さんの目のおかげだろうと、いうふうに私は感じるところであります」

オリンパスの広報・ＩＲ部はその日、次のようなコメントを出した。

「本訴訟について従業員との間で和解に至ったことは事実として確認しております。訴訟自体長期に及んでいたこともあり、社内の平常化のために終了できたことに対し、当社としては一定の評価をしたいと考えています」

法改正への貢献で人権賞

２０２０年6月3日、参議院の消費者問題特別委員会に浜田さんの姿があった。公益通報者保護法の初めての改正案を審議する同委員会に参考人として招致され、「オリンパス株式会社人事部門スーパーバイザー・最高裁勝訴内部通報訴訟経験者」という肩書で出席したのだ。

改正法案審議で浜田さんは影の主役だった。先立つ衆議院の審議では、所管の衛藤晟一《えとうせいいち》・消費者担当相が「風聞《ふうぶん》しますと、浜田さんも今回の改正については大変評価をいただいているというぐあいにお聞きをいたしております」と野党議員に反論する一幕もあった[41]。

6月3日、意見陳述の冒頭、浜田さんは「10年近く内部通報訴訟を闘いまして、それに非常に苦しみ、なおかつ勉強し、そういった意味で、内部通報訴訟経験者ということでお話をさせていただきます」と切り出した。改正案に刑事罰の規定が入ったことについて、「この公益通報者保護法を引き締めるという意味において、本質的な法律のいわゆる性質を変えるという意味において私としては高く評価しております」と述べた。

そのうえで浜田さんは、改正後も残る課題に触れて、「この法律がしっかりしないと、通報する側も、さっきも申し上げたように、コンプライアンスで働く人たちも、いわゆる企業の経営者も、私の裁判で浮き彫りにしたように、みんな関係者が不幸になる。（中略）そこら辺は課題として考えていただきたい[42]」と議員たちに要望した。

その年の11月30日、浜田さんは、公益通報者保護法改正への活動を評価されて東京弁護士会の人権賞を受賞した。

同弁護士会の人権賞選考委員会で委員長を務める福田泰雄《ふくだやすお》氏は記者会見で、浜田さんについて「(公益通報経験者の) ネットワークを立ち上げ、みずからが闘った経験情報を発信。さらには、市民のための公益通報者保護法抜本的改正を求める全国連絡会の設立に関わり、議員要請活動を行い、こうした活動が契機となり、2020年改正公益通報者保護法が成立するに至りました」と讃《たた》えた。

会社を相手取った訴訟のかたわら、浜田さんは、自身の経験をブログで紹介し、報道機関の取材に精力的に応じた。自身を守るのに直接は役立つことのなかった公益通報者保護法について「ざる法」と批判し、その改正を求めて、所管の消費者庁や国会議員への働きかけも重ねた。その結果、20年6月8日、改正法が国会で成立した。

受賞の記者会見で、浜田さんは「感無量の思い」と喜びを表した。そして「きょう、実は定年退職日です」と言い、会社から受け取った感謝状を掲げた。そこには「幾多《いくた》の試練を克服し会社の発展に貢献された功績はまことに多大であります」と、会社から浜田さんへの感謝の気持ちがつづられていた。

会社と和解した後も浜田さんは結局、元いた営業部門に二度と戻れなかった。しかし、ニューヨークで営業担当だった経験を生かし、オリンパスの人事部門で海外赴任予定者らのための研修を担当した。定年後の再雇用でも同じ職場に配置されたが、希望退職の募集に応じ、21年3月末で会社を離れた。

内部通報後の浜田さんへの仕打ちについて、在社中の浜田さんに直接、面と向かって謝った人はいなかった。たしかに、笹社長が社内の電子掲示板で「心からお詫び申し上げます」と表明した。しかし、浜田さんのところには、電話もなく、メールもなく、手紙もなく、もちろん、面会しての謝罪もなかった。そうした状況は、生まれ変われないオリンパスの表れであり、浜田さんは、オリンパスに

36年勤務した者としてそのことを残念に思う。

サラリーマンでなくなった後、浜田さんは、公益通報者保護法の改正法に関するセミナーや講演、インタビューを積極的に引き受けている。この法律を実効性あるものに高めていくための活動によりいっそう力を入れる考えだ。

史上最高位の内部告発者「想定外」

元オリンパス社長マイケル・ウッドフォードさんは、組織内での地位が最も高い内部告発者として歴史に名を残した。

組織の幹部だった人物が組織の不正を明らかにした事例は過去にもいくつかある。

日本では、大阪高検の三井《みつい》環《たまき》公安部長が組織の裏金づくりを実名で暴露しようとした矢先の２００２年4月に別の事件で逮捕され、世の中に衝撃を与えた。２００4年2月には、北海道警の原田《はらだ》宏《こう》二《じ》・元釧路《くしろ》方面本部長が裏金問題で記者会見。これがきっかけとなって、警察は不正を認め、是正に動かざるを得なくなった。

米国ではタバコメーカー、ブラウン&ウィリアムソンの研究開発担当副社長だったジェフリー・ワイガンドさんがタバコの健康被害に関する会社のウソをテレビカメラの前で明らかにし、その経緯は、１９９9年に製作されたディズニー映画「インサイダー」で取り上げられた。２００1年には、大手エネルギー会社エンロンの粉飾決算が、財務担当幹部だったシェロン・ワトキンスさんの追及で発覚し、そのワトキンスさんは翌02年暮れ、前述のとおり雑誌「タイム」新年号の表紙に「２００2年の人」として登場した（第１章１節25頁参照）。

内部告発者の地位の高さに比例するかのように、それら内部告発とその余波は社会に大きな影響を与えている。

そういうなかでも、オリンパスのような大企業の最高経営責任者だった現職取締役が会社の不正経理を新聞記者に内部告発した前例はない。

ワトキンスさんとワイガンドさんについて、ウッドフォードさんは筆者の質問に「尊敬している」と答え、次のように付け加えた。「内部告発に関連して私がもっとも尊敬しているのは、『ＦＡＣＴＡ』の情報源となった日本人です。彼はとても勇敢です」。深町隆さんのことだ。

ウッドフォードさんの母国イギリスの公益開示法をお手本にして日本の公益通報者保護法は２００４年に制定されたが、それを立案した人たちにとって、ウッドフォードさんの告発は「まったく想定外」だった。

１９９９年に英国で施行された公益開示法も、２００６年に日本で施行された公益通報者保護法も、一定の要件にあてはまる内部告発を民事的に法的保護の対象にしており、いずれの法律も、組織内部の犯罪などの行為をまずは組織内部で通報することを奨励している。それらの内部通報を理由に解雇など不利益扱いを受けるおそれがある場合などに限って、報道機関など外部に通報しやすくしている点でも両国の法制度は共通している。ウッドフォードさんの行動はこうした規定にほぼ沿っている。

この事件がもし英国で起こっていれば、ウッドフォードさんは公益開示法の保護対象となりうる

――。英国の非営利組織「職場における公益上の懸念」のキャシー・ジェームズ事務局長は２０１１年11月の筆者の取材にそう断言した。「会社にとって解任は最悪の選択肢だ。それによって株価は下がった。彼（ウッドフォードさん）は今や、だれにでも自由に話せる」

一方、日本の従来の公益通報者保護法は保護対象を「労働者」に限っている。その対象に社長は入らないとの見方が、11年11月に筆者が問い合わせた専門家の間では強かった。

役員は一般の労働者に比べて会社に対する強い忠実義務があり、また、事業者側に違法行為があったときにはそれをみずから是正すべき立場にある、というのが公益通報者保護法立案にあたって役員を保護の対象外とした理由だった。

内閣府の国民生活局長として同法の立案に携わった永谷安賢《ながたにやすたか》氏は、ウッドフォード社長の解任について「公益通報者保護法では、会社対従業員の構図を考えていたので、まったく想定外の事態だ」「起こりうる事態だったのかもしれないが、公益通報者保護の法律で、大会社の社長の権利が守られるというのも、何か奇異《きい》な感じがする」と語った。

大阪の非営利組織「公益通報支援センター」事務局長だった阪口徳雄《さかぐちとくお》弁護士はウッドフォードさんの行動について「公益通報者保護法の趣旨には沿っているので、会社を相手に訴訟を起こせば勝てるのではないか」と分析し、次のように付け加えた。「組織の論理ではなく、長い目で企業価値を考え、社会の論理で問題を明らかにしており、尊敬に値《あたい》する行動だ。一般法理で保護されるだろう」

このように役員は公益通報者保護法の保護対象に入らないとの見解が主流だったが、改正法によって、その欠落は手当てされることになった。これまで労働者だけだった保護対象に役員が新たに加えられたのだ。これにより、オリンパスで一度は損失の開示を上司に進言したという山田秀雄氏や、ウッドフォードさんのような取締役が社内外で内部告発しやすくなる。

ウッドフォードさんは2020年春の筆者の取材に「前向きな動きだ」と改正法への期待を語った。「内部告発者を守ることは、会社と株主を守ることでもある。オリンパスでは、私が大規模な不正を指摘したのに役員会がそれに対応しようとせず、数週間で時価総額の8割近くを失った。効果的な内部告発者保護がない場合、壊滅的な事態に陥《おちい》り、会社の崩壊につながる可能性がある」

もともと英国のオリンパス子会社で働いていたウッドフォードさんは、英国の公益開示法に基づき、英国で会社を訴え、和解で12億円を受け取った。日本の公益通報者保護法は社長ら役員を対象にしていないため、役に立たなかった。

「オリンパスのような不祥事がまた起きたとき、トップから末端まで、すべての人が内部告発の選択肢を持てるようにしてほしい」と願っている。

オリンパスを離れた後、ウッドフォードさんは、英国を本拠に交通安全推進の公益法人を主宰し、また、2014年には非営利組織「職場における公益上の懸念」の評議員会メンバーとなった。英国の公益開示法、日本の公益通報者保護法の制度設計の〝生みの親〟ともいえる非営利組織で、18年に「保護」を意味する「プロテクト」に名称を変更した。ウッドフォードさんはそれらを支援し、各国で自身の経験を講演している。

内部告発への報奨金の制度化は？

改正法の検討の過程では、内部告発者に報奨金で報《むく》いる制度の是非も議論になった。

オリンパスでは2010年、米州法人の最高コンプライアンス責任者だったジョン・スロイクさんが、内視鏡を病院に売り込むため医者への利益供与が行われている、と当局に内部告発。米司法省による捜査の結果、オリンパス側は2016年、罰金など七百数十億円を米側に払わされた。スロイクさんはこのうち50億円超を報奨金として政府から受け取った。弁護士報酬や税金を差し引くと手取りはそれほど多くないというが、それでも巨額である。

内部告発した人は再就職が難しくなる現実がある。ならば、生活に困らないように報奨金で支えるべきだという意見がある。しかし「報奨金について議論をする前に通報者をどう救済していくかについて議論をすべき」との意見が出され、検討の結果、日本では当面、報奨金の制度化を見送ることになった。

元法務本部長の魂の叫び

オリンパスのアジア統括法人のコーポレートガバナンス本部ゼネラルマネージャーや中国法人の法務本部長を務め、深圳のコンサルへの不明朗な支払いの是正に尽力したオリンパスの男性社員・織田秀一さんは、同僚社員で社内弁護士の榊原さんに頼まれ、2019年7月2日付で、29ページに及ぶ陳述書を作成した。榊原さんが会社を相手に起こした訴訟に証拠としてその陳述書は提出され、同年

10月24日、織田さんは、東京地裁の法廷に原告側の証人として立った。会社人間であることを自認しているであろう本人からすれば、同意しかねるかもしれないが、筆者が考えるに、これも一つの内部告発だった。

21年11月24日、筆者はこの陳述書を東京地裁で閲覧した。そこには、織田さんの魂《たましい》の叫びがつづられているように筆者には思えた。

以下、長文になるが、その陳述書の最後の3ページの内容を抜粋して引用したい。2011年10月にオリンパス取締役会がウッドフォード社長を解任した後の経緯が次のようにつづられている。

問題を指摘したマイケル・ウッドフォード氏を突然解職しただけでなく、解職後、同氏に対する誹謗中傷を、法人の組織力を使って行いました。解職の前日までは主張していなかったウッドフォード氏への人格攻撃を突然始めたのです。2011年10月22日、当時の総務・人事本部長は、「ウッドフォード氏が代表取締役としての資質・能力に欠けると思われる行動・発言を何でもご存知であれば具体的に教えてください」という内容のメールを社内の全本部長等に送付したのです。（中略）私は当時、このメールをCCで受け取って唖然《あぜん》としました。それまで持ち上げていた人間を、突然解職し、事後にこのような形で人格攻撃の理由付けを探す。なんと卑怯《ひきょう》ではありませんか。また、ある取締役は「マイケル・ウッドフォードを秘密情報の漏洩で訴えられないか。勝手に法律事務所や会計事務所の意見書を取得したのは秘密情報の漏洩ではないか」と真顔で弁護士に聞いていました。弁護士は呆《あき》れていましたが、そんなやりとりも当時この目で見ております。ここで、この話を出したのは、本件の関与者らのやり方が同様だからです。

自分たちの秘匿したい問題に触れたものを、手段を選ばずに叩《たた》くのです。「正しいことでも異論を唱えれば外に出される覚悟が必要であった（そのことは、ウッドフォード氏の処遇を見てもあきらかである）」。これは、甲斐中《かいなか》報告書の中の記載です。

甲斐中報告書というのは、オリンパス自身が甲斐中辰夫・元最高裁判事ら第三者委員会に依頼し、11年12月に作成してもらった調査報告書のことだ。

織田さんの陳述書は次のように続く。

まず異動させて発言の権限を奪う。榊原弁護士の場合は異動させても社内弁護士なので発言は続けられます。そこで出社停止にさせられました。それがすでに1年以上続いています。その次は、問題を指摘した人間に対する人格攻撃です。被告の準備書面を拝見しましたが、榊原弁護士への人格攻撃がエスカレートしているように見えます。本件を指摘する前、榊原弁護士に対して被告準備書面に書かれているようなひどいことを言う人は、私の知る限りいませんでした。（中略）私は彼を知っていましたが、彼に対しては極めて優秀な社員という印象を持っていました。そのことは彼と仕事をしたことのあるアジア各地の法務部員も指摘していましたし、東京法務部のマネージャーも彼を高く評価していました。そして現在も、榊原弁護士の勇気ある行動をたたえる従業員は、私の知るだけでも少ない人数ではありません。

論敵を貶《おとし》めて信用を失わせようとする目的で行われる詭弁《きべん》を「対人論証」というそうです。ある事実の主張に対して、その主張自体に具体的に反論するのではなく、主張した人の個性などを攻撃する人格攻撃論法はこれに含まれるとのことです。当社では問題の関与者は、たいていこの人格攻撃論法を採ります。問題を指摘した人間が人格攻撃される様子を見て、他の従業員は委《い》縮《しゅく》し、問題を見ても無視する風土が醸成されてゆきます。当社でこの人格攻撃論法がしばしば用いられていることは問題だと思ったので、私はかつて、西川《にしかわ》（元啓《もとよし》）社外取締役、名取《なとり》（勝也《かつや》）監査役、清水（昌）監査役らに提出した当社の体質改善に関する提案書の中でも、この問題を指摘しました。その提案書は本件が発生する前に書かれたものです。

問題の関与者やその追従者にとっては、敵対する相手を貶めることが目的ですから、論点がずれていようが論点のすりかえであろうが、それどころか嘘《うそ》に基づく主張であろうが構いません。

そして関与者らは裁判の長期化を図ります。数年前の従業員との裁判では、当社は高裁判決を不服として、なんと最高裁に上告しました。本裁判についても、最近私が話した執行役員は「相手に弁護士費用をかけさせて消耗させるために、裁判はいつまでも続ける」という驚くべき発言をしています。

この「数年前の従業員との裁判」というのは、浜田さんの訴訟を指しているとみられる。

織田さんは2018年1月1日付で閑職に追いやられた。しかし、会社を相手に訴訟を起こすことはなかった。

私が、自分の配転問題について提訴を躊躇《ちゅうちょ》する理由は、今まで守ろうとした会社を相手にして自分の権利を主張することに抵抗があることと、この当社の長期化戦術が鬱陶《うっとう》しいこともあります。いくら、自分が正しいと思っていても、名誉を侵害され、裁判を長引かされるのは目に見えています。このような異常な発想で裁判に臨んでくる相手と関わるのは、自分の年齢を考えても得るものはありません。

長文の陳述書となり恐縮ですが、どうしても、述べておきたいことがあります。

昨日まで同志であった従業員を突然人格攻撃論法で攻める。平然と嘘の主張を重ねる。故意に裁判の長期化を図る。榊原弁護士の裁判もその路線で進んでいます。これではまるで当社が異常な会社のように思えてしまいますが、当社を全体的に見ると、そんな非道なことをする人々で構成されているわけではありません。尊敬すべき人も多い会社です（ですから、当社全体を責めたくないという気持ちで、私は本陳述書でも敢《あ》えて「被告会社」とは言わず、「当社」と表現してきました）。

私は当社の企業風土に問題があるのだと思います。手段を選ばぬ嘘や人格攻撃は、損失隠し事件以来、同じタイプの人間（場合によってはまさに同じ人間）によってなされています。甲斐中報告書は、「公正であるべき人事が歪められ、秘密を共有する者、隠蔽に加担したものが優遇される体制が維持されたことは重大な欠陥である」と指摘しています。この体制が維持される限り企業風土は変わりません。そして、そのような体制で問題を解決するのが当然のような風土も見て取れます。法律事務所など外部専門家の利用方法もしかりです。正常でない企業風土は外部専門家の不適切な利用にもつながっています。

甲斐中報告書の「コーポレート・ガバナンス及び内部統制の基本構造と実態」から「結語」において指摘されている事実は、残念ながら、本件の報告書としてほとんど無修正で転用できる内容です。

私は、本裁判を契機として本件に係《かか》る「違法性の問題」と「統治機能無効化の問題」が、是正されることを切望致します。裁判所におかれましては、これまで述べてきました本件の経緯・問題点が、当社の過去からの「コーポレート・ガバナンス及び内部統制の基本構造と実態」にあることに着目していただき、そのうえで本件についてご判断いただければと存じます。

内部通報者への報復がもたらす「内部告発し放題」

ここまで見てきたようにオリンパスにはさまざまな内部告発の事例があり、その多くで、オリンパスの経営者は、会社による告発者への報復と見られて当然の行動をとり、あるいは、その状態を放置している。そのように受け止められても仕方のない行動を繰り返したり、その状態を放置したりすると、日本の公益通報者保護法では、ある効果が生ずる。

すなわち、日本の公益通報者保護法は、「内部通報や行政への通報をすれば解雇その他不利益な取扱いを受けると信ずるに足りる相当の理由がある場合」（3条3号イ）について、報道機関など外部に通報しやすくなるように制度が設計されている。組織内部で通報しても是正を期待できない場合は、報道機関など外部への内部告発がより保護されるべきだというのが法の趣旨となっている。

内部告発者、内部通報者に報復したり、あるいは、内部通報制度の充実に後ろ向きの態度をとったり、そういう態度をあえてとる組織があるとすれば、その組織は、公益通報者保護法3条3号の外部通報の保護要件を充足することになってしまう。外部の報道機関への告発あるいはアメリカや日本の当局に対する告発を奨励する、そういう法的環境を社内に作ることになってしまうということだ。

オリンパスでは、オリンパス自身の振る舞いによってこの公益通報者保護法の保護要件が満たされてしまうことになった。

したがって、筆者のような外部の報道記者にオリンパス内部の極秘文書がもたらされたとしても、それは公益通報者保護法の保護対象に入る可能性がある。このため、その漏洩をした人をオリンパスが捜すことはできない。漏洩者捜しをすると、それは公益通報者保護法の保護対象となる正当な公益通報をした人を捜す行為にほかならず、もしそうだとすれば、それそのものがこの法律の不利益禁止(5条1項)、体制整備義務(改正法11条2項)に違反する。

一般論としては、社内の秘密情報が会社の制御の及ばない状況で外部に漏れていくのは決して好ましいことではない。しかし、オリンパスはそれに手出しできない。そういう状況に陥ってしまっている。

オリンパスは内部通報者への報復を続けている、そういう外観(アピアランス)を呈《てい》させることで、皮肉にもその効果として、いわば内部告発し放題の法的な環境を社内に整えてしまっているのだ。

その結果、どういうことになるか。

オリンパス社内から報道機関や米国の司法省に対する告発が続発している。

そしてこの状況は、改正法によって、内部告発をさらに奨励する方向に、より強化されるだろう。

このように、オリンパスは、他の企業にとっては教訓を学ぶべき貴重な「他山《たざん》の石《いし》」となっている。

1 浜田正晴さんがオリンパスらを相手に２００８年2月に起こした訴訟（浜田さん1次訴訟）の甲9号証。
2 浜田さん1次訴訟の甲12号証。
3 浜田さん1次訴訟の浜田正晴本人調書23頁、２００９年5月20日。
4 浜田さん1次訴訟の控訴審・東京高裁判決53～54頁。https://www.courts.go.jp/app/hanrei_jp/detail6?id=83322、https://webronza.asahi.com/judiciary/articles/2711090100020.html
5 浜田さん1次訴訟の古川証人尋問調書9頁、２００９年5月20日。
6 https://www.courts.go.jp/app/hanrei_jp/detail6?id=81429
7 浜田さん1次訴訟の控訴審・東京高裁判決53～54、61～63頁。
8 オリンパス株式会社、２０１１年10月19日、一連の報道に対する当社の見解について。https://www.olympus.co.jp/ir/data/announcement/pdf/nr111019.pdf
9 奥山俊宏、２０１１年11月7日、「オリンパス窮地　買収で巨額支出　深まる謎」『法と経済のジャーナル』。https://webronza.asahi.com/judiciary/articles/2711110700008.html
10 オリンパス株式会社第三者委員会、調査報告書、２０１１年12月6日。https://www.olympus.co.jp/jp/info/2011b/if111206corpj.html、https://www.olympus.co.jp/jp/common/pdf/if111206corpj_6.pdf#page=143
11 筆者の問い合わせに対するオリンパスの広報・ＩＲ室の説明。https://webronza.asahi.com/judiciary/articles/2711121100002.html
12 奥山俊宏、２０１３年４月29日、「オリンパス弁護人、ライブドア事件と比較、寛刑求める」『法と経済のジャーナル』。https://webronza.asahi.com/judiciary/articles/2713042900001.html
13 Department of Justice, Office of Public Affairs, March 1, 2016, Medical Equipment Company Will Pay $646 Million for Making Illegal Payments to Doctors and Hospitals in United States and Latin America. https://www.justice.gov/opa/pr/medical-equipment-company-will-pay-646-million-making-illegal-payments-doctors-and-hospitals
14 カルテルで米司法省が摘発した矢崎総業への罰金４億７千万ドル（２０１２年当時、３６０億円）、ブリヂストンへの罰金

4億2500万ドル（14年当時、433億円）を上回っている。翌17年、エアバッグの欠陥問題で自動車部品メーカーのタカタが払わされることになった罰金や補償金などの総額10億ドル（17年当時、1150億円）によって記録は破られることになる。

15 奥山俊宏、2004年、『内部告発の力』（現代人文社）164〜169頁。

16 Second Amended Complaint at 33-45, ECF No. 16, United States ex rel. John Slowik et al v. Olympus America, Inc. et al, No. 10-cv-05994-JLL (D.N.J. February 4, 2016).

17 Complaint, ECF No. 1, United States ex rel. John Slowik et al v. Olympus America, Inc. et al, No. 10-cv-05994-JLL (D. N.J. November 16, 2010).

18 Deferred Prosecution Agreement at 1, A3-A4, United States v. Olympus Corporation of the Americas, February 29, 2016. https://www.justice.gov/usao-nj/file/867021/download#page=37

19 Deferred Prosecution Agreement at 1, A5-A7, United States v. Olympus Latin America, Inc., March 1, 2016. https://www.justice.gov/usao-nj/file/867036/download#page=28

20 Kenney & McCafferty, P.C., Olympus Has Fallen: False Claims Act Whistleblower Lawsuit Prompts Medical Device Titan To Strike A Record $623M Settlement, Kenney McCafferty Announces, March 1, 2016.

21 Department of Justice, Office of Public Affairs, Press Release Number: 18-1623, Olympus Medical Systems Corporation, Former Senior Executive Plead Guilty to Distributing Endoscopes After Failing to File FDA-Required Adverse Event Reports of Serious Infections, December 10, 2018.

22 United States District Court, District of New Jersey, Judgement in a Criminal Case, ECF No. 8, United States v. Olympus Medical Systems Corporation, No. 2:18-cr-00727-SRC (D.N.J. December 10, 2018).

23 U.S. Senate, Committee on Health, Education, Labor and Pensions, Minority Staff Report, Preventable Tragedies: Superbugs and How Ineffective Monitoring of Medical Device Safety Fails Patients, January 13, 2016. https://www.help.senate.gov/imo/media/doc/Duodenoscope%20Investigation%20FINAL%20Report.pdf#page=8

24 Information at 9, United States v. Yabe, No. 2:18-cr-00726-SRC (D.N.J. December 10, 2018). https://www.justice.gov/usao-nj/press-release/file/1118411/download#page=9

25 Information at 9, United States v. Olympus Medical Systems Corporation, No. 2:18-cr-00727-SRC (D.N.J. December 10, 2018). https://www.justice.gov/usao-nj/press-release/file/1118416/download#page=9

26 Deposition of Laura Storms, January 19, 2017, exhibit 3, Olympus emails, Sub. 525Y, Bigler, Theresa v. Olympus America. Inc., No. 15-2-05472-4 SEA (Superior Court of the State of Washington for King County, filed June 1, 2017).

27 JoNel Aleccia, Seattle Times health reporter, Seattle Times, Undisclosed superbug sickened dozens at Virginia Mason, January 21, 2015. http://old.seattletimes.com/html/localnews/2025515506_endoscopeoutbreakxml.html

28 Chad Terhune, Los Angeles Times, Superbug linked to 2 deaths at UCLA hospital; 179 potentially exposed, Feb 18, 2015. https://www.latimes.com/business/la-fi-hospital-infections-20150218-story.html#page=1

29 Olympus America Inc., Class 2 Device Recall EVIS EXERA II Duodenovideoscope OLYMPUS TJF TypeQ180V, March 26, 2015. https://www.accessdata.fda.gov/scripts/cdrh/cfdocs/cfres/res.cfm?id=135241

30 https://web.archive.org/web/20160122053313/https://medical.olympusamerica.com/sites/us/files/pdf/160115-Olympus-TJF-Q180VCustomer-Letter.pdf

31 Deposition of Hisao Yabe, November 30, 2016, Sub. 513B, Bigler, Theresa v. Olympus America. Inc., No. 15-2-05472-4 SEA (Superior Court of the State of Washington for King County).

32 榊原さんがオリンパスらを相手に東京地裁で起こした訴訟（榊原さん訴訟）の甲２号証の最終報告書。

33 榊原さん訴訟の甲74号証の陳述書。

34 オリンパスの株主が同社の役員らを相手に東京地裁で起こした株主代表訴訟、被告清水準備書面（１）６〜７頁、２０２０年11月10日。

35 同右。

36 奥山俊宏、２０１６年３月24日、「オリンパス、中国コンサル疑惑の調査報告『経営陣には研修が必要』」『法と経済のジャーナル』。https://webronza.asahi.com/judiciary/articles/2716031600001.html

37 榊原さん訴訟の甲78号証のメール。

38 榊原さん訴訟の乙17号証のメール。

39 榊原さん訴訟での被告・法務部長の本人調書32頁、２０１９年10月24日。

40 山口義正、「弁護士（オリンパス法務部渉外グループ主任）榊原拓紀氏　オリンパスを内部告発　機能不全の社外取締役」『FACTA ONLINE』２０１８年12月号。https://facta.co.jp/article/201812024.html

41 ２０２０年５月19日、第２０１回国会　衆議院　消費者問題に関する特別委員会　第５号会議録。https://kokkai.ndl.go.jp/txt/120104536X00520200519/98

42　２０２０年６月３日、第２０１回国会　参議院　地方創生及び消費者問題に関する特別委員会　第９号会議録。https://kokkai.ndl.go.jp/txt/120115328X00920200603/15

第3章

内部通報、事業者と従業員の現実

なぜ形骸化するのか

組織の不正に関する現場の声を受け付けて自浄に生かそうとする事業者の内部通報制度は、今世紀に入って日本でも導入されるようになり、いまや、大手企業、国・都道府県レベルの行政機関での普及率はほぼ100%に達している。わずか20年でこれほどまで世の中の風景を変えた制度は他にあまりないかもしれない。一方で、「十分に機能していない」と指摘される事例が続発しており、実際、前章で見たオリンパスなど制度が形骸化《けいがい》している企業や官庁が多い。公益通報者保護法の改正法は、こうした現状を是正するため、実効性ある内部通報制度の整備やその努力をすべての事業者に義務づける。この章では、組織の不祥事の是正にあたって内部通報が果たした役割、果たせなかった役割を検証する。

1 財務省、文書改ざん無反省のガバナンス劣等生

財務省は、官庁の中の官庁であり、東京・霞《かすみ》が関《せき》の官庁街で他の省庁を「並びの山」と見下し、自

分たちを「富士山」と呼んではばからない、名実ともに最強官庁だった大蔵省の後身である。

予算編成権と税務調査権をあわせ持ち、加えて、かつては金融行政をも担って銀行を監督下に置き、その「箸《はし》の上げ下ろし」まで目を光らせた。ひいては、金融機関の融資先であり、税務調査と徴税の対象でもある個々の事業者に影響力を及ぼすことができた。戦後日本の経済統治システムの頂点に君臨し、下々を睥睨《へいげい》する存在だった。

その伝統を引く財務省が内部通報制度の劣等生であることは、2018年、森友《もりとも》学園問題をめぐる決裁文書の改ざんとともに明らかとなった。

近畿財務局に「改正」届かず

公益通報者保護法が施行された2006年4月、財務省も、遅ればせながら内部通報制度の運用を始めた。07〜08年度に4件の内部通報を受理し、うち3件について調査したものの、是正に結びついたものは1件もなかった。[1][2]
2009年1月1日には、外部の弁護士による窓口を設け、[3]より間口《まぐち》を広げ、敷居を低くした。しかし09年度以降、2018年3月初旬に至るまで、国税庁を除く財務省本省で内部通報制度の利用は1件もなかった。[4][5]
精密機器メーカーのオリンパスなどさまざまな企業不祥事で、内部通報制度が機能せず、形だけになりがちな実情が問題となったことを受けて、消費者庁は2015年6月、有識者らで「公益通報者保護制度の実効性の向上に関する検討会」を設け、16年12月、報告書をまとめた。[6]

「内部通報制度は、企業経営を支える基本的なシステムである内部統制の重要な要素であり、従業員等の視点から企業の健全な事業遂行や法令遵守《じゅんしゅ》の確保を図る上で必要不可欠であることから、事業者における実効性のある内部通報制度の整備・運用の促進は重要な課題といえる」

「内部通報制度の実効性を高めるため、経営幹部のリーダーシップの下、制度の意義や仕組みの社内への周知徹底や、通報対応担当者等への十分な研修を実施することが必要である」

民間事業者を想定した議論ではあるが、政府機関にも通用する内容だ。これにあわせて、政府の省庁を対象に、消費者庁が主導して17年3月21日、「国の行政機関向け通報対応ガイドライン」を定め、従来のガイドラインを抜本改正した。[7]

新しいガイドラインは、各省庁に対して、①地方支分部局でも内部通報制度を周知する、②匿名《とくめい》による通報も実名通報と同様に扱うよう努める、③正当な理由なく通報の受理を拒《こば》んではならないことを明確化する、④通報者保護を徹底する——などの対応を求め、内部規則の改正を促した。

これを受けて、国の行政機関は２０１７年度、一斉に内部通報制度の改善に乗り出した。財務省も17年12月22日、内部規則を改正した。

財務省の新しい規則は、契約先事業者や退職者からの通報や、匿名の通報も受理するなど内部通報制度の間口を広げたり、通報者に不利益な扱いがあった場合に救済措置を講じると明文化したりして②と④には従った。しかし、①と③については改めての新しい対応を何もとらなかった。ガイドラインに法的な拘束力がないのをいいことに、財務省は、内部通報の意義をはなから軽視し、中途半端な手抜きでお茶を濁そうとしたのだとみられる。

国税庁を除く財務省全体の内部通報制度を担当する大臣官房の秘書課は、規則の改正にあわせて同日、財務局など地方の出先機関に改正を知らせる通知文を作成した。しかし、そこには「改正されたので、命《めい》により通知する」とあるだけで、職員への周知徹底について何も記載しなかった。しかも、全国に10ある財務局・財務支局にメールでこれが届いたのは翌18年3月26日。改正された規則は1月1日に施行されたが、財務局の職員の多くは3カ月あまり、これを知らなかったとみられる。

筆者の問い合わせに対する秘書課の担当者の説明によると、17年12月、本省と財務局との連絡調整を所管する大臣官房の地方課に対し、全国の財務局への通知文の送付を依頼した。しかし、地方課の担当者はそれを地方に展開すべきものと認識せず、周知の連絡が自分個人に来たものと誤解したという。秘書課も通知文送付の結果を知ろうとせず、そのまま通知は放置された。一方、全国の税関には地方課ではなく本省の関税局を通じて17年12月中に通知が送られた。

そのころ、財務省理財局は、近畿財務局を協力させて、森友学園への国有地売却をめぐる決裁文書を改ざんし、国会で虚偽《きょぎ》の答弁を繰り返していた。

近畿財務局の現場職員のなかには改ざんに強く反発し、上司の管財部長に相談した人がいた。虚偽答弁に違和感を覚える職員も少なくなかった。が、だれ一人として本省に盾突《たてつ》く人はいなかった。東京大学法学部を卒業して国家公務員Ⅰ種試験に合格したごく一握りのキャリア職員を人事や権限などの面で極端に優遇する組織体制、そして、本省と地方の間にある上下の関係がその背景にあった。[8]

2018年3月2日、朝日新聞の報道で改ざんの事実が暴かれた。その5日後の3月7日、改ざんの作業を強《し》いられた近畿財務局職員の一人、54歳の赤木俊夫《あかぎとしお》さんが家で自殺しているのが見つかった。妻の雅子《まさこ》さんの著書によれば、その日、駆けつけた警察官の前で俊夫さんのパソコンを起動すると、「手記」と題された文書が現れた。

「3月2日の朝日新聞の報道、その後本日（3月7日現在）国会を空転させている決裁文書の調書の差し替えは事実です」[9]

のちの2020年3月に公表された赤木さんの手記には「事実を知り、抵抗したとはいえ関わった者としての責任をどう取るか、ずっと考えてきました」と書かれていた。

それでも財務省やその幹部たちは決裁文書書き換えの事実を認めなかった。財務省が改ざんを認めるのは、朝日新聞の報道から10日が過ぎ、赤木さんの自死から5日を経た18年3月12日のことだった。

この間、財務省の内部通報制度の利用は1件もなかった。

翌々日、3月14日の参院予算委員会で、財務省の文書改ざん問題に関連する質問に対し、安倍晋三《あべしんぞう》首相は「公益通報者保護法の趣旨を踏まえて、内部の職員等から公益通報が容易に行われるよう環境をつくることは、法令遵守の確保や不祥事の未然防止、そして早期是正の観点から極めて重要と考えています」と答え、1年前のガイドライン改正に触れて、「制度の内容や通報窓口についての周知強化をしていきたい」と述べた[10]。

これを受けて、改めて所管の消費者庁から財務省など各省庁に「本日の総理大臣答弁にあるとおり省庁における内部通報制度の確実な機能発揮、全職員への周知徹底等、実効性ある制度に向けて一層の取組を進めて行く必要があります」とメールで連絡。翌15日、各省庁の担当者を集めて連絡会議を開き、翌16日には文書で財務省など各省庁に「誰もが通報しやすい環境整備」を求めた。財務省が前年暮れの通知の放置に気づいたのは、このころのことだったとみられる。そのため３月26日、財務省はやっと改正の通知文を近畿など各財務局に送付したのだ。

近畿財務局はその後も、２０１８年７月４日に筆者が同財務局を訪問した時点で、内部通報制度を職員に周知するための新たな対応を何もしていなかった。

財務省大臣官房文書課広報室は筆者の問い合わせに対し、次のように回答した。

「内部通報制度については、制度制定時（２００６年）から職員に対し制度の周知を行っております。また、平成29年（２０１７年）12月から、改正後の規程の情報を財務省ホームページに掲載しており、匿名であっても内部通報として受け付ける旨を周知しているところです。なお、改正前の規程においても、匿名の通報は、内部通報ではないものの情報提供として取り扱っており、必要な対応を行うこととされていました。したがいまして、財務省の職員は、森友学園案件に係《かか》る決裁文書の改ざん等について、匿名で内部通報又《また》は情報提供を行うことができる状況にあったと考えております」

しかし実際には、財務省ホームページの「公益通報者保護」のページには財務省の内部規則の改正点がそのまま掲載されているわけではなく、「匿名であっても内部通報として受け付ける」とは書かれていない。[11] 規則改正前の17年12月１日時点の同じページには、「匿名で行われたもの」は「通報として受理できません」と明示されていたが、[12] それが削除され、「匿名の通報」への言及が消えただけだ。このため、これだけでは「匿名であっても内部通報として受け付ける旨を周知している」と言うのには相当な無理があるのではないかと筆者は財務省の広報室に質問したが、それへの返答はなかった。

また同月22日の、財務省の内部規則の改正は、単に、匿名の通報を受理するなど間口を広げただけでなく、通報者に不利益扱いがあった場合に救済措置を講じると明文化することなどを含んでいるが、後者の改正点については、財務省のホームページを探しても、どこにも見当たらない。このため、筆者は財務省の広報室に対し、「改正後の規程の情報を財務省ホームページに掲載している」という回答には相当な無理があるのではないかと質問したが、これについても説明はなかった。

もし、17年12月に内部通報制度の改善がきちんと周知されていれば、決裁文書の改ざんに反発していた赤木さんら近畿財務局職員は、18年1月1日以降、改正された内部通報制度を利用し、より安心して、本省の秘書課や窓口の弁護士に文書改ざんを通報することができ、自浄作用を発揮することができたかもしれない。しかし財務省本省の失態で、この通知が遅れ、多くの職員は3カ月間、制度改善を知らなかった。文書改ざんの事実が朝日新聞によって白日の下にさらされ、赤木さんが自殺したのはその間のことだった。

それでもなお、財務省大臣官房は、筆者から寄せられた疑問にまともに答えようとせず、弁明にならない詭弁《きべん》に固執《こしつ》しているのだ。

筆者は大臣官房地方課長だった河村直樹《かわむらなおき》氏に財務局・財務支局への通知の遅れについてコメントを求めたが、返答はなかった。

ずさん調査で問題素通り

2018年6月4日、財務省は、文書改ざん問題に関する3カ月にわたった内部調査の報告書を公表した。

それを発表する記者会見で、「なぜ決裁文書を改ざんしたのか」という最大の疑問に関する、麻生《あそう》太郎《たろう》財務大臣の回答は「それが分かりゃ苦労せんのですよ」だった。

この吐露《とろ》を麻生財務相から引き出したのは、テレビ東京の女性記者だった。

女性記者「テレビ東京の石井です。なぜ答弁の訂正ではなくて、文書を改ざんする必要があったのか。なぜそこまで、国会議員の名前を消すように指示したり、総理の発言をきっかけに交渉記録を廃棄したり、なぜ財務省の方々がそこまでやらなくてはいけなかったのか。これは大臣はどうお考えになっていますか」

麻生大臣「それが分かりゃ苦労せんのですよ。それが分からんからみんな苦労してるんです、私らも。どうしてこれがどっからスタートしたのか（中略）どうしてそういったことになったのかというのが、私らには正直分からんところでもありますし、（中略）その場の雰囲気、よく言う『空気』ってやつがそうだったのかも、と言えば、それまでなんでしょうけども、そこがちょっと正直何となく分かんないね。正直、おれたちから見ても、どうしてそうなっちゃったのかがよく分かりません」

文書改ざんの動機として、もっとも強く疑われているのは、財務省理財局が安倍首相ら首相官邸に「忖度《そんたく》」したのではないか、という筋書きだ。

すなわち、安倍首相は17年2月17日の衆院予算委員会で「私も妻も一切、国有地の払い下げに関係ない」と明言し、「私や妻が関係していたということになれば、まさに私は、それはもう間違いなく総理大臣も国会議員もやめるということははっきりと申し上げておきたい」[13]と言いきった。他方、決裁文書には、近畿財務局が森友学園側から「安倍昭恵《あきえ》総理夫人を現地に案内し、夫人からは『いい土地ですから、前に進めてください』とのお言葉をいただいた」と伝えられたとの記載があった。このため財務省理財局は、安倍首相から指示を受けたわけでもないのに、安倍首相ら首相官邸の意向を推《お》しはかって、安倍首相の言葉と矛盾する決裁文書の記載を削除し、改ざんした、という疑いである。

矢野康治氏

これについて、調査の責任者を務めた財務省の矢野康治《やのこうじ》官房長は18年6月4日の記者会見で「いわゆる忖度ということでございますけれども、もちろん関心をもって調査しましたが、官邸への忖度ということは、私ども、内部の職員をヒアリングしたうえでも、あるいは文書をひっくり返したうえでも、忖度をした、あるいは、忖度に類する言葉遣いでもけっこうなんですけれど、そういう事実はありませんでした」と述べた。

麻生大臣が改ざんの動機について「一番関心があるところだが、

正直、分からない」と述べているのに、なぜ、その部下の官房長が「忖度をした事実はありません」と明言できるのか、筆者は不思議に思った。

記者会見で、筆者は次のように尋ねた。

「先ほど矢野官房長は『忖度した事実はありませんでした』と断定的におっしゃられましたけれども、麻生大臣の発言と矛盾はないのでしょうか」

すると、矢野官房長は次のように答えた。

「私が申し上げたのは『忖度した事実がない』というのじゃなくて、忖度した、あるいは、忖度に類《たぐ》いする概念の言葉を調査で申し述べた職員がいなかった、ということを申し上げただけです。忖度うんぬんというのは内心の問題になりますので、そこは分からないわけです」

矢野官房長の先の発言は、職員へのヒアリングのみならず、資料の精査も含めて調査を総合したうえで、「忖度したという事実はありませんでした」という結論が出たと明示するものだった。実際、この矢野官房長の発言をとらえ、記者会見翌日の6月5日の新聞各紙のうち、日経新聞と東京新聞は次のように報じた。

> 財務省の矢野康治官房長は4日の記者会見で「官邸への忖度をしたという事実はなかった」と否定した。（日経新聞3面）
>
> 調査担当者は「忖度に類する事実はなかった」と強調した。（東京新聞1面）

記者会見で矢野官房長は「忖度をした事実はない」といったん明言したうえで、その舌の根も乾かないうちに「私が申し上げたのは『忖度した事実がない』というのではない」と、実質的に前言を取り消し、「今から思えば、『なんでそんなことをしたんだよ』という部分が疑問として残る」とも述べた。これらは、官邸を忖度した事実があった可能性を否定できないと認めた発言である。また、矢野氏は「内心の問題になりますので、そこは分からない」と説明したが、その内心を個々の職員の供述やメールの履歴から浮かび上がらせるのが通常、この種の調査の肝《きも》であり、矢野氏の説明は自分たちの調査不徹底を認めるものでもあるといえる。

ところが、「忖度した事実はない」との矢野氏の発言は独り歩きを始め、翌５日、国民を少なからず誤解させることにつながった。おそらく、こうした誤導は意図的だったのだろう。筆者は財務省の広報室を通じて矢野氏に見解を求めたが、「業務が多忙なので対応できない」との返事だった。

このように改ざんの理由が分からないだけではない。改ざんを止められなかった理由も、財務省は調査していない。

どんな組織にも不正はありうる。だから、大企業や省庁には、それを止める仕組みが設けられている。財務省にも、職場の不正に関する内部通報を大臣官房秘書課や外部の弁護士で受け付ける制度がある。第１章３節「告発者保護の背景にある企業不祥事の潮流」（50頁）で前述したように、組織内部で不正が行われる「第１次的な問題」よりも、その不正を隠したり放置したりする「第２次的な問題」のほうが、より大きな問題であると見られるようになっている。制度が機能していれば、財務省は、朝日新聞から指摘されるまでもなく、みずから改ざんを把握し、是正できたはずだ。

　実際、近畿財務局には、改ざんに反発し、上司の管財部長に相談を持ちかける職員がいた。しかし、内部通報制度を利用する職員は1人もいなかった。財務省内で服務や文書管理を担う大臣官房に改ざんの話は一切伝わらなかった、という。

　こうした内部通報の仕組みが機能せず、組織の内部統制機構が無力化した要因を探るのが、この種の調査では通常、最重要のポイントとなる。ところが財務省は違った。

　調査を担当した大臣官房の伊《い》藤《とう》豊《ゆたか》秘書課長は6月4日の記者会見で「そこまでの検証はまだしておりません」と言いきった。

　そのときの一問一答を以下に紹介する。

記者「そもそも理財局で（改ざんを）やられて、それが直近まで理財局以外の方は知らなかったと。理財局でそういう不正が行われていたと、全く上に上がらなかったというのは何かそういう原因とか背景は（この調査報告書に）記載があるのか。どのように総括されているのか、まずお聞かせください」
課長「そこはなぜ理財局が、官房ですとか他のところに上げなかった、相談しなかったのか、というその原因については（報告書に）特に記載している場所がございません。それは理財局内で完結して仕事をしようというふうに思った、ということだと思うのですけれども、そこについてはその理由について明らかにしている場所はありません」

記者「なぜそうだったのか、というのを調査したということはあるのでしょうか」

課長「なんで止まらなかったのか、ということを、反省とともに述べる職員はたくさんおりましたけれども、なぜその官房に上げなかったのかということについては、ある意味、だれも言っていなくてですね。というよりも、おそらく官房なり、財務省全体としてそれぞれの局に対して、どういうガバナンスといいますかコンプライアンスといいますか、そういう内部統制を効《き》かせるべきかというのは、こういう点からも反省するべき点がたくさんあるかなというふうに思っております」

記者「財務省として何で理財局のなかで情報が止まってしまったのか。要するに、『他のところが知れば引き返せていたかもしれないのに』となったと思うのですけども、そういう観点をもって、事後の調査をして総括されたのですか」

課長「そこまでの——そもそも仕事の仕方の問題だと思いますし、組織のあり方の問題だと思いますので——そこまでの検証はまだしておりませんで、それはむしろ今後の再発防止のところで、まさにおっしゃるようなことをやって、どうしてそういうことが作用しなかったのかと。そういう組織がそもそもだれなのか、どういう仕掛けでそういうチェックが働くべきなのかということは、今後の再発防止策のなかで検証して、作っていかなければいけないものだと思います」

記者「現在分からないということ?」

課長「はい」

情報が理財局のなかでとどまり、大臣官房に伝わらなかった原因、そして、改ざんを止められなかった原因が分からないと、調査責任者が明言したのだ。筆者は内部通報制度に焦点をあてて質問した。

筆者「改ざんについて官房には話が上がっていなかったというお話でしたけれども、内部通報制度の利用も今に至るまで、ない、という理解でいいでしょうか」

課長「はい」

筆者「内部通報をしなかった理由については、ヒアリングのなかで質問、尋ねておられますでしょうか」

課長「そこは、さっきの『なぜ官房に言わなかったのか』というお尋ねと一緒なので、そういう理由について述べた人はいなかったのですけれども、システムとしてそういうものが機能していなかったという問題は、大きな問題としてあると思います」

筆者「通常、第三者委員会による調査ならば、そこは必ず尋ねるポイントであるんですけれども、そこは今回の内部調査、財務省さん自身の調査は不十分だったというふうに受け止めざるを得ないんですが」

課長「なぜ内部通報しなかったという点について明らかにしていない、調査報告書のなかに少なくともありませんので、そのご批判は甘んじて受ける必要はあるかもしれません」

このように財務省の内部調査は、企業不祥事に関する通常の調査ならば当然に焦点をあてて深掘りする組織の内部統制機構の問題を素通りした、お粗末きわまりないしろものだった。財務省の調査担当者である伊藤秘書課長は渋々それを認めたのだ。

内部調査を担ったのは、矢野氏や伊藤氏が率いる大臣官房の秘書課だった。他方、彼ら自身が内部通報制度を含め財務省組織の内部統制システムの運用に責任を負う立場にあった。したがって、文書改ざん問題は彼らにとって他人《ひと》ごとではなく、彼らは本来、調査の対象者となるべき人たちだった。にもかかわらず、その彼らが調査の主体となったことの限界が、この調査の素人未満のお粗末さに表れているのだろう。こういう場合は通常、第三者による調査を入れるが、財務省はかたくなにそれを拒否する。

自殺した近畿財務局職員の遺族に対して胸を張れる調査結果だと言えるかとの質問に、矢野官房長は小刻みに2回、顔を横に揺らすように振って、次のように答えた。

「それは、ご遺族のかたにも、国民の皆様にも、胸を張って言える自信はありませんけれど、少なくとも、包み隠さず、すべからく全部を出すというつもりでやったことだけは確かですので、その意識だけは偽《いつわ》りはありませんので、今ここにあるものが私たちが3カ月近くやってきた調査のすべてではあります」

これについて、筆者は次のように質問した。

「先ほど官房長、『ご遺族に胸を張って説明できる調査結果ですか』という質問に対して、そうではないと否定しておられましたが、だれからも信用の置かれる調査にするためには、今後であっても、第三者の調査をお願いするということ——民間企業では当たり前の対応になっていると思うんですが——なぜそれが出来ないのでしょうか」

すると、矢野官房長は「私は『胸が張れない』と断定したんじゃなくて、『胸を張って言えるとは言いきれない』という意味で言ったつもりだった」と反論した。
「舌足らずであったとしたらお詫《わ》びしますけれども、中の調査の限界というのもあると思いますし、外から入ってこられたかたの限界というのもあると思いますので、両方やればいいじゃないか、というご指摘もあるかもしれませんけれども、少なくとも監察《かんさつ》制度というものがあって、まず内部監察するというのが一つありますので、我々はその権限と義務、責務の範囲内ではめいっぱいやったつもりではおります」

矢野官房長がそのように言い訳するのを聞いて、筆者は、このような不誠実な官房長とそれに同調する人たちの下で運用される財務省の内部通報制度はやはり職員から信用されておらず、だから、文書改ざんに関する内部通報はされなかったし、おそらく今後も、制度設計を抜本的に変えない限り、従来と同じように形骸化した制度のままになるだろう、と思った。

内部通報制度をめぐって、財務省は、消費者庁の要請に一部で沿っていない不十分な制度改正にとどめたうえ、その周知を怠《おこた》り、近畿財務局など全国の財務局・財務支局に対し、3カ月あまりにわたって改正を知らせなかった。その責任者は矢野官房長であり、伊藤秘書課長だが、この2人はそうした事情を調査報告書に記載せず、記者会見でも、おくびにも出さなかった。そうした事情が筆者ら朝日新聞の報道で明るみに出るのは、この記者会見の1カ月半ほど後のことだった。

教訓に学ばないまま公文書管理専門の通報窓口

矢野官房長らの記者会見の３週間あまり後の２０１８年６月26日、内閣府の審議会組織、公文書管理委員会の会合が開かれた。財務省の文書改ざんをめぐって、内部通報制度が話題に上った。

「内部通報の整備の件ですが、整備と同時に、どう運用するかが極めて重要で、企業でも私どものような学校法人でも、こういう内部通報のシステムは整備はされていますが、その運用が難しいところがあります」

委員の一人で、学習院大学の学長でもある井上寿一《いのうえとしかず》・同大学法学部教授はそう指摘した。

「特に公益通報した人が実際上、その後、その組織・団体のなかで目に見えない形で不利益を被《こうむ》ることをどうやって避ければいいのか。公益通報するための心理的な壁が厚い、というようなところがあると思います」

これに答えて、内閣府公文書管理課の畠山貴晃《はたけやまたかてる》課長は「財務省のケースでも、問題意識を持っていた職員がいた」と指摘し、次のように述べた。

「そうした意見をくみ取れる。それが、なにか不利益を意識せずにということであれば、その省ではない別の組織に対してそういう申し入れができる、という仕組みも考えていく必要があるんではないかと思ってございます」

７月13日の公文書管理委でも「独自の内部通報者保護制度の仕組みを導入するのが適切である」との意見が出た。

財務省の文書改ざんの発覚を受けて、安倍政権は「行政文書の管理の在《あ》り方等に関する閣僚会議」

を設け、２０１８年7月20日に開いたその第2回会合で「公文書管理の適正の確保のための取組」を決めた。

内閣府の独立公文書管理監の下に「公文書監察室」、各府省に「公文書監理官室」を新設し、それぞれに「職員からの公文書管理に係る通報を受け付ける窓口」を設置するとの方針を打ち出した。このうち内閣府の窓口では全省庁の職員からの通報を受け付ける。

実は、公益通報者保護法の下ですでに、虚偽公文書の作成や公用文書の毀棄《きき》といった刑法犯についての通報は同法の保護対象となっている。そうした疑いがあれば、財務省の職員は、省内の内部通報制度を利用できるし、監督官庁の内閣府に告発することもできる。公益通報者保護法は「刑法犯が生じていると信ずるに足りる相当の理由がある場合は、勧告などをする権限を有する行政機関に対する公益通報」を保護の対象にするとしており、一方、内閣府は他省庁に是正を勧告する権限を持っているためこの「権限を有する行政機関」にあたる。

しかし前述したように、２００９年度以降、18年春に至るまで、財務省では内部通報制度の利用は1件もなかった。内閣府への公益通報も、18年夏の時点で同府の公文書管理課担当官が知る限りでは1件もないという。内閣府には14年12月、特定秘密保護法に従って特定秘密の指定や解除が行われていないと思う場合の通報を受け付ける専用の窓口を独立公文書管理監の下の情報保全監察室に設けたが、これについても、22年3月初旬までの7年余の間、実質的には1件も通報の実績はない。

これら乏しい実績は、既存の内部通報制度が機能していない実情を示しているということができ、その原因を明らかにして手当てしなければ、新しい仕組みも機能しないおそれが強い。

安倍政権が決めた前述の「取組」に従って、内閣府は18年9月3日、公文書監察室を設け、翌19年4月に通報窓口の運用を始めた。しかし、22年3月初旬までに通報を受理した実績は1件もない。[14]財務省では19年4月1日、大臣官房長の下に公文書監理官を置き、大臣官房文書課に、既存の情報公開・個人情報保護室、広報室などと並列する形で、「公文書監理室」を新設し、そこに通報窓口を設けた。しかし、やはり22年3月初旬までの3年弱の間に通報は1件もなかった。[15]このように利用実績がないということは、これら内部通報制度が機能していないことを強く推測させる。

職員から本当に信頼される窓口を作って、きちんと職員に周知しなければ、形だけでは制度は機能しない。財務省の失態はそうした現実を示しているのに、財務省は改ざん問題発覚後もそれを是正しようとするそぶりを見せない。

森友学園関連の決裁文書を改ざんして1年あまりも国民にウソを言い続けた真因《しんいん》について、財務省は断固、第三者による調査を受け入れず、きちんとした調査をしようとしなかった。なぜあえて改ざんしたのか、なぜ止められなかったのかなど肝心《かんじん》なところを不明にしたまま、財務省は口先だけコンプライアンスの推進に取り組むと繰り返し表明している。内閣府には公文書管理法に基づく実地調査の強い権限があるのにそれも行使されず、第三者委員会も設けない。政府全体の「職員からの公文書管理に係る通報を受け付ける窓口」の検討の過程で、内部通報制度をめぐる財務省の失態の内実を考慮した形跡はなく、これもまた、形だけの機能不全の内部通報制度となる可能性が高い。[16]

公益通報者保護法上は財務省も事業者である国の一部であり、改正法の内部通報体制整備義務を負う。財務省は内部通報制度を形骸化させていたのであり、これを改正後も放置していれば、法に違反することになる。しかし、民間の事業者と異なり、国や地方公共団体は、消費者庁による報告徴収や助言・指導・勧告・公表の対象から外されている。[17] したがって、財務省が消費者庁によって公益通報者保護法の体制整備義務違反を問われ、改正法の権限に基づく調査や指導の対象とされることはない。公文書改ざん事件を起こした財務省に対して消費者庁による指導・勧告が行われず、結果、財務省がずさんな内部調査のみで済ませたように、改正法施行後も財務省は民間事業者より遅れた旧態依然の内部通報制度の運用を続ける可能性が高い。

その結果もっとも大きな被害を受けるのは、改ざんされた公文書で国政調査権や参政権を侵害される国会議員や国民であり、全体の奉仕者としての誇りを踏みにじられる赤木俊夫さんのような現場の職員である。

改正法に残った不備

公益通報者保護法の改正法案を審議した2020年の通常国会では、近畿財務局職員の赤木さんが森友学園への国有地売却に関する決裁文書の改ざんを強いられた末に自殺した問題が繰り返し取り上げられた。

「内部から告発することがどれほど大変なことなのか、そして内部から告発することがどれほど大切なことなのかを、命を懸けて世に問うことになりました。深い哀惜《あいせき》の念にたえません。（中略）公益通報者保護法は本来、赤木さんのような、正義を貫き不正を是正したいという当然の行動をした人を守り、（中略）公益を確保しようとする法律であります」

5月15日、改正案の趣旨説明があった衆院本会議で、堀越啓仁《ほりこしけいにん》議員（立憲民主党）はそう力説した。

5月19日の衆院消費者問題特別委員会で、尾辻《おつじ》かな子議員（同）は「今回の法改正がされたと仮定して、（中略）決裁文書改ざんを実際に行っている人物が内部通報した場合、公益通報者として保護されるのか」と政府側に問いただした。しかし、肯定する答弁はなかった。

公益通報者保護法は、公文書管理法違反や国家公務員法違反に関する通報を保護の対象にしておらず、改正後もその点は変わらないからだ。前述したように、虚偽公文書作成や公用文書毀棄など刑法犯に関する通報は保護の対象に入りうるが、大阪地検特捜部は、財務省理財局幹部らについて、これらの罪の嫌疑が不十分だとして不起訴にした。したがって、刑法犯にあたると言えるかどうかは微妙である。その疑いは濃厚であり、「信ずるに足りる相当の理由」があると筆者は考えるが、グレーゾーンがどうしても残る。

6月3日の参院本会議で、松沢成文《まつざわしげふみ》議員（日本維新の会）は、赤木さんの遺書について「命懸けの内部告発書であります」と指摘した。

「なぜ赤木さんは生前に公益通報制度を利用して不正を告発することができなかったのでしょうか。察するに、財務省から仕返しをされるに違いないと確信したのでしょう。赤木さんの死は内部通報制度の機能不全を訴えている」

改正法には、実効性ある内部通報制度を整備するよう行政機関を含む事業者に義務づけ、通報者に関する情報の秘密保持を強化する内容が盛り込まれている。

「もしこの法案がもっと早くできていれば、赤木さんはきちっと秘密を守られたなかで内部告発をして、財務省の不祥事が暴かれたんではないかと残念でならないんです」

同日午後の参院消費者問題特別委員会で松沢議員は、参考人として招かれた有識者にそう問いかけた。

3人の参考人の答弁は、いずれもそれを疑問視する内容だった。

田中亘《たなかわたる》東京大学教授（会社法）は「非常に大きな前進だと思いますが、この法案が通ったから一変するほどの前進かといえば、残念ながら疑問もある」と答弁した。「肝心な不利益取り扱いについてのペナルティーは科されていない」

拝師徳彦《はいしのりひこ》弁護士は「やはり、ちゅうちょしてしまう」と言い、内部通報経験者のオリンパス社員・浜田正晴さんは「本人の性格による」と答えた。

福島瑞穂《ふくしまみずほ》議員（社民党）は「どうしたら赤木さんを救えただろうか」と自問してきたといい、6月5日の参院消費者問題特別委で「ぜひ通報者を守るという仕組みを本当につくっていただきたい」と政府に要請。松沢議員は「3年前にこの法律が成立していたら、赤木さんは自死まで追い込まれていなかった可能性もある」として、法改正に長年踏み出せなかった消費者庁の責任に言及した。

衛藤晟一《えとうせいいち》・消費者担当相は「行政の正義が貫かれなければいけない。どうしたらそういうことが担保できるかについて我々も真剣に考えていかなければいけない」と答えた。

改正法が5年早く施行されていたら赤木さんは安心して文書改ざんを内部通報する道を選べたかどうかは、疑問が残ったままだ。その道はより広く通りやすいものになっただろうから、赤木さんは藁《わら》をもつかむ心境でその道の可能性に賭けた可能性があり、その結果、財務省の自浄作用が発揮された可能性が少しは増したであろうと筆者は考える。しかし、それも結局は財務省当局の制度運用に負うのであり、その点は法改正後も変わらない。

改正法は付則で施行3年をめどに再検討を加えて必要な措置を講じるよう政府に義務づけている。参院の消費者問題特別委は全会一致の付帯決議で、通報者を不利益に扱った事業者への行政処分や刑事罰の導入、通報対象事実の範囲についての検討もそれに含めるよう政府に求めた。国家公務員法違反や公文書管理法違反などに関する通報へ対象を広げるかどうかも検討されることになるだろう。

財務省の内部通報制度の欠陥は、早くも、公益通報者保護法を再改正しなければならない必要性を示しているということができる。

筆者は２０２２年1月11日、財務省に対し、大臣官房文書課広報室を通じて、

「文書改ざんについて情報が理財局内部で止まってしまい、大臣官房に伝わらなかった原因、あるいは、文書改ざんについて内部通報がなかった原因について、２０１８年6月4日の記者会見では『そこまでの検証はまだしていない』というご説明でしたが、その後、現時点で、これらの原因をどのように把握していますか。把握した内容とその根拠をご教示ください。再発防止策がありましたらそれもご教示ください」

「財務省の内部通報制度は現在、形骸化した機能不全の状態となっているのではないですか」

と質問した。

同月21日、次のような「回答」があった。

「内部通報制度については、制度制定時（平成18年）から、職員に対し制度の周知を行ってきたところですが、森友学園案件に係る決裁文書の改ざん等の一連の問題行為が防げなかったことを踏まえ、更なる周知の徹底を行っているところです。（中略）問題行為の発生を許した組織風土の改革を進めているところです」

大臣官房で改ざんを把握できなかった原因など質問への回答は見当たらなかった。

翌22日、筆者は、財務事務次官となった矢野氏と伊藤元秘書課長（金融庁総括審議官兼公文書監理官）、河村元地方課長（東北財務局長）にこの節の原稿のほぼ全文を同封した手紙を送り、コメントを求めた。返答はなかった。

2「イオン行動規範110番」への内部通報が人事部長に筒抜け

イオングループは、持ち株会社のイオン株式会社の下で、約300社のグループ全体で1万9千余の店舗を擁する。57万人が働き、年間8兆6千億円もの営業収益を上げている。

そのイオンは2004年から内部通報制度「イオン行動規範110番」を運用している。

東洋経済新報社『CSR企業総覧』編集部が集計している「内部通報が多い企業」のランキングによれば、イオングループの内部通報件数は、2017年度が654件で3位、[18] 18年度が584件で4位、19年度が590件で6位となっている。[19] このように通報件数が多いのは、内部通報制度が従業員から信頼され、機能していることを示している、と一般的には考えられる。

イオンのグループ企業、イオンディライトセキュリティ（ADS社）の社員だった中村孝《なかむらたかし》さんも、ある出来事を経験するまでは、「イオン行動規範110番」を信頼する一人だった。

サービス残業を内部通報

中村さんが「110番」の窓口を担当する企業倫理チームのイオン社員と初めて会ったのは、2014年11月4日午後2時のことだった。

3年前の2011年9月にADS社に入り、翌12年に正社員となった。東京・汐留《しおどめ》での勤務を経て、14年6月から、東京都江戸川《えどがわ》区にあるショッピング施設、イオン葛西《かさい》店の警備を担当する葛西警備隊で働いていた。当時、49歳だった。

その日、電話で面会の約束を取り付けて、直接、千葉市の幕張《まくはり》新都心にあるイオン本社に出向いたのだ。

窓口担当の社員から「どちらの事務所にいらっしゃるのですか」と尋ねられ、中村さんは「今は葛西のイオンさんの警備をしています」と答えた。

中村さんが「きょうは急なお願いにもかかわらず」と言うと、窓口担当の社員は「同じグループなのでそんな堅苦しいことは言わないで」と応じた。

ものすごく紳士的だ、やっぱりイオンの本社は違うなぁ、と中村さんは感じ、窓口担当社員への信頼をますます厚くした。それまでイオングループ内でそんなに紳士的な人と会ったことがなかった。

のちの中村さんの法廷での説明によれば、職場では労働基準法違反が横行していた。長時間の残業を強いられるうえに、相当額の賃金未払いがあった。そもそも給料が安く、最低賃金割れもあった。自分だけでなく会社の仲間たちを含め、健康と命を削る、そういうことがあってはならない、と中村さんは思い、上司やその上の上司に相談を持ちかけた。しかし、十分な対応はなかった。[20]

「上司に相談できない場合は、イオン行動規範110番にご相談ください」と呼びかけるビラ「イオン行動規範通信」が手元にあった。イオングループで働くすべての従業員を対象に配布されているもので、「ご相談いただいたことで、あなたが不利益をこうむることはありませんので、安心してご相談ください」と書かれていた。

イオンのウェブサイトに110番の趣旨が次のように記されているのも確認した。[21]

「法令違反や不正などの通報にとどまらず、『上司に話せないこと』『困っていること』など職場に関わる様々な問題に対応する窓口として、広く通報・相談を受け付けています。対象はイオングループで働くすべての従業員で、社内と社外の2本立てで相談窓口を用意しています。通報・相談内容は、企業倫理チームにより、グループ該当各社に連絡され、その後2週間をめどに事実関係を調査し対応のうえ、是正措置を含む結果について企業倫理チームへ報告するというルールを徹底しています」

そんな企業倫理チームに中村さんは「コンプライアンスの最後の砦《とりで》」と期待をかけたのだ。

その「110番」窓口担当者を前に、中村さんは「私はいちヒラ社員なので、会社のほうに聞いてもらうということが全くままならない」と話し始めた。

「本来ならばイオンディライトセキュリティのなかで解決しなければならないことと十分に承知しているんですが、もうここに至って万策《ばんさく》尽きたということで、きょうはもう、それ相応の覚悟をもって伺《うかが》いました[22]」

窓口担当者から「具体的にどういうことかっていうのを」と水を向けられて、中村さんは「多岐にわたる」と前置きし、その筆頭に「汐留でのサービス残業の強要」をめぐる幹部の処分の問題を挙げ、その次に、ある役員による同僚女性隊員へのセクハラを指摘した。

懲戒委員会で「内部通報した人物」

中村さんを処分しようという動きがADS社内で持ち上がったのは、その5日後、2014年11月9日のことだった。

その日、中村さんの上司にあたる葛西警備隊の副隊長から営業所長に「中村隊員の態度及び言動について（相談）」と題する書面が提出された。そこには5ページにわたって中村さんについて「勤務態度が悪く」「言葉遣いや表現が非常に暴力的で」「仮眠場所ではない休憩室内の和室で仮眠をとった」など、さまざまなことが書かれていた[23]。

これを受ける形で、関東事業部は中村さんの勤務の様子の調査を始めた。その結果、少なくとも11月25日、26日、12月21日、27日、31日の合計5日間、最長で20分ほど、所定の終業時刻より前に早退したことを監視カメラの映像記録で確認した[24]。

翌15年2月13日、中村さんは東京・水道橋の営業所に来るようにと呼び出され、会社の取締役兼務の管理本部長とその部下の人事部長と面談した。

前年11月に中村さんがイオン行動規範110番に通報した件について、その後、ADS社内で対応する動きがあり、西船橋駅前の喫茶店まで来て中村さんにその結果を知らせてくれたのが、その管理本部長と人事部長だった。中村さんによってセクハラを指摘された役員は辞任した。が、汐留警備隊でのサービス残業の処分についてはあいまいな対応だった。だから中村さんは、その件に関する続報なのだろうと思って2月13日の面談に臨んだのだ。

ところが、話は逆だった。

管理本部長らは、中村さん自身の無断早退などについて、葛西警備隊の隊員からイオン行動規範110番に公益通報があったと告げ、懲戒処分の方針を中村さんに伝えてきたのだ。

1週間後の2月20日、人事部長が関わってADS社内で次のような内容の懲戒申請書が作成され[25]た。[26]

「葛西警備隊の一員からイオン行動規範に、対象者である中村隊員について、『早退したにもかかわらず、勤務報告書は定刻まで勤務したようになっている』との通報が入った。後日、営業所にて調査した結果、延べ5日間について、計62分間の早退が判明し、本人に聞き取りしたところ、家庭の事情で一時期早退したこと、また勤務報告書も訂正せずにそのまま提出したことを認めた」

イオン葛西店の警備にあたる中村さんの同僚から、中村さんの非違《ひい》行為についてイオン行動規範110番に内部通報があった、というのだ。

さらに1週間後の2月27日午前、ADS社の大会議室で、人事部長が事務局役を務め、中村さんを「対象者」とする懲戒委員会が開かれた。

「対象者は、以前、汐留警備隊員の休憩時間の件でイオン110番に通報していた人物であるが、一方では異動後の葛西警備隊でこんなことをしている。時間的にわずかな時間であるが処分は必要」会社側が作成した議事録によれば、取締役兼務の管理本部長はそう述べた。[27]

筆者が考えるに、これは、会社の経営層がイオン110番への通報を嫌悪していることを示す言葉であり、しかも内部通報したことを、中村さんに不利な考慮要素の一つとして懲戒処分を決めているように見える。もしそうだとすれば、内部通報への報復の意図もあって処分の重さを決めたということになり、公益通報者保護法に違反していると疑われても仕方ない状況である。

懲戒委員会の２週間あまり後の３月17日、中村さんは譴責《けんせき》の懲戒処分を通告された。

翌18日、中村さんはイオンの企業倫理チームに電話した。前年11月４日に初めてイオン行動規範110番に連絡した際に対応してくれた窓口担当社員を相手に、中村さんは、懲戒委員会が内部の規定に則《のっと》った手続きで開かれておらず、弁明の機会を与えられなかった、と訴えた。さらに、ＡＤＳ社が労働法を遵守していない対応を継続しているから、きちんと経営体そのものをイオンとして指導してほしい、とも言った。[28]

これら一連のやりとりで、中村さんは「もはやイオン企業倫理チームを通してＡＤＳ社の経営改善を図ることは困難だ」と悟り、行政への通報と裁判による責任追及を始めることにした。[29]

４月14日、中村さんは、イオン葛西店を管轄《かんかつ》する江戸川《えどがわ》労働基準監督署に赴き、残業代不払いや長時間勤務を正してほしいと相談した。[30] ５月９日、会社に対し、弁護士発の内容証明郵便の手紙で「仮眠時間は労働時間に算入すべきだ」と申し入れ、その分の未払い賃金を請求した。[31]

６月１日、中村さんは、葛西警備隊から営業所への異動を命じられた。与えられた仕事は、全国警備業協会発行の教本のワープロ入力だった。時間外手当や深夜勤務手当がなくなり、最高25万円あった毎月の給与の手取り額は13万〜14万円程度に減った。

残業手当支払いで特損12億円

2015年7月10日、中村さんはADS社を相手取って、5月までの2年2カ月分の未払い賃金95万円とその遅延損害金、付加金などの支払いを求める訴訟を千葉地裁に起こした。

12月7日、江戸川労働基準監督署からADS社に対し、時間外や深夜の労働に関する未払い賃金について是正勧告が出された。[32]

提訴から2年近く後の17年5月17日、千葉地裁（小濱浩庸《こはまひろのぶ》裁判長）は、未払い賃金に関する中村さんの主張をほぼ全面的に認め、会社側の労働基準法違反に伴う付加金を含め177万円余の支払いをADS社に命ずる判決を言い渡した。

「葛西店の警備員は、仮眠時間又《また》は休憩時間であっても、発報等があった旨の連絡があった場合には、直《ただ》ちに葛西店においてこれに対する対応に当たることができるようにするため、葛西店又はその近辺において事実上待機せざるを得ない状態に置かれていたものというべきである。（中略）したがって、原告は、仮眠時間及び休憩時間の間は不活動時間も含めて被告の指揮命令下に置かれていたものであるから、仮眠時間及び休憩時間は労働基準法の労働時間に当たるものというべきである」

中村さんも会社も控訴せず、同年6月1日、この判決が確定した。

その日、NHKがADS社について「イオングループの警備会社 未払いの残業代調査へ」と報じた。

「流通大手、イオンのグループの警備会社が、社員に支給すべき残業代を支払っていないケースがあったとして、およそ2千人の全従業員と、退職者について調査を行い、未払いの残業代が確認できれば支給することを決めました」[33]

その年の9月、ＡＤＳ社は、東京中央労働基準監督署、三田《みた》労働基準監督署、北九州西労働基準監督署から六つの警備隊の労働時間管理について是正勧告や指導を受けた。最低賃金法違反、残業代不払いなどを指摘された。[34]

ＡＤＳ社は労働組合との交渉を経て、退職者を含め従業員に「解決金等」として12億円余を支払わなければならなくなった。ＡＤＳ社はほぼ同額の特別損失を計上した。[35]

中村さんが勝ち取った千葉地裁判決に加え、「ブラック企業」への社会的な非難や人手不足もあって、ＡＤＳ社は全従業員について、ある程度の是正をせざるを得なかったのだとみられる。

公開法廷に内部通報の実名記録

実は、千葉地裁での審理の途中の２０１５年11月10日、イオン本社の企業倫理チームで作成された「イオン行動規範１１０番　承《うけたまわ》り・対応記録票」と題する書類がＡＤＳ社の側から証拠として法廷に提出され、[36]中村さんを愕然《がくぜん》とさせていた。

その記録票には、中村さんの実名、所属、３月18日に中村さんがイオンの企業倫理チームに電話した際の相談内容が赤裸々に記されていた。

中村さんは、イオン行動規範１１０番への通報の内容がそのまま当事者であるＡＤＳ社に流されるとは夢にも思っておらず、「信頼を裏切られた」と感じた。
イオングループ各社の内部では、イオン行動規範110番への通報や相談について次のように約束されている。
「相談窓口及び調査・対応部署の担当者は、調査・対応上必要な場合を除き、相談者の氏名、所属等、個人の特定されうる情報を他に開示しません」
中村さんはこの約束を破られたと感じた。
のちにイオン側が法廷で説明したところによれば、同社の企業倫理チームの窓口担当者は、中村さんから電話相談があった15年3月18日当日、ADS社の人事部長に対し、中村さんの相談内容を伝え、その内容の正確な伝達を期すため記録票のエクセルファイルを電子メールで送っていた。[37]
この送付から8カ月、中村さんから訴えられたADS社は、何とその法廷に、要求されたわけでもないのに、その記録票のコピーを提出してきたのだ。これについて、中村さんの訴訟代理人を務める弁護士は「労働者が会社を訴えている場合に、イオン110番の記録が会社側に都合よく選別されて利用されることは、相当に問題があることだと言わざるを得ない」と指摘した。[38]
筆者が思うに、ADS社は当然のことながら、この記録票が会社の側に有利な証拠になると考えて法廷に提出したのだろう。つまり、イオン行動規範110番への相談の事実が、中村さんに不利な証拠として公開の訴訟手続きの場にさらされたことになる。内部通報制度を利用したことが、このように、会社側の都合で通報者に不利に使われる可能性があるのならば、だれもそんな内部通報制度を利用しようとはしなくなるだろう。ADS社の行為は、イオン行動規範110番の信頼性を損ねるものだといえる。

内部通報への対応でイオンを提訴

中村さんは「イオン企業倫理チームでの相談内容の秘密が漏《ろう》えいする事件が起こり、精神的苦痛を負った」として、２０１８年8月28日、イオンを相手取って再び千葉地裁に訴訟を起こした。

訴状のなかで、中村さんの訴訟代理人弁護士は「イオンは、約束に反し、秘匿《ひとく》すべき情報をＡＤＳ社に対して漏えいし、それを中村さんに不利益に活用させた」と主張した。

中村さん側はまた、「ＡＤＳ社が懲戒にあたって、弁明の機会を付与しなかった」などの通報内容については、イオンの企業倫理チームがその有無を調査するべきであり、それにあたって、ＡＤＳ社に記録票を提供する必要性はなかった、と主張した。

これに対し、法廷でイオン側は、イオンの企業倫理チームからＡＤＳ社に中村さんの相談内容を伝えることについて「原告の承諾を得た」と反論した。また、「（ＡＤＳ社によって）民事訴訟に証拠として提出されることを認識していなかった」として、「不利益に活用させた」というのは事実に反すると反論した。[39]

イオン側は、表紙にマル秘のマークがあるイオン行動規範１１０番運用規程を証拠として法廷に提出した。

それによれば、イオングループの各社は「イオン行動規範推進責任者（各社責任者）」をおくことになっている。イオン行動規範１１０番の相談窓口は、相談を受け付けた後、その各社責任者またはイオン社内の部署（調査・対応部署）に調査と対応を依頼する。

「相談窓口及び調査・対応部署の担当者は、調査・対応上必要な場合を除き、相談者の氏名、所属等、個人の特定されうる情報を他に開示しないものとする」と守秘義務が運用規程に定められているが、イオンの相談窓口の担当者から「調査・対応部署」であるグループ企業の「各社責任者」に情報を伝えることまでは禁止されていない。もし仮に、その「各社責任者」が、通報の対象となった問題の当事者であったり、何らか通報者と利害関係があったりしたらどうするのかについては、運用規程では何も触れられていない。

法廷でイオン側は、相談受け付け後の調査を行うのは、グループ企業の「各社責任者」であり、ADS社ではその「各社責任者」が人事部長だったのであり、その人事部長に記録票の情報を提供したのは、調査・対応のために必要な措置だった、と反論した。

一方、中村さんは、自分の通報内容がそっくりそのままADS社の、こともあろうに人事部長に転送されるとは思っていなかった、と主張した。法廷での尋問で中村さんは次のように答えた。

「名前がこのように出て、日時まで、それから通報内容まで知らされて筒抜けであったと、筒抜けにされるというようなことがあるなんてことは思っておりませんでした」

中村さんは、イオンの企業倫理チームの相談窓口を信頼していた、と強調した。

「うまくやっていただけるという絶大なる信頼を置いていたわけです」

「私の名前が公表されるというようなことは、まずないであろうという信頼のもとに公益通報をしているわけです」

「公益通報をすれば最後の最後には企業倫理の人たちが正してくれるんだというふうに信頼をするわけですから、その信頼を裏切るようなうそを言ってはならんと思います」[40]

中村さんが懲戒処分の通告を受けた直後に、処分の手続きの不適正を訴える通報がなされたのだから、たとえ匿名にしたとしても、中村さんが通報者だとADS社のほうで推測される可能性は、たしかにあった。しかし、オリンパスの浜田正晴さんの内部通報に関して第2章1節（86〜87頁）で前述したように、ADS社の人事部長にとって、中村さんが通報者だと確定的に知ることと、推測できるに過ぎないこととは、まったく事態が異なると筆者は考える。

中村さんは法廷での尋問に次のように答えた。

「正直分かるかもしれないというのはありました。ただ、わざわざ公表する必要はないと考えました」

最終的に裁判所は中村さんについて「調査・対応機関であるADS社の各社責任者に対して氏名等を開示しないことをあえて希望していたとは考え難い（非開示にする必要性も認め難い）」と判断し、中村さんの請求を棄却する判決を言い渡した。[41]

イオンの対応の問題点とその教訓

筆者が考えるに、中村さんがイオンではなくADS社を被告として訴訟を起こしていれば、勝訴できたのではないか。

イオン行動規範110番運用規程には、前述した相談者情報の守秘義務のほか、「事案に関与した全ての者は、調査・対応上必要な場合を除き、相談事項及び、調査内容を他に一切開示しないものとする」と明文で定められている。ADS社もイオングループの一員としてそれに従う義務を負っているはずである。他方、ADS社の訴訟代理人が中村さんの通報の記録票を公開の法廷に提出したことは、「調査・対応上必要な場合」には該当しない。したがって、ADS社は運用規程に違反した、ということができる。

また、これがもし仮に公益通報者保護法の改正法が施行されて以降のことならば、イオンの内部通報制度の運用規程は、同法の体制整備義務に違反するものとして、消費者庁による指導や勧告の対象となりえたであろう。すなわち、改正法は従業員301人以上の事業者に対し、内部公益通報を受けての「必要な調査」を原則として義務づけ、それら調査を含む「公益通報対応業務」に関して「組織の長その他幹部に関係する事案については、これらの者からの独立性を確保する措置をとる」「事案に関係する者を公益通報対応業務に関与させない措置をとる」[42]と義務づけている（第5章3節390頁参照）。一方、イオンは、中村さんの内部通報に関する情報をそのまま、「事案に関係する者」である人事部長に伝達し、通報対応を委ねている。

たしかに、中村さんの内部通報は公益通報者保護法改正前のことだったし、その通報・相談のうち2015年3月18日の分の主要な内容は同法の対象とする違法行為に関するとは言えないから、いずれにせよ、改正法の体制整備義務が直接及ぶわけではない。しかし、当時であっても、事案に関係する当事者からの独立性を確保せず、また利益相反を排除せずに通報に関する調査を行うのは、イオンのような大企業グループでは、あってはならない運用だったといえるように思われる。つまり問題の当事者である人事部長に、その問題に関する通報の内容や通報者氏名をそのまま伝えるのは15年当時も社会通念上許されなかった、ということができる。

さらに言えば、中村さんがイオンを相手取った訴訟で、裁判所は、ＡＤＳ社の「各社責任者」の利益相反を見過ごすことで、結局、独立性に欠けた調査を容認しており、その判決は思慮に欠けるものだったといわざるを得ないように筆者には思われる。

改正法の下では、このような運用は許されないはずである。中村さんに対するイオンの対応は、ありがちではあるが、あってはならない事例として教訓にされるべきだろう。

イオンの広報担当者は２０２２年1月、筆者の問い合わせに対し、「裁判所の見解以外に弊社よりコメントをすることは、差し控えさせていただきたい」と答えた。イオン行動規範１１０番運用規程については、法改正に対応してすでに改正しており、内部通報対応の独立性の確保を含め改正内容をすべて網羅しているという。

3　内部通報制度への期待と失望

内部通報制度の普及

内部通報制度は２０００年ごろ、大手企業を中心に「ヘルプライン」「ホットライン」などの名称で導入が始まった。日本経団連が02年に不祥事防止策として会員企業に整備を呼びかけ[43]、公益通報者保護法が04年に制定されてその動きを後押しした。[43]

2016年度の消費者庁の調査によれば、回答した3471事業者のうち1607事業者（46％）が内部通報制度を導入していた。特に従業員3千人超の事業者の99％が導入済みだった。[44]導入済みの事業者の60％（従業員3千人超の事業者では77％）は社内と社外の双方に窓口を持っていた。国の省庁（39機関）と都道府県庁（47機関）でも、そのすべてで内部職員向けの通報窓口を設けており、市区町村（1711機関）については16年3月末時点で52％が導入していた。[45]

前述のとおり米国でも、エネルギー会社のエンロン、通信会社のワールドコムで相次いで粉飾決算が発覚したことを受けて、02年、企業会計改革法（SOX《ソックス》法）を制定・施行。上場企業の監査委員会に内部通報窓口の整備を法律で義務づけている。[46][47][48]日本の内部通報制度はそれにならったものととらえることもできる。

このように内部通報制度は組織の不祥事を早期に発見する重要なツールと位置づけられ、少なくない人員と資金が投入されている。

しかし、現実には問題が続出している。内部通報制度が十分に機能していなかった――。そう結論づけざるを得ない企業が相次いでいるのだ。

東芝社内から日経ビジネスに内部告発続々

2015年に発覚した東芝《とうしば》の粉飾決算は、その後も尾を引く東芝の混乱の発端である。

表向き、東芝には、充実した内部通報制度が整備されているように見えた。しかし不正経理についての内部通報はなかった。他方、証券取引等監視委員会や報道機関に内部告発があり、それが不正発覚のきっかけとなった。

不正発覚後に同社が設けた第三者委員会は、会社の姿勢について社員の信頼が得られていなかったからだと、その理由を分析した。[49]

「東芝においては内部通報窓口が設置されており、毎事業年度数十件の通報が行われていたが、本案件に関係する事項は何ら通報されていなかった。東芝の規模を考慮した場合には、東芝の内部通報制度を利用した現状の通報件数は多いとは言えず、何らかの事情で内部通報制度が十分に活用されているとはいえないと推測される。（中略）不適切な会計処理の問題が発覚することとなる端緒が、証券取引等監視委員会による開示検査であったとのことであり、東芝の内部通報制度等による自浄作用が働かなかったのは、会社のコンプライアンスに対する姿勢について、社員の信頼が得られていないことも一因であると思われる」

15年に粉飾決算が発覚して同年7月に社長、会長らが退陣し、10月、監査委員会ホットラインが新たに設けられた。すると、15年度の内部通報制度利用は263件（うち監査委ホットライン受付は55件）と、前年度の88件の3倍増となった。労働組合への内部通報で新たに不適切会計が発覚する事例もあったという。16年度は479件（同80件）へとさらに増えた。

もっと激増したのは、東芝の粉飾決算について独自の報道を精力的に展開した日経ビジネス編集部への内部告発だった。15年8月初旬、同誌は誌面やウェブサイトを通じて東芝関係者に情報提供を呼びかけ始めた。

「東芝の不正会計問題に関連して、日経ビジネスオンラインでは企業のコンプライアンス（法令遵守）についてアンケートを実施しています。通常の方法では達成不可能な業務目標（チャレンジ）が強制されてきた東芝と同様な経験をお持ちではないでしょうか。率直なご意見をお聞かせください[50]」

日経ビジネスで電機業界の担当として東芝問題を取材した小笠原啓《おがさわらさとし》記者の記事や著書によると[51][52]、呼びかけに応えて800人以上から情報が寄せられた。そのなかには「東芝の上層部に深く食い込まなければ知り得ないような情報もあった」という。

「確認できた情報は、日経ビジネスオンラインで連日報じた。これが共感を呼んだのだろう。取材班に寄せられる情報の質と量が、加速度的に高まっていった[53]」

「責任追及があいまいなまま幕引きを図る姿勢に反発したのだろう。日経ビジネス編集部に寄せられる東芝社員や関係者の内部告発の数や内容が、エスカレートしていったのだ[54]」

東芝社内の中枢でやりとりされた電子メールの記録も提供された。夜の会議室で机をバンバンと激しくたたきながら部下の課長に「本当にやる気があるの。頭を使えよ」と詰め寄る上司の声を録音した音声も提供された。こうして日経ビジネスは特ダネを連発していった。

このように報道機関に生々しい内部告発が寄せられるのは、会社の内部通報制度が信頼されず、機能不全に陥《おちい》っている実情と表裏一体である。

化血研、血液製剤を不正製造

血液製剤メーカーの化学及《および》血清療法研究所（化血研《かけつけん》、熊本市）でも2015年、製剤の製造をめぐる長年の不正が監督官庁への内部告発で明るみに出た。

化血研が設けた第三者委員会の調査結果報告書によれば[55]、化血研では長年、薬事法（現・医薬品医療機器法）に基づく国の承認のおりた方法とは異なる方法で血液製剤を製造し、販売していた。ウソの製造記録を作って当局の検査をごまかし、不正を続けていた。1995年、社内のH氏の呼びかけで不正の解消に向けた工程改善プロジェクトが発足した。しかし、不正はなくならなかった。

2014年5月、厚労省外郭《がいかく》の独立行政法人医薬品医療機器総合機構（PMDA）による化血研への立ち入り調査があった。製造現場では「自分たちの代で終わりにしよう」と不正の解消を図る動きが活発化していた。

〈立ち入り調査は内部告発に基づくものである可能性が高く、内部告発のリスクを考えれば、これ以上、血漿《けっしょう》分画《ぶんかく》部門だけで不整合の問題を抱えきることはできない〉

製造部長になっていたH氏はこう考え、同年10月、担当常務に問題を報告した。しかし常務は不正解消への具体的な指示を出さなかった。

その翌年の15年5月、匿名の投書が厚労省に届いた。のちの朝日新聞の報道によれば、化血研の職員を名乗り、法令違反に「心が痛む」と書いてあったという[56]。

同月28、29日、PMDAによる化血研への立ち入り調査が抜き打ちで行われた。投書の内容を重点的に調べると、不正を確認できたという。

化血研では、公益通報者保護法が06年4月に施行されたことを受け、翌07年3月1日付で内部通報窓口「化血研ヘルプライン」を設け、同時に「公益通報者保護規程」を定めた。窓口は当初、本社スタッフ部門内にあったが、14年10月に法務・コンプライアンス部に移管した。ヘルプライン連絡先を記載した携帯カードを作成して全従業員に配り、また、外部通報窓口も設置した。しかし、血液製剤の不正製造に関する通報はなかった。

これについて、化血研は「経営のトップも関与していた点と経営の根幹に関わる重大事案であったことから、内部での対応は困難であると判断され、当局に内部告発されたものと推察している」（広報室）という。

化血研の広報室によれば、内部通報の件数は、14年度まで年に数件程度しかなかったが、不正が発覚した15年度は28件に増え、16年度は12月末までの9カ月で31件と、さらに増えているという。18年7月、化血研は、血液製剤の製造など主な事業を明治グループなどが出資した新会社「ＫＭバイオロジクス」に譲渡した。新会社は「通報者保護、匿名性確保等の周知や通報件数の社内公表等を通して利用しやすい窓口であることを心掛け」ているという。[57]

東洋ゴムでは「内部通報のリスク」を検討

オリンパスの事例で見たように、不正に蓋《ふた》をして隠しておきたい人にとっては、内部通報によって不祥事が公《おおやけ》になることは「リスク」そのものだ。

２０１５年3月13日、東洋ゴム工業（大阪市西区）＝現・ＴＯＹＯ　ＴＩＲＥ＝の免震装置のゴム製部品に性能データの偽装があったことが明るみに出た。[58]

東洋ゴムの依頼を受けた社外調査チーム（代表弁護士＝小林英明《こばやしひであき》弁護士）が15年6月19日付でま

とめた調査報告書によれば[59]、発覚するきっかけは、東洋ゴムに12年8月に入社し、子会社の東洋ゴム化工品に配属された社員が抱いた漠然とした疑問だった。性能検査データに趣旨不明な補正が行われており、それについて同僚に質問しても、納得できる回答がなかった。

翌13年夏ごろ、その社員は、上司にあたる東洋ゴム化工品の開発技術部長に「出荷時の性能検査において技術的根拠が不明な補正が行われている」と報告した。しかし、具体的な指示はなかった。さらに14年2月ごろには技術・生産本部長や東洋ゴム化工品の社長にも同様の報告をした。

疑問は解消されないまま、やがて確信へと変わっていった。14年7月8日、東洋ゴムの経営層でも「大臣認定から外れている疑いのある製品が出てきた」と認識した。9月12日、東洋ゴムの執行役員らが弁護士に相談したところ、「出荷停止にした方がよい」との助言があった。

社外調査チームの調査報告書によれば[60]、同年10月23日午前、東洋ゴムの会長、社長らが出席して東洋ゴム本社で会議が開かれ、「リコールしない場合のリスクとして、内部通報により本件が公になること」が議論された。「想定される通報者」として「会社に不満をもつ社員」などを例示して「通報者の想定リスト」を作成し、事前説明を行うこと、「内部通報があった場合の対応シナリオ」を策定しておくことまで提案された。

監督官庁の国土交通省によって問題が公表されたのはその5カ月後のことだった。

東洋ゴムの内部通報制度は、社内の監査部だけでなく、顧問弁護士や外部の専門業者でも通報を受け付ける仕組みになっていた。実際に内部通報制度に基づく通報で問題が発覚して解決した事例も複数あった。しかし、ゴム製品の性能偽装については内部通報制度の利用はなかった。社外調査チームは「技術者の心理としては、技術的な観点から結論が出ていない段階で、内部通報を行うことについては心理的な抵抗があった」と分析し[61]、次のように提言した[62]。

「内部通報制度を抜本的に改革し、内部通報を義務化することを提言する。具体的には、従業員が法令違反に該当する事実など一定の重要な事実について認識した場合には、自身の関与の有無にかかわらず、原則として、内部通報窓口への通報義務を課することとするものである。その場合、直属の上司への報告という一事をもって、当該義務を履行したと評価するべきではなく、当該上司が必要な対応を十分に実施しない場合には、依然として従業員は通報義務を負い続けると設計することが必要である。加えて、内部通報の間口《まぐち》を広げ、幅広く情報を収集するために、匿名の通報、他部門の業務に関する通報、退職者その他社外の者からの通報、確証のない段階での通報、技術的な疑問等の相談に近い内容の通報を促進することとする。また、積極的に通報等の行動を起こしにくい従業員もいることを想定し、匿名のアンケートも頻繁に実施することも一案といえる」

東洋ゴムの広報担当者の説明によると、２０１４年10月23日の会議で提案された「通報者の想定リスト」が実際に作成された事実は確認されていない。提案はただちに却下されたという。社外調査チームから提案があった「通報の義務化」については、16年2月、就業規則を改訂して「職場で非違行為を見聞きしたときには通報すること」と定め、実現しているという。

再三の内部通報への対応に失敗した日本公庫

日本政策金融公庫（日本公庫）は、国民生活金融公庫、農林漁業金融公庫、中小企業金融公庫と国

際協力銀行の国際金融部門が統合し、２００８年10月に発足した政府外郭《がいかく》の特殊法人だ。「一般の金融機関が行う金融を補完すること」を旨とし、１５２の支店があり、総融資残高は29兆円（21年３月末時点）。７４００人余が働いている。安倍晋三政権下で財務省主計局長や財務事務次官を務めた財務官僚の田中一穂《たなかかずほ》氏が17年12月から総裁を務めている。

14年１月31日、日本公庫の業務システムの開発に技術的見地から指導・助言する業務の委嘱を受け、日本公庫のＰＭＯ（プロジェクトマネジメントオフィス）室長との肩書を与えられているＡ氏について、日本公庫の内部通報制度「ヘルプライン」に次のような内部通報があった。

「Ａ氏は、公庫が発注しているシステム開発業務の再委託先の取締役を兼任しており、再委託先に対し、公庫が実施する入札等に関する情報を漏えいしている可能性がある」

これを受けて公庫はＡ氏に対し、再委託先の取締役を退任するよう求めた。しかし、入札情報提供などの不正は確認できなかった。

２年後の16年１月26日、再度、ヘルプラインに次のような内容の内部通報があった。

「Ａ氏が自身に関係のある業者に公庫の入札関連情報の漏えいを行っている可能性がある」

しかし公庫の担当役員は、前回の内部通報を受けての調査でＡ氏に関して具体的な不正の事実を見つけられなかったことから、このときは本人へのヒアリングさえ行わず、「問題ない」と判断した。

さらに２年近く後の17年12月４日、この役員に公庫の社外取締役の一人から「Ａ氏が懇意《こんい》の業者に仕事を発注させているとの噂《うわさ》がある」と伝えられた。

しかし、その役員は本人へのヒアリングなどの調査を行うことなく、関係者に状況を確認しただけで社外取締役に「調査の結果、特に問題はない」と報告した。

半年後の18年6月12日午後、富士通の申し入れで、日本公庫の専務やＩＴ部門長らと富士通社員の間で会議が開かれた。富士通から3点について報告があった。

「A氏が、日本公庫における農林業務システムの再構築の入札において、富士通に対し、入札情報を不正に流している」との匿名投書が4月10日、富士通のコンプライアンス担当役員にあてて郵送されてきた、というのが報告の第1点。この匿名投書を受けて富士通社内で調査したところ、A氏がメールで入札情報を不正に漏洩した疑いがあることが判明したというのが報告の第2点。さらに、日本公庫の別の職員が入札に関する非公開情報を富士通側に漏洩していたことも判明した。これが報告の第3点だった。

実際に富士通は、農林業務システム再構築の受注業者を決めるための入札で4月11日、40億円余での落札を決めていた。

その年の12月25日、日本公庫は「業務システム開発の入札に関連した情報漏えいの事実が確認された」と発表した。公庫は、予定価格算定の基礎となる情報を漏洩した職員2人を停職6カ月の処分とした。

日本公庫は西村あさひ法律事務所の弁護士らを入れて調査委員会を設け、19年4月に報告書を公表した。調査委は16年1月の2度目の内部通報への公庫側の対応を特に問題視した。「詳細な調査を行わなかったことが、A氏による不正の発見を遅らせ、あるいは不正を助長した可能性がある。よって、今後は、内部通報に対し、都度《つど》、客観的な事実関係の調査を、予断を持つことなく適切に行うことが求められる。殊《こと》に、同一の者について重ねて内部通報がなされたような場合には、特に慎重かつ徹底的な事実調査を行うべきである[63]」

A氏は筆者の取材に対し、富士通への情報提供について「私の責務は公庫システムをあらゆる面で良くすることであり、それを実現し得るベンダー（システム開発業者）に私の考えを伝え、協力してもらうことでもありました。また、それは公庫からの要請でした」と述べて不正を否定し、秘密漏洩にはあたらないと主張した。公庫への内部通報についてA氏は「従来の文化と体制を大変革した私に対する反感の表れであり、私を追放するためのもの」と思っているという。「私があまりにも仕事熱心で、一途に進める性格であるため、敵が多いのだろう」と述べた。

住江織物、米国子会社の元従業員から会計事務所に通報

２０１６年3月4日、内装材メーカー、住江《すみのえ》織物（大阪市中央区）の米国子会社で財務諸表監査を担当する会計事務所デロイトに、その米国子会社の元従業員から「内部通報」があった。在庫の評価をし直し、不良品として評価したものを正規品に格上げしている、という内容だった。

親会社の住江織物は、社内調査委員会や第三者委員会を設けて調査。内部通報の対象となったもの以外にも広げて米国子会社の会計処理を調べ、「不正な会計処理が行われた」と判断[64]。10月末、決算を訂正した。

外部の会計事務所への通報ではあったが、会計監査人も会社の統治機構の一部であり、住江織物の幹部によると、「内部通報」と位置づけているという。通報者がだれなのかは「通報者の保護のため」

という理由で同社にも知らされていない。通報者は匿名を希望したと聞いているという。
同社の社内調査委員会は再発防止策の一つとして、「内部通報（企業倫理ホットライン）制度の再構築」を提言した[65]。

長野計器子会社、役員の交代後に内部通報相次ぐ

圧力計測器メーカー、長野計器《ながのけいき》（東京都大田区《おおた》）の子会社のフクダでは2016年7月、複数の従業員から内部通報を相次ぎ受けた。その結果、10年以上も続いてきた会社ぐるみの粉飾決算が発覚した。

親会社の長野計器がまとめた調査報告書や同社幹部の説明によると、7月1日、親会社で法務・コンプライアンスを担当していた役員がフクダに新しく着任したところ、着任の3日後にあたる7月4日、「架空《かくう》売上計上による売掛金《うりかけきん》残高が2億円程度ある」との内部通報を受けた。その翌々日にも別の従業員から「架空仕入が存在する」との内部通報を受けた。これらを受けて調査し、親会社に報告した。その結果、11月1日、フクダの社長と品質保証部長が責任を問われて辞めさせられ、以降、正しい決算に直された。

6月まで内部通報制度が機能しなかったのには理由があった。社内調査結果によれば、フクダは親会社から外部弁護士を通報先窓口とするよう促されたのに、あえてそれを自社の管理部のみとするマニュアルを制定。そのマニュアルも一般社員に配布していなかった。
「今まで、通報しなければいけない事案を抱えていた従業員が役員派遣（交代）と同時に通報した」

――。社内調査を担当した長野計器の幹部はそうとらえる。派遣された役員のコンプライアンス部門での経歴はグループ内で知られており、子会社の社内に「彼に通報すれば親会社が動いてくれる」という期待があったのではないかと見ているという。

制度を運用する会社幹部への信頼の差で、制度が機能するかどうかが分かれた格好だ。

長野計器の社内調査チームは再発防止策の一つとして、子会社各社における「企業倫理通報制度（ヘルプライン制度）」の確実な運用について徹底させるとの方針をまとめた。[66] フクダでも、外部の法律事務所を通報の窓口に加えることになった。

内部通報制度ガイドラインの改正

内部通報制度が機能不全に陥りがちとなっている実情について、財務省に関する本章１節の冒頭で前述したとおり、消費者庁は２０１５年６月、「公益通報者保護制度の実効性の向上に関する検討会」を設け、以後、議論を重ねた。それに基づき、「公益通報者保護法を踏まえた内部通報制度の整備・運用に関する民間事業者向けガイドライン」を作成し、16年12月９日、公表した。

これは06年に公益通報者保護法が施行されるのを前に、消費者庁の前身の内閣府国民生活局が前年の７月に制定した「公益通報者保護法に関する民間事業者向けガイドライン」を改正したものだ。内容が大幅に増えており、名称も変わり、実質的には新たな制定といえる。

次のような内容が盛り込まれている。[67]

経営トップ自らが、経営幹部及び全ての従業員に向け、例えば、

（中略）

▽内部通報制度を活用した適切な通報は、リスクの早期発見や企業価値の向上に資する正当な職務行為であること

▽内部規程や公益通報者保護法の要件を満たす適切な通報を行った者に対する不利益な取扱いは決して許されないこと

▽通報に関する秘密保持を徹底するべきこと

▽利益追求と企業倫理が衝突した場合には企業倫理を優先するべきこと

▽上記の事項は企業の発展・存亡をも左右し得ること

——について、明確なメッセージを継続的に発信することが必要である。

消費者庁の担当者によると、「建前ではない経営トップの本気度とぶれない姿勢」が重要であると考え、「経営トップの責務」の項を新設した。一方で、経営トップ自身が関与する企業不祥事も続発しているため、社外取締役や監査役など監査機関による内部通報制度への関与も盛り込んだ。

これらガイドラインの内容の大部分は、改正法とその指針の施行にあわせ、消費者庁の「指針の解説」に統合され、引き継がれている。

筆者が思うに、いまや、組織の不祥事を内部通報で探知し、早期に是正を図っていくのは当たり前の標準となっている。その当たり前のことができていない事業者は、改正法施行によって今後、あぶ

り出されるように問題を顕《けん》在《ざい》化させていくことになる。また、組織の上層部が関わっていたり、カビのように組織にまとわりついて拭《ぬぐ》い取るのに困難があったりする不正や腐敗について、社外取締役、監査役、監査法人、親会社など組織統治機構の外周・外郭の機関への「内部通報」によって是正する仕組みの実効性が今後さらに重要視されていくことになるだろう。

1 内閣府国民生活局企画課、2008年5月、「行政機関における公益通報者保護法の施行状況調査」6頁。http://warp.da.ndl.go.jp/info:ndljp/pid/8216715/www.caa.go.jp/seikatsu/koueki/chosa-kenkyu/files/19gyosei-chosa.pdf#page=8

2 内閣府国民生活局企画課、2009年6月、「行政機関における公益通報者保護法の施行状況調査等」8頁。http://warp.da.ndl.go.jp/info:ndljp/pid/8216715/www.caa.go.jp/seikatsu/koueki/chosa-kenkyu/files/h20gyousei-chosa.pdf#page=10

3 消費者庁、2012年8月13日、「行政機関における公益通報者保護法の施行状況調査の結果」8頁。http://warp.da.ndl.go.jp/info:ndljp/pid/8216715/www.caa.go.jp/seikatsu/koueki/chosa-kenkyu/files/h23kouekisekou_1.pdf#page=11

4 消費者庁、公益通報者保護制度ウェブサイト。http://warp.da.ndl.go.jp/info:ndljp/pid/8216715/www.caa.go.jp/seikatsu/koueki/chosa-kenkyu/chosa.html、http://warp.da.ndl.go.jp/info:ndljp/pid/11010180/www.caa.go.jp/policies/policy/consumer_system/whisleblower_protection_system/research/investigation

5 2017年度（17年4月～18年3月）には財務省本省で1件の通報を受け付けて調査に着手した。https://www.caa.go.jp/policies/policy/consumer_system/whisleblower_protection_system/research/pdf/research_190909_0005.pdf#page=20、https://www.caa.go.jp/policies/policy/consumer_system/whisleblower_protection_system/research/pdf/research_200327_0001.pdf#page=20

6 消費者庁、2016年12月、「公益通報者保護制度の実効性の向上に関する検討会最終報告書」。https://warp.da.ndl.go.jp/info:ndljp/pid/11719671/www.caa.go.jp/policies/policy/consumer_system/whisleblower_protection_system/research/improvement/pdf/koujou_161215_0003.pdf#page=19

7 消費者庁、「『国の行政機関向けガイドライン』の改正について」。https://warp.da.ndl.go.jp/info:ndljp/pid/11062778/www caa.go.jp/policies/policy/consumer_system/whisleblower_protection_system/administration

8 赤木雅子、相澤冬樹、2020年7月、『私は真実が知りたい　夫が遺書で告発「森友」改ざんはなぜ？』（文藝春秋）242頁。

9 同右書17、２４５頁。
10 ２０１８年３月14日、第１９６回国会　参議院　予算委員会　第8号会議録。
11 財務省ウェブサイト、「公益通報者保護」。https://warp.da.ndl.go.jp/info:ndljp/pid/11115809/www.mof.go.jp/procedure/disclosure_etc/tuuhou/index.htm
12 財務省ウェブサイト、「公益通報者保護」。http://warp.da.ndl.go.jp/info:ndljp/pid/10995368/www.mof.go.jp/procedure/disclosure_etc/tuuhou/index.htm
13 ２０１７年２月17日、第１９３回国会　衆議院　予算委員会　第12号会議録。
14 内閣府公文書監察室担当官への電話取材、２０２１年11月29日、22年３月７日。
15 財務省大臣官房文書課公文書監理室への電話取材、２０２１年11月30日、22年３月９日。
16 テレビ局記者に対する事務次官のセクハラが発覚した後の２０１８年12月、財務省は内部通報制度に関する内部規則を改正し、財務省職員からハラスメントを受けた外部の人も通報できるようにした。通報者への不利益扱いの禁止も、初めて規則に明記した。それまで2年に1件あるかどうかだった同省の内部通報は、18年度に大きく増えて9件になった。同省はこのうち5件について調査に着手し、1件について同年度中に是正措置を講じたという。
17 改正後の公益通報者保護法20条。
18 佐々木浩生、２０１９年11月15日、「最新！『内部通報が多い企業』ランキングＴＯＰ１００　企業の不祥事を防止する上で有効な手段の1つ」。https://toyokeizai.net/articles/-/313165?page=2
19 佐々木浩生、２０２１年１月29日、「『内部通報の多い企業』ランキング最新ＴＯＰ１００　通報しやすいオープンな会社はどこなのか」。
20 中村さんがイオン株式会社を相手に起こした訴訟（イオン訴訟）の中村さん本人調書2～3頁、２０１９年９月４日。
21 イオン株式会社ウェブサイト、イオンの人権に関する取り組み。https://www.aeon.info/humanrights/
22 イオン訴訟の控訴審に中村さん側が提出した甲19号証。
23 中村さんがＡＤＳ社を相手に起こした訴訟（ＡＤＳ訴訟）の乙9号証。
24 ＡＤＳ訴訟の乙11号証。
25 ＡＤＳ訴訟の乙21号証、懲戒申請書、２０１５年２月20日。
26 ＡＤＳ訴訟の元取締役管理本部長証人調書28頁、２０１７年３月１日。
27 ＡＤＳ訴訟の乙13号証、懲戒委員会議事録、２０１５年２月27日。

28 イオン訴訟の原告訴状12頁、被告イオン側答弁書8頁。
29 中村孝、2016年12月4日、陳述書18頁、ADS訴訟の甲24号証、イオン訴訟の甲14号証。
30 同右陳述書20頁。
31 ADS訴訟の甲6号証。
32 江戸川労働基準監督署、2015年12月7日、是正勧告書、ADS訴訟の乙29号証。
33 NHKニュースウェブ、2017年6月1日、「イオングループの警備会社 未払いの残業代調査へ」。
34 イオンディライトセキュリティ株式会社、2017年10月12日、働き方の改善に向けた取り組みについて。
35 イオンディライト（株）、2018年1月10日、2018年2月期第3四半期決算短信。
36 ADS訴訟の乙15号証。
37 イオン訴訟の被告イオン側答弁書5頁2行、7行、7頁3行、2018年10月17日付。被告イオン側の準備書面（2）2頁5～8行、2019年2月27日付。証人調書7頁、2019年9月4日。
38 ADS訴訟の原告第2準備書面7頁。
39 イオン訴訟の被告イオン側答弁書4～7頁。
40 イオン訴訟の中村さん本人調書10～13頁。
41 千葉地裁民事1部（高取真理子裁判長）は2019年11月6日、中村さんの請求を棄却する判決を言い渡した。東京高裁第10民事部（大段亨裁判長）も20年6月11日、一審判決を支持し、中村さんの控訴を棄却した。
42 内閣府告示第118号、2021年8月20日、公益通報者保護法第11条第1項及び第2項の規定に基づき事業者がとるべき措置に関して、その適切かつ有効な実施を図るために必要な指針、第4の1⑵、1⑷。
43 奥山俊宏、2004年、『内部告発の力』（現代人文社）234～238頁。
44 https://warp.da.ndl.go.jp/info:ndljp/pid/10993152/www.caa.go.jp/planning/koueki/chosa-kenkyu/files/chosa_kenkyu_chosa_170104_0002.pdf#page=18
45 https://warp.da.ndl.go.jp/info:ndljp/pid/10993152/www.caa.go.jp/planning/koueki/chosa-kenkyu/files/h27kouekisekou_1.pdf
46 山田将之弁護士、2014年7月9日、「日米における内部通報・内部告発の奨励・保護制度」『法と経済のジャーナル』。
47 U.S. Securities and Exchange Commission, Standards relating to listed company audit committees, Procedures for Handling Complaints. https://www.sec.gov/rules/final/33-8220.htm#procedures

48 Sarbanes-Oxley Act of 2002. https://www.law.cornell.edu/uscode/text/15/78j-1
49 http://www.toshiba.co.jp/about/ir/jp/news/20150721_1.pdf#page=291
50 https://web.archive.org/web/20160204033709/http://business.nikkeibp.co.jp/atcl/report/15/110879/073000056/
51 小笠原啓、２０１６年７月15日、「８００人の証言で掘り起こす東芝の〝闇〟 内部告発が暴いた『粉飾の原点』（後編）」『日経ビジネスオンライン』。http://business.nikkeibp.co.jp/atcl/report/16/070600052/071200004/
52 小笠原啓、２０１６年、『東芝 粉飾の原点　内部告発が暴いた闇』（日経ＢＰ社）19、21、22、28、68、１１７頁。
53 http://business.nikkeibp.co.jp/atcl/report/16/070600052/071200004/?P=2
54 『東芝 粉飾の原点　内部告発が暴いた闇』１１７頁。
55 一般財団法人化学及血清療法研究所第三者委員会（吉戒修一委員長）、２０１５年11月25日、「調査結果報告書」。
56 朝日新聞夕刊、２０１５年12月３日、「化血研の血液製剤不正、内部告発で発覚」。
57 ＫＭバイオロジクス株式会社ウェブサイト、「企業情報〈コンプライアンス〉内部通報制度」。
58 http://www.mlit.go.jp/report/press/house05_hh_000539.html
59 https://ssl4.eir-parts.net/doc/5105/tdnet/1260522/00.pdf#page=259
60 https://ssl4.eir-parts.net/doc/5105/tdnet/1260522/00.pdf#page=270
61 https://ssl4.eir-parts.net/doc/5105/tdnet/1260522/00.pdf#page=286
62 https://ssl4.eir-parts.net/doc/5105/tdnet/1260522/00.pdf#page=298
63 株式会社日本政策金融公庫 調査委員会、２０１９年４月、「調査報告書」３、８、14〜15、23頁。
64 http://suminoe.jp/ir/upload/shoshutsuchi_20161205.pdf#page=3（２０１７年１月にアクセス）
65 https://web.archive.org/web/20170502165425/http://suminoe.jp/news/news_000505.html,http://suminoe.jp/news/upload/20161104_oshirase_saihatsuboshi.pdf#page=17（２０１７年１月にアクセス）
66 https://www.naganokeiki.co.jp/userfiles/files/IR/press/H28_10_14_newsrelease.pdf#page=22
67 https://warp.da.ndl.go.jp/info:ndljp/pid/10993152/www.caa.go.jp/planning/koueki/minkan/files/minkan_shikumi_161213_0002.pdf

第4章

組織の外への内部告発

忠実義務との葛藤で判例も変化

報道機関にとって、なかでも調査報道記者にとって、内部告発者はなくてはならない大切な存在だ。組織の内部や社会の暗部に潜在する腐敗や不正、不当、理不尽な状況に関する現場の情報を公《おおやけ》に提供してくれるのが内部告発者であり、社会にとっても恩義のある、感謝を捧げるべき人たちだ。そんな内部告発者に対して、記者や報道機関、ないし社会はどう向き合うべきか。内部告発者と記者の関係はどうあるべきか。この章ではその現実を検討する。

内部通報が組織の内部における自浄の努力の端緒《たんしょ》として位置づけられ、手厚い保護を与えられることに異論がほとんどないのに対し、行政機関や報道機関など組織外部への内部告発については、総論では賛成であっても、個別のケースでは、裏切りだとか、守秘義務違反だとか、批判が根強くつきまとっている。

世の中に存在する問題の多くは、その問題の存在を指摘され、その実態が明らかにされなければ、解決され得ないから、そうした気づきを与えてくれる内部告発は社会を良くすることに寄与し、公益に資する。組織ぐるみで不正を行っているような場合は、外部からメスを入れない限り、その不正は温存され、被害を大きくしていくから、外部への内部告発の必要性はよりいっそう高い。その組織にとっても、長い目で見れば、腐敗を切り離して膿《うみ》を出しきったほうが利益になる。

とはいえ、組織にとって、その経営者にとっても、その構成員にとっても、組織外部へと内部告発をされてしまうことは往々にして痛みを伴う。

そうしたジレンマを認識し、その経験を積み重ね、その教訓を学び、その上に最良のバランスを求めて、公益通報者保護のあるべき姿の議論は続いている。

1　テレビ東京への内部告発で発覚、レオパレス21の施工不備

入居者の安全を脅《おびや》かしかねない建築基準法違反を含め、3万棟ものアパートの施工不備を暴くきっかけとなったのは、アパート建設・賃貸大手、レオパレス21（東京都中野区本町《ほんちょう》2丁目）の社員による内部告発だった。

テレビ東京の報道局でディレクターを務める阿部欣司《あべきんじ》さんによれば、2018年1月、それを「託された」のだという。

レオパレス21に整備されていたはずの内部通報制度はまったく機能しなかった。なぜなのか、その改善策は何なのか。阿部ディレクターへのインタビューや同社の第三者委員会の調査報告書、同社への取材結果に基づいて経緯をたどる。

社長インタビューをきっかけに

地主から請け負ってアパートを建て、それを一括して借り上げ、個々の入居者に転貸する「サブリース」契約のトラブルは2017年ごろから社会問題になりつつあった。あらかじめ定められた固定賃料を一定の期間は家主に支払い続ける約束で、それが地主に対するセールストークにもなっていたが、契約から数年たつと「経済事情の変動」を理由にレオパレス21から申し入れて家賃減額となるケースが続発した。「オーナー」と呼ばれる家主はたいていアパート建設のための借金を抱えており、家賃を減額されると収入不足に陥《おちい》る。その結果、オーナー、すなわち家主が「約束を反故《ほご》にされた」と裁判所に訴えるなどの事例が表面化した。そのとき42歳の阿部ディレクターはこれについて「バブル」の一例として取材を進めていた。

阿部欣司ディレクター

7千人あまりの従業員で年間5千億円を売り上げ、東京証券取引所1部に株式を上場するレオパレス21はそんなサブリースの大手。地主らが起こした訴訟の被告だった。

2017年暮れ、同社の深山英世《みやまえいせい》社長にインタビューするとき、阿部ディレクターは、行き過ぎを反省する言葉が何かしら出るだろうと期待した。しかし、テレビカメラの前の深山社長は減額の正当性を主張するばかり。契約の変更や解除を地主側に強く迫るよう営業員に指示した「終了プロジェクト」の社内メールを突きつけて説明を求めると、深山社長はしばし言葉に詰まった末にコメントを拒否した。

その一部始終が同年12月26日にテレビ東京の看板番組「ガイアの夜明け」で放送されると、レオパレス21は翌日、「著《いちじる》しく印象操作される内容になっております」と反論するコメントを発表した。

しかし、というべきか、だから、というべきか、この日から、レオパレス21の社員やOBから次々とテレビ東京に情報が寄せられ始めたのだ。

「会社を変えたい、でも……」

2018年1月半ば、日曜日の午後、阿部ディレクターは社員の一人、鈴木太郎さん（仮名）と会った。オーナーの関係者から「社内にも是正したいと思っている人がいる」と紹介され、メールでやりとりして面会の約束を取り付けたのだ。レオパレスの物件のオーナーは当然のことながらレオパレスの社員たちと接点がある。

初めて顔を合わせたとき、鈴木さんは阿部ディレクターに、前月26日に「ガイアの夜明け」で放送された深山社長インタビューへの感想を語った。

「社長が会社ぐるみで減額や解約を推《お》し進めてきた事実を認めず、オーナーらと真摯《しんし》に向き合う姿勢を示さなかったことに失望しました」

インタビューへの社長の受け答えをテレビで見て、鈴木さんは「今の経営体制が続く以上、変われないと確信した」という。経営トップが前に進んでいこうとする姿勢を見せてくれれば、仕事をやっていけると思っていたのに、テレビカメラの前の深山社長はそうではなかった。これでは、社内で働いている人も、アパートのオーナーも報われない。そんな思いが鈴木さんの胸の内でないまぜになっているように阿部ディレクターの目には見えた。〈会社を変えたい〉〈でも、これでは変わらない〉という思いが鈴木さんからひしひしと伝わってきた。

「これ以外にもいろいろ問題があるんです。会社のコンプライアンス上の問題はほんとにいっぱいあるんです」「営業面などで無理をしてきた時代がありました」

鈴木さんはそう語った。

阿部ディレクターが「コンプライアンス上の問題のなかには手抜き工事などの建築問題も含まれるのではないですか」と水を向けると、鈴木さんは「それもあると思う」と答えた。

阿部ディレクターは「具体的に教えてほしい」と迫った。すると、鈴木さんは「自分の立場もあるので考えさせてください」と言った。

鈴木さんは何かを恐れている様子だった。「社内で問題提起しても左遷《させん》されたり責任を個人に押し付けられたり、そういう体質があって」

鈴木さんの話を聞いて、改めて阿部ディレクターは「膿《うみ》は出きっていない」と感じた。

その後も、阿部ディレクターは鈴木さんとの面談を重ねた。さまざまな意見を交わした。「オーナーに見せたバラ色のビジネスモデルの裏側にある悪《あ》しき利益至上主義」について議論した。そうしているなかで、1月下旬、「実は……」と鈴木さんは語り始めた。

「界壁《かいへき》という名の防火壁のない物件シリーズが存在します。明らかに違法建築です」

アパートや長屋など共同住宅には必ず、各住戸を仕切る「界壁」という壁がある。火事が燃え広がるのを防ぎ、音が筒抜けになるのを遮《さえぎ》る役割を果たす。建築基準法により、この界壁は天井裏に達し、隙間《すきま》なく区画していなければならない、とされている。ところが、鈴木さんによれば、その仕切り壁が屋根裏に設けられていない物件が多々あるという。

記者会見を突如開いたレオパレス21

しかし、鈴木さんの話だけでは番組にならない。裏付けを得る必要がある。そのためには現物を見るしかない。阿部ディレクターはそう思った。

2月28日、阿部ディレクターは三重県の家主の一人に頼み込んでアパートの屋根裏を実地で調べた。すみのほうで界壁が途切れていて、隙間があった。これでは火災が起きたとき、火がその隙間から隣《となり》の住戸、そしてまたその隣の住戸へと難なく燃え広がるだろう。3月9日には岐阜県のアパートの屋根裏を調べた。その屋根裏には界壁がまったくなかった。

4月19日、阿部ディレクターは、三重県と岐阜県の物件、そしてそれらの建築基準法違反の疑いについてレオパレス21に取材を申し入れた。

それから1週間あまり経った同月27日、同社から「当社一部物件における確認通知図書との相違部分に対する補修工事の実施について」と題するプレスリリース（広報文）が一方的に発表された。

「3月29日及び4月17日に対象物件の2名のオーナー様から、確認通知図書との相違のご指摘を受け、社内確認をした」と問題発覚の経緯が説明されていた。この2人のオーナーというのが、実は阿部ディレクターが実地調査させてもらった三重県と岐阜県のアパートの家主たちだった。プレスリリースにテレビ東京の取材に触れるところはなかった。

「本件に起因する当社の業績に与える影響は軽微であると考えております」と、そのプレスリリースは締めくくられていた。

その日は、南北朝鮮の首脳会談が開かれた当日で、テレビも新聞もそのニュースで持ちきり。しかも、ゴールデンウィークの連休に入る直前だった。レオパレス21の発表をニュースとして取り上げた報道機関はごくわずかだった。

阿部ディレクターは「我々の取材を無視していて、非常に不誠実な対応だ」と思った。「問題の深刻さが伝わってこないリリースを絶妙すぎるタイミングでぺろっと出した」

ゴールデンウィーク明けの５月８日、阿部ディレクターは改めてレオパレス21に取材を申し入れた。２週間後の同月22日、書面で回答があり、「法に逸脱しないものとして設計しておりますので建築基準法に違反しているという認識はございません」とあった。

それから６日かけて５月28日、阿部ディレクターは、三重県や岐阜県の物件を実地に調査した様子など取材の経緯をとりまとめたビデオを完成させた。翌29日夜の番組で放送する予定だった。

その５月29日の午後、レオパレス21は緊急記者会見を開いた。「当社施工物件の一部において、建築基準法に違反の疑いのあるものが発見されました」

急きょ、阿部ディレクターはその記者会見の様子を盛り込んだビデオをつくり直さなければならなくなった。その夜、それを放送した。

阿部ディレクターの取材はその後も続く。

8カ月あまり後の2019年2月5日、テレビ東京はレオパレス21追及の第3弾を放送。その2日後の2月7日、深山社長が記者会見に臨み、新たに確認された不備物件が1324棟に上り、最大1万4千人の入居者に引っ越しを求めると発表した。2月27日、同社は、伊藤鉄男《いとうてつお》・元最高検次長検事ら弁護士3人による外部調査委員会を設け、施工不備問題に関する徹底調査を依頼する、と発表した。

外部調査委「社長に進言しにくい雰囲気」を指摘

レオパレス21は、1973年8月に深山英世社長のおじにあたる深山祐助《みやまゆうすけ》氏が創業した株式会社ミヤマを前身とする。当初は不動産仲介を主に手がけていたが、81年に一戸建て住宅の分譲販売を始め、85年4月に都市型アパートの販売を本格化した。平成が始まった直後の89年2月に株式を店頭公開し、同年10月、会社名を「ミヤマ」から「エムディアイ」に改めた。

しかし、翌90年に株価バブルの崩壊が始まり、やがて不動産市況が冷え込み始めた。主力商品だった分譲アパートの販売が激減し、92年3月期に経常赤字に転落した。こうした環境激変を受けて、アパートを販売するのではなく、アパートの建設を請け負って完成させ、そのアパートを一括して借り上げて賃貸する「サブリース」へと、ビジネスモデルを転換することにした。

その際、経験を積んだ職人を必要とする従来の工法ではなく、「工場で作成した部材をプラモデルのように組み立てることで誰にでも施工ができる規格化住宅」の開発で工期を短縮し、コストを安くした。これによって同社は90年代後半に黒字に転換。2000年7月に会社名をブランド名にあわせて「レオパレス21」に変え、04年に東証1部への株式上場を果たした。[1]

19年5月29日に公表された外部調査委員会の報告書によれば、施工不備の問題は、コスト削減と工程短縮が強く意識されたこの過程で発生した。1990年代前半、規格化住宅を開発するにあたって、同社の商品開発担当部署は、不燃材で造られた置き屋根ならば内部に界壁を施工する必要はないとの見解を採った。鉄骨造など耐火構造の建築物の上に飾りのために置かれた屋根ならば成り立つ見解ではあるが、木造建築物では成り立たない誤った解釈である。この見解を採れば、わずかではあるものの工程を短縮でき、ひいてはコストを削減できるので、十分な根拠なく自分たちに都合良く法令を解釈したのであろう。そして、その誤りを正すべき機会がその後何度もあったのに結局、正さなかったことが、組織としてより大きな問題だった。

アパートなど一定の建築物を建てる際には、あらかじめその図面を地元の自治体（建築主事）に提出して、その計画が法令に適合しているか見てもらう「建築確認」を経るようにと建築基準法で義務づけられている。これに従ってレオパレス21の支店の設計担当者が自治体に確認申請を出したところ、「界壁は屋根裏まで達することが必要である」と指摘され、図面を直すことがあった。しかし実際の施工では屋根裏の界壁を設けなかった。このようにして、施工するつもりのない界壁を確認申請の図面に記載する「手続き上の便宜《べんぎ》」によって建築確認を得る行為が横行した。これについて「確認済証を騙《だま》し取っており、それが全社的、組織的に行われていた」と外部調査委の報告書で指摘された。

建築基準法に違反する施工は屋根裏の界壁だけではなかった。

外部調査委員会の報告書によれば、遮音《しゃおん》性も耐火性も足りないとみられる発泡パネルを界壁や外壁に使用しているのに、建築確認のための図面では、法令に適合するグラスウールを断熱材とする壁パネルを使用しているかのように記載し、全社的・組織的に建築確認をだまし取っていた。天井《てんじょう》部の仕上げ材として、強化石膏《せっこう》ボードの上にロックウール吸音板を張る設計となっているのに、化粧石膏ボードのみが張られている物件もあった。

業績拡大を急ぐあまり、「走りながら考える」という状況で、法令適合性や品質の検証はおろそかにされた。「本来であれば走り始める前に考えるべき問題を置き去りにして、ただ走り始めたにすぎず、途中で問題点に気付いても目をつぶって放置するという状況でしかなかった」と外部調査委員会は指摘した。

一級建築士の資格を持つ社員が施主《せしゅ》と契約して「工事監理」の仕事を引き受けたが、実際には工事監理の活動を何もせず、形だけつくろわれた。建築士法という法律により、「工事監理者」となった建築士は自身の責任において、工事を設計図書と照合し、それが設計図書のとおりに実施されているか否《いな》かを確認することになっている。工事が設計図書のとおりでないときは、直《ただ》ちに、施工者にその旨を指摘し、設計図書のとおりに施工するよう求め、もし仮に施工者がこれに従わないときは、その旨を建築主に報告しなければならない。しかし、レオパレス21の社員である建築士はこの義務を果たさなかった。レオパレス21には工事監理者となることのできる建築士が数人しかおらず、その数人が全国各地の施工現場に出向くのはそもそも無理だった。

会社として問題の大きさと深刻さに気づくことができたはずの機会はほかにも何度かあった。

２０１２年11月、サブリース契約の解約をめぐって訴訟となっていた兵庫県姫路《ひめじ》市の家主の側から、屋根裏の界壁の未施工がある、との主張がなされ、資産管理業務部の担当者が弁護士と相談した。担当者のノートに記されていた同月29日の「相談メモ」には次のようにある。

「本件が問題として明るみに出ると（中略）構造上の問題について、波及効果があるため、会社としては個別案件の問題として和解により積極的に解決をしたい」

姫路市の特定のアパートのみの問題ではなく、レオパレス21が建てた他のアパートにも同様の問題（瑕疵《かし》）があることで生じうる「波及」がおそれられたのだ。

12月26日の弁護士との「相談メモ」は次のように書きとめられた。

「調査を実施し、違反が確認されたものについては、必要な補修を行う、という扱いが望ましい（いわゆるリコールと同様の考え）」

資産管理業務部が同日付で作成した「姫路訴訟案件現状および今後の方向性に関するレポート」には「弁護士のアドバイス」として、「本裁判以降、（中略）瑕疵について完全に蓋《ふた》をすることは不可能である」と記載された。

翌13年7月、同社は解決金を支払うことで原告の家主と和解し、訴訟を終わらせた。

天井裏の界壁の問題をみずから調べて是正するきっかけとなりうる出来事だったが、レオパレス21はこのとき「弁護士のアドバイス」を聞き入れず、これに蓋をしてしまった。

公益通報者保護法が施行された２００６年、レオパレス21は内部通報制度を設けた。コンプライアンス総括責任者が内部通報制度の責任者で、現役の役職員や派遣社員だけでなく、退職者や取引先も利用できるようにした。コンプライアンス統括本部の法務部法務課に社内窓口があり、社外の弁護士窓口もある。

内部通報を受けて違反やハラスメントが見つかったときは匿名化《とくめい》したうえで「コンプライアンス委員会」に報告する。コンプライアンス委員会は、取締役会の諮問《しもん》機関で、社外の弁護士が委員として加わっているが、その委員長は深山社長だった。

外部調査委員会の報告書に引用された法務部長の話によれば、内部通報制度の運用が始まって間もないころは、「コンプライアンスなんて関係ないんだ」と堂々と口走る事業系の役員がいた。通報に基づいて当事者に注意などをしても内部で通報者捜しがされたと聞くことがあった。制度が始まって以降12年間に１０８７件の通報があったが、施工不備に関する内部通報はなかった。

これについて、法務部長は「社内でもともとパワハラが多く、内部通報制度がパワハラ対策として導入された経緯の影響で、内部通報制度を自分が被害を被《こうむ》っている状態を打開するための道具という捉え方をする社員が多く、自分自身には特に被害はないが、会社のコンプライアンス上は問題である事項を正すための制度という意識が少ないのかもしれない」と述べた。[2]

外部調査委員会はレオパレス21の企業風土を問題視した。

「経営トップが建築に関する専門知識を有していないのであれば、当然ながら、組織としては、経営者が建築の専門家でないことに起因するリスクを低減させる体制、具体的には、たとえ経営者が良しとしていても、建築関係法令の専門知識を有する者のチェックを経ない限り、新商品の販売を開始することができない体制などを構築すべきである」

ところが、レオパレス21の企業風土はその逆だった。多くの役職員が外部調査委員会のアンケートに、経営トップだった深山祐助氏には進言しにくい雰囲気があった、と答え、「営業部門、そのなかでも深山祐助氏のイエスマンのような役職員らに対しても、設計部門や品質部門等が意見を言えるような雰囲気ではなかった」という声があった。周囲の人間が経営トップの意向に沿うことばかりに汲々《きゅうきゅう》とする結果、「法令適合性が二の次になってもやむを得ない」との意識を持ってしまった。外部調査委は創業者の深山祐助氏について「他の役職員が意見を言いやすいよう配慮すべきであった」と批判した。

外部調査委の報告書を受け取って、レオパレス21は「共同住宅という商品を扱う建設業者としてあるまじき問題であることを重く受けとめ、（中略）再発防止に全力で取り組んでまいります」と表明した。[3] 深山英世社長、深山忠広《みやまただひろ》副社長らは２０１９年6月に退任した。

国交省の検討会「工事監理者通報窓口」を提案

レオパレス21の問題を受け、国土交通省は２０１９年2月20日、有識者を集めて「共同住宅の建築時の品質管理のあり方に関する検討会」を設置した。

それから間もない4月12日、今度は大和《だいわ》ハウス工業が、同社が施工した賃貸アパートや戸建て住宅のうち約2千棟で建築基準に関する不適合があったと発表した。[4]

その発覚のきっかけは社員による内部通報だった。会社の説明によれば、16年12月20日、内部通報制度を利用した通報により不適合の問題を指摘された。会社が本格的な調査に乗り出したのは、レオパレス21による施工不備の問題が明るみに出た後の18年7月だった。追い打ちをかけるように同年8月29日には国交省にも不適合を指摘する通報が入った。

翌19年2月に設置された国交省の有識者検討会は大和ハウスの問題もあわせて検証し、同年8月2日、再発防止への提言を取りまとめた。[5] そのなかに、建築士関係団体など中立的な組織に「工事監理者通報窓口」を設ける案があった。

「工事監理は、建築士法上、建築士資格保有者がその者の責任により行うこととされている一方で、工事監理者は所属企業の従業員としての立場も有している」

有識者検討会はこのように指摘した。

「レオパレス21の不適合事案のように組織的に不正がなされる場合、資格者としての責任を履行《りこう》することが困難な状況におかれることも想定される」

そして有識者検討会は次のように提言した。

「工事監理者が独立した形で職務を果たせるよう、その相談を受付け、必要に応じて国土交通省や関係都道府県に情報が提供される仕組みを検討すべきである」[6]

これは内部通報で是正が見込めない場合に備えて、組織内の建築士らのために、外部に告発しやすくするための道を整備しておこう、との提言だといえる。個々の建築士にとって、組織の外ではあるが、専門家コミュニティ内部の通報先であり、心理的な敷居は低いはずだ。

これを受けて、公益社団法人の日本建築士会連合会（東京都港《みなと》区芝《しば》）は19年10月1日、「工事監理に係《かか》る通報窓口」を設けた。

12月20日、国交省は、レオパレス21に所属する一級建築士3人について、「工事監理者として工事監理を十分行わなかった」「違反建築物を多数現出《げんしゅつ》させるに至った」として免許取り消しの懲戒処分にした。[7]

阿部ディレクター「信頼を得ないと託されない」

2020年1月18日午後、日本記者クラブの主催する「記者ゼミ」で、テレビ東京の阿部ディレクターは報道各社の記者たち38人の前でレオパレス21の取材経緯を「端緒は内部告発でした」と話し始めた。記者たち同士お互いの経験から取材・報道のノウハウを学び合おうというのが「記者ゼミ」の目的で、筆者はそれにアドバイザーとして関わっており、テレビ東京を通じて阿部ディレクターに出講を依頼したのだ。

阿部ディレクターはその話を締めくくるように「感じたのは、最終的には、近道はないな、ということでした」と言った。

「信頼を得ないと、託されないなぁ、という感じがしました。本人の立場を悪くすることはあれど、良くすることは何ひとつない行為でありますので、そこには信頼関係がないと、託されることは難しい。ゆえに時間がかかる作業だなぁと思いました」

質疑応答のなかで筆者は、どのようにして内部告発者らに取材を受けてもらえるようになったのか、何かコツはあるのですか、と重ねて尋ねた。すると、阿部ディレクターは次のように答えた。

「カメラを持たず、頭のなかも含め、手ぶらで行く。相手からすると、知らない人からどんな取材をされるか分からない。まずは会う。もう一回会う。さらに会う。非常に非効率ですが、なるたけ焦《あせ》らない。意識して、そうしています。そうすると、結果、同情してくれるのか、託されるというか、語ってくれるというか、そういうことにつながっていると思います」

20年3月26日、筆者は東京都港区六本木《ろっぽんぎ》にあるテレビ東京に阿部ディレクターを訪ね、再度、経緯を聞いた。

阿部ディレクターによれば、施工不備に関する情報をもたらしてくれたレオパレス21社員の鈴木さんとの間で公益通報制度について話し合ったことは一度もなかったという。

鈴木さんは最初から「社内で会社に対して改善を具申《ぐしん》したりすれば、聞く耳を持ってもらえず、厳しい立場になる、そういう会社なんです」と言っており、内部通報は選択肢になかった。行政についても、不備のある建築物やその放置に直接・間接に関わっており、相談しても絶対に対処してもらえないだろう、と鈴木さんは確信していた。だからメディアしかない、という思いから阿部ディレクターに会うことにしたのだという。

その阿部ディレクターについても、鈴木さんは「まずは会ってからでないと何も話せないなと思ってました」と、のちに振り返って述べたという。

すなわち、鈴木さんは最初からテレビ東京に施工不備の情報を提供するつもりだったわけではなく、迷っていた。だから何度も面談を重ねた末に初めて施工不備に関する最重要の情報を阿部ディレクターに提供した。鈴木さんは、阿部ディレクターやテレビ東京について、本当に信用できるか、自分の気持ちを酌《く》み取ってくれるか、それをうかがっていた。鈴木さんなりのステップを踏んでいくことが必要だった。振り返って阿部ディレクターはそう思っている。

施工不備は3万棟以上に

レオパレス21の公表している数字によれば、２０２０年3月末時点で、調査・判定が済んだアパート3万８３００棟のうち、明らかな不備棟数は１万３６０６棟に達し、改修工事が完了したのはこのうち９９０棟。このほかに、１万６４０７棟で界壁に関する軽微な不備があった。不備が確認されたアパートで入居中の戸数は32万５９９３戸に上る。

筆者は20年3月19日にレオパレス21に取材を申し入れ、同社の広報部長らと会って、取材の趣旨について話し合った。最終的に4月10日、書面で同社の回答が届いた。次のように書かれていた。

「内部通報に関する取り組みを進め、引き続き、グループ全役職員が一丸となって、一連の問題を早期に解決してまいります」

17年12月26日のテレビ東京の番組で紹介された「終了プロジェクト」の社内メールについては、レオパレス21は次のように回答した。

「当社はリーマンショック以降、産業界で急激に行われた雇用調整の影響を受けて連続して大幅な営業赤字を計上したことから、収益を喫緊《きっきん》に改善する必要があり、契約内容に応じてオーナー様に解約や賃料減額をお願いしたのは事実です。しかし、いずれも契約条項に基づく対応であり、オーナー様に対して当社が契約条項を無視した一方的な解約を迫った事実はありません。（中略）なお、『終了プロジェクト』という表現は、以上の状況下において、当社の一部署内において安易に使用されていたものであり、当該部門内のメールで使用されたことはありますが、それ以外に使用されたことはありませんし、会社全体としてそのようなプロジェクトを実施したことはありません」

サブリース契約をめぐるトラブルが続発していることについては、以下のように回答した。

「当社を含め、サブリースにかかるビジネスに携わるすべての事業者が、『サブリース』の仕組みについてリスクも含めオーナー様に十分にご理解いただけるよう、より一層の注意を払うことが必要であると考えております」

レオパレス21では19年6月に、「内部通報制度について理解しよう」と題する文書や法令違反となる事案の例示を社内に掲示し、同年8月以降、研修やウェブ学習の場で内部通報制度の周知を図っているという。コンプライアンス委員長はそれまで社長が兼務していたが、社外取締役が担うよう変更した。

2021年暮れ、鈴木さんは久しぶりに阿部ディレクターと会った。

最近の社内の様子について、鈴木さんは「トップが代わり、深山一族が経営から外れたことで、社内の風通しもいくらか良くなっている」と言いつつ、「しかしまだまだ深山一族の影響を受けている幹部も多いので、企業風土が抜本的に変わったとは思わない」という。

「社内では創業者は神なので、誰も否定できない。嫌なら辞めろ、で終わりです。だから、オーナー企業において自浄作用を機能させることは本当に難しいことだと思う。メディアを含めた外部の力を頼らないと、それは実現できないのではないでしょうか」

鈴木さんは振り返って改めて思うという。施工不備の問題を内部通報で是正するのは不可能だった、と。阿部ディレクターに内部告発したからこそ問題を是正できた、と。

「もし内部告発をしていなかったら、違法建築は今も是正されていないでしょう。深山社長もトップに居続けているだろうし、界壁のないアパートに多くの人が住み続ける状況は変わっていないと思う。誰かが蓋を開けなければ永久にそのままであることは容易に想像がつく」

内部通報制度について、鈴木さんは、経営トップに直結する問題の是正には役立たないのではないかと懐疑《かいぎ》的だ。

「社員の窃盗・パワハラなどにはそれなりに対処していたが、トップや経営に関わる重大な告発に対処したという記憶はない。告発すれば自身の立場を悪くするだけだと皆が思っていたし、粛清《しゅくせい》人事と評されるものもあったので、怖がって誰もやらなかった。外部の弁護士に相談できるといっても、それが会社の〝雇われ弁護士〟では意味がない。逆通報されるだけです」

それでも鈴木さんが内部告発したのは、会社は変わらなければならないと思ったし、人の命にも関わる問題だったからだ。だからこそ、やるなら絶対につぶされたくなかった。だから、外に出した。その相手が阿部ディレクターだった。

「いくらか社会に貢献できたかなと思うし、たった一度の人生は悔いなく終えたいですからね」

2 郵政一家「第4の事業」と不適正営業

アポなしで新聞社に一人

朝日新聞福島支局の玄関にその日の昼、彼は何の前触《まえぶ》れもなく一人現れた。福島県庁のほど近くの大通り沿いにある、建て替え前の古い局舎は、玄関ホールを抜けるとすぐに記者たちの机が並ぶ大部屋に通じる。

参院選が公示された1992年7月8日。国政選挙の取材・出稿で記者たちが大忙しの真《ま》っ只中《ただなか》に、面会の約束もない。新聞社にとっては年に一度あるかないかの大イベントである国政選挙のお祭り騒ぎの最中にいきなり訪ねてくるのはいかにもタイミングが悪いが、見たところ、彼は70歳ほどの、分別をわきまえていそうに見える老紳士。何かせっぱ詰まった雰囲気を漂わせている。記者4年目の筆者が、支局ビル2階のだれもいない会議室で、彼の話を聞くことになった。

「選挙は郵政省《ゆうせい》の第4事業と言われていて、各地方の郵政局の総務課長や文書課長が担当しています。今回の参院選には郵政省出身の岡《おか》（利定《としさだ》）というのが自民党から比例区に立候補しており、郵政省は、2年前から全国的に岡のための運動を実施してきました。特定郵便局長は一人で13人の自民党員を集めなければならず、各局長は13人分の党費と自分の分の党友費として6万2千円を払います。各地区の特定郵便局長会の会長、副会長がそれをまとめて自民党に納金しています。簡易郵便局や退職者を含めて福島県内では6千人の党員を集めています。郵政省はこういうことを全国的にやっています」

郵便局の本業は郵便であり、貯金であり、保険である。そのことは筆者も知っている。それに加えて、この3事業に次ぐ郵政省の「第4の事業」として「選挙」があると彼は言うのだ。

当時、特定郵便局長は国家公務員であり、職務上の地位を利用しての選挙運動は法律で禁じられていた。すなわち、一般職の国家公務員は、政治的目的でカネを集めたり、特定の政党の構成員となるよう勧誘運動をしたりすることを国家公務員法で禁じられている。また、公務員が職務上の地位を利用して選挙運動するのは公職選挙法で禁じられている。ところが、郵政省は、警察や報道機関の目を盗んで秘密裏《ひみつり》に、そして、組織ぐるみで大規模に、こうした犯罪行為を遂行している、というのだ。

彼はその内部告発者だった。

組織のために「集票力」「政治力」

半年後の1993年1月。福島県北の特定郵便局長の会議が1月14日から翌15日にかけて福島市内の飯坂《いいざか》温泉のホテルで開かれるとの情報が彼からもたらされた。

やや遅れて筆者がそのホテルに到着したときはちょうど、特定郵便局長会幹部の松本佐代治《さよじ》・二本松大平《にほんまつおおたいら》郵便局長がステージの壇上で演説している最中だった。

ステージに向かい合うように、各郵便局長とその夫人、あわせて120人ほどが椅子《いす》に座っている。

筆者は、誰何《すいか》されないいまま、黙ってその後ろに座り、松本氏の講演をノートにメモした。

当時、郵政大臣はのちに首相となる小泉純一郎《こいずみじゅんいちろう》氏。松本局長は、自分たちの上司であるその小泉氏を「小泉純一郎」と呼び捨てにして指弾《しだん》した。

「官僚に背を向けては何もできないということが分かってきたようですが、だいぶしたたかなようですので、安心はできないと思います」

「郵政省が一人の大臣にかき回されたということになりますと、大蔵省や文部省にも及ぼす影響は大きい。だから官僚同士は手を組む。官僚機構のなかではお互いが守り合っていくというものがあるようでございます。従って（小泉大臣在任）期間が長くなったとしても大丈夫かなぁと思っております」

　前年の暮れの内閣改造で郵政相に就任した小泉大臣は郵政の民営化が持論で、65歳以上の高齢者の郵便貯金の利子非課税（老人マル優）の限度額の引き上げをめぐり、さっそく郵政官僚、自民党郵政族議員と対立した。

　老人マル優とは、高齢者や母子家庭、障害者を対象に、郵便貯金、民間預金、国債で、それぞれ300万円を限度に利子を非課税とする制度。郵政省や自民党通信部会はこの限度額をそれぞれ700万円まで引き上げるよう大蔵省に要求していた。ところが、小泉大臣は前年12月の就任直後から、「拡大は不要」と公言し、事務当局に要求の取り下げを検討するよう指示した。

　その講演で、松本局長は小泉郵政相について、「いろいろ策をさずけられて、大臣になったようです。大蔵省から出向してきた大臣だと言われています」と言う。

　大蔵省は、老人マル優拡大に反対しており、小泉氏はその〝手先〟として、郵政省に乗り込んできた、というのだ。

松本局長は、選挙での特定局長の「集票力」にも言及した。

「特定局長の集票力が非常に大きいと新聞にも書かれていますが、事実そうですから、書かれても仕方ありません。郵政省は、特定局長の渉外力《しょうがい》に支えられている」

「国家公務員である特定局長がなぜ、集票力が大きいと言われるほどに、政治活動をするのか。私どもの考えを反映させるためには、政治力がなければならないからです。そのために私どもは政治活動をする。それが国民のためになる」

筆者の目の前で、松本局長は「集票力」の大切さを語り、「郵政省は特定局長の渉外力に支えられている」と演説している。

「憲法のなかでは、思想・信条の自由は認められております。もちろん私どもはそれに従います。しかし、特定局長会という組織のなかで行動するときは一つになってほしいと思います。一つになれないというのは組織人である自分を否定することになります。先輩方が特定局制度を守ってきた。だから私どもは局長をやっていられる」

最後に、「自分の城を守る、自分の事業を守る」という意識を持つよう呼びかけて、松本局長は話を締めくくった。

「このあと、佐藤静雄《さとうしずお》先生、金子徳之介《かねことくのすけ》先生をお呼びしております」と司会者が自民党国会議員２人の講演の予定を案内した後、会議は休憩に入った。

松本局長は、東北地方特定郵便局長会の副会長を務め、また、福島県北部地区の特定郵便局長業務推進連絡会の会長を務めている、いわば郵政一家の大物だ。

筆者は、ステージから降りてきた松本局長に近づき、その正面に向かい合うように立ち、局長会幹部らの前で、演説や会議の趣旨について問いただした。局長たちは公務出張でここに来ていて、会場も公費で借り上げられている。その事実を松本局長は認めた。そのうえで、松本局長は「今までの私の話は局長会の主催。これからの仕事の話は官製の連絡会の主催」と説明した。

自分の演説は、親睦《しんぼく》会組織の局長会の私的な会合でのことだという詭弁《きべん》である。私的会合と公的会合が別だといっても、参加者も会場もまったく同じ。会場は公費で借り上げられ、局長たちは、やはり公費である「渡切経費《わたしきりけいひ》」で出張してきていた。

筆者は、「特定郵便局長業務推進連絡会」という郵政省の公の命令系統を用いて、公費で政治集会を開き、選挙運動を呼びかける犯罪すれすれの行為を現認《げんにん》した。

93年1月16日の朝日新聞福島版に、この会議の模様を報ずる原稿を出した。「小泉郵政相を厳しく批判」「老人マル優問題で特定郵便局長会幹部」「県北の局長　福島で集会」「『集票力』を誇示」「公務出張、会場も公費で」「『公務員の自覚欠く』と批判も」という見出しで記事は掲載された。

尾行を心配し、手紙は偽名

福島在勤中、筆者は内部告発者の彼と月に1度くらいの頻度で会った。彼はいつも尾行を気にしていた。筆者の車に乗ると、路肩に停《と》めた車内で話をするものの、長時間同じ場所にはとどまらず、あちこち車を移動させなければならなかった。筆者あてに手紙をくれるとき、その封筒に書き込まれた差出人の名は常に偽名だった。

監察局に調査スタッフを抱え、犯罪捜査の権限を持つ郵政省の怖さを彼はよく語った。彼が筆者に明かした手法の一部は、「本当にそんなことをするのか」と驚かざるを得ないようなものだった。

彼からは頻繁にさまざまな情報が寄せられた。福島の市政や県政に関する裏情報もそのなかに含まれていた。特定郵便局長会や東北郵政局の動きは手に取るようによく分かった。筆者の会議潜入に関して、内部告発者捜しが進められ、無関係の局長が疑われているのも知った。

とはいえ、彼の話のみに依拠して、違法な選挙運動について記事を出すことはできない。筆者は、現職の特定郵便局長にも直接話を聴きたいと考え、彼にその紹介を頼んだ。

彼は、筆者が独自に特定郵便局長たちに取材することを希望したが、それでは、郵便局長らが口を開くはずがないと筆者は考えた。彼にとってみれば、彼と朝日新聞記者との関係を知る人が増えることはリスクになる。だが結局、それを承知で、彼は紹介を引き受けた。筆者は彼から紹介を受けた何人かの特定郵便局長に「絶対に匿名《とくめい》にする」との条件で会った。

彼は、それら特定郵便局長たちからとても尊敬されていた。筆者にとってその理由は定かではないものの、彼は、郵政一家の内部で人望を集めていた。郵政ぐるみの犯罪をやめさせようという彼の意図に賛成ではなくても、少なくない特定郵便局長が彼の顔をたてて、筆者の取材に応じた。もちろん、それら特定郵便局長たちは、彼と筆者と自分自身の関係を口外《こうがい》しないと約束した。

筆者の取材に応じた特定郵便局長の一人は言った。

「自分の生活の糧《かて》はどこから来ているか。それを考えれば、自民党員になりますよ。党員にならなければ組織の一員にならないわけですから、局長でそれを断った人はいません」

別の局長経験者から新たな内部告発

筆者の30年あまりの記者経験を振り返ってみたとき、実は特定郵便局長やその関係者たちは、もっとも数多く経験した内部告発の出所《でどころ》の一つだ。

福島勤務を経て1994年4月に東京に、99年に大阪に転勤し、それぞれの社会部で現場の記者として勤務した。その間、東京でも大阪でも特定郵便局長から違法な選挙運動に関する情報提供が社会部に寄せられ、筆者の目に触れた。2022年に入ってもなおそれは続いている。

この原稿を執筆している最中の2021年暮れにも、日本郵便の社員が、参院選挙のとき、「電話がけ」をさせられたとの情報提供が社会部に届いた。「助けてください」という悲痛な内容だった。

第2章で見たように、精密機器メーカーのオリンパスから何件もの内部告発があったし、第1章で見たように、タックスヘイブンの秘密ファイルが毎年のように国際調査報道ジャーナリスト連合やその提携先報道機関に寄せられた。それらは、ある内部告発に触発《しょくはつ》されて次の内部告発がなされ、互いに呼応し合うように連鎖したように思われる。これらに対して、特定郵便局長からの内部告発は脈絡《みゃくらく》なく、散発的ではあったが、伏流水《ふくりゅうすい》が地表に現れ出ることがたまにあるように、時折、新聞社に届いた。

筆者が福島にいた1992～94年の2年間でもそうだった。

彼と出会って1年、筆者は、彼や彼の協力者から貴重な情報提供があったものの、肝心《かんじん》の違法な政治資金集めについて記事の出稿に踏みきれないでいた。個別の事例ではなく、広がりをもった組織的な政治資金集めについて、それを記事として出すに足るだけの証拠が集まったとはなかなか思えなかったからだ。

そうしたときに、ある特定郵便局長経験者から、違法な選挙運動、違法な自民党入党の勧誘、党費の授受《じゅじゅ》の実態をつづった手紙が朝日新聞福島支局に寄せられた。

その人物に会って詳細に話を聴いて、筆者は、点と点がつながったように感じた。その人物は、筆者の情報源である「彼」とは縁のない人だった。

福島県西部の特定郵便局長を務めた男性によれば、局長就任直前に仙台市に呼ばれ、東北地方局長会の講習を受けたという。「これからは自民党を強力に支持しなければならない。それができない人は今すぐ帰ってくれ」。局長会幹部からこう言われたという。

もともとこの男性は世襲で特定郵便局長になったのではなく、ふつうの郵便局職員だった。社会党支持の労働組合で役員をしたこともある。しかし、特定郵便局長に就任した直後、指示されるがまま自民党員になった。参院選の郵政省出身候補のために、少なくとも100人の後援会員と8人の自民党員を集めた。党費や党員証を局長会の幹部との間で授受した。

貴重な内部告発のおかげで、点が一つまた一つと増えていき、そこから面的な広がりを合理的に推認することができるようになりつつあった。

94年1月、筆者は、福島県内5地区の特定局長会の現旧幹部に電話を一斉にかけて、取材を試みた。意外なことに、そのなかに筆者の質問に答え、事実を認める人が何人かいた。それら複数の局長OBや局長の話を総合すると、少なくとも福島県内で、国家公務員法に違反する犯罪行為が組織的に遂行されていたことは明白だと断定できる。そういう事実を裏付けることができたと筆者は判断した。

94年2月7日に筆者の手元に届いた情報源の「彼」からの手紙には、問題の松本局長が「朝日新聞の記者は今年3月末ごろに東京方面に異動する予定であるとの情報がある。朝日新聞の記者にはノーコメントとすること」と局長会の会議で発言したと記されていた。異動の見込みはあった。だが、その先が東京になるとは、そのとき筆者はまだ聞かされていなかった。94年4月1日付で東京本社社会部に異動するとの内示を受けたのは、その1週間ほど後のことだ。筆者の動きに関する情報がリアルタイムで彼からもたらされた事実を裏返せば、彼の情報の確かさを裏付ける状況証拠の一つとみることができる。

94年4月13日、朝日新聞福島版に筆者の原稿が「県内の特定郵便局長　自民党員、後援会員集め」という見出しの下に掲載された。

「県内の特定郵便局長会が、参院選などにそなえて自民党の党員集めや党費徴収、参院比例区の郵政省出身候補者のための後援会員集めを組織的に行っていたことが、複数の局長会役員経験者らの話で明らかになった」

「現金、党員証などの受け渡しや、指示の伝達はたいてい、局長の業務のための会議が終わった後に行われたという」

郵政省人事課が「そのような事実はないとの報告を受けている」と話していると紹介して原稿を締めくくった。原稿の右脇には「局長会が半ば強制」「夏のボーナス期に党費徴収」「国家公務員法違反の疑い」との縦見出しが添えられた。

さまざまな情報源

新聞記者として筆者はこれまで、多くの内部告発者と出会ってきた。

初任地、茨城県のある地区では、政治力のある地場の建設業者のいくつかが業界を仕切って、公共工事の請負業者を決めていた。施工能力のない業者が政治力で公共工事を受注し、工費をピンハネしたうえで、実際の施工はほかの会社に丸投げしていた。本当に技術力のある優良な建設業者のいくつかは政治力がないために工費をピンハネされ、疲弊していった。市町村長の選挙は有力建設会社の〝代理戦争〟と化し、負けた側の業者はその市町村の工事から完全に干された。このような構造に中央の大手総合建設会社も乗っかって、工事の分け前にあずかっていた。県庁のトップ、竹内藤男《たけうちふじお》知事をはじめ自治体の首長には賄賂《わいろ》攻勢がかけられた。公共工事に限らない。たとえば、もっとも神聖でなければならないはずの公立学校教員の人事でも、金品の授受が横行していた。

筆者らは、これら癒着《ゆちゃく》の構造の当事者に情報源を得て、その一端を記事にすることができた。紹介者への義理からしぶしぶ取材に応じて実情を語ってくれた人。他社を不利な立場に追い込む目的であえて刺し違えようとした人。現状のあまりのひどさに耐えがたくて内部告発者となった人。筆者らに事実を話すことにした直接の動機はさまざまではあったが、不正を世に明らかにすることで、事態を改善しようという思いが少なからず存在したのは全員に共通していたと筆者は思う。

１９９４年４月以降は社会部記者として、金融・証券、検察・司法などを担当し、バブル崩壊に伴って顕在《けんざい》化した経済事件を取材する機会を得た。事件の関係者に取材を繰り返すなかで、情報は、はたから見ているのとは異なり、思わぬところから得られることが往々にしてある、ということを学んだ。「いったいどうしてこの人はこの情報を私に知らせるのだろうか」と勘ぐるのは記者の習性だが、意外と、それは純粋な正義心から来る内部告発であったことが多かったように振り返って筆者は思う。

97年には、大蔵省や日本銀行の職員たちの傲慢な不埒《ふらち》を内部告発する金融機関幹部が相次ぎ現れた。大和《だいわ》銀行ニューヨーク支店や住宅金融専門会社に生じた巨額損失の処理をめぐる大蔵省幹部の場当たり的対応、先送り、責任のなすりつけを目の当たりにして、銀行や保険会社の幹部たちは怒り、特捜部検事や新聞記者に協力する気になっていた。翌98年1月には、新宿の歌舞伎町《かぶきちょう》1丁目にあった「ノーパンしゃぶしゃぶ」という業態の飲食店の関係者が、店の会員となっている金融機関や官庁の幹部の名刺ファイルを筆者らに見せて、彼らの醜態《しゅうたい》を内部告発するという一幕もあった。大蔵省や日本銀行の職員らの一部が逮捕され、有罪判決を受けた。98年秋に摘発された防衛庁調達実施本部や中島《なかじま》洋次郎《ようじろう》衆院議員の汚職も、その端緒は内部告発だった。

近畿郵政局長に有罪判決

朝日新聞福島版に記事が掲載された後も、特定郵便局長たちの違法な政治活動は相変わらず続いていた。前述したように筆者自身、東京社会部でも、そうした投書を何度か受け取った。

大阪社会部でも現職の特定郵便局長らに実態を取材し、2000年6月25日の総選挙投票日の直前に「1局長あたり、自民党員10人前後、有権者40～100人程度の名簿を抱え、組織的に動く」との関係者の話を記事に引用した。[8] 近畿地方の特定郵便局長の一人は筆者に「『特定局長の意見を政治に反映させるため』と言うが、ここまでやるのは異常。時代錯誤もよいところだと思う。立て替え払いで金銭的にもつらい」と語った。

「組織のなかで行動するときは一つ」という強固な内向きの圧力により、内部の異論を抑え込み、外部の批判を無視し、郵政一家は自浄能力を喪失《そうしつ》していた。

翌01年、参院選で郵政省出身の自民党候補を当選させるための「役所ぐるみ」の公職選挙法違反の容疑で、郵政官僚の近畿郵政局長や大阪、京都の郵便局長、特定郵便局長らが警察に逮捕された。

福島県内だけでなく近畿圏でも違法な選挙運動が、郵政局長という郵政省の職制の関与の下で大々的に行われていたことが犯罪捜査で明らかにされたのだ。福島の「彼」の言っていたことはやはり正しかったのだと筆者は思った。

のちに大阪地裁は元郵政局長らに有罪を言い渡し、その判決理由のなかで次のように述べた。

「郵政の組織力・集票力を有力議員に見せつけて国政への影響力を保持しなければならないとの考えから、職務上の地位を利用して郵政局の組織ぐるみで選挙運動を行ったというのであって、みずからの属する行政組織の利益のために役所ぐるみで選挙運動を行うという考え方自体が、公務員の職務の中立性に真っ向から反し、かつ、多くの郵便局員の政治的な意思決定の自由を無視したものであることは明らかであり、被告人らの発想は、出発点において誤っている」

久しぶりに大阪から福島の彼の家に電話した。電話口に出た身内らしき女性が、彼は亡くなったと筆者に告げた。筆者はその女性に自分の身分を名乗ることもできず、彼との長年の付き合いを説明することもできず、ただ、お悔やみを述べるしかなかった。

振り返ってみて、筆者は彼に、一抹《いちまつ》の申し訳なさを感じる。彼の内部告発を生かし、記事は書いた。しかしそれは、福島県内に限定したローカルな問題提起として地方版に載ったに過ぎず、事態を改善するための決定的な力にはならなかった。特定郵便局長らによる違法な選挙運動は全国規模で行われていたのに、それを指摘する記事を出すことはできず、不正はさらに陰湿《いんしつ》に続いたからだ。

これまでに出会った多くの内部告発者のなかには、今はもう亡くなった人もいるし、もはや連絡の方法のない人もいる。特ダネ記事の端緒を与えてくれた人もいるし、単に、話を聞いてメモにとっただけの人も、電話で話しただけの人も、電子メールを交換しただけの人もいる。偽名で呼び合った人もいるし、顔は知っていても本名を知らない人もいる。筆者は、彼らの思いを酌《く》み取りきれなかった非力《ひりき》さを申し訳なく思う。

消費者庁ヒアリングで

２０１４年10月7日午後、筆者は、東京・永田町《ながたちょう》の高層ビル６階にあった消費者庁の会議室で「公益通報者保護制度に関する意見聴取（ヒアリング）」に出席した。
公益通報者保護法を所管する消費者庁の板東久美子《ばんどうくみこ》長官ら幹部を前に、筆者は「彼」との経緯を説明し、次のように言った。[9]
「福島県内での不正については記事に書いたけれども、近畿については、全国については、郵政省の関与については結局、警察、検察が刑事事件にするまで摘発することができなかった。それは私の力不足が原因だった。そういう申し訳なさを感じました」

　公益通報者保護法改正を検討する官僚たちを前に筆者がそのように話したのには理由がある。報道機関や消費者団体への公益通報について「事実に反する通報が事業者の外に出ていく、それによって、事業者が風評被害を受ける」[10]とのリスクに関する議論が根強くあり、その結果、公益通報者保護法では、報道機関など広い外部への公益通報の保護要件を極端に高くしているからだ。そのような議論に筆者は疑問を呈した。

「内部告発を受けて取材しても結果的に記事にしていない事例が、先に申し上げましたように、こんなに山のようにある。報道機関に通報したことイコール世の中に公開されるということではまったくない。現実には、報道機関に通報したけれども、それが結果的に埋もれてしまっている事例というものが多い」

　なぜならば、報道機関は、内部告発を受けても、それをそのまま報道するようなことはせず、告発の内容について慎重に裏付け取材を進め、証拠を集めたうえで、報道に踏みきるのが通例だからだ。このため報道されるのは、内部告発の内容のごく一部にとどまる。特定郵便局長たちによる全国規模の違法な選挙運動について内部告発を受けたのに、結果的に、福島県内の状況しか記事にできなかったのはその一例だ。

「ちゃんとした記者やちゃんとした報道機関への内部告発の結果として、根拠のない風評がばらまかれて不当な被害が生じる、ということは極めてまれだと思います。無実の人に有罪判決を言い渡した前例が多々あるのと同様に、人間がやることですからまったく誤りがないとは申しません。誤報がゼロだとは申しませんが、通常、ちゃんとした調査報道記者への通報ならば、行政機関への通報に比べて、風評被害のリスクがとりわけ大きい、ということはありません。むしろ、総合的に見て、リスクは小さいと思います」

１９９２年に彼が朝日新聞福島支局２階の会議室で筆者に語ったことがすべて正しかったことは、その後の30年の経緯で証明されている。彼の言ったことをすべて記事にして朝日新聞紙面に出し、それを世の中がきちんと受け止めていたとすれば、その後の不正は相当程度抑制されたのではないか。社会のためには、彼の内部告発をもっともっと効果的に生かすべきだったのに、そうできなかった。

筆者の非力さにその一因はあるが、それだけではない。彼の内部告発のような公益通報をより良く生かせるような仕組み、法制度を社会に実装しておくべきだったのに、それがなかった。それも大きな原因だった。

筆者は消費者庁幹部を前に「きちんと内部告発を生かさなくてはいけないという責任を感じているのです」と言い、公益通報者保護法における報道機関への内部告発の保護要件を緩《ゆる》め、ハードルを下げるよう求めた。

かんぽ生命の違法営業

２０１９年、郵便局を舞台にした「かんぽ生命保険」の違法な不適正営業が、報道をきっかけに社会問題になった。

かんぽ生命の問題について日本郵政やその事業子会社である日本郵便、かんぽ生命保険は自浄能力を発揮できなかった。

前年の2018年4月24日夜、NHKの「クローズアップ現代＋《プラス》」で、「郵便局が保険を〝押し売り〟!?　～郵便局員たちの告白～」と報道されても、日本郵政グループ各社の相当数の役員は〈例外的事案を一般化している偏向的な報道〉との印象を抱き[11]、日本郵政は上から手を回して報道を抑えようとするばかりで、実態調査に乗り出そうとしなかった。その後、18年11月に週刊東洋経済が「高齢者へ不当な営業、本人に無断で保険に加入」、19年3月18日に西日本新聞が「郵便局員が違法な保険営業　高齢者と強引契約　15年度以降68件[12]」、6月24日に朝日新聞が「かんぽ生命　不適切な販売」「既存の保険　不利な契約へ乗り換え」と報道に踏みきった。これら多数の報道に押されて、ようやく19年7月24日、日本郵政、日本郵便、かんぽ生命の3社は外部の弁護士に依頼して本格調査を始めたのだ。

それらの取材・報道を支えたのは、現場の郵便局員から西日本新聞、朝日新聞など報道機関に続々と寄せられた情報提供だった。

西日本新聞の記者は記事の反響を次のように振り返っている。

「せきを切ったように、同じような悩みを持つ現役郵便局員からの告発が相次ぐ。『自分のところもキツイ』『保険はもっと厳しい』など、溜《た》まっていたやり場のない不満、怒りに火をつけた形だ[13]」

内部通報者と疑われた人への「報復」を罪に問う初の事例

日本郵政やそのグループ各社にも、もちろん内部通報制度はある。日本郵政グループ4社で2018年度までの5年間に7688件の利用があったという。しかし、不適正な保険募集に関する通報は

37件しかなかった[14]。

日本郵政グループの内部通報制度の運用は、消費者庁が民間事業者向けに定めたガイドラインに一部沿っていなかった。社外窓口を引き受けている法律事務所の担当弁護士は、通報者の特定につながり得る情報を含め、受け付けた通報のすべての内容を日本郵政のコンプライアンス統括部の担当者に通報者の同意なしで知らせた。通報に関する情報の漏洩《ろうえい》禁止が社内規程で一応定められていたものの、共有が許される範囲が明確でなく、つまり、漏洩禁止の対象が明確でなかった。コンプライアンス統括部の担当者の役職や氏名は社員に開示されておらず、通報者にも知らされなかった[15]。このため、現場の社員たちは内部通報に疑心暗鬼だった。「内部通報を行うと、翌日には通報者が誰であるかすぐに特定されてしまう」「通報しても、途中で握りつぶされてしまう」と疑われた[16]。

実際、たとえば18年10月、福岡県筑前《ちくぜん》東部地区連絡会に所属する複数の郵便局長が、同連絡会に所属する他の郵便局長に関する問題を内部通報すると、日本郵便でコンプライアンス統括部を担当する常務執行役員は、通報された郵便局長の父親である地区統括局長に、通報者を推測させる情報を知らせた[17]。

地区統括局長はそれを聞いて、自分の息子に関する内部通報をしたのではないかと目星《めぼし》をつけた郵便局長を自分の郵便局に呼び出し、19年1月24日午前、「クビ賭《か》けきーか」「局長の名前が載っちょったら、そいつらは、俺が辞めた後も絶対潰す。絶対どんなことがあっても潰す。辞めさせるまで追い込むぞ、俺は。辞めてもな」と脅迫した。

この地区統括局長はのちに、強要未遂の罪で起訴され、検察官は次のように論告した。

「本件は、公益通報者保護法でも定められている通報者の不利益取扱いの禁止の趣旨に反するもので、日本郵便株式会社において、コンプライアンス違反の発生と拡大を未然に防止し、早期解決を図る目的で設置された内部通報制度を維持するための根幹となる通報者の保護を侵害し、同制度の存在自体を蔑《ないがし》ろにする犯行である。被告人は、事前にコンプライアンス統括部等から通報者捜しはしないよう忠告を受けていたにもかかわらず、強度の脅迫を用いて通報者を捜し、不利益な取扱いをすることを宣言したものであり、犯行動機や経緯は強い非難に値《あたい》する。加えて、本件により、不利益な取扱いを受けることを恐れて内部通報を躊躇《ちゅうちょ》する者が現れるであろうことは想像に難《かた》くなく、本件犯行が内部通報制度や社会一般に与えた影響は小さくないものと思われ、内部通報制度を維持するためにも、同種犯行を防止する必要性は極めて高い」

２０２１年6月8日、元地区統括局長は福岡地裁で懲役1年執行猶予3年の有罪判決を受けた。[18]これは、日本郵便に限らず、日本の社会において、内部通報者と疑われた人への報復的な行為を罪に問うた初めての事例とみられる。

保険の不適正募集の問題は、郵政民営化以前から伏流水《ふくりゅうすい》のように存在し続けていた。[19]顧客から苦情が寄せられ、個別に不適正募集の疑いが把握されることがあっても、いつも、十分な調査はなく、真因《しんいん》の把握もなく、問題は矮小化《わいしょうか》された。グループ内部通報制度は機能していなかった。日本郵便は「民営化以前から存在した上意下達《じょういかたつ》の組織風土のなかで、内部通報を含め、現場の声が本社の経営層に届かない組織体制」となっていた。[20]

19年6月24日に朝日新聞で報道されて初めて、かんぽ生命の役員は一枚岩となって対応を進めることができるようになった。[21]

同年12月27日、金融庁は保険業法に基づき、かんぽ生命と日本郵便に業務停止命令、日本郵政を含む3社に業務改善命令を出した。3社の社長は20年1月5日付で辞任した。

20年6月、公益通報者保護法を改正し、新たに、「著《いちじる》しく多数の個人における多額の損害」が発生している場合における報道機関への内部告発を保護の対象にする法案が国会を通過した。その際、消費者庁の立法担当者の念頭にあったのは、かんぽ生命だった（第5章2節367頁参照）。

社外の有識者らでつくるJP改革実行委員会は21年1月29日、日本郵政に対し、「社員から信頼される内部通報制度等に変えていくためには、まずは会社の経営陣が、内部通報等の社員の声は、経営上のリスクや改善点を発見し、これらを通じて、組織の自浄作用の向上を図り、公正で透明性の高い組織文化を育《はぐく》むとともに、顧客等のステークホルダーの信頼を確保するための貴重な財産であるという共通認識を持つことが重要である」と勧告した。そのためには、前提として、「内部通報制度は会社がコンプライアンス違反等の事案の調査を行うための端緒であるといった会社側の都合による発想から脱却することが必要である」と改革実行委は提言した。すなわち、明確な法令違反でなくても、社会規範に悖《もと》るかもしれない行為、消費者の視点の欠如《けつじょ》した行為を内部通報で把握し、是正していこうとする姿勢が組織には求められるというのだ。[22]

モラルの高い人が職場に一定数いる一方、不正があるのに組織に自浄の能力がないとき、外部への内部告発が相次ぐ。そうした告発をできるだけ社会のために生かすべきだ。筆者は改めてそう思う。

3　内部告発をめぐって裁判例は進化してきた

報道機関や行政機関など外部への内部告発について、過去、日本の裁判所はどのような態度をとってきたか。主な裁判例を時代順に見ていくと、今世紀初頭、公益通報者保護法制定への検討が深まるのと同時期に裁判所の考え方にも変化が生じているように見える。

富里病院事件――行政機関への訴えは正当だが……

富里《とみさと》病院（千葉県印旛《いんば》郡富里町）では1990年末ごろから、患者のなかにMRSA（メチシリン耐性黄色《おうしょく》ブドウ球菌）の保菌者が増えてきた。Y医師は、同僚のK医師が患者の状態に関係なく新型の抗生物質を多用しており、このような投薬方法がMRSA発生率の高くなる原因だと考え、91年7月、院長らに対し、K医師への指導を上申《じょうしん》した。実は院長は以前、「K医師の過剰投薬の動機は営利目的ではないか」と疑い、医療法人の会長にK医師の解雇を上申したことがあったが、会長は逆に、K医師の診療方法は収益性が高いことなどから、「K医師は病院経営に貢献している」と評価する始末だった。

K医師の態度が改まらないため、Y医師らは91年12月11日、勤務時間中に病院を抜け出し、佐倉《さくら》保健所に出向いて、保健所長に面会。「富里病院では、検査の結果にかかわらず、抗生物質を多用しており、そのためにMRSA患者がたくさん出現している」と申告し、指導改善を求めた。翌12日、Y

医師らの言動を不審に感じた院長らは保健所に問い合わせて申告の事実を確認し、Y医師らの解雇を決定した。Y医師らは1年後の92年12月、医療法人を相手取り、雇用契約上の地位の確認などを求めて提訴した。この間、申告の内容について、保健所から病院への指導はなかった。

東京地裁（白石史子《しらいしあやこ》裁判官）は95年11月27日、Y医師らの請求を大筋で認める判決を言い渡した。その理由には次のように記されている。

「Y医師らは院長や会長らに、K医師の診療方法などについて、再三、その指導改善を求めた。が、K医師の診療方法に変化はなかった。Y医師らは、医療法人に改善をする気がないものと判断し、保健所による指導改善を期待して内部告発に及んだものであり、不当な目的は認められない」

「保健所への申告内容が保健所を通じて公表されたり、社会一般に広く流布《るふ》されることをY医師らが予見ないし意図していたとも認められない」

「解雇通告時はもちろん、その後も保健所を通じてY医師らの申告内容が外部に公表されたことはなく、病院が保健所から不利益な扱いを受けたこともない」

この判決の事実認定によれば、Y医師らは報道機関ではなく行政機関に内部告発し、その内部告発を受け取った行政機関は富里病院に対し何らの指導もせず、報道機関など一般の人々に事実関係を公表しなかった。皮肉なことに、行政機関への内部告発が奏功せず、是正に生かされなかったことが、Y医師らに有利な事情として、この判決の理由では特に強調されている。

なお、提訴当日の92年12月16日、朝日新聞1面トップで富里病院について「老人病院で大量院内感染」「厚生省が調査へ」と大々的に報道され、同日正午過ぎ、保健所と千葉県衛生部の職員が同病院を訪れて、立ち入り調査を始めた。翌93年に診療報酬の不正請求が発覚し、富里病院は保険医療機関の指定を取り消され、94年3月末に閉鎖された。院長は医業停止6カ月の行政処分を受けた。97年10月3日、東京高裁の控訴審でY医師らと医療法人の和解が成立し、解雇は撤回され、Y医師らは和解金を受け取って依願《いがん》退職した。

千代田生命事件——元常務に2億5千万円賠償を命じる異様な判決

中堅の生命保険会社、千代田《ちよだ》生命ではバブル期、神崎安太郎《かんざきやすたろう》社長のトップダウンの決定により、財務をよく分かった正統派のプロを財務部門から次々と外して、Kさんら財務未経験者を財務本部長や財務部長の要職に抜擢《ばってき》し、リスクを軽視して、ゴルフ場開発や地上げに資金を供給した。バブル崩壊とともにそれらは不良債権と化した。1992年、政治家との関わりを疑われて、東京地検特捜部が内偵《ないてい》捜査に乗り出し、月刊誌や週刊誌に醜聞《しゅうぶん》記事が掲載された。

バブル期に常務取締役財務本部長を務め、90年に降格同然に辞めさせられたKさんはそれら記事の情報源と疑われ、94年、会社から訴えられた。99年2月15日、東京地裁民事42部（高柳輝雄《たかやなぎてるお》裁判長）は、2億5574万円を会社に払うようKさんに命ずる判決を出した。

「Kは、神崎社長の失脚及び神崎体制の崩壊を意図して、本件情報漏洩を行ったと認められる。（中略）在任中であれば、職務上知り得た会社の内部情報について、取締役の忠実義務の一内容として守秘義務を負うことは当然である。（中略）Kは、表現の自由及び千代田生命の公共性を理由に、本件情報漏洩には違法性がないと主張するが、本件は、退任した取締役が在任中に職務上知り得た会社の内部情報について守秘義務を負うかどうかの問題であるから、守秘義務違反と認められる以上、本件情報漏洩は違法と言わざるを得ない」

Kさんは控訴した。神崎氏が代表取締役を退任して1年4カ月後の2000年4月、控訴審で会社とKさんの和解が成立し、Kさんは会社に800万円を払った。

その年の10月、千代田生命は破綻《はたん》した。

2001年、千代田生命の更生管財人は、神崎元社長らを相手にバブル期の放漫経営の責任を問うて71億円の賠償を請求した。Kさんの部下や後任にも賠償を請求した。更生管財人は「責任は、無謀かつ破壊的な人事を敢行《かんこう》した神崎にあるといわなければならない（代表取締役の善管《ぜんかん》注意義務違反）」と神崎元社長を非難し、東京地裁の民事8部（小林久起《こばやしひさき》裁判長）は01年3月22日、更生管財人の請求を認め、その決定のなかで、神崎元社長について「生命保険会社の資金運用に求められる安全性や慎重さへの配慮に乏しい資金運用を容認していた」などと批判した。神崎元社長は03年、賠償責任を認め、うち2億円余を実際に払う内容で会社と和解した。

筆者が思うに、Kさんに2億5千万円を超える賠償を命じた東京地裁民事42部判決は、内部告発の公益性や報道内容の公共性を顧慮《こりょ》しない浅はかな判断の典型である。

判決理由のなかで民事42部は、Kさんが「神崎社長の失脚及び神崎体制の崩壊」を意図して記者に情報を提供したとして、それをもってまるで、情報提供に不正な目的があったかのような文脈で指弾《しだん》している。しかし、神崎社長の失脚および神崎体制の崩壊は、会社の利益のためには望ましいことだったのであり、Kさんがそれを意図していたとしても、客観的に見て、それは正しい判断だった。ある特定の人物をその地位から追い落とす狙いがあったからといって、それだけでは、不正な目的とは言いきれない。民事42部判決はその点でも思考が浅い。[23]

思慮を欠く裁判体に当たれば、このような異様な判決が現実に出る可能性のあることが実証されたともいえ、まれであっても、そのリスクを封じるためにこそ、公益通報者保護法がのちに制定される意義は大きかったといえる。

吉田病院事件――「背信」とされた住民へのビラ配布

吉田《よしだ》病院（大阪府枚方市《ひらかた》）の事務職員Mさんは、大阪府福祉部の社会保険管理課に「吉田病院では患者らへの手技料《しゅぎ》の不正請求などが行われている」と内部告発したことがきっかけとなって、１９９７年５月、解雇された。Mさんはこれを不服として、地位の保全を求める仮処分を大阪地裁に申し立て、７月14日、Mさんの地位を保全し、賃金の仮払いを命ずる仮処分決定がなされた。その後、Mさんは正式な復職に向けて病院側と話し合ったが、決裂した。Mさんは、「病院のモラルを正した労働者を解雇」と題した匿名のビラを病院の周辺の家にまいた。そのビラには、病院が患者に不正請求したとの一節もあった。最終的に98年８月、Mさんの解雇は撤回され、Mさんは復職したが、「解雇」期間中の賞与などが不支給とされた。Mさんはそれを不服として、大阪地裁に病院側を提訴した。

大阪地裁（松尾嘉倫《まつおよしみち》裁判官）は99年10月29日、「解雇」期間中の３回の賞与のうち、２回分について支払うよう病院側に命ずる判決を言い渡した。ビラ配布がなされた時期を対象とする97年冬季の賞与についてのみ、地裁は不支給を是認した。その理由として大阪地裁は次のように述べている。

「ビラ配布については、明らかに従業員としての立場を逸脱したもので、病院の業務妨害行為にも該当するものというべきである。監督官庁に対して病院の不正を糾弾《きゅうだん》することはともかくとして、これを付近住民らに流布することはなんら従業員としての正当な行為とはいえず、その必要性もない。病院からすれば許し難い背信行為というべきであり、懲戒事由ともなし得るものというべきである」

ビラ配布当時、病院側は、監督官庁（大阪府）への内部告発に端を発したMさんの解雇について謝罪や「病院が合法的な運営で地域医療に貢献努力することの約定」を拒否しており、Mさんとすれば、組織内部での是正の努力を尽くしたとも言える状況だった。また、「不正請求」の事実関係はこの判決理由だけからでは定かでないものの、もしそれが十分な根拠に基づく指摘ならば、患者として病院に通うことのありうる周辺住民らがそれを知ることの公益性は優に認められるべきものだと思われる。にもかかわらず、この判決は、監督官庁への内部告発を是認する一方で、それ以外の「広い外部」への内部告発を「背信」とまで述べて非難している。

三和銀行戒告処分事件——「労働条件改善目的」に正当性

『トップ銀行のわれら闇《やみ》犯罪を照らす　告発する銀行マン19人と家族たち』と題する単行本が日本機関紙出版センターから1992年7月に出版された。三和《さんわ》銀行従業員組合の少数派組合員でもある同行の行員らの手記がその本に掲載されており、それらの手記には、行内《こうない》のいじめ、サービス残業、人権無視などが具体的につづられていた。

三和銀行は93年2月28日、この本に手記を寄せた19人の行員を戒告処分とした。銀行の名誉、信用を低下、毀損《きそん》する行為に関与したというのがその理由だった。19人はその年の7月7日、この処分を無効と確認することなどを求めて、三和銀行を大阪地裁に提訴した。

大阪地裁（松本哲泓《まつもとてつおう》裁判長）は２０００年4月17日、戒告処分を無効とする行員側勝訴の判決を言い渡した。

「形式的には懲戒事由に該当するとしても、主として労働条件の改善等を目的とする出版物については、当該記載が真実である場合、真実と信じる相当の理由がある場合、あるいは労働者の使用者に対する批判行為として正当な行為と評価されるものについてまで、これを懲戒の対象とするのは相当でなく（後略）」

正当な動機に基づく内部告発であり、真実相当性がありさえすれば、それが「広い外部」にあててなされたものであったとしても、積極的に保護しようとする判断だといえる。

三和銀行はこれを不服として控訴したが、01年1月16日、和解が成立して、訴訟は終わった。三和銀行は戒告処分を取り消して、解決金を行員側に支払い、行員側は訴えを取り下げた。

群英学園事件――「経営への影響考え、内部手順を」

進学予備校・群馬英数学舘《ぐんまえいすうがっかん》（前橋市）の教師Mさんと事務次長Kさんは１９９７年5月ごろ、予備校の経営母体の理事長らに不正経理の疑いがあり、職員の退職が進められるなどして職場環境が悪化していると考えた。不正経理に確証があったわけではなかったが、２人は7月7日、不正経理を指摘する文書を理事長に示し、場合によっては文書を世間に公表するつもりであると伝え、辞職を要求した。理事長はこれに応じず、２人は自宅待機を命じられた。

11月６日、２人は自宅待機処分の取り消しを求める訴訟を前橋《まえばし》地裁に起こした。記者会見を開き、資料を示しながら理事長に不正経理疑惑があると指摘した。この提訴を報じる翌日の読売新聞群馬版の記事には「〝不正追及で自宅待機〟の予備校講師ら処分取り消しなど求め提訴」との見出しがつけられた。同月20日、２人は解雇された。２人は予備校の経営母体を相手取り、雇用関係存続の確認や賃金の支払いを求める訴訟を前橋地裁に起こした。

一審・前橋地裁（田村洋三《たむらようぞう》裁判長）は、２０００年４月28日に言い渡した判決で、理事長への退陣要求について、「労働環境の改善を図ろうという正当な動機に基づく」などとして、２人の請求を大筋で認めた。しかし、二審・東京高裁（新村正人《にいむらまさと》裁判長）が02年４月17日に言い渡した判決はこれを覆《くつがえ》し、最高裁も上告を棄却して２人の敗訴を確定させた。

二審・高裁判決は「不正経理問題は何ら根拠がない」と断定し、次のように指摘している。

「学校法人の理事長の横領行為などという不正経理問題がいったんマスコミに流れてしまうと、その報道内容が真実に反することを説明し、購読者ら報道の受け手に正しい認識を抱かせるには厖大《ぼうだい》な労力を要する。しかも、そのような労力を投じたからといって、いったん誤って形成された認識を完全に払拭《ふっしょく》して従前どおりの信頼を回復することは不可能に近い。それらは、マスコミ報道とその影響にまつわる経験則のよく教えているところである」

高裁判決はさらに「仮に不正経理問題が根拠のある事実であったとしても」と前置きして、次のような論を展開している。

「分別も備えた年齢に達した社会人であり、予備校とはいえ教育に携わり、しかも幹部職員でもあったのだから、そのような事実の公表が経営に致命的な影響を与えることは簡単に思い至ったはずである。まずは内部で職員会議、役員会など検討諸機関に調査検討を求めるなどの手順を踏むべきであり、こうした手順を捨象《しゃしょう》していきなりマスコミなどを通じて外部へ公表するなどという行為は、雇用契約における誠実義務に違背《いはい》するものであり、許されない」

この高裁判決は、「予備校とはいえ教育に携わり」というような表現を用いるセンスの裁判官が書いたもので、報道機関への嫌悪《けんお》をあらわにしている。報道機関の社会的な機能を無視している。Mさんと K さんは理事長に直接、疑惑を指摘するという「手順」を踏んだのであるが、そうした事情は酌まれなかった。「仮にこれが真実であったとしても、予備校の経営に重大な影響を与える」と述べて、報道機関への内部告発に否定的な態度を示している。予備校運営の適正化など、内部告発による公益の実現については、比較・衡量《こうりょう》もなく、まったく配慮がなされていないように読める。

宮崎信金事件——保護された国会議員秘書への告発

K さんは宮崎信用金庫の西都《さいと》支店で係長として勤務し、職員組合の副委員長として、三役交渉などの場で、宮崎信金における不正疑惑を積極的に追及していた。K さんらは顧客と信金職員との不正な関係の疑惑について独自に調査を進めており、信金のコンピューターにアクセスして、顧客の信用情報をプリントアウトすることもあった。K さんは１９９６年に、大蔵省出身の自民党衆院議員の秘書を務める弟や警察に信金の内部資料を渡した。

内部資料が外部に流出していることに気づいた宮崎信金は内部調査を実施し、98年4月10日、Kさんら2人を懲戒解雇処分とした。Kさんら2人は、懲戒解雇を無効であると確認することなどを求めて信金を宮崎地裁に提訴した。宮崎地裁は2000年9月25日、請求を棄却したが、控訴審の福岡高裁宮崎支部（馬渕勉裁判長）は02年7月2日、逆転判決を言い渡した。

高裁判決は、大蔵官僚出身の国会議員の側に資料を渡した行為について、次のように指摘している。

「資料が国会議員秘書に交付されることで、直《ただ》ちに宮崎信金の名誉、信用の失墜《しっつい》や取引関係への悪影響につながるものとは解されない。実際、秘書に交付されたことがそのような事態につながったことを推認できる証拠もない」

「Kが資料を秘書に交付したのは、行政（大蔵省）の手により宮崎信金内部の不正が改められるのを期待してのことであった」

「Kらはもっぱら信金内部の不正疑惑を解明する目的で行動していたもので、実際に疑惑解明につながったケースもあり、内部の不正を糾《ただ》すという観点からはむしろ信金の利益に合致するところもあった」

この判決は、国会議員秘書という「広い外部」への内部告発を保護したものとして大きな議論を呼び起こした。

ただし、判決理由を詳細に見ると、国会議員秘書は、あくまでも行政機関への告発の窓口であるに過ぎないとの事実認定になっていると読めなくもない。その点では、報道機関など「広い外部」への内部告発を保護した判断であるとは言いきれないのかもしれない。

いずみ市民生協事件——特定多数への内部告発を正当化

大阪いずみ市民生活協同組合の職員Uさんらは1997年5月、生協の最高議決機関である総代会が開かれる直前に、生協の最高実力者である副理事長の公私混同など背信行為を批判する匿名の文書を、552人いる総代の大半に郵送した。Uさんらは、この内部告発に関与したかどうかを理事らから問いただされた末に6月10日、懲戒解雇された。Uさんらは99年、大阪地裁堺《さかい》支部で「懲戒解雇は内部告発に対する報復であり無効だ」との仮処分決定を得て、職場に復帰した。Uさんらはさらに2000年、懲戒解雇や自宅待機などの報復行為で精神的損害を被《こうむ》ったとして、その賠償を求めて元副理事長らを提訴した。

大阪地裁堺支部（高田泰治裁判長）は03年6月18日、Uさんらの内部告発が高い公益目的に出たものであり、内容も根幹的部分で真実ないしは真実と信じるにつき相当な理由があり、さらに、方法も正当であるとして、賠償金の支払いを元副理事長らに命ずる判決を言い渡した。

「内部告発文書が総代会の直前になって総代らに郵送されたことで、500人以上の総代が一堂に会する場である総代会が混乱する危険があった。しかしながら、総代会は、いずみ生協内部の機関であり、最高議決機関であるから、業務執行権を有する被告・元副理事長らに自浄を期待できない場合、告発による自浄作用を期待する点からみても、総代会への問題提起はむしろ当然である」

この判決は、総代会を「内部」であると分類したうえで、広範囲・特定多数の総代への内部告発を「正当」と認め、事実上、「広い外部」への内部告発を保護した判断であるという読み取りが可能である。

たとえば、株式会社における最高議決機関である株主総会や、国家における国会も、同様に考えれば、「内部」ということになり、それらの構成員である株主に対する会社内部からの内部告発、国会議員への政府職員による内部告発も「正当な方法」ということになる。上場企業の場合、株主はほぼ不特定多数であり、国会議員は右から左まで党派を広くまたがっており、いずれも実質的には「広い外部」と差のないものとみることができる。そうした先への内部告発を「正当な方法」と認めた点で、この判決には先進性があると言える。

生駒市衛生社事件——報道機関への告発を正面から認める判決

生駒《いこま》市衛生《えいせい》社は、奈良県の生駒市から委託を受けて市内の家庭ゴミを収集していた。そのかたわら、市内の事業所と個別に契約して事業ゴミの収集も請け負い、市の清掃リレーセンターに搬入して処理していた。家庭ゴミは無料で搬入できる一方、事業ゴミは処理料を支払って搬入することになっていた。

2002年11月、地元の奈良新聞に「営業廃棄物を不正搬入」という見出しの記事が載った。処理手数料が有料である事業ゴミを家庭ゴミに混入し、市に支払うべきゴミ処理手数料を免《まぬか》れていたという趣旨の記事だった。この問題の真相について、生駒市衛生社の社員Kさんらは同年12月9日、市議会を傍聴した後、市議会議長らと面談し、翌10日、市役所記者クラブで記者会見した。

その翌日の12月11日、Kさんらは懲戒解雇の通知を受けた。Kさんらは翌年、労働契約上の地位の確認や賃金の支払いを求めて会社を奈良地裁に提訴した。

２００４年1月21日、奈良地裁（東畑良雄裁判長）はKさんらの請求をすべて認める判決を言い渡した。

「会社は、原告らから会社に改善の申し入れなどがなく、いきなりマスコミに訴えたことなどから、不正を正すという原告ら主張の目的に疑義を挟むけれども、原告らの記者会見は、真相の解明や市民への説明という点で一定の役割を果たした点は否《いな》めない」

「新聞報道以来、結果的には会社の営業実態が是正、改善されたという面も否定できない」

報道機関への内部告発とその役割を真っ正面から認める判断だったといえる。

トナミ運輸事件――提訴をきっかけに「内部告発」が流行語大賞に

富山県高岡《たかおか》市に本社を置く運送会社、トナミ運輸に入社して4年目の串岡弘昭《くしおかひろあき》さんは１９７４年7月末、大手運送各社が運賃を高止まりさせるために結んだ顧客争奪禁止のヤミカルテルを読売新聞名古屋支局に内部告発した。続けて8月には公正取引委員会中部事務所に内部告発。公取委は10月16日に一斉に関係各社を立ち入り検査した。串岡さんは、運輸省や日本消費者連盟、国会議員にも是正を働きかけた。

翌75年10月、串岡さんは富山県にある教育研修所に異動させられ、6畳程度の個室での1人勤務を強いられた。与えられた仕事は、清掃、草刈り、研修生の案内・送迎、教室の片付けなどの雑務で、昇格はなくなった。こうした状況が92年6月まで17年近く続いた。その後は新しい教育研修所で、ほかの社員と同じ部屋で勤務するようになったが、仕事の内容は相変わらず補助的な雑務だけだった。

２００２年１月、串岡さんは会社を相手取って長年の損害の賠償を求める訴訟を富山地裁に起こした。この提訴は世の中の大きな反響を呼び、その年の暮れ、「内部告発」は流行語大賞トップテンに選ばれ、串岡さんはその表彰式に招かれた。串岡さんは日本における「内部告発のパイオニア」とも呼ばれる存在となった。

05年2月23日、富山地裁（永野《ながの》圧彦《あつひこ》裁判長）は、１３５６万円を払うよう会社に命ずる串岡さん勝訴の判決を言い渡した。その判決理由のなかで裁判所は串岡さんの内部告発の正当性を次のように判断した。

「内部告発に係る事実関係は真実であったか、少なくとも真実であると信ずるに足りる合理的な理由があったといえる」

「告発内容に公益性があることは明らかである。また、原告はこれらの是正を目的として内部告発をしていると認められ、原告が個人で、かつ被告に対して内部告発後直《す》ぐに自己の関与を明らかにしていることに照らしても、およそ被告を加害するとか、告発によって私的な利益を得る目的があったとは認められない」

「被告内部の当時の状況を考慮すると、原告が十分な内部努力をしないまま外部の報道機関に内部告発したことは無理からぬことというべきである。したがって、内部告発の方法が不当であるとまでは いえない」

「原告の内部告発は正当な行為であって法的保護に値するというべきである」

翌06年2月16日、名古屋高裁金沢《かなざわ》支部の控訴審で和解が成立し、会社は富山地裁判決の趣旨を厳粛に受け止めると表明した。その年の9月20日、串岡さんは60歳の定年で退職した。[24]

富山地裁判決の時点で、公益通報者保護法は制定されていたものの、施行前だった。そして当然のことながら、新しい法律である公益通報者保護法が、制定前の過去の会社の行為にさかのぼって適用されることはない。しかし筆者が考えるに、実質的に富山地裁は、公益通報者保護法における判断の枠組みを用いて74年当時の串岡さんの内部告発の是非を判断した。もともとあった、あるいは、もともとあったとみなすべき判断の枠組みを後《あと》から追認するように法規定に落とし込んで制定されたのが公益通報者保護法であり、富山地裁の判決はそのことを示しているということができる。

司法書士事務所事件——証拠書類持ち出しを公益通報「付随」行為として保護

神戸市内の司法書士事務所で勤務する事務職員の男性は、上司の司法書士が弁護士法に違反して仕事を引き受けていると考え、２００７年2月2日、職場から持ち出した資料を根拠に監督官庁の法務局に通報した。しかし、弁護士法の解釈は専門家でも意見が分かれ、法務局の見解は「問題ない」だった。

事務職員は上司の司法書士から資料の持ち出しについて「守秘義務違反、個人情報保護法違反」と認める内容の書面への署名を要求され、拒否すると退職に追い込まれた。事務職員はこれを不服として慰謝料を求めて上司を相手に提訴した。

法廷で、被告の司法書士は原告の元事務職員への不利益扱いについて「違法な書類の持ち出しを理由とするものであって、公益通報を理由とするものではない」と主張した。

翌08年11月10日の判決で、神戸地裁（橋詰均裁判官）は、司法書士による弁護士法違反を事実と認定し、さらに、法務局への通報だけでなく資料持ち出しも「公益通報者保護法の保護の対象となる」と認めた。書類持ち出しが違法だったと認める書面への署名を要求したことについて、裁判所は「公益通報を行った事務職員に義務なき行為を強いた」と批判。公益通報者保護法5条1項が禁止する「その他不利益な取扱い」に該当すると認定した。慰謝料など170万円の支払いを司法書士側に命じた。

09年10月16日の判決で、二審・大阪高裁（小松一雄裁判長）も一審判決の結論を支持し、控訴を棄却した。「何らの証拠資料もなしに公益通報を行うことは困難な場合が多いから、公益通報のために必要な証拠書類を持ち出す行為も、公益通報に付随する行為として、公益通報者保護法による保護の対象となる」との解釈がこれによって確定した。

徳島県職員事件――公益通報後の係長昇進見送りに慰謝料命令

徳島県の大阪本部に主任として勤務していたXさんは、わいせつな画像や映像のデータが事務所のパソコンの共有フォルダに保存され、十数人の職員による閲覧が可能な状態となっているのを知り、2012年3月5日、同僚の男性職員を刑法175条のわいせつ物陳列罪で大阪府警に刑事告発し、その旨の情報を徳島新聞社に提供した。翌6日の徳島新聞に「県サーバーにわいせつ画　女性職員告発状」との見出しの下、「徳島県の40代の男性職員が県のサーバーに知人女性とのわいせつ画像や動画を保存したとして、昨年10月に文書訓告処分を受けていたことが5日、分かった」と記事が掲載された。

同月25日、Xさんは、主任職のまま4月1日付で別の職場に異動するとの内示を受けた。

これに先立つ12年1月、大阪本部長は人事課に対し、Xさんを大阪本部に留任させ、係長に昇進させるべきとの意見を伝えていた。徳島県庁では、主任職の職員が大阪など県外に転任した場合、3年間その任地で勤務し、その間に係長に昇任する例が多く、本部長の意見はこれに沿ったものだった。ところが、Xさんの異動は結果的に本部長意見にも慣例にも合致しないものだった。

Xさんは、転任処分の取り消しや慰謝料の支払いを求めて県を相手に徳島地裁に提訴した。一審・徳島地裁ではXさんの全面敗訴で、Xさんは控訴。二審の高松高裁（吉田肇裁判長）は2016年7月21日、慰謝料10万円の支払いを県に命じる判決を言い渡した。

裁判所は、公益通報者保護法3条3号の「3号通報」の枠組み（第5章2節で詳述）に従って、徳島新聞社への情報提供が同法の保護対象たりうると判断した。

「わいせつ物陳列罪につき刑事告発をした事実を提供した部分については、通報対象事実が生じていると信ずるに足りる相当な理由があると認められ、任命権者が、本件刑事告発等の事実を、係長職への適格性に関わる控訴人（Xさん）の能力についての消極的要素として考慮していることからして、公益通報者保護法3条3号イ所定の不利益な取扱いを受けると信ずるに足りる相当の理由があったと認められ、同号所定の外部への公益通報に該当するものと認められる」

Xさんの異動については、他の事情も併存しており、裁判所はそれを無効とせず、したがって転任を取り消さず、慰謝料のみを認めた。

「定期人事異動に際し、本件刑事告発等のうち公益通報に該当する部分を区別せず、係長職への適格性に関わる控訴人（Xさん）の能力についての消極的要素として考慮したことは、公益通報をしたことを理由に不利益取扱いをするもので、公益通報者保護法の趣旨に基づき適用すべき地方公務員法15条、17条に違反し、国賠法上の違法を構成する」

このようにして高裁は「刑事告発等の事実を控訴人（Xさん）に不利益に考慮したこと」について違法性があるとして慰謝料の支払いを県に命じたが、一方で、係長に昇任させなかったことが、国賠法上、違法であるとまでは認められないと結論づけ、転任も取り消さなかった。複雑でさまざまに事情が込み入った事件だったが、高松高裁はそれらのなかから、「公益通報」該当性のある部分を見いだし、その部分に関する人事権者の賠償責任を認めた。公益通報者保護法を直接適用して報道機関への内部告発を救済対象とした初めての裁判例だとみられる。

17年2月10日、最高裁第2小法廷（菅野博之《かんのひろゆき》裁判長）は双方の上告受理申し立てを受理しないと決定し、二審判決が確定した。

神社本庁事件――「公益通報」該当を認めて救済

神社本庁は、全国の約8万の神社を包括する宗教法人で、神社の興隆《こうりゅう》を目的に活動している。東京都渋谷《しぶや》区代々木《よよぎ》の明治神宮のそばに事務所があって、約60人の職員がいる。政治団体の神道《しんとう》政治連盟も同じ場所に事務所を置き、神社本庁の渉外《しょうがい》部長がその事務局を担っている。

２０１５年10月30日、神社本庁は、川崎市麻生区《あさお》にある職員住宅「百合丘職舎《ゆりがおか》」（全21戸）を、神道政治連盟の会長と長年の付き合いのある人物の会社に代金１億８４００万円で売却した。

神社本庁の幹部職員だった稲貴夫《いなたかお》氏はこの売却について、神社本庁の財産を捨てるに等しい行為であり、役職員の絡んだ背任行為であることは明白だと主張する文書を作成し、16年12月、神社本庁の副総長と理事に渡した。その後、稲氏の名前など固有名詞の一部を墨消しして匿名化した文書が理事から神社本庁の評議員会議長へ渡され、同文書が議長から稲氏の同僚の秘書部長に渡った。翌17年２月、匿名化後の文書が何者かによって各地の神社に郵送され、３月１日、インターネット上でも公開された。

この匿名の文書を渡された後、神社本庁の秘書部長は幹部職員を集め、作成に関与した者はいないかと尋ねた。しかし稲氏を含め全員が否定した。渉外部長は稲氏に直接問いただしたが、稲氏は自身の関与を否定した。

17年４月、稲氏は警視庁公安３課の警部補から問い合わせを受けて、自分の名前の入った文書を含め土地売却の資料を渡した。すると、この警部補は秘書部長にその資料を渡してしまった。その結果、稲氏が文書の作成に関わったことが露見し、同年８月25日、神社本庁は稲氏を懲戒解雇とした。稲氏はこれを不服として東京地裁に提訴した。

21年３月18日の地裁判決（伊藤由紀子《いとうゆきこ》裁判長）でも、同年９月16日の東京高裁判決（鹿子木《かのこさ》康《やすし》裁判長）でも、稲氏が全面勝訴した。

裁判所は、刑法犯である背任行為は公益通報者保護法の通報対象事実に該当するとして、同法の適用およびその趣旨を考慮する必要性があると述べ、その保護要件の枠組みに従って判断していった。
①文書の指摘する背任行為の真実相当性について、裁判所はまず、百合丘職舎の売却の経緯やその代金を検討し、「稲が、売買の価格の適正性に疑念を抱いたことには、相当な理由がある」とした。裁判所は、背任が真実であるとの証明がなされたとは認めなかったものの、真実と信ずるに足りる相当の理由があった、と判断した。
②通報の目的については、裁判所は「総長らの背任行為を関係者らに知らしめ、これを非難する側の多数派を形成することで、組織の人事の一新を図ること」にあったと認定。「責任追及や人事の一新という目的を超えて、組織を破壊する又《また》は総長らへの個人的反感を晴らすために、自らの地位を危うくするおそれを冒してまで本件文書の作成・交付に及ぶとはにわかに考え難く、これを認めるに足りる証拠はない」として、不正の目的であったとは言えない、と結論づけた。
③通報の手段方法については、裁判所は「神社本庁の職員に対する通報によるのでは、証拠が隠滅《いんめつ》又は偽造・変造されるおそれや、自分が懲罰を受けるおそれや、調査が実施されないおそれがあった」と指摘し、だから、理事2人（副総長と理事）に文書を渡し、ほかの理事、評議員、職員に伝達されるよう期待したもので、その手段はやむを得ない相当なものであったと判断した。
これら①②③の要件がすべて満たされているとして、裁判所は次のように結論づけた。

「公益通報者を保護し、公益通報の機会を保障することが、国民生活の安定などに資するとの公益通報者保護法の趣旨などに照らし、本件文書の交付をもってこれらの事実を摘示《てきし》した行為は違法性が阻《そ》却《きゃく》されて懲戒すべき事由といえないというべきである」

この判断の過程で、高裁は稲氏の行動について、

「本件文書を、それが関係者らに交付される事態が生じ得ることを認識し、これを容認した上で理事2名に交付し、結果として、本件文書が多数の関係者らに交付される事態を招き、もって会長、総長らの社会的評価を低下させ、これらの者の名誉を毀損《きそん》し、これらにより、神社本庁の信用を毀損し、神社本庁の組織における秩序を乱す行為であり、また、神職の定めにも反する行為であり、神社本庁の就業規則に定める懲戒事由に外形《がいけい》的に該当する行為である」

と述べたが、そうであっても①②③がすべて満たされるときは、懲戒事由に該当せず、または、該当しても違法性を阻却される、との判断の枠組みを設定した。

裁判所は、公益通報者保護法が報道機関など「広い外部」への内部告発を是《ぜ》とするための要件にあてはめて、事実関係を審査し、保護の対象とした、ということができる。

当初、稲氏が秘書部長らの質問に文書への関与についてシラを切り続けたことについても、裁判所は、懲戒解雇の理由にはならないと判断した。

「文書は、背任行為という犯罪事実に係るもので、その主要な部分について、①真実であるとは認められないが、真実と信じるについて相当な理由があり、②不正目的ではなく、③相当な手段によりされた公益通報といえるものであった。そして、（中略）原告稲が、本件文書への関与を認めると、懲罰を受けるおそれがあったことに照らせば、公益通報者を保護して、公益通報の機会を保障し、社会の利益を守る見地においては、原告稲の虚偽申告を、重大であるとして非難することは相当ではなく、解雇に相当するとはいえない」

筆者が考えるに、司法書士事務所の事件で、ふつうなら違法となりうる証拠書類の持ち出しについて、裁判所が「公益通報に付随する行為として、公益通報者保護法による保護の対象となる」との解釈を示したのと同じように、神社本庁事件でも、「公益通報をしたのは自分ではない」と虚偽の申告をする行為について、公益通報に付随する行為として免責される、と解釈してもよかったかもしれない。改正公益通報者保護法の下では、事業者は「公益通報者の探索《たんさく》を防ぐための措置」あるいはその努力を義務づけられるので、神社本庁の秘書部長や渉外部長のような言動は強い違法性を帯びることになり、そのような、あってはならない質問にウソで応じるのは適法といえることになるだろう。

法制定を境に告発者有利に

筆者の分析によれば、公益通報者保護法制定への議論が2002年に本格的に始まり、04年に実際に法律として制定された前後を境にして、内部告発をめぐる裁判例の趨勢《すうせい》に二つの変化が生じている。

第1に、裁判所の判断の枠組みがそのころほぼ定立されたこと。第2に、報道機関など「広い外部」への内部告発が保護の対象としてそのころから必ず検討されるようになったことである。

かつては、報道機関や近隣住民など「広い外部」への内部告発は、組織内部における内部通報や行政機関に対する告発に比べて、保護のハードルが格段に高く設定されていた。

より広い外部への内部告発を保護した裁判例として、三和銀行事件があるが、それらは労働組合活動を保護する文脈での判決だった。保護を認めなかった裁判例として、千代田生命事件、群英学園事件などがあり、それらではまるで、「よほどのやむを得ない事情がない限り、内部告発の内容がたとえ真実であったとしても、許さない」と言っているかのような判決理由が示されている。

　内部告発者を勝訴させた富里病院事件や宮崎信金事件の判決も、その判決理由をよく読むと、「一般に公表したり、報道機関に情報提供したりしたのではなく、行政機関やそれに準ずる特定の相手に内部告発したのだから、保護した」という考え方が色濃く表れている。

　労働者は、労働契約に基づく付随的義務として、信義則《しんぎそく》上、使用者の利益をことさらに害するような行為を避けるべき責務を負う。そうした責務の一つとして、使用者の業務上の秘密を外部に漏らさない義務がある。これはすべての労働者に共通する義務であり、管理職であるか否かは問わず、また、その秘密が自分の職務の担当の外に属するものであるか否かも問わない。こうした契約の論理に「公益」を割り込ませて、「広い外部」への内部情報の発信を認めるかどうかは、個々の裁判官の価値観に負うところが大きかった。かつては裁判官の当たり外れが現にあって、それにより判決に非常に大きな振れ幅があったように思われる。

　そうした状況に変化が生じたのは、公益通報者保護法の検討が本格化した２００３年ごろのことだと思われる。

　いずみ市民生協事件の大阪地裁堺支部判決は、▽内部告発の内容の根幹的部分が真実ないしは内部告発者において真実と信じるについて相当な理由があるか、▽内部告発の目的が公益性を有するか、▽内部告発の内容自体の当該組織体等にとっての重要性、▽内部告発の手段・方法の相当性――などの判断要素を具体的に示し、それらを総合的に考慮して、当該内部告発が正当と認められた場合には、当該組織体としては、内部告発によって仮に名誉・信用を毀損されたとしても、これを理由として内部告発者を懲戒解雇とすることは許されないとの一般的な判断の枠組みを示した。

これは、それまでの裁判例や法改正検討での議論を採り入れ、打ち立てられたものだと思われる。以後、内部告発をめぐる訴訟では、これと類似した枠組みを判断に用いるのが通例となった。外部への内部告発をそれだけでとんでもない忠実義務違反と見るかのような、裁判官の主観を前面に出した露骨な告発者敵視の判決はなくなった。他の価値・利益と衡量《こうりょう》することなく形式的な守秘義務違反を杓子《しゃくし》定規に違法と断ずるような判決もほぼなくなった。

公益通報者保護法が04年に国会で成立してからは、トナミ運輸事件など、法の趣旨を取り込んだとみられる裁判例が現れるようになった。09年には、内部告発への「報復」を不法行為とする最高裁判例が登場した（パナソニックプラズマディスプレイ事件）。

公益通報者保護法施行後、これを直接適用して告発者側の請求を一部であっても認容した裁判例としては、司法書士事務所職員の訴訟に関する神戸地裁判決、大阪高裁判決に次いで、徳島県の事件が2例目、神社本庁事件が3例目だとみられる。

このように日本の裁判例の趨勢は今世紀に入って公益通報者寄りに変化してきている。

4　イトマン事件「匿名の投書」、住友銀行幹部と日経記者

行政機関や報道機関への内部告発にあたって、真実を分かってもらうためには、その証拠となる内部資料がたいてい不可欠だ。「戦後最大の経済事件」を暴露する報道の決め手になったのも、銀行幹

部から記者に提供された金融機関中枢の極秘資料だった。

記者と銀行中枢幹部

住友銀行系列の中堅商社イトマン（旧社名・伊藤萬）の無軌道な経営は、バブルの最中に始まった。

　住友銀行の業務渉外部部付の部長だった國重《くにしげ》惇史《あつし》さんが、イトマンの乱脈について、日経新聞の大《おお》塚《つか》将司《しょうじ》記者に「今のうちに、なんとか記事にしてくれないか」と頼んだのは、１９８８年10月19日深夜のことだった。

　バブル経済真っ盛りのそのころ、國重さんが「イトマンの経営がおかしくなる。そうすると、住友銀行にも重大な影響を与える」と言うのに対し、大塚記者は「問題があるのは非常によく分かるけど、株価と地価がこの状況では無理だ。記事にすること自体は不可能でないが、何のインパクトもない」と答えた。

　國重さんは68年に東京大学経済学部を卒業して住友銀行に入り、75年から10年間、企画部で大蔵省担当（ＭＯＦ《モフ》担）を務めた。銀行中枢のエリート街道を歩き、渋谷東口支店長を経て、88年4月に本社に戻っていた。

　大塚記者は早稲田大学政治経済学部、同大学院を経て、75年に日経に入社した。証券部や経済部で日本銀行、大蔵省、財界などを担当し、「刑事コロンボのような経済記者」を目指し、特ダネ記者として活躍していた。

　株価は、前年の87年10月にブラックマンデーの暴落を経験したが、その後は持ち直し、地価とともに上昇を続けていた。それをバブルだと警鐘を鳴らすのはごく一部の知識人で、多くの人は資産が膨らむのに陶酔《とうすい》した。地価上昇が続く限り、イトマンの状況が経営問題に発展する可能性はない、というのが大塚記者のその時点の判断だった。[25]

大蔵省銀行局長あての投書を書いたのはだれか

1990年1月、株価の下落が始まった。不動産価格は依然として上昇を続けていたが、バブル崩壊の序曲が始まったのである。大塚さんも國重さんも行動を開始した。

大塚さんによると、90年2月2日、大蔵省の土田正顕《つちだまさあき》銀行局長への取材で、大蔵省が金融機関による不動産融資への規制を強め、「総量規制」を導入する方針だとの心証を得た。そうなれば、「確実に地価の下落も始まり、地上げ屋たちを追い込めます」。大塚さんはそう土田銀行局長に言い、これで〈イトマンを追い詰める環境が整った〉と判断。國重さんに協力してもらい、本格的に取材を始めることにした。[26]

26年後の2016年秋に出版された國重さんの著書『住友銀行秘史』（講談社）によると、國重さんは1990年5月、「伊藤萬従業員一同」を名乗って匿名の手紙を銀行の監督官庁だった大蔵省に送ることにした。

大塚さんによると、國重さんは、大蔵省の土田銀行局長にあてたその手紙の文案を大塚さんに見せた。90年5月11日深夜、國重さんは大塚さんから次のように言われたと手帳にメモした。

「日経の経済部がびびっている。内部告発が大切な意味を持ってくる。住銀から経済部にチェックが入ったかも。『派閥闘争の片方に加担していないな』だと。（中略）火曜までに内部告発をしてくれ[27]」

週明け月曜の5月14日、國重さんは、指紋をつけないよう手袋をつけ、細心の注意を払いつつ、その手紙を投函《とうかん》した。[28]深夜、大塚さんに「レターを出したよ」と電話で報告した。

その手紙で用いた、イトマンのロゴが印刷された封筒と便箋《びんせん》は、國重さんが親しくしていたイトマンの女性社員から入手した本物だった。[29]文面は、「私共は伊藤萬の従業員であります」と自己紹介したうえで、「このままでは当社は大変な地獄に陥ってしまう」と切々と訴え、「なにとぞ御当局の力で当社の実態を調査分析し、これ以上事態が悪化しないよう歯止めをかけてください」と懇願する内容だった。

のちに土田銀行局長はこの手紙について、91年3月の衆院予算委員会第二分科会で次のように振り返っている。

「いわゆる投書、これは内容的には内部告発文書のようなものでございますが、銀行局長あての投書を何回か受け取ったことは事実であります。ただし、それがだれが書いたかということはしょせん今日まで明らかにされておらないと私は思いますので、これがイトマン従業員の筆に成《な》るものであるかどうか、そこは何とも申し上げかねるわけでございます。そこで、いずれにいたしましてもそのような投書が何通か参りまして、その最も早いものは昨年（90年）の5月ごろからであったかと思います。私どもは、そのような投書も一つの参考にしながら、ほとんど5月よりもおくれることがない、もう5月ごろからは住友銀行にいわば適切な対処方を要請しております[30]」

國重さんはこの手紙を朝日新聞や毎日新聞、週刊文春や週刊新潮にも送った。しかし、國重さんからすれば、告発の手紙にもかかわらず、事態が動いているようには見えなかった。住友銀行出身の河《かわ》村良彦《むらよしひこ》社長の下でイトマンは美術品投機やゴルフ場開発への融資などの乱脈を続けていた。住友銀行の最高実力者、磯田一郎《いそだいちろう》会長は、愛娘《まなむすめ》がその美術品投機に関わっている弱みを握られているためなのか、是正に動こうとしなかった。國重さんは歯がみしながら焦燥感を募らせた。90年6月25日ごろには、土田銀行局長にあてて4通目の手紙を出した。[31]

「私共《ども》としては、大蔵省が動かないなら次の手段を考えるしかありません」

のちに土田銀行局長は次のように弁解している。

「私どもは、どのような行動をとっているかということを外部に説明すべきいわれはありませんし、大体返事のしようもございませんので、私どもとしましては、住友銀行を通じましてイトマンの状況についてそれなりに観察、注意を怠らなかったつもりであります」

検察当局ののちの調べによれば、河村社長は、イトマン内部でもごく一部の者しか知らなかった融資金額が告発の手紙に書かれていたことなどから、神経質になり、「犯人捜し」を命じた。[32]住銀出身の役員に興信所《こうしんじょ》の尾行をつけた。[33]

住友銀行自身は、8年後に出版した『住友銀行百年史』のなかで、90年6月ごろ以降のイトマンを取り巻く状況について次のように振り返っている。

「ちょうどその前後から、伊藤万の経営を告発する情報が関係先にばらまかれるなどのうごきがあり、当局も伊藤万のうごきに関心をしめすようになった。当行も抵抗のつよい同社の同意を何とかとりつけ調査部員を派遣して実態を調査することにした[34]」

住友銀行は8月31日、銀行の事業調査部から5人をイトマンに派遣し、実態調査にとりかかった。國重さんは銀行内部で表面上は素知らぬ顔を保った。住友銀行の経営に君臨する磯田会長に正面切って「駄目《だめ》です」と言えば、翌日には左遷《させん》の辞令を受け取ることになるのは確実だから、表立っては動けなかった。他方、事態を放置すれば、イトマンが大変な損を被り、銀行も損を抱える。そこで國重さんが選んだ行動が、匿名で告発の手紙を出すこと、そして報道機関の記者と接触して記事を書いてほしいと依頼することだった。[35]

國重さんの著書『住友銀行秘史』によると、大塚さんは、國重さんと連絡を取り合うなかで、住友銀行の磯田会長への夜《よう》討ち取材の結果や大蔵省幹部の反応、日経新聞社内の動きなどの情報を國重さんに刻々と伝えた。

このような二人三脚とも言える行動について、大塚さんは２０１７年1月、筆者の取材に答えて次のように説明した。

「國重さんは住友銀行の行員ではあったが、住銀内でイトマン問題に係《かか》る当事者ではなく、言ってみれば僕と同じ〝取材者〟。〝共同取材〟をする以上、情報を共有するのは当然だし、それをしなければイトマンを事件化させるという目標に辿《たど》り着けなかったでしょう」

日経新聞で記事を出すことができなかった場合には、ほかのマスメディアでその原稿に日の目を見させる覚悟もあり、実際、大塚さんは國重さんに「日経で無理ならよそで書かせる」と言った。

國重さんはさらに、日銀や東京地検特捜部の担当官に会い、不正融資を明るみに出そうとした。

國重さんはのちの２０１６年12月、筆者のインタビューに次のように振り返った。

「会社の存続が関わるような問題があったときに、どう対処したらいいか、みんな悩むと思うんです。自分の将来をとるか、会社の将来をとるか、悩む。ぼくは両方をとろうとした」

大塚さんによると、夏に入ると國重さんは、動きの鈍い大蔵省銀行局をあきらめて、日銀に働きかけた。國重さんは以前、大蔵省や日銀と住友銀行のパイプ役である「ＭＯＦ担」を務め、日銀に人脈があった。

日銀は住友銀行に指示して、イトマンに関する資料を作成・提出させた。國重さんはその資料を入手し、１９９０年9月10日、大塚さんにそれを手渡した。住友銀行の親密商社イトマンの過大な不動産投資について同行から日銀に報告した内容がそこに記されていた。

著書『住友銀行秘史』に、その場面に関する國重さんの手帳のメモが次のように引用されている。

◉9月10日　大塚記者と　八重洲富士屋《やえすふじや》ホテルにて
記事の載せ方について打ち合わせ。
日銀あて提出資料手交《しゅこう》。
二人の間で「書け」「書きにくい」と口論。最後に、日銀の資料を見て大塚記者が「これなら書ける」と。[36]

大塚さんによれば、その資料は「伊藤萬（株）グループの現況」と題されていて、全部で5枚あった。作成月「平成2年8月」、作成者「㈱住友銀行」と表紙の右上に明記されていた。

國重さんは「せっかく取った資料なのだから、すぐにでも書いてくれ」という勢いだったが、大塚さんは「そんなに簡単じゃない」と反論して論争になったという。

大塚さんにとって、日銀に提出された住友銀行の資料は以前から國重さんに入手を依頼していたもので、もともとそれに基づいて記事を出すつもりだった。それは「オーソライズされた資料」であり、それに依拠して原稿を書くことができる。

口論になったのは記事を出すタイミングについてだった。

9月10日は月曜日で、大塚さんによると、資料を受け取った時間は午後9時過ぎ。特ダネとして11日朝刊に突っ込むことも不可能ではなかったし、翌日以降でも平日が4日あった。しかし、大塚さんは、すぐさま出稿するのではなく、平日を避けて、新聞社内で幹部が不在となる週末にその原稿を出すことにした。

「そしたらこの記事は潰されるよ」

敬老の日で世の中が休みだった9月15日（土）、大塚さんは、社の上層部に「ご相談」を持ちかけたり「ご了解」を得たりしようとするタイプではないデスクが当番になっているのを確かめて原稿を出した。上層部に報告されることで、住友銀行首脳に情報が伝わり、「待ってくれ」という話になるのをおそれたからだ。「本当に住友銀行が作成した文書なのかどうかを確認しろ」などと言う人間が出てきかねないとも思った。

当番デスクだった田村秀男《たむらひでお》さんはのちに振り返って次のように書いている。

「これは超弩級《ちょうどきゅう》のスクープじゃないか。1面アタマにするから、解説を加えよ」と指示したが、大塚は「3面の段物でよい」と譲らない。1面トップは事前に電話で上司に報告する必要があるのだが、大塚は「そしたらこの記事は潰されるよ」。（中略）編集委員として頻繁に米国出張し、社内事情には疎《うと》い筆者がデスクに座る日を選んで（大塚は）出稿してきた。幹部から待ったをかけられると、記事はボツにもなりかねない。考えた揚《あ》げ句《く》、第3面3段見出しで全文掲載、記事としては異例に長い重大記事「伊藤万グループ、不動産業などへの貸付金、1兆円を超す」が翌日の朝刊に載った。[37]

大塚さんは2017年1月、筆者の取材に次のように振り返った。

「当時の日経編集局では、専任デスクの休みの関係で土日や祝祭日の紙面編集のデスク席に編集委員（相対的に〝ヒラメ族〟ではない）が着くことが多かった。当然、デスク番が誰か調べたと思うが、わざわざ田村秀男編集委員を選んだわけではない。というのも、16日（日）朝から経団連と日中経済協会の訪中団に同行して北京に飛び立つことになっていた。つまり、ピンポイントで敬老の日の15日（土）組《ぐみ》に出稿したのだ」

9月16日、日曜日の日経新聞朝刊3面に「伊藤万グループ　不動産業などへの貸付金　1兆円を超す」との見出しで記事は載った。

過大な不動産投資が問題になっている伊藤万グループの主取引銀行の住友銀行が大蔵省・日銀に報告した同グループの今年六月末の資産・負債の内容が十五日、明らかになった。報告によると、不動産・有価証券関連の投融資額は一兆三千五百億円強で、三カ月間で約二千四百五十億円も増加した。特に、大平産業（本社、大阪市）など不動産業向けを中心とした貸付金は合計一兆円を超えた。その結果、有利子負債は約二千億円増加、一兆四千六百億円を上回った。また、投融資のうち、旧杉山商事（現イトマントータルハウジング）に対する約千五百億円の六割にあたる約八百七十億円が固定化しているのも分かった。これ以外にも固定化しているか、含《ふく》み損《ぞん》を抱えた資産がある可能性もあり、住友銀行は資産内容の調査を急ぐ方針だ。

のちに「戦後最大の経済事件」と呼ばれることになるイトマン事件の、これが幕開けとなる。大蔵省が住友銀行の金融検査に着手したのはこの記事の9日後、9月25日のことだった。土田銀行局長はのちに衆院決算委員会で一連の手紙について次のように答弁している。

「そのような投書や情報を入手いたしました場合には、通例金融機関の健全性確保などの観点から事実関係を調査しているところでありまして、御指摘の投書につきましても住友銀行に対して同様の措置をとったところでございます[38]」

とはいうものの、１９９０年5月に告発の手紙を読んでおきながら、住友銀行は8月末まで、大蔵省は9月末まで、具体的な調査に入らなかった。その３～４カ月の間に、住友銀行とイトマンの傷は大きくなり、出血も大きくなった。

30年後に出版した著書『回想イトマン事件』（岩波書店）で、大塚さんは次のように振り返っている。

「90年春の段階で、磯田会長が河村氏の暴走にブレーキをかけることができていれば、イトマンが事実上の経営破綻に追い込まれることもなかったでしょう。それに絵画取引はたかだか120億円程度、全額損金にしても大したことはなく、仮に事件になっても後世『戦後最大の経済事件』などと言われることもなかったでしょう」

内部告発の手紙について、日経新聞は91年4月26日の朝刊社会面の記事で「イトマン疑惑が表面化する端緒となった」と書き、[39]毎日新聞は同年7月26日の夕刊社会面記事で「ヤミの実態をえぐった内部告発文書はイトマンに15年君臨した河村前社長を解任に追い込んだ」と書いた。[40]

こうした内部告発の手紙を書いたのが自分だと國重さんが名乗り出たのは実に26年後、2016年秋に出した著書『住友銀行秘史』のなかでのことだった。

告発や報道で質の高い文書は必須

大塚さんに資料を渡したことについて國重さんは2016年12月の筆者の取材に「それまで内部告発の手紙を出したり、いろいろやってきていたから、もういいや、と思っただけです」と振り返った。

「住友銀行から日銀に提出した資料ということで記事の価値が出てくるんですよ」

公益通報に伴う資料の持ち出しの免責が検討されていることについて、國重さんは「それ（資料）がなかったら通報できないよね。そういう意味で、良いことだと思う」と答えた。ただし、大塚さんに渡した資料の入手元について、國重さんは取材に「覚えてないなぁ」と言葉を濁す。住友銀行内部ではなく、日本銀行だった可能性もある。

國重さんの回想によれば、いろいろな記者と会ったが、そのなかで大塚さんは根性が他の記者と違っていたという。ほとんどは「上司や体制に流される記者」だったが、大塚さんはそうでなく、「何が何でもやるんだ」というタイプ。國重さんは振り返って「数多《あまた》の記者から大塚さんを探し当て、一緒に戦う同志に選んだという点において、自分は立派な判断をした」と思う。[41]

國重さんが著書『住友銀行秘史』で最も提起したかったのは、大企業のサラリーマンの身の処し方だという。「自分だったら、自らが所属する会社の内部で問題が浮上したとき、どう対処するかを考えるきっかけになれば[42]」

筆者も同感である。が、筆者が思うに、大塚さんについては、記者としてのあるべき姿から大きく外れて、情報源である國重さんと半ば一体化して〝プレーヤー〟と化したことについて、やはり違和感がある。バブルの最中、國重さんから情報提供があったのに、イトマンのバブルに警鐘を鳴らさなかったこと、１９９０年の早い段階から取材によって住友銀行やイトマンの内情をよく知る立場にあったのに、90年9月に至るまでそれを読者に伝えられなかったことは、残念に感じる。とはいえ、もし筆者が大塚記者の立場にいたと仮定して、より良い行動をとれる自信もない。

だからこそ筆者は、事業者にせよ、監督官庁にせよ、報道機関にせよ、内部告発に感度よく機敏に反応することの大切さ、そして、公益通報にあたっての内部文書持ち出しの重要性・有用性をイトマン事件発覚の経緯から学ぶことができると思う。さらに言えば、そうした感度のよい反応をあらかじめ仕組みにしておくべきであること、場合によっては内部文書持ち出しを許容する法規範を確立しておくべきであることを今後への教訓にしたい。

5 いじめ自殺の証拠書類隠蔽《いんぺい》を遺族に知らせた3等海佐

海上自衛隊の護衛艦「たちかぜ」の21歳の乗組員が艦内で「いじめ」の被害にあった末に自殺した問題で、その証拠書類が隠蔽されていると内部告発した3等海佐について、防衛省は2013年、規律違反の疑いで懲戒処分の手続きを始め、同年6月13日、当人にそれを通知した。書類を職場の外に持ち出したというのがその理由だった。

海自護衛艦乗組員の自殺

のちに確定した裁判での事実認定によると、自殺した乗組員は2003年8月に海上自衛隊に入り、同年12月に、横須賀《よこすか》を母港とする「たちかぜ」での勤務を命じられた。04年6月に1等海士に昇進したが、そのころ、先輩の2等海曹《かいそう》から艦内で執拗《しつよう》な暴力などいじめを受けていた。

04年5月中旬ごろ、上官にあたる第2分隊長（たちかぜ航海長として勤務する1等海尉《かいい》）に「ふざけてガスガンで撃たれることがある」と申告した。しかし調査や指導は行われず、いじめはかえってひどくなった。

同年10月1日、別の隊員（1等海曹）から先任海曹（海曹長）に対して暴行の事実の申告があり、先任海曹は2等海曹に「エアガンを人に向けて撃つな。エアガンを持ち帰れ」と指導した。が、2等海曹は「何でですか」などと言い、だれが先任海曹に告げ口したのかを聞き出そうとした。エアガンが持ち帰られることはなく、その後も、いじめは続いた。

同月27日、男性は東京都内で電車に飛び込み、轢死《れきし》した。

たちかぜの艦長は即日、部下に命じて調査を始め、事情聴取の内容をまとめたメモが作成された。海上自衛隊の横須賀地方総監部は11月末、護衛艦隊司令官の依頼を受けて調査委員会を設け、12月上旬、乗員に艦内生活の実態を尋ねるアンケートを行った。

翌05年1月28日、横須賀地方総監部は調査結果を公表し、暴行や恐喝を理由に2等海曹を懲戒免職にした。だが、自殺の原因についてはあいまいにしたまま調査を打ち切り、報道陣に「暴行などが自殺と関連しているとの供述は得られなかった。原因は不明」と説明した。

両親は同年4月、情報公開法に基づき防衛庁にアンケート調査結果など関係資料の開示を請求し、06年4月、国と元2等海曹を相手取って訴訟を起こした。

焦点となったのは、たちかぜ乗組員を対象に行われた艦内生活実態アンケートだった。防衛庁は、開示請求に「『たちかぜ』乗員がアンケート用紙に記載した結果については、既《すで》に調査報告書の完成と同時に廃棄していることから、保有していない」と返答し、訴訟でも提出の求めに応じなかった。

その結果、11年1月の一審・横浜地裁判決は「自殺を予見することが可能であったとは認められず、上官の指導監督義務違反と死亡によって発生した損害との間に相当因果関係があるとは認められない」と判断し、遺族の請求の大部分を棄却した。

しかし、実際にはそのとき、艦内生活実態アンケートは存在した。事情聴取書などの書類とともに横須賀地方総監部や海上幕僚《ばくりょう》監部に保管されていたのだ。3等海佐は、訴訟対応を担当するなかでそれを知り、上官に相談したり、省内の窓口に隠蔽を内部通報したりした。が、いずれも取り合ってもらえなかった。

3佐は最後、原告側の弁護士に真相を内部告発せざるを得なかった。

2012年4月18日、「海自は遺族に調査資料を隠していた」とする3佐の陳述書が原告側から証拠として東京高裁の法廷に提出された。

「海自を3佐が告発」との見出しでその経緯が新聞で報道された当日、3佐は直属の上官から次のように言われた。

「あなたのその気持ちは分かるよ、確かに。組織として、隠蔽してると。僕はちょっと実は知らないんだけど。ただね、あなたは組織の中の一人だよな？　組織が組織を訴えてるんだよな、ひとつの構図から見ると。それっておかしくないか、お前？　お前はこの組織に属してるんだぞ？」[43]

国を相手取って遺族が起こした訴訟は控訴審で大きく動いた。3佐の内部告発があり、それを受けて艦内生活実態アンケートなど大量の証拠書類が被告・国の側から新たに提出されたのだ。3佐に懲戒処分手続き開始の通知があったのは、高裁での審理が続き、3佐の証人尋問が予想されるなかでのことだった。

男性の自殺から9年半後となる14年4月23日、東京高裁（鈴木《すずき》健太《けんた》裁判長）は、440万円の賠償しか認めなかった一審判決を変更し、7332万円に賠償を増額する控訴審判決を言い渡した。

「入隊後1年に満たず21歳になったばかりの男性が、上司である分隊長に対し、10歳以上年上の先輩である2等海曹の非違《ひい》行為に該当する可能性のある行為を申告することは、それなりの決意があってのこととみるべきである」

「しかし、第2分隊長は、男性のかかる申告を受けても、何らの措置を講じることもなく、上司に報告等も行っていない。この点において、第2分隊長は指導監督義務に違反していたものといわざるを得ない」

「上司職員らにおいては、遅くとも、先任海曹に2等海曹の後輩隊員に対する暴行の事実が申告された平成16年（2004年）10月1日以降、乗員らから事情聴取を行うなどして2等海曹の行状《ぎょうじょう》、後輩隊員らが受けている被害の実態等を調査し（中略）その時点で2等海曹に対する適切な指導が行われていれば、男性が期待（指導により暴行等が無くなることへの強い期待）を裏切られて失望し自殺を決意するという事態は回避された可能性があるということができる」

このようにして、東京高裁は「上司職員らは、自殺を予見することが可能であった」との事実を認定。高裁はまた、たちかぜの艦長（1等海佐）と横須賀地方総監部監察官（1等海佐）による証拠書類の「隠匿《いんとく》」について「違法というべき」と判断し、その分の慰謝料として20万円の支払いを国に命じた。

3等海佐による文書持ち出しについて3佐の処分をしないと防衛省が決定したのはこの控訴審判決の直後だったようだ。小野寺五典《おのでらいつのり》防衛相が14年4月25日の記者会見で「公益通報をしたことを理由に公益通報者に対して不利な取り扱いをすることはない」と述べた。5月13日、3佐に対して「懲戒手続を取り止める」との通知があった。[44]

同省の広報課は筆者の問い合わせに次のように説明した。

「公益通報者保護法第5条に基づき公益通報したことを理由として公益通報者に対して不利益な取り扱いをすることは禁止されております。他方、公益通報に伴う文書の持ち出し等の行為の取り扱いについては公益通報者保護法の趣旨も踏まえつつ、個々の事例ごとに判断されることになり、具体的には、違法性の有無やその程度、行為の態様、公益通報との関係、資料収集の必要性、資料収集方法の相当性などを総合的に検討して判断することになります。当該3佐が文書を持ち出した行為については、これらを総合的に検討したところ、公益通報者保護の観点から保護すべきものと判断いたしました。最終的に、文書を持ち出した3等海佐の処分は行っておりません」

筆者が考えるに、この事件当時は施行前であったとはいえ、公益通報者保護法に照らしたときに、たちかぜの乗組員たちから上官への申告は、法の保護対象たりうる内部通報だった。3等海佐から原告（遺族）側への内部告発も、施行後の同法の保護対象となりうる公益通報だった。防衛省・自衛隊がこれら2件の公益通報を受けて直ちに是正へと動くことができなかったのは、残念なことであり、組織の統治の観点から見ても大きな問題である。小野寺防衛相が3等海佐を保護すべきと判断したのは救いだが、その実効性が今後は問題となるだろう。すなわち、文書持ち出しを理由とした処分をしなかったのは当然のことだが、22年6月に公益通報者保護法の改正法が施行された後は、防衛省・自衛隊はその指針の趣旨に従って、3等海佐に、その後の処遇などで事実上の不利益扱いがないかどうかを組織としてフォローアップし、問題があれば適切な救済・回復の措置をとるべきだろう。

6　内部資料持ち出しの免責を消費者庁の検討会で議論

判例ではすでに保護する法解釈

イトマン事件や海上自衛隊の事例に示されているように、内部通報ではなく、外部に公益通報するにあたっては、たいてい内部文書など証拠資料が必須となる。

これまでも裁判や行政では、司法書士事務所職員に関する２００９年の大阪高裁判決のように、公益通報に不可欠な行為として持ち出しの責任を減免した前例があるにはあるものの、明文化されたルールはない。このため、正当な公益通報のためであっても、職場の資料を外部に持ち出せば、守秘義務違反や盗みの責任を問われ、解雇されたり損害賠償を求められたりするおそれがある。

こうしたことから、公益通報者保護法の改正を議論した消費者庁の15～16年の検討会と、その下に設置された16年のワーキング・グループでは、内部資料の持ち出しの免責が議題の一つに取り上げられた。

委員らのうち、升田《ますだ》純《じゅん》・中央大学大学院法務研究科教授は「目的は手段を正当化しない」と反対した。が、それは少数意見だった。そういう主張がありうるからこそルールを法律に書き込む理由があると田中亘《たなかわたる》・東京大学社会科学研究所教授（会社法）は意見した。

升田教授「一律にこれを免責するというわけにはいかない、すべきではないという具合に考えていますし、それは根拠もないという具合に考えます。（中略）原則は、違法、不正な手段によるというのは許されないというのが前提でやはり議論すべきだと思います」（16年8月30日、第7回ワーキング・グループ）

全国消費者行政ウォッチねっと事務局長の拝師《はいし》徳彦《のりひこ》弁護士「公益通報者保護法の要件を満たすようなケース、当然、公益目的というのが大前提にあるわけですから、そのような場合には、かなり原則的に持ち出しが許されてもいいのかなという感覚は持っています。社会的に見て相当性を逸脱するようなケース以外は原則としては認めるというようなたて付けがいいのかなというふうに思っています」（同右）

田中教授「公益通報に必要な証拠の持ち出しについては、公益通報自体に準ずる行為として、それに対する不利益取り扱いを禁ずるという規定を設けるのがいいのではないかと思います。（中略）ある程度、証拠を収集するという行為についても不利益取り扱いを禁じなければ、現実的には公益通報を抑制することになってしまうのではないかと私も思います」（同右）

早稲田大学副総長だった島田《しまだ》陽一《よういち》教授（労働法）「やはり資料の持ち出しは、ある種の違法行為、企業秩序の違反行為で、例外的に免責されるべきものなので、これを何か積極的に助長するというような書き方はなかなか難しいのではないかと。今、田中委員がおっしゃったような抽象的な規定であればあり得ないことはないと思いますが、そこは相当慎重にしたほうがいいのではないか」（同右）

経営倫理実践研究センター首席研究員の水尾《みずお》順一《じゅんいち》・駿河台大学経済経営学部教授「重篤《じゅうとく》な資料の持ち出しを、それに対して何らの罪を問わないということは、私は多分ないと思います。（中略）一般的な資料の持ち出しについてはやっぱりそれは、免責されるべきです。そのことを言わないと、いわゆる真実性の担保であるとか、有無であるとか、そういうことを要求すればするほど、実は通報者というのは二の足を踏みます」（16年3月8日、第9回検討会）

読売新聞大阪本社編集局の井手《いで》裕彦《ひろひこ》編集委員「司法機関も、捜査機関も、監督官庁としての行政機関の場合も、『証拠』を求めています。（中略）捜査機関や行政機関に公益通報をしにいった場合、必ず、証拠を持ってきてくださいと言われるのです。（中略）やはりここは、資料の持ち出しをしても、それが即ですね、不利益取り扱いにつながるようなことは防ぐような規定を入れるべきではないのかなと思います」（15年12月9日、第6回検討会）

勤務先の違法なヤミカルテルを内部告発した経験のある串岡弘昭委員「私はもちろん証拠を持ち出しました。当然、自分が管理する分もありましたので、それを出したわけです。（中略）違法行為を示すものは、これは外へ持ち出すという形で行《おこな》った。それでも、もちろん、制裁をすると告げられました。（中略）内部告発者もやはり力を持たなければならない。公益通報者が、その力を持たせてもらえないと、これからいろいろな不祥事というものは、やはり隠されてしまう」（16年10月12日、第12回検討会）

公益通報への対応について企業側に助言することが多く、日本内部統制研究学会の理事でもある山《やま》口《ぐち》利昭《としあき》弁護士（大阪弁護士会）は検討会で、すでに内部文書が流出している実態があると指摘。「どこかで歯止めをかけないと」と述べたうえで、免責の規定を設けるべきだと主張した。持ち出しを無条件に広く認めるのではなく、持ち出しが原則としては事業者内部の服務規定などに違反しうることを前提に、その違法性を阻却する要件をきちんと定める必要があるという主張だ。公益通報者保護法のなかで内部文書の持ち出しを一定の要件の下で保護すると明文化することは、事業者の側にとっても、通報者の側にとっても、望ましい、と山口弁護士は言う。

一方、労働法に詳しく、内部告発者の側で活動してきた光前幸一《こうぜんこういち》弁護士（東京弁護士会）は検討会で、法律に免責の規定を入れることで、逆に、免責される場合が制限的に絞り込まれてしまう恐れがあると指摘した。光前弁護士によれば、証拠の持ち出しは「通報行為の一部」であり、裁判所も、「適法な通報であれば、原則として、証拠の持ち出しも適法」という比較的シンプル、ある意味ではラフな判断を示してきている。光前弁護士は「下手《へた》にこれを条文化すると、かえって、規制が厳しくなり、結局、通報を萎縮させる結果になることを懸念している」という。法律に免責の規定をあえて置かず、現行法で保護されるという解釈を明らかにするだけでもいいのではないか、と光前弁護士は提案した。

消費者庁の検討会は16年12月15日の最終報告書で、「内部資料持ち出しの責任の減免」を検討対象に挙げ、公益通報を裏付けるのに必要な内部文書を入手して持ち出す行為について、一定の範囲で民事上の免責を認め、通報者を保護する方向性を打ち出した。それについて、報告書は次のような理由を挙げている。

「何らの裏付けなく通報をしても、通報の受け手を調査・是正措置に着手させることは難しく、また、行政機関への通報やその他外部への通報の場合には、真実相当性を満たしていないとして、不利益取扱いから保護されないリスクも抱えることになるため、通報者としては、通報に当たって裏付けとなる資料の収集を検討するものと考えられる。しかし、通報行為とは別に、かかる資料の持出しについての責任を問われ得るとすれば、通報者は持出しを断念するとともに、通報自体も諦めるおそれがあると考えられる[45]」

検討会の報告書は「したがって、内部資料の持ち出しを理由とした不利益取扱いから通報者を保護する方向で検討する必要がある」と結論づけた。

その後、２０１８年に消費者委員会が専門調査会で検討した結果、氏名などを明記した書面を提出して行政機関に公益通報した場合は、その保護要件を大幅に緩《ゆる》め、「通報内容を真実と信ずるに足りる相当の理由」を不要とするように法を改正することになった。このため、「通報を裏付ける資料の収集行為を理由とする不利益取扱いから通報者を保護する規定」の必要性は薄くなったと考えられ、従来どおり、一般法理による総合判断に委ねることにした。

消費者委の専門調査会の報告書には「これまでに集積された通報を裏付ける資料の収集行為に関する裁判例を整理・分析し、当該収集行為に関する責任の有無についての実務上の運用の周知を進めるべきである」との結論が盛り込まれた[46]。

このようにして、公益通報に必要な内部文書を職場から外部に持ち出す行為について、解雇などの不利益扱いから保護し、民事上の免責を認めることについて、改正公益通報者保護法に明文で盛り込まれることはなかった。ただし、その改正の検討過程で、その保護の方向性は明確に打ち出されており、今後の行政や裁判の実務に反映される可能性が高い。

1 株式会社レオパレス21、外部調査委員会、２０１９年５月29日、「施工不備問題に関する調査報告書」８～11頁。https://www.leopalace21.co.jp/ir/news/2019/0529_2819.html
2 外部調査委、報告書１０９～１１０頁。
3 株式会社レオパレス21、２０１９年５月29日、「外部調査委員会による調査状況の最終報告に関するお知らせ」。https://www.leopalace21.co.jp/ir/news/2019/0529_2819.html
4 大和ハウス工業株式会社、２０１９年４月12日、「戸建住宅・賃貸共同住宅における建築基準に関する不適合等について」。https://www.daiwahouse.com/about/release/house/pdf/release_20190412.pdf
5 国土交通省、２０１９年８月２日、「共同住宅の建築時の品質管理のあり方に関する検討会・とりまとめ」。http://www.mlit.go.jp/jutakukentiku/Kyodojyutakufutekigou
6 http://www.mlit.go.jp/common/001301927.pdf#page=25
7 国土交通省住宅局建築指導課、２０１９年12月20日、「一級建築士の懲戒処分について」。https://www.mlit.go.jp/report/press/content/001321032.pdf
8 朝日新聞朝刊社会面（大阪）、２０００年６月24日、「組織票、利害に直結」。
9 消費者庁、２０１４年10月７日、「公益通報者保護制度に関する意見聴取（ヒアリング）」第５回議事要旨22頁。https://www.caa.go.jp/policies/policy/consumer_system/whisleblower_protection_system/research/hearing/pdf/141007_gijiyoushi.pdf#page=20
10 ２００４年５月14日、第１５９回国会　衆議院　内閣委員会　第14号会議録。https://kokkai.ndl.go.jp/txt/115904889X01420040514/321
11 日本郵政株式会社、かんぽ生命保険契約問題特別調査委員会、２０２０年３月26日、追加報告書79頁８行。
12 西日本新聞、「かんぽの不適切営業問題」。https://www.nishinippon.co.jp/theme/989/?page=4
13 西日本新聞、「あな特インサイド」、２０２０年３月31日、「『声なき声が、巨大組織に風穴』かんぽ不正販売問題を宮崎記者に聞く。」。

https://anatoku.jp/inside/223/
14 日本郵政株式会社、かんぽ生命保険契約問題特別調査委員会、２０１９年12月18日、調査報告書１２４頁。https://www.post.japanpost.jp/notification/pressrelease/2019/00_honsha/1218_02_02.pdf#page=131
15 日本郵政株式会社、ＪＰ改革実行委員会、２０２１年１月29日、「日本郵政グループの内部通報窓口その他各種相談窓口等の仕組み及び運用状況等に係る検証報告書」10、11、16、25頁。https://www.japanpost.jp/pressrelease/jpn/2021/20210129163086.html
16 特別調査委、追加報告書１２２頁。https://www.japanpost.jp/pressrelease/jpn/20200326_01.pdf#page=129
17 日本郵便株式会社、２０２１年７月16日、内部通報に関する不適切な取り扱いについて。https://www.post.japanpost.jp/notification/pressrelease/2021/00_honsha/0716_03.html
18 福岡地方裁判所第３刑事部、２０２１年６月８日、強要未遂被告事件判決、令和３（わ）３８２。https://www.courts.go.jp/app/hanrei_jp/detail4?id=90433
19 特別調査委、追加報告書１頁。
20 特別調査委、調査報告書１２５、１２７、１３１頁。
21 特別調査委、追加報告書１０４頁。
22 ＪＰ改革実行委、検証報告書９、24頁。
23 奥山俊宏、２００８年９月、「千代田生命の元常務と元社長、破綻を境に賠償責任が逆転」『ルポ内部告発　なぜ組織は間違うのか』（朝日新書）２１９～２４２頁。
24 奥山俊宏、２００８年９月、「『内部告発のパイオニア』が受けた32年間の仕打ち」、同右書２４３～２７６頁。
25 大塚将司、２０２０年12月、『回想イトマン事件――闇に挑んだ工作30年目の真実』（岩波書店）24～25頁。
26 大塚、同右書55～57頁。
27 國重惇史、２０１６年10月、『住友銀行秘史』（講談社）89頁。
28 國重惇史ら、「『住友銀行秘史』舞台裏を明かす」『文藝春秋』２０１６年12月号、１６８頁。
29 児玉博、２０２１年２月、『堕ちたバンカー　國重惇史の告白』（小学館）２５１～２５２頁。
30 １９９１年３月12日、第１２０回国会　衆議院　予算委員会第一分科会　第２号会議録。https://kokkai.ndl.go.jp/txt/112005272X00219910312/244
31 大塚、前掲書１８３頁。

32 検察官冒頭陳述、１９９１年12月19日、河村元社長らを被告とするイトマン事件初公判。
33 朝日新聞大阪社会部、１９９２年7月、『イトマン事件の深層』（朝日新聞社）１００頁。
34 住友銀行行史編纂委員会編纂、１９９８年8月1日発行、『住友銀行百年史』６２６頁。
35 國重惇史、「著者のホンネ　戦後最大の経済事件の内幕を初めて実名で暴露した問題作」『週刊ダイヤモンド』２０１６年11月26日号１０７頁。
36 國重、『住友銀行秘史』２７７頁。
37 田村秀男、２０１６年10月23日、「なぜ日経新聞はイトマン事件を矮小化したのか？　超弩級のスクープが3面の段物に　他紙は黙殺…」『田村秀男のお金は知っている』。http://www.sankei.com/premium/news/161022/prm1610220026-n1.html
38 １９９１年5月14日、第１２０回国会　衆議院　決算委員会　第5号会議録。https://kokkai.ndl.go.jp/txt/112004103X00519910514/213
39 「暴かれる虚業イトマン事件（中）」。
40 「怪文書　火花散る情報戦争」。
41 國重ら、「『住友銀行秘史』舞台裏を明かす」１７２頁。
42 國重、「著者のホンネ」１０７頁。
43 大島千佳・ＮＮＮドキュメント取材班、２０１６年4月、『自衛隊の闇　護衛艦「たちかぜ」いじめ自殺事件の真実を追って』（河出書房新社）１６４～１６７頁。
44 大島千佳・ＮＮＮドキュメント取材班、同右書、２４８～２４９頁。
45 消費者庁、２０１６年12月、「公益通報者保護制度の実効性の向上に関する検討会最終報告書」１３７頁。https://warp.da.ndl.go.jp/info:ndljp/pid/10311181/www.caa.go.jp/planning/koueki/chosa-kenkyu/files/koujou_161215_0003.pdf#page=143
46 消費者委員会、２０１８年12月、「公益通報者保護専門調査会報告書」23頁。https://www.cao.go.jp/consumer/history/05/kabusoshiki/koueki/doc/20181227_koueki_houkoku.pdf#page=24

第5章

改正公益通報者保護法、詳細解説

事業者に何を義務づけているか

日本の公益通報者保護法は、一定の要件を満たす内部告発をした労働者を不利益扱いから保護する民事ルールとして2004年6月に制定された。内部告発した労働者を場合によっては法的に保護するのだとの国家意思を世の中に示すというアナウンスメントの効果は大きかったが、実は、法律としての実効性はまったくないに等しかった。

制定当初の公益通報者保護法は、内部告発した労働者に対する不利益扱いに関して労働法制の一般法理をその一部対象範囲で明確化し、労働法制を補完し、民事上の紛争を収める際の指針として機能することを期待されたに過ぎない。事業者や行政機関を規律する条文もないことはなかったが、それらは訓示的な指針にとどまり、実質的には、事業者に新たな義務や負担を課すものではなかった。

この法律を立案した内閣府幹部の当時の話によれば、強面《こわもて》ではなく、ソフトな顔つきの法律とすることを意図してそのようにした。その幹部が筆者を前に比較の相手として例示したのは、前年の03年5月に制定された個人情報保護法だった。個人情報保護法は、行政機関に勧告や命令の権限を与え、刑事罰を定め、そうした脅《おど》しを背景に強権的に事業者を従わせようとしている。いわば強面の法律だ。

これと対照的に、公益通報者保護法は、内部告発者保護の考え方を世の中に示し、それの履行《りこう》をやんわりと事業者に促すにとどまった。行政の権限も刑事罰も盛り込まれず、事業者にとっては何らおそれる必要のない、怖くない法律だった。

制定当時は、本当に日本社会に内部告発者保護の考え方が馴染《なじ》むのかと心配する人が少なくなかった。そのため、その制度化は、経済企画庁出身者の多かった内閣府国民生活局の官僚らにとって、一種の「社会実験」であり、恐るおそる施行した。参考にした英国の公益開示法や米国の企業会計改革法（SOX《ソックス》法）をはじめとする内部告発者保護法制に比べると、慎重論に配慮して保護対象を絞り込んだ。救済措置も弱く、ないに等しいものにとどめた。立案にあたった内閣府幹部も当時そうした実情を認め、「小さく生んで大きく育てたい」と説明した。だから、当初から施行数年での改正を想定し、施行5年後をめどに施行状況を検討して措置を講ずるとの条項を附則《ふそく》に入れた。

その期限である施行5年を大幅に超え、制定から16年の歳月を経て、やっと改正が実現したのが2020年6月である。その改正法が22年6月1日に施行され、公益通報者保護法はその顔つきを変えることになる。すなわち、法の趣旨を実効あるものとするため改正法は「内部通報に適切に対応するために必要な体制の整備」や「公益通報者を保護する体制の整備」を従業員301人以上のすべての事業者に義務づけ、これを守らせるために指導や勧告をする権限を国に与える。事業者で内部通報に関わる業務にあたる人に対しては「通報者を特定させる情報」について守秘義務を課し、違反者には刑事罰を科す。内部告発者保護にまつわる法執行の権限を行政に与えたことは、大きな変化だ。

従来の公益通報者保護法にあった条文は全部で11に過ぎず、章立てもなかったが、改正後の法律は、条文が22に増え、五つの章に分けられた。総則の第1章、そして、公益通報者に対する不利益扱いの禁止などを定めた第2章——それら冒頭の二つの章は従来の法律をベースに対象を拡充した。これに対し、事業者の体制整備義務を定める第3章、消費者庁の権限を新設する第4章、罰則を置く第5章は、既存の法の改正というよりも、実質的に、新しい法律の制定とも言いうる内容となっている。

改正法は、公益通報者保護法について、労働裁判の規範たることを第一義とする民事ルールとしての役割だけでなく、行政措置や刑事罰を導入することで法執行ルールとしての役割をもたせ、法律の性格そのものを変えようとしている。後者、すなわち法執行ルールとしての改正公益通報者保護法は、諸外国の立法例にもあまり見られないユニークな制度を創設しようとしている。2022年の日本における内部告発をめぐる思潮と制度進化の一つの到達点が、この改正公益通報者保護法だということができる。そして、この法律がこのように強面の側面を持つようになることから、なおさら「密告」奨励に堕《だ》するのではなく、すなわち、いわば国家権力の手先として内部告発者を活用するのではなく、事業者の自浄の努力をできるだけ尊重し、内部での是正を促すように、かつ、報道機関など広い外部への告発へとシームレスに開かれた、一人ひとりの国民に奉仕するパブリックな制度へと高めるように、この法律を解釈・運用していかなければならない——そうした理念上の要請はより大きくなっていると考えるべきだろう。

以下、まずは改正への経過を振り返り、そのあと、改正後の公益通報者保護法の全体像を見ていく。ここでは、06年4月～22年5月に施行されていた公益通報者保護法を「従来法」と呼び、22年6月に改正された後の新しい公益通報者保護法を「改正公益通報者保護法」または「改正法」と呼ぶ。

1　改正の検討に10年の歳月

諸外国に後れをとってしまった日本

日本の公益通報者保護法は前述したように２００４年に制定され、それは欧州大陸各国の制定より9年から20年近く早い。先進国のなかでも比較的早い法制化だったといえる。しかし、その保護の水準は最初から、お手本にした英国の公益開示法より狭く浅く弱いものだった。

第2～4章で見てきたように、06年の施行の後も、やむにやまれず内部告発したのに報復的な処遇を受けたという人が相次いだ。会社を信頼して内部通報したのに、社内で名前を漏らされたという人もいた。こうした報復の違法性が民事裁判で認められても、処罰はなく、多くの事業者は金銭の支払いだけで済ませてきた。その結果、公益通報制度への信頼は少なからず損なわれた。不祥事が温存されてしまったとみられる例も珍しくない。

日本が公益通報者保護法を制定した後、05年から21年にかけて、米国、韓国、欧州がそれぞれ内部告発者保護法制の整備をさらに進めたのは第1章で見たとおりだ。その間、日本で法改正は一度も行われなかった。その結果、他の主要国に比べて、近年、日本の法制の狭さ浅さ弱さはよりいっそう際だってきている。つまり、諸外国で法制が進化した分、日本の法制はいつしか、それらに取り残され、欠点がより目立つ格好《かっこう》となってしまっている。

一方で、２００６年の同法施行後、ミートホープ、船場吉兆《せんばきっちょう》などの「食の偽装」、キヤノンやパナソニック子会社による違法な偽装請負、オリンパスや東芝《とうしば》の不正経理など企業不祥事、海上自衛隊の護衛艦「たちかぜ」のいじめアンケートの隠蔽《いんぺい》などが内部告発で発覚している。公益通報者保護法の存在が、内部告発するべきか迷っていた人の背中を押した側面もあるのであろうと思われる。

内閣府の審議会組織、消費者委員会の松本恒雄《まつもとつねお》委員長は施行５年の節目を前に、この法律について「一定の効果があったと思う」と述べている。

「公益通報者保護法というものができて、内部告発をマイナスイメージのみで見ていた時代から、必ずしもそうではないんだということを、国家の意思で示したことは意義があったのだろうと思っています[1]」

施行5年時の議論では結論先送り

制定当初の公益通報者保護法はその附則で「政府は、この法律の施行後5年を目途《もくと》として、この法律の施行の状況について検討を加え、その結果に基づいて必要な措置を講ずるものとする」と定めていた。２０１１年4月1日に施行から満5年となるのを控え、その10カ月前の10年6月、消費者委員会は有識者を集めて「公益通報者保護専門調査会」を発足させた。

調査会では、保護の対象を広げるべき、報道機関など外部への通報の保護要件を緩和すべき、といった意見が多数出る一方で、「このままでよい」「変更に慎重であるべき」との意見もあった。公益通報者保護法を廃止すべき、あるいは、保護を現行法より弱めるべき、という意見はなく、法改正を求める意見は基本的に、公益通報者保護を現行法よりさらに強化すべきとする内容だった。そういうなかで、所管官庁の消費者庁は10年11月24日の調査会会合で、「法改正によって制度を見直すべき具体的事実・理由は十分に確認できていない」として改正に後ろ向きな姿勢を明らかにした。その結果、11年2月、専門調査会の報告書は、法改正について積極・消極の両論を併記し、結論を先送りする内容となった。[2]

これを受けて消費者委は11年3月11日、法の運用、適用、遵守《じゅんしゅ》状況などについて、実際に公益通報をした当事者や報道機関から話を聴くなど「充実した調査」をするよう消費者庁に求める意見をまとめた。[3]

内部告発経験者を交えて議論

消費者庁は2012年度、一般財団法人比較法研究センターに委託して、串岡弘昭《くしおかひろあき》さん（第4章3節301頁参照）、浜田正晴《はまだまさはる》さん（第2章参照）ら通報経験者にヒアリングし、13年6月、その結果を報告書にした。[4] この報告を受けて消費者委は13年7月23日、「法の改正を含めた措置を検討されたい」と意見した。[5]

これへの対応として消費者庁は14年5月から翌15年3月にかけて、学者や弁護士、企業経営者だけでなく、浜田さん、串岡さんら通報経験者、筆者ら報道記者にも意見を聴取。[6] 15年6月、宇賀克也《うがかつや》・東京大学法学部教授（行政法）を座長に有識者らで構成する「公益通報者保護制度の実効性の向上に関する検討会」を設けた。日本ＩＢＭの社長や会長、経済同友会代表幹事を歴任した北城恪太郎《きたしろかくたろう》氏、読売新聞大阪本社の井手《いで》裕彦《ひろひこ》編集委員、元トナミ運輸社員の串岡さんらが委員になった。運送業界のヤミカルテルを内部告発し、長年にわたって閑職《かんしょく》を強いられた串岡さんと財界の大物、北城さんが互いに隣に座って一つの議論に参加するのは、筆者にとって印象に残る光景だった。このとき消費者庁はやっと重い腰を上げ、法改正の方向に舵《かじ》をきった。

北城恪太郎さん（左）と串岡弘昭さん＝2015年６月16日、東京・永田町で

　検討会では、経済界出身の北城氏からも「退職者を公益通報者に含める方向で検討していただきたい」など法改正に積極的な声が出た。16年3月に第1次報告書を発表。それに基づいて、同年4月に刑法や会社法の専門家を入れたワーキング・グループを設けた。法改正に消極的な意見を最も多く述べた升田《ますだ》純《じゅん》・中央大学大学院法務研究科教授が、ワーキング・グループでの議論が続いていた9月30日に委員を辞任する一幕もあったが、検討会の大勢は法改正に前向きだった。同年12月15日、消費者庁から最終報告書が公表された。

「公益通報者保護法の施行から10年以上が経過しているにもかかわらず、制度に関する認知度は必ずしも高いものではないことを考慮すると、内部通報制度等の整備に関する義務を法定してその周知を図るとともに、通報の活性化を図る必要性は一定程度あると考えられる。したがって、事業者が内部通報制度等を整備することに関する定めを法に設ける方向で検討を行う必要がある」[7]

企業不祥事が起きるたびに問題となる内部通報制度に法的な位置づけを与える方向性が示された。検討会の最終報告書はまた、内部通報に関する事業者側の守秘義務違反への行政的な制裁措置を検討する必要性を提言した。ただし、刑事罰導入の提言は見送り、「引き続き検討」とするにとどめた。

このほか、▽従来法が「労働者」に限っている保護対象に退職者を新たに加え、▽役員を保護の対象に加え、▽行政機関など外部への告発の保護要件を緩《ゆる》め、▽報復人事など違法な不利益扱いに行政が勧告・公表などの措置をとれるようにし、▽消費者庁が一元窓口として通報を受け付け、他省庁にそれを振り分け、その対応を監視したり、改善を要請したりする——といった方向での検討を所管の消費者庁に求めた。

検討会は最終取りまとめで消費者庁に対し、不利益扱いに対する行政措置を制度化するため、労働法制違反に対する指導・勧告・行政処分などの実績がある厚生労働省などとの間で役割分担や協力関係を構築するなど体制整備を行うべきとも求めた。

自民から共産まで全会一致で改正法可決

2018年1月15日、政府（内閣総理大臣代理）は、公益通報者保護法の規律のあり方などについて消費者委員会に諮問《しもん》した。

これを受けて消費者委は、法学者や企業団体役員、企業の部長、弁護士、労働組合幹部、消費者団体役員らを委員とする専門調査会を7年ぶりに再開し、山本隆司《やまもとりゅうじ》・東京大学大学院法学政治学研究科教授（行政法）が座長となって法制度の詳細検討を始めた。

山本座長は8月2日の消費者委で「非常に論点が多岐《たき》にわたっている」と途中経過を報告した。「これは、この公益通報者保護法が非常に多岐にわたる法分野に関係しているということがあり、なおかつ、その利害関係者、あるいは、関係をする行政機関がこれまた非常に多岐にわたっている、ということによるものです」

専門調査会報告書は、消費者庁の検討会の最終報告書が法改正を提言した論点をほぼなぞる内容でその年の12月に取りまとめられた。同月27日に消費者委から安倍晋三《あべしんぞう》首相に答申された。

消費者行政とは別の観点からの提言もこのころ相次いだ。

２０１８年3月30日、日本取引所自主規制法人は「上場会社における不祥事予防のプリンシプル」を発表し、その解説のなかで「本来機能すべきレポーティング・ラインが目詰《めづ》まりした場合にも備え、内部通報や外部からのクレーム、株主・投資者の声等を適切に分析・処理し、経営陣に正確な情報が届けられる仕組みが実効性を伴って機能することが重要である」と指摘した。

18年10月15日、金融庁はコンプライアンス・リスク管理基本方針を策定。監督下の金融機関について「内部通報制度が活用されず、長期にわたり問題事象が認識されない事案や、報道機関等への内部告発によって発覚する事案もみられる」と指摘し、その背景を「問題事象を感知した者が、通報の適正な取扱いや通報者の保護に関する懸念を拭《ぬぐ》えないという事情がある」と分析し、その改善の観点から経営陣の姿勢の重要性を説いた。

翌19年5月16日、参議院の文教科学委員会は学校教育法改正にあたって「学校法人の不祥事や不正等が繰り返されることのないよう、これらに対する告発が隠蔽されずに適切に聞き入れられる仕組みの構築等、より実効性のある措置について速やかに検討すること」を政府に求める附帯《ふたい》決議をした。

19年6月28日、経済産業省は、企業のグループ経営や子会社管理について「グループ・ガバナンス・システムに関する実務指針」を策定。「不祥事が発生した場合の社会的損害やグループとしてのレピュテーションダメージを最小化するため（中略）の仕組みとして、不祥事の端緒《たんしょ》を把握するための実効的な内部通報制度の整備が重要であり、グループ本社が主導してグループ全体として取り組むことが検討されるべきである」と経済界に呼びかけた。

その翌日の6月29日には、安倍首相がホスト役となって大阪で開いた主要国G20サミットが「内部告発者保護のための法律及び政策を整備し、実施する」「可能な限り広範な通報者に保護を提供する」と謳《うた》う首脳宣言を採択。「効果的な公益通報者保護のためのハイレベル原則」を承認した。[8]

この間、消費者庁の幹部らは、専門調査会の報告書で積み残しとなっていた論点について、関係者との調整を進めた。

2019年10月31日、自民党政務調査会の消費者問題調査会（調査会長＝船田元《ふなだはじめ》・元経済企画庁長官）は「公益通報者保護制度に関するプロジェクトチーム（PT）」の初会合を開いた。宮腰光寛《みやこしみつひろ》・前消費者担当相がPT座長に、小倉将信《おぐらまさのぶ》衆院議員がPT事務局長に就《つ》いた。PTは以後、全国消費者団体連絡会、日本弁護士連合会、日本経団連、全国商工会連合会、全国市長会、日本労働組合総連合会、有識者らから意見を聴いていった。

対応が注目された日本経団連は、専門調査会報告書が改正の方向性を打ち出した主なポイントについて、「反対はしない」との意見を表明し、「報告書の内容を十分に尊重した法制化作業を期待」とのスタンスを明らかにした。

通常国会の開会を前に20年1月16日に開いたPT会合では、通報者の情報の漏洩《ろうえい》を防止するため「従事者や役員に罰則付きの守秘義務を課すこととしてはどうか」との提言を盛り込んだ対応方針案が示された。これは、消費者委の専門調査会報告書の方向性をはみ出し、より告発者保護に積極的な内容だった。一方、公益通報者への不利益な扱いに行政措置を課す制度については、「既存の他の制度も念頭に置きつつ、関係機関と連携して通報者の負担軽減に努めることとしてはどうか」と玉虫色に後退した。

自民党の船田調査会長は、

「いうまでもなく、やはり制度の実効性を上げるというのが、最大の課題であります。しかしあわせて、事業者のみなさんや、自治体のみなさんにも一定の理解をいただくことも大事なことでございますので、そのあたりの配慮もしながら良い案を作っていきたいと思います」

とあいさつした。

2月6日に開かれた自民党消費者問題調査会の会合で、宮腰PT座長がPT取りまとめの内容を説明して了承を得ると、船田調査会長が衛藤晟一《えとうせいいち》・消費者担当相に提言として手渡した。

政府は3月6日朝の定例閣議で、公益通報者保護法の一部を改正する法律案を決定し、同日、衆議院に提出した。

法案は5月15日、消費者問題に関する特別委員会に付託《ふたく》され、19日と21日に同委員会で質疑が交わされた。衛藤担当相は「守秘義務の導入等々はG20ハイレベル原則にも沿う」と述べ、「各国の制度も参照しながら大幅に制度の見直しを行うものであり、（グローバルスタンダードと比べて）遜色《そんしょく》がないものと思います」と答弁した。[9] 5月21日、自民党から共産党までの5会派共同で政府原案の附則5条に文言を加える修正（本章3節416頁で詳述）が提案され、総員起立で可決された。翌22日午後の衆院本会議は異議なしでこれを了承。自民から共産までの全会一致で法案は衆院を通過した。

参議院では、6月3日午前の本会議で趣旨説明が行われ、地方創生及び消費者問題に関する特別委員会が付託を受けた。同日午後、オリンパス社員の浜田正晴さんら3人を参考人として招致し、意見を聞いた。5日午後、消費者庁の次長や審議官を招いて今後の検討の方向性などについて質疑。衆院から送付された案の通り可決すべきと全会一致で決めた。6月8日午後に開かれた参院本会議は総員起立で改正案を可決した。12日、公布された。

施行に向けて指針を策定、その解説も公表

改正法11条4項に基づき、政府は「事業者がとるべき措置」に関して指針を定めることとなっている。このため、消費者庁は2020年10月、高巖《たかいわお》・麗澤大学教授ら有識者に委嘱して「公益通報者保護法に基づく指針等に関する検討会」（指針検討会）を設け、5回の会合を経て、21年4月に指針の案文を含む報告書をまとめた。[10] 意見公募（パブリックコメント）や消費者委員会への意見照会、案文の微修正を経て、21年8月20日、次のような名称の内閣府告示として指針を公表した。

公益通報者保護法第11条第1項及び第2項の規定に基づき事業者がとるべき措置に関して、その適切かつ有効な実施を図るために必要な指針（令和3年内閣府告示第118号）

16年12月に消費者庁が策定していた「内部通報制度の整備・運用に関する民間事業者向けガイドライン」は、指針検討会の報告書の内容と統合され、「指針の解説」に改められて、21年10月13日、消費者庁から公表された。

2　民事ルールとしての公益通報者保護法

国家ではなく国民の利益の保護が目的

公益通報者保護法は第1条でまず、どのような目的で何を定めているのかを宣言する。

その定めている内容を大別すると、

「公益通報をしたことを理由とする公益通報者の解雇の無効及び不利益な取扱いの禁止等」

ならびに、

「公益通報に関し事業者及び行政機関がとるべき措置等」

の二つである。前者がいわば民事ルールであり、後者がいわば法執行ルールである。この二つのルールのうち、従来は薄弱だった後者、法執行ルールの部分が改正によって大幅に積み増しされたといえる。

こうしたルールを定める目的は、

「公益通報者の保護を図るとともに、国民の生命、身体、財産その他の利益の保護に関わる法令の規定の遵守を図る」

とされている。

ここで「遵守を図る」ことの対象とされている法令から、出入国管理、租税など、もっぱら国家の機能に関わる法令が除かれていることは特筆に値《あたい》する。つまり、公益通報者保護法の目的は「国家の利益」ではなく、「国民の利益」に絞られている。これは直接的には、国民生活審議会での議論から公益通報者保護法が生まれ、消費者庁の前身である内閣府国民生活局がその立案を担当した経緯があって、消費者利益と公益通報との関係性が希薄であってはならないと考えられているためであるが、より高い視点から俯瞰《ふかん》して分析すれば、ナチス・ドイツなど全体主義国家が奨励するような「密告」とは一線を画し、国家権力ないし「お上《かみ》」の利益に奉仕する色彩を打ち消そうとしたものだと見ることができる。この点は、後述する「通報対象事実」の「広さ」に直接影響しており、入管法違反や税法違反、国家公務員法違反、特定秘密保護法違反に関する内部告発をこの法律の保護対象からあえて除く要因となっている。つまり、たとえば「不法残留の外国人を働かせている会社がある」「うちの役所の幹部が記者に特定秘密を漏らしている」との内部告発は、国家への「密告」の色彩があまりに濃く、この法律による保護の対象ではない。

消費者庁の検討会の2016年12月の最終取りまとめでは、「法の目的を広く法令一般の遵守とすること」や「法の所管官庁の在《あ》り方」についても検討すべきだとの意見が紹介されたが、20年の改正には採り入れられなかった。改正の前後を通じてこの第1条は実質的に変わっていない。

不正の目的でなく

第2条は「公益通報」を定義する。

それによれば、公益通報は、不正の利益を得る目的、他人に損害を加える目的など不正の目的によるものであってはならない。公序良俗や信義則《しんぎそく》に反するような目的の場合は、たとえ、その公益通報が結果的に社会の利益になったとしても、この法律の保護は受けられない。

英国の公益開示法が制定当初、保護対象の通報について「誠意をもって」とか「誠実に」とか「真《しん》摯《し》に」とかを意味する「in good faith」であることを要件としていたのにならっている。

国会での政府答弁によれば、従業員本人の利益目的、逆恨《さかうら》みなどの濫用《らんよう》的通報は、事業者の信用や名誉を傷つけるだけでなく、正当な公益通報への事業者の対応を阻害《そがい》するおそれがある。そのため、不正の目的の通報、すなわち金品を得ることや他人に損害を加えることを目的とした通報や、事実が存在しないことを知りながらした通報、すなわち虚偽であることを知りながらの通報は、公益通報に該当せず、法の保護を受けない[11]。

ここにも、「密告」を保護の対象から排除しようとする意図が表れているとみることができる。

だれが公益通報するのか

改正前の従来法において、公益通報の主体となるのは、労働基準法の定義する「労働者」に限定されていた。すなわち、職業の種類を問わず、事業または事務所に使用される者で、賃金を支払われる者だけが公益通報者保護法による保護を受けることができた。パート、アルバイト、派遣労働者や下請けの労働者を含むが、取引先の事業者は含まれない。退職者（元労働者）や役員については、通説では、含まれないと解釈されていた。

取引先事業者については、2018年12月の消費者委の専門調査会報告書で、相手方事業者の不正を知りうる立場にあり、また、通報を理由として契約の解除や更新拒絶、取引の数量の削減など不利益な取り扱いを受けるおそれがあるとして、保護の必要性が指摘された。一方で、取引の関係は「基本的に契約自由の原則が妥当する」などの意見もあった。結局、「今後、必要に応じて検討を行うべき」として、20年の法改正には盛り込まれなかった。

会社の取締役については、使用人を兼務していて、その限りで労働者性を認められる場合がありうる。すなわち、「取締役である者が同一会社で業務執行外の事務または労務の一部を担当し、その対価として給与または賃金を支払われるとき、その一面において労働者として取り扱われるべき」とした裁判例がある。取締役ではない執行役社長もいる。したがって従来法においても、単純に役員は保護の対象外だということはできない。

退職者についても微妙な点がある。従来法は「公益通報」について、「労働者が（中略）通報することをいう」と定義しており、この「労働者」は現役のみであって、元労働者は含まないように読める。在職中に公益通報した労働者が退職後、労働者でなくなっても、法の保護を引き続き受けられる点については争いはないが、労働者だった人が退職後に通報したときに保護を受けられるかについては、有権解釈権《ゆうけんかいしゃくけん》を有する消費者庁は、退職者は保護の対象外との消極解釈を採っていた。

公益通報者保護法案を立案した内閣府国民生活局の立法担当者は当初、退職者も保護の対象に含めるつもりで、それを前提に立法への議論は進んだ。当時の国民生活局長は04年6月10日の参院内閣委員会で「退職者につきましても（中略）事業者から退職年金を差し止められたという、これ実例が過去にあるということでございまして、そういうケースを念頭に置いて保護の対象に含めております」と法案を説明した。しかし06年の法施行を前に、内閣府国民生活局の内部で改めて検討したところ、「退職前に公益通報をした労働者には退職後も法の保護が及ぶものの、退職後になされた通報は保護対象に含まれない」と最終的に解釈を整理することになった。条文の文言を素直に読めば、公益通報の時点で「労働者」であることが「公益通報者」該当の要件であり、それ以外の読み方はあり得ないと考えられたからだ。その解釈が消費者庁に引き継がれ、今に至っている。

このように従来法にはあいまいなところがあったが、改正法は、「労働者であった者」や「役員」を「公益通報者」の定義の対象にした。具体的には、退職後1年以内の元労働者、そして、取締役、監査役らについて、保護対象となりうることを明確にした。

退職後1年以内に期間を絞ったのは、消費者庁の立法担当者によれば、できるだけ早期の通報を促そうという狙いからだ。これまで裁判例となっているケースがおおむね1年以内の通報に関するものだったという分析結果も踏まえた。「退職から長期間経過後の通報については、証拠の散逸《さんいつ》等により、通報を受けた事業者が適切に対応することが困難である」との指摘も考慮した。[12]

消費者委員会の18年12月の専門調査会報告書では「期間制限を設けないことが望ましい」とされて

おり、自民党のプロジェクトチーム（ＰＴ）での議論でも「ほとぼりが冷めるのには1年くらいかかる」「従業員名簿の保存義務のある3年を保護対象の年限とすることもありうる」という意見があった。自民党ＰＴの20年2月の取りまとめには、退職後1年の制限について「改正後の運用状況を踏まえ、必要に応じて見直すこととする」と記された[13]。

役員については、保護の対象とはするものの、労働者よりも要件のハードルを高く設定した。これについては後述する。

法の保護の効果

「公益通報」のうち、一定の要件を満たしたものについて、それを理由とした解雇は無効となる（3条）。同様に労働者派遣契約の解除も無効となる（4条）。降格、減給、不利益な配置転換、派遣労働者の交代の要求、退職金不支給、退職者への年金の差し止めなど不利益な扱いはすべて禁止される（5条）。

正式な処分ではない、事実上の行為も禁止される。訓告、厳重注意、自宅待機命令、不利益な配置の変更など人事上の差別取り扱いの作為《さくい》または不作為、昇給・昇格など給与上の差別取り扱い、退職の強要、もっぱら雑務に従事させるなど就業環境を害することも禁止される[14]。

解雇など不利益扱いを受けた公益通報者は、裁判所に労働審判を申し立てたり民事訴訟を起こしたりすることで、解雇など処分の無効、地位の確認、賃金支払い、損害賠償など救済措置を強制的に実現させることができる。ただし、役員については、解任を無効とすることはできないと解され、その代わりに、解任による損害の賠償を事業者に請求できることを改正法で新たに明文化した（６条）。

公務員についても、公益通報したことを理由として免職など不利益な取り扱いがなされないよう公務員法、裁判所職員臨時措置法、国会職員法、自衛隊法などの規定を適用することが各人事権者に義務づけられている（９条）。

通報者のための、こうした保護の効果の大枠は改正前も改正後も変わらない。

なお、事業者は、公益通報によって損害を受けたとしても、その公益通報が法の保護要件を満たす限り、その公益通報を理由として公益通報者に賠償を請求することはできない。この点は改正法で新たに明文化した（７条）。つまり改正法は、正当な公益通報である限り、損害賠償を免《まぬか》れる、ということを明確にした。公益通報に伴う名誉毀損《きそん》などの賠償責任を免除したといえる。「あなたが通報したおかげで会社がこんなに損害を被《こうむ》った」などの理由で訴えられるおそれから通報者が萎縮《いしゅく》するのを防ぐ狙いがある。

なにを公益通報するのか

公益通報者保護法が保護の対象とする公益通報の内容は、その労働者の勤務先（役務《えきむ》提供先）やその役員、従業員、代理人その他の者について、犯罪などの違法行為である「通報対象事実」が生じ、または、まさに生じようとしている、ということに限定されている。

２００３年に内閣府国民生活局で法案の条文を検討する過程では「犯罪行為等の事実が生じ、または、生ずるおそれがある」という表現で同年暮れに法案骨子案が公表されたが、経済界から「『おそれ』ではあいまいだ」との批判があり、04年3月の法案閣議決定の段階で「犯罪行為等の事実が生じ、または、まさに生じようとしている」と狭められ、切迫性が要件となった。この点は改正法でも変わらない。「通報対象事実が生じ」というのは、過去に生じた、ということを含む。

改正法で「通報対象事実」とされている違法行為を、その「深さ」によって大別すると、

① 犯罪行為の事実（刑罰に処せられる違法行為）（2条3項1号）
② 過料の理由とされている事実（行政罰に処せられる違法行為）（同右）
③ 法律の規定に基づく行政処分に違反することで刑罰や過料に処せられる場合における当該行政処分の理由とされている事実（直接的ではないものの行政処分を介することで最終的に刑罰や行政罰で抑止されている違法行為）（2条3項2号）

の3類型となる。

この対象範囲の「深さ」に関して、国民生活局での立法の検討段階の03年5月時点の案では「規制違反や刑法犯などの法令違反」とされていた。04年3月に閣議決定した法案ではこれを、最終的に刑罰により法令遵守の実効性を担保された「犯罪行為等」である①と③の一部に絞り込んだ。つまり従来の公益通報者保護法は、法令違反であっても、刑罰で抑止されていないものを対象外にしていた。

この点について、改正法はやや対象を広げ、行政罰である過料の対象となる違法行為（②）に関する通報も対象に加えた（2条3項1号）。たとえば、道路運送車両法に違反する自動車検査の不正、無資格者による自動車検査などがこれに該当する。刑事罰はないものの、過料の制裁が法定されており、重大事故につながりかねない法令違反であり、新たに対象とした。

③は、行政による是正命令などを経て最終的に犯罪や過料になりうる元となる行為を指す。具体的には、法令違反行為が直接には犯罪行為とはならないものの、違反者に主務大臣が是正などの命令を行い、さらにその命令への違反があった場合に犯罪行為や過料事由になるという形によって、最終的には刑罰や過料でその実効性が担保されている法令の規定に違反する行為を指す。たとえば、日本農林規格等に関する法律（ＪＡＳ法）の食品表示基準違反がこの類型に該当する。食品表示基準違反そのものは罪にならないが、農水大臣は基準違反者に対し、基準を守るべき旨を指示することができ（ＪＡＳ法61条1項）、その指示に従わない者には措置を命令することができ（同61条3項）、その命令に違反した者は刑罰に処せられる（同76条11号）。その元となる食品表示基準違反は犯罪行為ではなく、①に該当しないが、行政処分を経て刑罰につながりうるので、③に該当する。

これら①〜③に該当する法令違反であったとしても、そのすべてが公益通報者保護法の対象となるわけではない。第1条の立法の目的に「国民の利益」が掲げられているのに沿って、法律を個別に選んで別表や政令に列挙し、それらの法律に触れる違法行為である①〜③の事実を「通報対象事実」とする形式を採っている。いわば、法律の名前を明示することで対象範囲の「広さ」を画している。

「国民の生命、身体、財産その他の利益の保護に関わる法律」が対象法令選定の基準で、法の「別表」本文には、「個人の生命又《また》は身体の保護」に関わる法律として刑法（1号）と食品衛生法（2号）が挙げられ、「消費者の利益の擁護《ようご》」に関わる法律として金融商品取引法（3号）とＪＡＳ法（4号）が、「環境の保全」に関わる法律として大気汚染防止法（5号）と廃棄物処理法（6号）が、「その他の利益」に関わる法律として個人情報保護法（7号）が、それぞれ具体的に明示されている。「公正な競争の確保」に関わる法律としては、別表の本文ではなく、「公益通報者保護法別表第8号の法律を定める政令」で独占禁止法（1項20号）が示されている。この政令はひんぱんに改正されて対象法律の出し入れが行われており、2022年1月24日時点で、公益通報の対象となる法律は全部で480本となっている。

詐欺、背任、横領、談合、贈収賄、業務上過失致死など刑法犯がすべて対象に入るため、刑法に触《ふ》れる汚職、カラ出張、医療ミス、補助金不正受給、受刑者への虐待に関する通報も保護対象に入る。パワハラやセクハラは、たとえば強制わいせつ罪や暴行罪などの刑法犯にあたりうる場合であれば、公益通報の対象となる。

03年5月に国民生活審議会の消費者政策部会がまとめた案では「消費者の利益を侵害する法令違反」などと限定されていたが、刑法犯を含めた点で、実際に制定された法の対象範囲はそれなりに広いといえる。自民党内閣部会の「消費者問題に関するプロジェクトチーム」が03年7～12月に関係団体から聞き取ったところ、「すべての法令違反を対象としてもよい」（日本経団連）、「汚職、脱税なども包括的に対象とすべき」（経営法友会）、「すべての不正行為を対象にするべき」（日本生協連合会）との意見が続出したこともあって、同年12月、「消費者の利益」から「国民の利益」へと広げられたとみられる。

とはいえ、先述したように税法、補助金適正化法、国家公務員法、公文書管理法は、「もっぱら国家の機能にかかわる法律と考えられる」という理由で、公益通報の対象から外されている（本章2節350頁）。入国管理法、政治資金規正法、公職選挙法も除かれている。児童手当法は、不正受給に関する罰則しか規定されていないため除かれている。[15]

法改正の検討では、対象の「広さ」が足りない、との批判が強かった。そもそも、法律の名称を個別に限定列挙する方式そのものに批判がある。消費者委の専門調査会の座長を務めた山本隆司・東京大学大学院教授（行政法）は、「『国民』の『利益』を広義に解釈する方が、改正法全体の趣旨目的に適《かな》う」と指摘したうえで、「対象から除外される法律または法分野を列挙するネガティブ・リスト方式をとるべき」と提案している。[16]

従来法では、公益通報者保護法違反に関する公益通報は同法の保護対象に入っていなかった。この法律の肝《きも》にあたる3条、4条、5条の「公益通報者への不利益取り扱いの禁止」に違反したとしても、それそのものは違法行為ではあるものの、刑罰や過料の制裁がないので、「深さ」の点で公益通報の対象になり得ない。その点は改正後も変わらない。つまり、公益通報者保護法に違反して解雇など不利益な取り扱いを受けたと内部告発したとしても、それそのものは、一般法理による保護の対象にはなりうるが、公益通報者保護法が保護対象とする「公益通報」たり得ない。ただし、改正によって公益通報者保護法の一部の規定に罰則が設けられたため、その限りで、それら罰則つき規定への違反が通報対象事実となった。すなわち、従来法には刑事罰も行政罰も定められていなかったため、同法違反に関する内部告発は公益通報者保護法による保護の対象に「深さ」の点で入りようがなかったが、改正法には後述するように21条に刑事罰（30万円以下の罰金）、22条に行政罰（20万円以下の過料）の定めがあり、それらに抵触《ていしょく》する守秘義務違反や虚偽報告は新しく公益通報の対象事実になる。つまり、組織内部で公益通報をしたらその旨が社内で広く知られてしまったと警察や消費者庁、報道機関に訴え出るのは、従来法とは異なり、改正法では「公益通報」たり得る。なお、公益通報者保護法11条1項、2項の体制整備義務への違反が通報対象事実に入るかどうかは、前述③の行政による報告徴収《ちょうしゅう》命令を経て最終的に過料になりうる元となる行為にあたると言えるかをめぐって解釈が分かれている。

だれに公益通報するのか

このように幾重《いくえ》もの要件を満たして「公益通報」にあたると判断されたとしても、実は、それだけで公益通報者保護法による保護の対象に入るわけではない。通報の相手先に応じて、さらに要件が加重される。

すなわち公益通報は、通報の先によって①事業者内部②行政機関③外部——の3類型に分けられ、それぞれ所定の要件を満たした公益通報者だけがこの法律に基づく救済を受けられる。

① 組織内部での1号通報（3条1号、6条1号）
② 権限を有する行政機関に対する2号通報（3条2号、6条2号）
③ 報道機関など「その者に通報することが通報対象事実の発生又はこれによる被害の拡大を防止するために必要であると認められる者」に対する3号通報（3条3号、6条3号）

すなわち、内部通報（1号通報）か、行政機関への通報（2号通報）か、もっと広い外部への通報（3号通報）かによって、それぞれに保護要件が別々に定められている。通報が外に向かうにつれて、公益通報者保護法による保護の要件は高く加重されている。逆に言えば、法による保護を受けにくくなる。

これは03〜04年にこの法律の制度設計を検討した際に、英国の公益開示法（第1章2節31頁参照）を参考にして採り入れた枠組みで、外部に内部告発されるおそれをテコに組織内部の自浄を促そうという意図がある。改正法は外部への内部告発（2号通報と3号通報）のハードルを従来法より低くしているが、枠組み自体は改正後も維持されている。

事業者内部への公益通報（1号通報）

通報内容の存在を「思料《しりょう》」していれば、内部への公益通報は保護される。「思料」というのは、いろいろと思いをめぐらし考える、ということを意味する。確信していなくても、また、証拠がなくてもかまわない。

直属の上司や役員、内部通報窓口への通報がこれに該当する。

勤務先があらかじめ、親会社や外部の法律事務所、専門の業者などを内部通報先に指定しているときは、それらもここに含まれる。社内で法令に違反している当人にその旨を指摘して是正を求めるのもここに該当する。

これら1号通報については、内部通報制度を整備する事業者の義務に関して本章3節（384頁）で後述するなかで詳しく説明したい。

規制権限を持つ行政機関への公益通報（2号通報）

通報対象事実について処分や勧告をする権限を有する行政機関への通報がこれに該当する。もし権限のない行政機関に誤って通報がなされたときは、その行政機関は、正しい行政機関を教示しなければならない（14条）。英国の公益開示法では警察が外部通報扱いになっているが、日本の公益通報者保護法では警察はここに含まれる。

従来法では、2号通報には「通報内容の存在を信ずるに足りる相当の理由」がなければならなかった。すなわち、通報対象事実の違法行為が生じている、または、まさに生じようとしていると信ずるに足りる相当の理由の存在が、行政機関への通報の保護要件となっていた。通報者自身が不正を目撃した場合や不正を裏付ける書類など証拠がある場合に保護が限られる結果となり、これは、捜査機関が被疑者を逮捕する要件である「罪を犯したことを疑うに足りる相当な理由があるとき」よりも高いハードルだった。「信ずるに足りる相当の理由がある場合」の要件を外すと、誤った通報が安易になされてそれに基づいて行政が何らかの措置を発動してしまうおそれがあり、また行政側にとって、根拠の薄い通報に対応しなければならなくなることの弊害が心配され、そうした懸念から従来法では行政への通報について真実相当性を保護要件としていた。

改正法ではこれを緩和して、労働者やその退職者については「信ずるに足りる相当の理由」がなくても、単に「思料する」というだけでも、形式を整えた書面を行政機関に提出することで、保護の対象になりうるようにしている。

具体的には、以下の事項を記載した電子メールなど書面を提出すればこの要件を満たす（3条2号）。

イ　公益通報者の氏名又は名称及び住所又は居所

ロ　当該通報対象事実の内容

八　当該通報対象事実が生じ、又はまさに生じようとしていると思料する理由
二　当該通報対象事実について法令に基づく措置その他適当な措置がとられるべきと思料する理由

たとえ伝聞であっても合理的な根拠をもってこれらの事項を思料する理由を具体的に記載し、書面の形式を満たしさえすれば、[17]内部通報（1号通報）と同等の保護要件へとハードルが低くなり、真実相当性は不要となる。

行政手続法36条の3が、「何人《なんぴと》も、法令に違反する事実がある場合において、その是正のためにされるべき処分又は行政指導がされていないと思料するときは、当該処分をする権限を有する行政庁又は当該行政指導をする権限を有する行政機関に対し、その旨を申し出て、当該処分又は行政指導をすることを求めることができる」と定めているのに平仄《ひょうそく》を合わせた。

これについて専門家の間では、大幅な緩和であり、従来法に比べて行政への通報をかなり促すことになるだろう、と考えられている。消費者庁のアドバイザーや検討会委員を務めた山口利昭《やまぐちとしあき》弁護士は「とりわけ、金融庁、証券取引等監視委員会に対する会計不正に関する情報提供が増えることが予想される」と言う。[18]

従来法の枠組みでは運用上、行政機関の側から公益通報を見たとき、その通報が「信ずるに足りる相当の理由」を具備《ぐび》しているかどうかを判定するのが非常に難しかった。つまり、通報を受け付けた時点で、それが法の定義する「公益通報」に該当するかどうか判断しがたい側面があった。改正法の下では、書面で行政機関に寄せられた通報については「公益通報」該当性を形式的に判断できるよう

になる。

行政機関は、通報を受け付けた後、通報者と連絡を取り合いながら対応を判断することになる。このような通報者とのやりとりを経ることによって真実相当性を補完することができるだろうと消費者庁の立法担当者は想定しており、そのために、名乗ったうえでの通報を要件としている。

報道機関など広い外部に対する通報（3号通報）

広い外部への3号通報の相手先は、「通報対象事実をその者に通報することがその発生もしくはこれによる被害の拡大を防止するために必要である」と客観的に認められる者でなければならない。政府側の説明では「報道機関や消費者団体など、内容に応じてさまざまな主体が考えられる」とされている。
法制定当時の担当大臣だった竹中平蔵《たけなかへいぞう》・経済財政政策担当相は「一般的に言いますと、報道機関は客観的事実を国民に広く知らせることを通じ、事業者の法令違反行為の発生や被害の拡大防止に資する存在であると考えておりますので、公益通報者保護法における事業者外部の通報先に含まれる」と答弁している。[19]
公益通報を受けた報道機関は、これら「広く知らせる」ということだけでなく、通報の内容を確認するべく裏付け取材をするのが通例であり、その取材が是正を後押しすることはとても多い。その点は見落とされがちであるが、看過《かんか》されるべきではない。
被害者本人や被害を受けるおそれがある人も3号通報の通報先に含まれうる。消費者庁による法解釈では、競争相手の企業や暴力団は除かれる。すなわち、そうした先に真実を内部告発しても、法の保護の対象にはならない。

労働者やその退職者による3号通報が保護される要件として、公益通報者保護法は、「通報対象事実が生じ、又はまさに生じようとしていると信ずるに足りる相当の理由」の存在を必須としたうえで、それに加えて、次のイ〜への六つの事由のいずれか一つを満たすことを求めている（3条3号）。

イ　事業者内部または行政機関に通報をすれば解雇など不利益な扱いを受けると信ずるに足りる相当の理由がある。（事業者内部に通報を受け付ける体制が整えられていないとき、あるいは、会社の内規などに通報者保護の規定がないときは、この要件が満たされる可能性がある[20]）

ロ　事業者内部に通報をすれば証拠の隠滅、偽造、変造が行われるおそれがあると信ずるに足りる相当の理由がある。（「おそれ」に合理的な理由があれば、それでこの要件は満たされる。事業者ぐるみの法令違反などの場合がこれに該当する）

ハ　内部に公益通報をすれば、役務提供先が、その公益通報者について知り得た事項を、その公益通報者を特定させるものであることを知りながら、正当な理由がなくて漏らすと信ずるに足りる相当の理由がある。

ニ　事業者内部または行政機関への公益通報をしないよう正当な理由がなくて要求された。（「警察には言うな」と口止めされた場合はこれに該当する。また、行政や報道への内部告発を法律に禁止している場合はこれに該当すると思われる）

ホ　書面により事業者内部に公益通報をした日から20日を経過しても、通報対象事実について、事業者などから調査を行うとの通知がない。あるいは、正当な理由がないのに調査が行われない。（立法検討段階における内閣府の消費者調整課長の見解によれば、調査開始の通知があったものの、「調査継続中」ということで1年も2年も何もしないということになると、この要件に該当する）

へ　個人の生命もしくは身体への危害、または、個人（事業者としての個人を除く）の財産に対する損害（回復することができない損害または著《いちじる》しく多数の個人における多額の損害であって、通報対象事実を直接の原因とするもの）が発生し、または、発生する急迫した危険があると信ずるに足りる相当の理由がある。

このうち「ハ」の「通報者を特定させる情報が漏れる可能性が高い場合」と「へ」の「財産に対する損害（回復困難または重大なもの）がある場合」は法改正で新たに加えられた保護事由である。すなわち、これらを保護事由に加えることで、改正法は、報道など広い外部への公益通報の保護の間口《まぐち》を広げた。

「ハ」の「漏らす」というのは、社外に漏らすということだけではなく、社内の関係者に漏らすことも含む。通報者の名前を漏らすことだけでなく、場合によっては、通報の内容を漏らすことをも含みうる。[21] 過去にすでに通報者の氏名などが漏れた前例があり、結局、何の対策もとられていない場合、[22] また、社内で通報者捜しが行われる可能性が高い場合[23]は「ハ」に該当するとの見解がある。

「へ」の「回復することができない損害が発生する急迫した危険がある」というのは、大規模な消費者被害があり、事業者が間もなく破綻《はたん》してしまうことが容易に想定されるような場合が当てはまる。[24]

「へ」の「著しく多数の個人」や「多額の損害」に何が該当するかの基準は政令などでは定めず、民事ルールの解釈によって明らかにされることになる。消費者庁の立法担当者は「非常に多数の消費者に被害を及ぼすようなことが起ころうとしている、または現に起こっている、という場合に報道機関に通報する」というような事例を想定しているという。たとえば、「運用機関などの金融商品で、1人当たり数十万円の損害となるような違反行為が、1000人とか2000人という単位で行われるような場合」がそれに含まれ、[25]日本郵政グループ「かんぽ生命」の違法営業がその典型例だ（第4章2節288頁参照）。多数の株主に損害が発生する上場企業の会計不正などもこれに当てはまるとの見解があるが、[26]一方、「間接的な要因も含めるとおよそ事業者に何らか関連する事情はすべて株価に影響するものであり（中略）あらゆる違法行為についての通報が、財産に対する損害を生じさせるおそれがある場合の通報」になってしまうおそれがあるとして、財産に対する損害については「通報対象事実を直接の原因とするもの」に限定して立法したとの当局者の見解もある。[27]これについては、通報対象事実を直接の原因として株価が下がり、著しく多数の個人株主に多額の損害が出たと言えるかどうか、その「直接」性を総合的に判断することになるのだろう。

この「著しく多数の個人における多額の損害の発生」については実質的に、報道機関への公益通報の保護要件について、弾力的に幅広《はばひろ》に解釈できる余地を新たに設けたということができる。すなわち、従来法では、報道機関など広い外部への通報の保護事由となる「イ」〜「ホ」の五つを限定的に列挙していたが、それに当てはまらない場合を裁判所の合理的な解釈で保護できるようにする包括条項（バスケット条項）として設けられたのが「へ」だとみなすことができる。

消費者庁の有識者検討会が2016年3月に出した第1次報告書では、事業者において「内部通報に適切に対応する体制が整備・運用されていない場合」や「外形的《がいけい》に内部通報制度が整備されていても、それが実質的に機能していない場合」には、「事業者内部に公益通報をしても是正が期待し得ない場合」にあたり、報道機関への通報を保護することを明確にするべきだと提言されている。改正法案を作成するにあたって、この提言の趣旨を踏まえたものの、明確化については「あまり意味がなさそうだ」という理由で見送られた。従来法ですでに「公益通報をすれば解雇その他不利益な取扱いを受けると信ずるに足りる相当の理由がある場合」が保護対象に入っており、さらに改正法で「通報者を特定させる情報が漏れる可能性が高い場合」を加えることで、実質的には、体制整備が果たされていない場合のうち「意味のある場合」を取り出して保護事由としている、ということができると考えられた。

この点について、消費者庁の立法担当者は「上場企業はだいたい内部通報制度を備えており、その実質を見なければならない」と説明している。

たとえば、事業者内部の人事部門に内部通報窓口が設けられていて、通報を検討する労働者にとって、そこに通報してよいものか、情報が漏れて不利益を受ける不安が実際にあるという場合には、広い外部への3号通報を選択することがありうる。その場合に、公益通報者保護法によってその通報者を保護するべきかどうかは、そうした不安に「信ずるに足りる相当の理由」があるかどうかについてその事業者の実態・実情をよく見て事実を認定し、その結果によって判断することになる。

改正の趣旨を全体として捉えたとき、後述する「体制整備義務」に違反した事業者については、報道機関など外部への内部告発の保護要件は格段に満たされやすくなる。内部通報制度がない場合や、制度があっても実質的に機能していない場合は、報道機関など外部に内部告発した人は保護される、と解釈されるだろう。つまり、実効性ある内部通報制度が整えられていない職場では、報道機関に内部告発しやすくなる。このような制度設計を採ることで、形だけではない本物の内部通報制度の整備を促すのが、改正法の狙いである。

改正によっても手当てされないまま残った法の不備もある。すなわち、内閣府国民生活局での立法の検討段階では03年5月に「労働者が行政機関に問題を通報した後、相当の期間内に適当な措置がなされない場合」における報道機関など広い外部への誠実な真実の通報を保護対象とする案が取りまとめられた。しかし、04年3月に閣議決定された法案ではこれが削除された。20年の改正でもこの部分は手当てされず、そのまま保護対象外とされている。英国の公益開示法ではこれが保護事由の一つとなっており、日本の公益通報者保護法はこれが抜けている点で保護対象が狭い。

役員による2号通報、3号通報の保護要件は、ここまで説明してきた労働者の場合とやや異なり（6条2号、3号）、これについては後述する。

「風評被害」論

このように、報道機関など広い外部への通報には、いくぶん緩和されたとはいえ、なお容易に満たすことのできない、極めて高いハードルの保護要件が設けられている。同じ外部への通報でも、行政機関への通報に比べて、報道機関への通報は、保護要件が格段に高く設定されている。なぜなのか。「事実に反する通報が事業者の外に出ていく、それによって、事業者が風評被害を受けるということも考えられる。そういうことを配慮して、この法案では、法令違反を通報することによる公益の実現と、事業者の正当な利益の保護の、そのバランスを、通報の保護要件に差を設ける形で図っている」と政府は答弁している。[28]

報道機関への外部通報は風評被害を生じさせるおそれがある一方で、行政機関は守秘義務を負っており、風評被害を生じさせることがない、というのがその理由だという。

従来の裁判例にも、立法担当者の言う「風評被害」論を読み取ることができる。富里《とみさと》病院事件の東京地裁判決（1995年11月27日）は、広い外部への公表がなかったことを理由として行政機関への内部告発の正当性を認め、群英学園事件の東京高裁判決（2002年4月17日）は「マスコミ報道とその影響にまつわる経験則」を引き合いにして、「事実の公表が経営に致命的な影響を与えることに簡単に思い至ったはずである」と述べ、内部告発者を敗訴させた（第4章3節290頁、296頁参照）。

政府の法案化作業に影響力を持つ自民党や経済界のなかに立法当時、「マスコミへの内部告発なんて、とんでもない」という意見が根強くあったことも見落とせない。

労働法を専攻する学者の間にもかつては、「マスコミに直接もっていくと、企業が場合によっては倒産の危機に瀕《ひん》する、あるいは廃業の危機に追い込まれ、労働者も職を失うという問題がある」という意見があった。[29]

公益通報者保護法は「問題を荒立てることではなくて問題を解決することを目的としている」[30]というのが政府の考え方だった。

こうした論については、現実離れしているとの批判が根強くある。実質的に見て、もっとも是正を促す力が強く、よく機能していて、かつ、守られるべき秘密が守られているのは、報道機関への内部告発だとの見方は、内部告発経験者や消費者団体の間で特に強い。

運送業界の独占禁止法違反を公正取引委員会や読売新聞に内部告発した経験のあるトナミ運輸元社員の串岡弘昭さんは、消費者庁のヒアリングに、「公益の実現を考えた場合、違法行為によって被害を受けている国民に速やかに知らせることができるメディアへの通報は欠かせない」と指摘し、次のように述べた。

「メディアについては、内部告発者に報復をしない、通報者の匿名《とくめい》性を確実に守るという条件が備わっています。その二つを兼ね備えているのが新聞を始めとするメディアです。メディアは、内部告発者が通報してもしっかりと裏付け取材をして確証がなければ報道できませんが、たとえ報道されなくてもメディアは内部告発者に報復はしません。また望めば告発者の氏名は秘匿《ひとく》されます。取材源の秘匿はメディアの生命線であります」[31]

「風評被害」論には、インターネット上の匿名掲示板と新聞の調査報道を一緒《いっしょ》くたにして同列に見ているきらいがある。筆者の考えでは、そもそもそのような見方は誤っている。記者や報道機関の実態に照らし、それぞれの通報先としての適切性を個別具体的に評価し、それによって、その公益通報を保護対象とするかどうかを判断するべきであろう。すなわち、最終的には裁判所による合理的な判断に委ねられるべきだろう。

コンプライアンスの後押しとして

前述したように、「内部」「行政機関」「その他の外部」と、広い外部に向かうにつれて、公益通報者保護法が保護のハードルを高くする保護要件の〝段差〟を設けているのは、報道機関など外部への内部告発の脅威をテコにすることで、事業者側において、内部通報制度を充実させるインセンティブ（誘因《ゆういん》）を高めようとする狙いがある。すなわち、組織が内部通報をきちんと受け止めて、みずから問題を是正・解消し、自浄能力を発揮する方向へと、この法律は誘導し、奨励している。そして、ひいては組織のコンプライアンス経営を後押ししようという狙いである。

公益通報者保護法では、組織内部の犯罪行為などについて、内部での対処・是正に努めない組織にあっては、外部通報の保護要件が比較的簡単に満たされる。結果として、広い外部への通報が促される。一方、内部での対処・是正に努めている組織にあっては、例外的な要件が満たされない限り、外部への通報は保護対象に入らず、内部への通報が原則になる。従って、公益通報者保護法の下で、広い外部に公益通報されるのを避けようと考えるのならば、その組織は、内部での対処・是正に努める姿勢を組織内に周知徹底させなければならない。

このような制度設計を採ることで、形だけではない本物の内部通報制度の整備を促す狙いがある。

この法律は、公益通報を生かして法令遵守を推進する姿勢を示そうというインセンティブを企業など各組織にもたらそうと意図しているのだ。

従来法の法案を審議した2004年の国会で、竹中担当大臣は「通報者、企業、行政機関、マスコミ、それぞれのプレーヤーの質的向上というのは、制度を円滑に機能させるという意味で、これはしっかり、ぜひやっていかなければいけない。各プレーヤーがそれなりにしっかりした役割を果たさないと今回の法律は十分に機能しないと思っております」と述べている。

竹中大臣ら政府に言われるまでもなく、報道機関は、内部告発を公益のために生かし、読者や視聴者の「知る権利」に奉仕し、結果として、行政機関を含む事業者の法令遵守を後押ししていく役回りを昔から自覚している。公益通報者保護法は、報道機関のそうした役割を確認し、それを抑止力として、企業など組織に対し、内部での公益通報への正当な対応を促そうとする制度だといえる。その意味で、報道機関も「プレーヤー」ということになるのだろう。

こうした制度設計の下で、内部への通報を優遇するのはいいとしても、一方で、報道への通報をあまりに難しくさせてしまうと、かえって、組織に対し「報道への通報はあり得ない」という安心感を与え、内部への通報にきちんと対処しようというインセンティブを削《そ》いでしまうおそれがある。

内部、行政、報道など各相手先への公益通報のハードルの高さ、あるいは、保護要件の厳しさのバランスが問題となるわけだが、改正法は、行政への2号通報のハードルを大幅に下げる一方、報道など広い外部への3号通報のハードルをわずかしか下げず、極端に高いままとしている。内部への1号通報のハードルは変わっておらず、結果的に行政への通報の比重が高まり、すなわちそれは、「お上《かみ》」に対する内部告発の比重が大きくなる結果につながる可能性が高い。もしそうなれば、公益通報制度全体として「密告」の色彩が濃くなるおそれがあり、それは好ましいことではない。英国の公益開示法に比べて報道機関への公益通報の保護要件が高い状況は改正後も変わっておらず、2025年以降の法改正にあたっては、1号通報、2号通報、3号通報の各ハードルの高さのバランスの是正、すなわち、報道機関への公益通報のハードルをさらに下げる方向での検討が重要になるだろう。

役員も保護対象に

改正法は取締役など役員を保護の対象に新たに加え、報酬の減額など不利益な扱いを禁じた。オリンパスの代表取締役社長として前任者の不正経理疑惑を追及したところ代表権を剝奪《はくだつ》されて社長を解任されたウッドフォードさんの事例、さらに、オリンパス社員として不正をやめるよう進言したというものの役員になると不正を継続した山田秀雄《やまだひでお》氏の事例もあり、この法律の保護を労働者だけでなく役員に広げた。しかしその保護の内実はかなり限定的だ。

解雇が無効となる労働者と異なり、取締役解任は無効とならない（5条3項）。取締役解任は、会社法に基づきいつでも株主総会で決めることができ、解任自体を覆《くつがえ》すのは難しい、というのがその理由。違法に解任されたときには、損害賠償を請求することができる（6条）。

役員による外部通報（2号通報と3号通報）の場合は、「通報対象事実が生じ、又はまさに生じようとしていると信ずるに足りる相当の理由がある」ということが必須の保護要件で、これに加え、組織内部で「調査是正措置をとることに努めた」ということが原則的な保護要件となる（6条2号イ、同条3号イ）。会社法制上、そもそも役員は「善良な管理者の注意をもって、その職務を行わなければならない」と違法行為の除去を義務づけられているためで（善管《ぜんかん》注意義務）、改正法は、「善良な管理者と同一の注意をもって行う、通報対象事実の調査及びその是正のために必要な措置」をとることに努めたにもかかわらず、いかんともしがたい、という場合に保護の対象とし、賠償請求権を認める。

多くの役員が共謀して組織ぐるみで不正が行われているようなときには、社外取締役と連携したり、[32]監査役に報告して調査などの対応を求めたり、取締役会で適切に問題提起したりすることで、この要件は満たされる。役員の種類や属性、担当によってその要件の具体的内容は異なる。[33]

このように、役員による外部通報については、一般の労働者に比べて、厳しい保護要件を課している。報道機関への通報の間口も狭い。

ただし、例外がある。「個人の生命若《も》しくは身体に対する危害又は個人の財産に対する損害が発生し、又は発生する急迫した危険があると信ずるに足りる相当の理由がある場合」には、事案の緊急性に配慮して、内部での調査是正措置を経ることなく行政機関や報道機関に通報したとしても、保護の対象になりうる（6条2号ロ、同条3号ロ）。これは、一般の労働者による広い外部への公益通報が3条3号で保護される事由「へ」と同内容である。

会計監査人は公益通報者保護法の保護対象に入らない。監査人を務めるのは公認会計士個人ではなく、監査法人が務めていることが多いためだと説明されている。元役員（役員であった者）も保護対象に入らない。これまで、実際に不利益に扱われた事例を把握できていないためだと説明されている。[34]

「反対解釈」を許さず

ここまで述べてきた保護のための要件が満たされない場合であっても、そのことで、解雇や不利益扱いが許されることになるわけではない。

「解雇は、客観的に合理的な理由を欠き、社会通念上相当であると認められない場合は、その権利を濫用したものとして、無効とする」と定めた労働契約法16条の規定（解雇権濫用の法理）の適用を妨《さまた》げるものではない、とする解釈規定をあえて公益通報者保護法に置いたのはこれを明確にするためである（8条2項）。懲戒に関して同趣旨を定めた労働契約法15条、出向について同趣旨を定めた同法14条の適用を妨げるものではないとの解釈規定も置かれている（8条3項）。

2004年の従来法制定にあたって最大の論点となり、野党などの反対の論拠となったのが実は、この点に関する疑念であり、不安だった。

それまでの内部告発者保護をめぐる裁判例の趨勢《すうせい》に比較して、公益通報者保護法の「保護」があまりに狭く厳しく、かえって、裁判所による内部告発者保護の基準を切り下げることになるのではないか、というのが反対論者の最大の懸念だった。

公益通報者保護法が施行される前であっても、内部告発者がまったく保護されないかというと、そんなことはなかった。社会通念から外れた不相当な解雇を禁じた一般法理に基づき、ケースバイケースで内部告発者を救済した裁判例はかなりあった。

生駒《いこま》市衛生《えいせい》社事件の奈良地裁判決（04年1月21日、第4章3節301頁参照）など、当時の最先端の裁判例に比較すれば、公益通報者保護法の定める外部通報の保護要件はあまりに厳しい。そうしたことから、公益通報者保護法の規定の杓子《しゃくし》定規に引っ張られて、判例にあらわれた一般法理の保護水準を切り下げる結果を生じさせる――との批判は起こった。運用や解釈のされ方によっては、ジャーナリストや報道機関に対する内部告発を従来以上に規制・抑制し、潜在的な内部告発者を萎縮させる危険性があると考えられたのだ。

内部告発者の相談にのり、内部告発を手助けする非営利の民間組織として、大阪の弁護士らが02年に設立した「公益通報支援センター」は法案の閣議決定を前に04年1月31日、次のような趣旨の見解を明らかにした。

「公益通報者保護法案は、事業者の違法性の程度、内容などを一切考慮することなく、ひたすら外部通報の要件が労働者側で満たされているかどうかだけを審査の対象とする。外部通報をした従業員が形式的な手続きを守っているかどうか、ということだけで保護するかどうか審査するのであり、不均衡、不合理だ。抜本的に修正されなければ、現行の判例水準を引き下げることになる」

法案が国会に提出された後、日経新聞は同年3月21日付の社説で、「法案を見ると、（中略）不徹底さも目につく」「勤務先などの『内部』、『行政機関』、マスコミなどの『外部』と3段階ある通報先のうち、『外部』への敷居が高いのも気にかかる」と指摘した。朝日新聞は5月17日付の社説で「これでは外部には通報するなといっているようなものだ。国会で論議し、法案を改めてもらいたい」と主張した。

日本弁護士連合会は、法案が衆院を通過した5月25日に会長声明を出し、「現在よりも公益通報者の保護水準を切り下げ、却《かえ》って公益通報を抑制するおそれがある」と指摘し、「修正がなされない場合には、廃案とすべきことを求める」と表明した。

これらの批判に対して、政府側はその不安の払拭《ふっしょく》に努めた。

公益通報者保護法の法案化作業に先立って、その素案を内閣府の国民生活審議会の下でまとめた公益通報者保護制度検討委員会の松本恒雄《まつもとつねお》委員長（当時、一橋大学教授）は２００３年5月19日、[35]「コアになる部分を明確に制度化することによって、周辺に及ぶ影響はむしろプラスの方が大きいのではないかと思う」と説明。公益通報者保護法の保護対象とならない内部告発について、「保護しない」と切り捨てられるのではなく、むしろ逆に、「にじみ出し効果」によって、従来以上に保護されやすくなるのではないかとの見方を示した。

国民生活審議会は03年5月28日、公益通報者保護制度の整備を提言した最終報告書のなかで、「本制度の対象とならない通報については、一般法理に基づき、個々の事案ごとに、通報の公益性等に応じて通報者の保護が図られるべきであり、制度の導入により反対解釈がなされることがあってはならない」と釘を刺した。[36]

公益通報者保護法案を審議した04年5、6月の国会で政府側は繰り返し、「（基準に合わない通報は保護しないという）反対解釈がされることがあってはいけない」[37]「安全地帯ができたから他のところが危険になるということではない」[38]「要件に乗っかってこない通報は、一般法理に基づいて判断されるということであり、別に、この法律で通報を妨げるということではまったくない」[39]と説明した。

6月11日の参院内閣委員会で、野党・民主党の岡崎《おかざき》トミ子議員が「判例水準の切り下げがないというのはどうやって担保するんでしょうか」と質問したのに対し、内閣府の永谷安賢《ながたにやすたか》・国民生活局長は次のように答えた。

「基本的には、今回のこの法律についてその立法趣旨をきちんとPRしていく、ということに尽きるんだろうと思います。今回こういう形で、『誠実で正当な通報であれば、きちんとした保護が受けられますよ』ということを言うわけですので、裁判官の方でも、ここで我々が託そうとしているメッセージというのはきちんと読み取っていただけるんじゃないかなというふうに思います」

衆参の内閣委員会は、公益通報者保護法案を可決した後、それぞれ全会一致の賛成で附帯決議を可決し、政府に次のような措置を求めた。

「本法の保護の対象とならない通報については、従来どおり一般法理が適用されるものであって、いやしくも本法の制定により反対解釈がなされてはならないとの趣旨及び本法によって通報者の保護が拡充・強化されるものであるとの趣旨を周知徹底すること」

竹中担当相はこの附帯決議について、「その趣旨を尊重し、本法案の実施に努めてまいりたい」と述べた。

このように、公益通報者保護法の対象に入らない内部告発についても、従来にも増して保護していくべきだというのが立法者の意思であることは国会の内外で繰り返し明らかにされ、それが改正法にも引き継がれている。

あらゆる不利益扱いの禁止

公益通報者保護法の保護要件を満たさない内部告発者の法的な立場を実際の場で検討するにあたっては、同法が禁止の対象とした不利益扱いというのは解雇など重い処分だけでなく、ごく軽微なものも含めて「あらゆる不利益扱い」である、ということにも留意する必要がある。

すなわち公益通報者保護法は、ある範囲に入る内部告発者について、あらゆる不利益扱いの禁止を一律に強制したものであり、その範囲を外れた内部告発については、「あらゆる」とまではいかないとしても、かなりの程度は同法の保護を類推して不利益扱いを制限するのが道理であり、自然である。

公益通報者保護法の要件を満たした内部告発者については、解雇が無効となるのはもちろん、そのほかの一切の不利益扱いも禁止される（5条）。戒告、訓告、注意、自宅待機などといった軽微な処分も禁じられる。「処分」にあたらないような事実上の不利益扱いも禁止の対象である。内部告発者の氏名を漏らして、職場にいづらくさせることも禁止される。

裏を返せば、公益通報者保護法の要件から少し外れたからといって、そのことを理由にして、解雇のような重い処分とすることは許されないと考えられる。その内部告発行為が労働契約上の誠実義務に違反するとしても、軽微な違反には軽微な処分が下されるべきである。公益通報者保護法の保護要件、あるいは、労働基準法など一般法理からのわずかな逸脱に対し、重い処分で応じてはならない。

要は程度の問題だということであり、義務違反と処分の重さは均衡していなければならないということだ。

このような考え方は、内部告発者を保護した裁判例にすでにみられる。たとえば、富里病院事件で内部告発者の解雇を無効とした東京地裁判決（1995年11月27日）は、「院長の許可を得ることなく無断で、ほかの医師のカルテをメモし、患者の検査報告書をコピーして持ち出した行為は、就業規則の懲戒事由に該当するし、道義的にも問題のある行動である」としつつ、「これを理由に解雇するのは酷《こく》に過ぎ、権利の濫用《らんよう》にあたる」と述べた。宮崎信金事件で内部告発者の懲戒解雇を無効とした福岡高裁宮崎支部判決（２００２年7月2日）は、原告・内部告発者の行為について、「出勤停止又《また》はこれより軽い処分を科すべきと解されるものが多い」とし、「懲戒解雇に当たるほどの違法性があったとはにわかに解されない」とした（第4章３節２９８頁参照）。

これらの判決は、原告・内部告発者の行為のすべてを是認したものではなく、一部の行為を非としたうえで、処分の重さとのバランスを考え、原告勝訴の結論を下した、ということができる。

神社本庁の幹部の懲戒解雇を無効とした東京地裁判決（21年3月18日）も次のような一般的な判断枠組みを示し、これが控訴審判決（同年9月16日）でもそのまま引用されている。

「労働者が、労務提供先である使用者の役員、従業員等による法令違反行為の通報を行った場合、通報内容の真実性を証明して初めて懲戒から免責されるとすることは相当とはいえず、①通報内容が真実であるか、又は真実と信じるに足りる相当な理由があり、②通報目的が、不正な利益を得る目的、他人に損害を加える目的その他の不正の目的でなく、③通報の手段方法が相当である場合には、当該行為が被告の信用を毀損《きそん》し、組織の秩序を乱すものであったとしても、懲戒事由に該当せず又は該当しても違法性が阻却されることとなり、また、①～③の全てを満たさず懲戒事由に該当する場合であっても、①～③の成否を検討する際に考慮した事情に照らして、選択された懲戒処分が重すぎるというときは、労働契約法15条にいう客観的合理的な理由がなく、社会通念上相当性を欠くため、懲戒処分は無効となると解すべきである」

これもまた、ここまで説明してきたのと同様の考え方を示したものといえる。

こうしたバランスを考える際の出発点の一つに、「あらゆる不利益扱い」を禁じた公益通報者保護法の保護要件を用いることはありうる。ただし、それがすべてだということにはならないように解釈されなければならない。

守秘義務との関係

内部告発と守秘義務をどう調整するかが英米の立法では大きな問題となったが、日本の公益通報者保護法は通報内容を犯罪など違法行為に絞り込んだため、その点はあまり問題になりそうにない。制定時の政府答弁によれば、この法律の保護要件に合致する公益通報の場合は、労働者が労働契約上一般的に負っている秘密の保持義務は解除される。

公務員は、職務上で知ることのできた秘密を外部に漏らすことを公務員法で禁じられており、この守秘義務は公益通報者保護法によっても解除されないというのが政府の見解だ。ただし、この「秘密」は国家機関が形式的に「秘密」と指定しただけでは足りず、実質的にもそれを秘密として保護するに値《あたい》すると認められなければならない。[40]「犯罪行為等にあたるような法令違反を通報しても、一般的には、守るべき秘密にあたらず、守秘義務違反にはならない」とされている。

特定秘密保護法に基づいて特定秘密に指定された情報であっても同じで、「違法な情報、違法な事実、法令違反の事実を隠蔽する、そういう目的で（特定秘密を）指定するというのは、そもそも（中略）そういう指定は違法、無効」[41]というのが政府の解釈だ。特定秘密保護法の制定が議論された当時、自民党のウェブサイトでは「仮に、違法行為を隠蔽するために、これが特定秘密に指定されたとしても、このような指定は有効なものではなくこれらの事実について内部告発された場合、特定秘密の漏えいには該当せず、通報した者が処罰されることはありません」と説明されている。[42]

このように公益通報に伴って守秘義務違反が問題となるのは極めて例外的だと考えられるが、ただし、「受刑者への虐待について外部に通報する際、受刑者の個人情報を漏らした」「医療ミスについて外部に通報する際、患者の個人情報を漏らした」などといった場合には、内閣府は立法当時「守秘義務に違反することもありうる」としている。取引先の営業秘密や国の安全に関わる情報などがあわせて通報された場合にも、他人の正当な利益や公共の利益が害されることがありうる。[43]このため、公益通報者は「他人の正当な利益又は公共の利益を害することのないよう努めなければならない」（10条）と努力義務を課されており、外部通報の際には、違法行為を内部告発することの公益と、他人のプライバシーなど秘密保護の公益を比較・衡量《こうりょう》することが必要となる。

他の特別法との関係

実は、公益通報者保護法が制定されるより前から、内部告発者を法的に保護しようとする法律はいくつか存在する。

原子炉等規制法や鉱山保安法などそれら個別分野の法律は、通報内容が真実でありさえすれば、それらの法律の目的にかなう監督官庁への通報について、通報者への不利益扱いを禁じている。「不正の目的ではない」との要件を設けている公益通報者保護法とは保護要件が異なり、原子力安全、鉱山保安など特別の分野について、保護を上乗せしたものとみることができる。公益通報者保護法で保護されない場合であっても、それらの個別法を適用して通報者を保護できることを明確にした解釈規定が置かれている（8条1項）。

3　事業者が課される義務と行政の権限

1項義務と2項義務

法改正で新しく設けられる制度のうち企業や社会に最も大きな影響を及ぼしそうなのが、第11条だ。これによって事業者は新たに、内部通報に対応する体制の整備など公益通報者を保護するための措置をとる2項義務と、公益通報対応業務従事者を指定する1項義務の二つの義務を課される。

「事業者は、公益通報者の保護を図るとともに、内部通報に応じ、適切に対応するために必要な体制の整備その他の必要な措置をとらなければならない」（11条2項）

「事業者は、内部通報を受け、並《なら》びに通報対象事実の調査をし、及びその是正に必要な措置をとる業務（公益通報対応業務）に従事する者を定めなければならない」（11条1項）

改正法案を閣議決定した後の2020年3月6日の記者会見で、衛藤晟一・消費者担当相は、改正の「一番のポイント」として「法令違反を早期に是正するという観点から、新たに事業者に対して通報対応体制の整備義務を課した」と述べ、「各企業に対しまして、自浄能力を発揮できるように体制整備をお願い申し上げました」と説明した。

改正法11条2項により、事業者は、内部通報に正しく対応し、それに基づき調査したり是正したりするための体制を整えなければならない義務を課される。景表法（不当景品類及び不当表示防止法）に「事業者は、表示に関する事項を適正に管理するために必要な体制の整備などの措置を講じなければならない」との規定があるのを参考に法案を作成した。

従来の公益通報者保護法も、前述したように内部通報にきちんと対応するインセンティブが事業者に生ずるように制度設計されている。内閣府は２００５年７月、同法の趣旨に従って内部通報にきちんと対応するための民間事業者向けガイドラインを制定し、事業者にその実施を呼びかけた。その結果、現に、多くの事業者で自主的に内部通報の制度化が進んだ。

公益通報者保護法の施行に加えて、それより1カ月遅れの06年5月1日に施行された会社法は、取締役の職務執行の法令適合や会社の業務の適正を確保するための内部統制システム（リスク管理体制）の構築を大会社に義務づけ（３４８条3項4号など）、翌07年に施行された金融商品取引法は、内部統制報告書の作成と公表を上場企業に義務づけた（24条の4の4）。内部通報制度は、これら内部統制システムの具体的な内容の一つとして会社法制上に位置づけることができる。

15年６月に東京証券取引所の有価証券上場規程の一部として施行されたコーポレートガバナンス・コードは上場企業に次のように推奨している。

「上場会社は、その従業員等が、不利益を被る危険を懸念することなく、違法または不適切な行為・情報開示に関する情報や真摯《しんし》な疑念を伝えることができるよう、また、伝えられた情報や疑念が客観的に検証され適切に活用されるよう、内部通報に係《かか》る適切な体制整備を行うべきである。取締役会は、こうした体制整備を実現する責務を負うとともに、その運用状況を監督すべきである」[44]

このように、内部通報制度は、公益通報者保護法によって実施を促されるだけでなく、会社法制によって義務づけられていると解釈されうるようにもなった。

とはいえ、内部通報制度は、法令に明文で直接位置づけられたものではなく、その拠《よ》って立つ基盤は薄弱だった。それもあってか、内部通報制度が形骸《けいがい》化している事例が多数指摘されるようになった。このため、消費者庁の有識者検討会では「内部通報制度を置くべき根拠を法のなかに取り入れておくべき」との意見が出た。

改正法はこれを手当てし、内部通報制度に法令上の根拠を明確に与える。

事業者にとって、内部通報への対応は自律的に違法・不適切な状態を是正していく「最後のチャンス」として位置づけられる。内部統制制度から途切れることなく一貫したシステムとして公益通報者保護へと至る制度を整える必要がある[45]。

ここで事業者が義務を負っているのは、主として内部公益通報（1号通報）に対応する体制の整備である。すなわち、企業がそのために設けた内部通報窓口に寄せられた公益通報や、上司など通常の指揮命令系統に沿って上がってきた公益通報がこれに含まれる。ただし、この条文が、それ以外の外部公益通報についてもカバーしていると解釈されていることを見落としてはならない。すなわち、有権解釈権を持つ消費者庁の解釈によれば、行政機関への2号通報、報道機関への3号通報についても、この体制整備義務の対象になっている。

11条2項の条文にある「公益通報者の保護を図るとともに」の「公益通報者」には外部に通報した

人も含まれており、そのうえで同項は「その他の必要な措置をとらなければならない」と事業者に義務づけている。外部に内部告発した人を含め公益通報者を保護する体制の整備がこれにより事業者に義務づけられる。

２項義務と１項義務の内容「事業者がとるべき措置」の大要《たいよう》については、内閣総理大臣が「指針」を定めることになっている（11条４項、５項）。臨機応変に改正できるようにするため、法律ではなく、政府の指針に委ねた。

21年８月20日に内閣府告示として消費者庁から公表されたその指針は大きく分けて、

①部門横断的な内部通報制度の整備
②内部通報か外部通報かを問わず公益通報者を保護する体制の整備
③労働者、役員、退職者に対する教育・周知、相談対応、情報開示など

の三つの措置を事業者に義務づけている。[46] 法的拘束力のないガイドラインとは異なり、これら指針の内容は法律上の義務である。

これら義務づけの対象となるのは、営利か非営利かを問わず、３０１人以上の従業員がいるすべての事業者。会社だけでなく、国、地方自治体など公法人、病院、学校、組合、宗教法人、非営利組織、法人格のない団体、事業を行う個人も含まれる。国会や裁判所も、事業者としての国に含まれる。各事業者は、担当者が代われば対応が変わるというようなことのないように、指針の内容を守るべきルールとして内部規程に定め、それに従って運用しなければならない。

11条の義務は法人格ごとに負う。別の会社の１００％子会社であってもその点は変わらない。ただ

し、イオンのグループ企業の例（第3章2節220頁参照）のように、グループとしての体制整備の一環として子会社が自らの内規において定めたうえで通報窓口を親会社に委託して設置し、従業員に周知している場合は、11条の義務を果たしたと言いうる。[47]

ここで義務づけられる「必要な体制」や「必要な措置」は実質的に機能するものでなければならない。これらの義務に従った形を取りつくろうため、形だけ制度をつくったというのでは義務を履行《りこう》したことにならない。労働者の信頼を得ることが必要である。運用のうえでは「実質」「実効性」が大きなポイントになる。

11条で義務づけられる「事業者がとるべき措置」の具体的な内容については、事業者の規模、組織形態、業態、法令違反行為が発生する可能性の程度、ステークホルダーの多寡《たか》、内部通報制度の活用状況、その時々における社会背景などによって異なり得る。[48] 一律の対応を画一的に義務づけるのは非現実的だ。そのため指針の内容は「大要」にとどめられ、個別具体的な内容は、事業者それぞれの主体的な検討に委ね、国による縛《しば》りを避けた。代わりに、参考となる考え方や模範となる具体例を盛り込んだ「指針の解説」が消費者庁から公表され、事業者は、それぞれの実情に応じてそれに従ったり、その具体例と類似・同様の措置を講じたりするよう求められている。[49]

従業員が300人以下の中小事業者の場合は、内部通報対応体制に関する11条の2項と1項はいずれも「～するように努めなければならない」と読み替えられ、努力義務にとどめられる（11条3項）。資金力や態勢の問題で厳しいところがあるだろうと配慮された。

内部通報対応体制の整備義務

改正法11条と指針によって事業者がまず義務づけられるのは、「部門横断的な公益通報対応業務を行う体制の整備」である。

事業者は、個々の事業部門から独立した窓口（いわば法定窓口）を設けて、全部門ないしこれに準ずる複数の部門から内部通報を受け、調査をし、是正にあたる部署と責任者を明確に定めなければならない。

①内部通報を受け、②その通報の対象事実の調査をし、③その是正に必要な措置をとる——これら三つの業務を「公益通報対応業務」と呼ぶ。事業者は、11条1項により、こうした業務に従事する人を「公益通報対応業務従事者」として指定する義務を課される。外部の法律事務所の弁護士や専門業者の従業員をこの「従事者」に指定することもありうる。

内部通報を受け付ける窓口の担当者はもちろん、それ以外の部門であっても、内部通報窓口で受け付けた内部通報をめぐる調査や是正の業務を主体的に行い、または、その重要部分に関与する人で、かつ、その業務に関して通報者を特定させる事項を伝達された人については、必要が生じた都度《つど》、「従事者」に指定する必要がある。「従事者」に指定されていない人が結果的に通報者の情報を認識するに至った場合は、事後であっても「従事者」に指定すべきである。たとえば、通報対象事実の違法行為が発生した職場の管理職が調査や是正の重要部分に主体的に関わり、かつ、通報者がだれかを知るに至った場合には、その管理職を「従事者」に指定する必要がある。ただし、単に社内調査のヒアリングの対象になったに過ぎない人などは、たとえ調査上の必要性（本章407頁参照）から通報者の情報を知らされたとしても、「主体的」「重要部分」の要件にいずれも該当しないことから、「従事者」に定めなくてかまわない。そこは実質で判断する。

指針によれば、通報の受付、調査、是正の過程では、組織の長ら幹部や個々の事業部門からの独立性を確保し、また、通報対象事実に関係する利害関係者の関与を排除できるようにしなければならない。通報受付窓口の独立性だけでなく、調査、是正に関しても独立性を確保しなければならないことに注意が必要だ。

指針の解説によれば、複数の窓口を設ける場合には、少なくともそのうちの一つで独立性を確保する、との方法が考えられる。監査役や監査委員会、社外取締役にも報告する仕組みにしたり、それら監査機関、社外取締役からモニタリングを受けたりして独立性を確保する方法もありうる。その場合、それら監査機関の担当者や社外取締役も「従事者」指定が必要となるだろう。

この点、東京証券取引所の上場規程（コーポレートガバナンス・コード補充原則）は「上場会社は、内部通報に係る体制整備の一環として、経営陣から独立した窓口の設置（例えば、社外取締役と監査役による合議体を窓口とする等）を行うべき」と求めている。[50] 消費者庁のかつての事業者向けガイドラインでは「通常の通報対応の仕組みのほか、例えば、社外取締役や監査役等への通報ルート等、経営幹部からも独立性を有する通報受付・調査是正の仕組みを整備することが適当である」とされていた。

窓口は、事業者内部だけでなく、外部の委託先や親会社に設けることも可能だ。ハラスメント通報・相談窓口と兼ねさせることもできる。何社かの中小企業が共同で外部に窓口を委託してもいい。サプライチェーンなど関係会社・取引先を含めた対応体制を整備したり、そうした先の状況を定期的に確認し、助言したりするのも指針の解説で推奨されている。ハードルが低く、利用しやすい環境とするのが望ましい。人事部門や顧問弁護士の事務所に窓口を設けると、通報者を躊躇《ちゅうちょ》させ、通報対象事実の早期把握を妨げるおそれがあり、留意する必要がある、とされている。

２０１６年度の消費者庁の調査によれば、社外に窓口を設けている事業者のうち、49％が顧問弁護士にそれを委託していた。顧問ではない弁護士に委託しているのは22％、専門会社に委託しているのは15％だった。

一方、消費者委員会の13年7月の意見では「顧問弁護士を公益通報の窓口とすることは利益相反の観点から問題も指摘されるところである」とされている。また、東京弁護士会の公益通報者保護特別委員会が16年に出版した書籍『ここがポイント　事業者の内部通報トラブル』（法律情報出版）では、顧問弁護士はどうしても会社経営者に近い存在であるように通報者の側から見えてしまうこと、通報内容の当否について会社と通報者の見解が対立する場合に利益相反の問題が生じることが指摘され、「通報促進という観点を重視するならば、顧問と外部窓口の兼任はできるだけ避けたほうが良いであろう」と結論づけられている。

そして、消費者庁が16年12月に定めた民間事業者向けガイドラインでは、「通報の受付や事実関係の調査等通報対応に係る業務を外部委託する場合には、中立性・公正性に疑義が生じるおそれ又は利益相反が生じるおそれがある法律事務所や民間の専門機関等の起用は避けることが必要である」と明記された。

こうした見解に対し、指針検討会では「従来、顧問弁護士は、社長の直接のアドバイザーという立ち位置が多かったと思うが、近年、特に大企業では顧問弁護士も事案に応じて使い分けをされている。そのため、顧問弁護士という理由だけで、外部窓口の委託先として不適切と整理する必要はない」と逆方向の意見が出た。

人事部門については、消費者団体などの間に「人事権限を有する人事部門に内部公益通報受付窓口を置くことは、独立性の観点からも避けるべき」「人事部門は不利益取り扱いの実施主体になりうる」として、人事部門を通報窓口から切り離すべきとの意見がある。[51] 一方、指針検討会では、「ハラスメント関係の通報の延長線上に公益通報がある」「小規模な会社では人事部門が独立しておらず、管理系の部門が総務や法務、コンプライアンス業務などをひとくくりに担っている場合も多数あり、分離することは実務上困難である」「中立公平に業務を遂行するミッションは人事部門もコンプライアンス部門と同様に担っている」などの意見が出た。

このように意見が対立した結果、消費者庁による指針の解説は、顧問弁護士や人事部門に内部通報窓口を担わせることについて「通報を躊躇する者が存在し、そのことが通報対象事実の早期把握を妨げるおそれがある」として消極方向の見方を示しながらも、結論においては「留意する」と求めるにとどめ、[52] 玉虫色になった。消費者庁は「各事業者において総合的に判断していただく必要がある」「各事業者におかれては、自組織の状況を踏まえ、経営判断に基づき各事業者にとって現実的かつ最適な措置を取ることが必要」としている。[53] また、消費者庁幹部は国会で「顧問弁護士への委託である場合には、その旨を従業員向けに明示するなどにより、外部窓口の利用者である従業員が通報先を選択するにあたっての判断に資する情報を提供することが望ましい」と答弁している。[54]

匿名の通報者には、個人を特定できないメールアドレスの利用を促し、名前が分からない状況でも連絡を取り合えるようにする。消費者庁による指針の解説では、匿名の内部通報も受け付けることが必要である、とされている。

解決済みの案件である場合や通報者と連絡がとれず事実確認が困難である場合など「正当な理由」がある場合を除いて、事業者は通報を受け付けたら、必要な調査をしなければならない。

以前なされたのと同内容の通報であるとして「問題ない」と判断したものの、その後、外部への通報によって入札不正が発覚してしまった日本政策金融公庫のような事例（第３章３節２４１頁参照）もあり、安易に「解決済み」と断定してはならない。

調査は形だけのおざなりなものであってはならない。日本取引所自主規制法人が２０１６年２月24日に公表した「上場会社における不祥事対応のプリンシプル」で推奨されているとおり、「必要十分な調査」でなければならない。オリンパスの中国・深圳の現地法人ＯＳＺによる不明朗な支払い（第２章５節１５２頁参照）のように、内部統制の有効性や経営陣の信頼性に相当の疑義が生じている場合など一定の状況では、第三者委員会の設置を有力な選択肢として検討すべきだろう。

消費者庁による指針の解説によれば、通報者が調査に反対したとしても、「通報者の意向に反して調査を行うことも原則として可能である」とされている。もちろん、調査の前後に通報者と連絡を十分に取り合うよう努め、プライバシーなど通報者の利益が害されないよう配慮しなければならない。[55]

通報した人自身や調査に協力した人が通報の対象となった不正に関わっていた場合に、問題の早期発見・解決への協力を評価し、懲戒などの処分を減免する、そんな「社内リニエンシー」の仕組みの導入も、指針の解説で示唆《しさ》されている。[56] ２０１６年の消費者庁の調査に「内部通報制度に関する規程を整備している」と回答した１４６８事業者のうち「社内リニエンシー」制度を定めているのは12％弱に過ぎなかったが、その年の暮れに消費者庁が定めた民間事業者向けガイドラインはその制度化を半ば推奨しており、指針の解説はそれを引き継いだ。

調査の結果、法令違反行為が明らかになったら、速やかに是正しなければならない。是正措置から一定期間が過ぎたら改善状況をフォロー調査する。少なくとも内部通報窓口に寄せられたものについては、このような措置が確実にとられる必要がある。[57]

岐阜県大垣《おおがき》市に本社を置く電子部品製造「イビデン」の「コンプライアンス相談窓口」に、子会社の契約社員のハラスメント被害に関する内部通報が寄せられたのに適切な対応がなされなかった問題をめぐって、２０１８年2月15日の最高裁第一小法廷判決は、具体的状況によっては、親会社は通報者に対して「適切に対応すべき信義則《しんぎそく》上の義務」を負う場合がありうるとの判断を示している。公益通報者保護法の対象でなくても、また直接の雇用関係になくても、内部通報制度を設けてその利用を呼びかけるからには、会社側は信義則によって窓口への内部通報に適切に対応し、調査や問題解決へと動くべき義務をすでに負っているといえる。

指針は「内部公益通報対応体制を実効的に機能させるための措置」も事業者に義務づけている。具体的には、書面で内部通報した人にプライバシーなど支障のない範囲で対応結果を通知するよう義務づけている。そうした情報提供がなければ、内部通報者は、行政機関など外部に公益通報すべきか、それとも、調査の進捗《しんちょく》を待つべきかを判断できないからだ。個別の開示だけでなく、窓口に寄せられた内部通報の実績の概要を支障のない範囲で労働者らに開示することも義務づけられる。

前述したように、直属の上司に対して組織内部の犯罪などの不正を報告することも、公益通報者保護法によって保護の対象となる公益通報に該当しうるが、これは、11条の体制整備義務を意識することなく、組織内のもともとある自浄作用によって調査・是正などの措置が速やかにとられるのが通常だと思われる。が、もし仮に通報者から「単なる報告ではなく公益通報である」として通報受領の通知を求められた場合には、その上司から内部通報窓口に通報内容を伝え、本人にその旨を通知することが推奨されている[58]。

また指針は、公益通報者保護法や内部通報制度について、労働者や役員、退職者に教育・周知を行い、また、質問・相談に応じるよう事業者に義務づけている。特に、公益通報対応業務従事者は、罰則つきの守秘義務を負うことになるから、十分な教育が必要だとされている。消費者庁による指針の解説によれば、内部通報制度だけではなく、法全体について、教育・周知が求められる。

内部通報への対応に関する記録を作成して定期的に対応体制を点検し、必要に応じて改善することも指針で義務づけられている。

指針の解説はまた、「組織の長が主体的かつ継続的に内部通報制度の利用を呼び掛ける」などの対応を事業者に示唆《しさ》している。

「実効性の高い内部通報制度を整備・運用することは、組織内に適切な緊張感をもたらし、通常の報告・連絡・相談のルートを通じた自浄作用を機能させ、組織運営の健全化に資する」ということを経営幹部やすべての従業員に周知することも重要だとされている。

組織内の人々に広く呼びかけることで、公益通報を促し、不正を断ち切ろうとする狙いがあるだけでなく、公益通報者を捜したり白眼視《はくがんし》、異端視したりする風土を是正しようとする狙いもある、ということができる。

また、「通報者や調査協力者の協力が、コンプライアンス経営の推進に寄与した場合には、通報者等に対して、例えば、組織の長からの感謝を伝えることにより、組織への貢献を正当に評価することが適当である」ともされている。

消費者庁は、内部通報体制の整備義務を法律に定める狙いについて、「事業者自ら不正を是正しやすくするとともに、安心して通報を行いやすくする、そういう環境を整える」と説明している。

公益通報者保護体制の整備義務

内部通報窓口の体制整備とは別に、それと並列する形で、指針は、公益通報者保護体制の整備を事業者に求めており、具体的には

⑴公益通報者への不利益な取り扱いを防止する体制の整備

⑵通報者を特定させる情報を必要最小限の範囲を超えて共有する行為や通報者を探索する行為の

防止に関する措置

の双方を事業者に義務づけている。

これについては前述したように、内部通報だけでなく、行政への公益通報や報道機関など広い外部への公益通報も含まれることに注意が必要だ。[59][60] 消費者庁による指針の解説によれば、公益通報に基づく調査に協力した人についても、公益通報者と同様に保護する措置を講ずるのが望ましい、とされている。[61]

単に公益通報者への不利益な取り扱いを禁止するだけでなく、あらかじめ防止するための措置を事業者に義務づけ、さらに、もし仮に不利益な扱いが実際あった場合に、それを救済したり回復したり、不利益扱いをした人への厳正な対処をしたりする措置を義務づけているのも指針の特徴だ。

⑴について、指針は、事業者の労働者や役員が公益通報者に対して解雇など不利益な取り扱いをするのを防ぐための措置だけでなく、公益通報者が不利益な取り扱いを受けていないか能動的に確認する措置をも事業者に義務づけている。不正を内部告発された「被通報者」の側に対し、通報者を不利益に扱わないようにと注意喚起することも必要だろう。もし不利益な取り扱いが行われた場合には、事業者はその取り扱いをした労働者や役員に対し、懲戒処分など適切な措置をとり、被害者には救済・回復の措置をとらなければならない。ここで言う不利益な取り扱いには、公益通報者保護法３～７条で禁止されている行為はもちろん、事実上の嫌がらせなど、精神上、生活上の取り扱いが含まれうる。[62]

⑵について、指針は、公益通報者を特定させる事項を必要最小限の範囲を超えて共有する行為「範

囲外共有」を防ぐための措置だけでなく、公益通報者を特定しようとする行為「通報者の探索」を防ぐための措置をとらなければならないと事業者に義務づけている。これらの共有や探索が行われた場合には、「その行為を行った労働者や役員らに対し、懲戒処分などの措置をとらなければならない」と事業者は義務づけられる。
消費者庁による指針の解説では、通報に関する情報を共有する人の範囲を必要最小限にとどめ、その記録に記載される固有名詞を仮称で表記し、通報者との面談は勤務時間外に事業所外で行い、また、真に必要不可欠ではない限り、調査担当者にも情報を伝えず、もし伝える場合は秘密保持を誓約させ、さらに通報者本人にも、自身が公益通報者であることに関する情報の管理の重要性を十分に理解させることが望ましい、とされている。調査の端緒《たんしょ》が内部通報であることを関係者に認識されなければ、当然のことながら、内部通報者がだれなのかを確定的に認識されるのを避けることができるため、指針の解説ではそのための工夫として、該当部署以外の部署にもダミーの調査を行ったり、定期的な監査と合わせて調査したり、周辺部分から調査したりする手法が推奨されている。[63]
通報者の探索については、「公益通報者を特定した上でなければ必要性の高い調査が実施できないなどのやむを得ない場合」は例外となる。虚実《きょじつ》織りまぜた情報をSNSを用いて頻繁に情報発信するのも「やむを得ない場合」にあたるとして通報者探索が許される。[64] ただし、公益通報者保護法に詳しい弁護士によれば、通報者探索がやむを得ない場合であることの立証の責任は事業者が負い、その点で通報者保護の範囲はかなり広くなっていると考えられる。
前述したように、この指針の言う「通報者」には、事業者内部の窓口に組織内部の犯罪などを通報した労働者だけでなく、権限のある行政機関や、被害拡大に貢献する報道機関など外部に公益通報した労働者も含まれる。

こうした範囲外共有の禁止や通報者探索の禁止について、16年12月制定の民間事業者向けガイドラインがすでに「通報者の所属・氏名等が職場内に漏れることは、それ自体が通報者に対する重大な不利益になる」と指摘し、「当該事案が通報を端緒とするものであること」も含め通報者の特定につながりうる情報は、通報者の書面やメールによる明示の同意がない限り、職場で開示しないこと、また、だれであろうと、通報者を探索してはならないと明確にすることを事業者に求めていた。

体制整備義務違反への行政措置

体制整備に関する11条の2項義務と従事者指定に関する1項義務の実効性を確保するため、消費者庁は事業者に対して、報告を求めたり、助言、指導、勧告など段階的措置を講じたりする権限を改正法で与えられた（15条）。体制整備義務に違反している事業者に対して、消費者庁は是正を勧告したうえで、それでも従わない場合に事業者の名前などを公表する（16条）。15条に基づき消費者庁から報告を求められたのにこれに応じなかったり、虚偽の報告をしたりした者は20万円以下の過料に処せられる（22条）。ただし、国や地方自治体はそれらの対象外となる（20条）。

公益通報者が事業者によって不利益に扱われたとしても、直《ただ》ちに体制整備義務違反にあたるというわけではない。しかし、そのような不利益取り扱いがあったということは、それを防ぐ体制に不備があったと疑わせる事情になる。その情報を端緒に消費者庁が調べ、11条2項の体制整備義務への違反を確認できれば、その点をとらえて、行政措置に踏み込むことができる。たとえば、公益通報者に不利益扱いをしてはならないとのルールが社内で制度化されておらず、その結果として現実に違法な不利益扱いがあったという事実関係が消費者庁の調査で分かれば指導や勧告がありうる。

従来法では、公益通報者保護法違反があっても、当局が捜査に乗り出すことはないし、行政機関が調査して違反を是正させることもなかった。従来の公益通報者保護法はあくまでも民事ルールであって、行政措置や刑事罰は定められていなかった。不利益扱いを受けた労働者が事業者を相手に民事訴訟を起こし、みずから法律を駆使して加害者の責任を追及し、裁判所に是正を求めるしかなかった。その点は改正後も原則としては変わりない。変わりはないが、そういうなかでも、行政機関が調査に乗り出し、不利益扱いが生じた原因を究明し、事業者に是正を求め、助言・指導などの措置をとる可能性が開けた。すなわち消費者庁が事業者に対し、不利益扱いを禁止する社内規程が機能するよう再発防止策をとるように勧告したり、不利益扱いを行った者に対して懲戒その他適切な措置をとるよう勧告したりする道が用意された。狭く長い道であり、原則は変わっていない、とも言いうるが、可能性があるだけでも、事業者への威嚇《いかく》となりうるから、大きな違いだということもできる。

消費者の安全、安心を損なう事業者の重大な不祥事については、消費者庁はこれを常に注視し、それらの事案に接した場合には、必要に応じ、権限を用いて事業者から報告を求めるなど、体制のあり方に問題がなかったかについて確認していく方針だ。消費者庁に直接、体制整備義務違反に関する内部告発が寄せられ、それを端緒に事業者に報告を求めることもあるだろう。[65]

たとえば、「うちの会社では内部通報に対応する体制が整えられていない」という通報を端緒に消費者庁が調査することがありうる（こうした通報が公益通報者保護法による保護の対象となる「公益通報」に該当するかどうかは、通報対象事実の「深さ」の点で不明確なところがあるものの、該当するとの見解があり、[66]また、もし仮に該当しなくても、一般法理による保護の対象になりうる）。また、端緒がなくても、消費者庁による定期的な調査のなかで権限を発動することがありうる。３０１人以上の従業員がいて義務づけの対象となる企業は全国には１万７千社ほどあると言われており、そのすべてが対象となる。

調査にあたって、事業者に対する消費者庁の直接の権限は、報告を求めることしか法定されていない。ただし、新設された17条により、消費者庁は「この法律の規定に基づく事務に関し、関係行政機関に対し、照会し、又は協力を求めることができる」。消費者庁は、これを活用して、事業者に対する監督や規制の権限を持つ他の省庁の力を借り、調査を充実させることができるかもしれない。

前述したように、「内部通報に応じ、適切に対応するために必要な体制」は形式的に整えられているだけでは足りず、「その他の必要な措置」も含め、実質的に機能するものでなければならない。この点、消費者庁の立法担当者は「実質を見ていく。大変といえば大変だが、そこを見ていかなければ意味がない。私どもはそう考えているし、与党の議論もそうだった」と言う。

このように指針に示された義務を直接的に負うのは、常時使用する労働者が３０１人以上の事業者に限定されているが、労働者３００人以下の中小事業者についても、努力義務は課され、消費者庁による報告徴収、助言・指導、勧告の対象になりうる。すなわち、それら中小事業者も、指針やその解説に従った措置を講じるよう努めることが新たに義務づけられたということができる。[67]

この法律に基づく行政の権限は法文上「内閣総理大臣」に与えられているが、指針の制定や公表を除いて消費者庁長官に委任され（19条）、実際にそれを行使するのは消費者庁ということになる。

改正指針で事業者の現場は実際どうなるか？

改正公益通報者保護法の本格運用の開始以降は、たとえば、次のような事態が考えられる。

——ある日、その企業の広報部に新聞記者から問い合わせがある。

その企業の内部で長年是正できずに対応に苦慮していた営業部門の不正について、その記者は裏付けとなる社内資料を手にしていて、それをもとに質問を突きつけてきている。どうやら社内にその記者の取材に協力する者がいるようだ。

そのように広報部長から報告を受けて、社長も営業担当役員も、ある役員の顔を思い浮かべる。その役員は半年ほど前から、その不正をやめるべきだと、いわば「正論」を社内で唱えていたからだ。

「君が記者に情報を漏らしたのか？」——。そう、その役員に問いただしたくなる衝動を社長は抑えきれない。しかし……。

従来の公益通報者保護法の下では、そのように問いただしても、それだけでは、さほどの問題にはならなかっただろう。しかし、改正法とその指針が施行されて以降は、場合によっては、そのような質問そのものが、指針に違反する状況を示す出来事として、あるいは、法で事業者に義務づけられた「公益通報者を保護する体制の整備」など「必要な措置」を講ずる義務を怠《おこた》っている状況を示す出来事とみなされるかもしれない。問いただされた役員は、そのような目に遭ったことをとらえて、「我が社は体制整備義務に違反している」と消費者庁に内部告発するかもしれない。

もしそうなれば、消費者庁が調査に乗り出し、当該企業に報告を求める。その結果を見て、消費者庁は、当該企業に体制整備義務違反があったと断定し、是正を勧告する可能性がある。そのように是正勧告に至ったとの結果は、「消費者庁における外部の労働者等からの通報等への対応手続に関する訓令」に基づき、消費者庁から内部告発者である役員に通知されることになる。[68]そして、その旨がその役員から報道機関に知らされるかもしれないし、上場企業ならば、投資判断に影響を及ぼす重要な事実にあたるとして、企業として勧告を受けた旨を適時開示し、公表しなければならなくなる。その結果、「公益通報者保護法の体制整備義務違反で消費者庁が○○社に是正勧告」との記事が、「営業部門の不正」に関する当初の記事よりもはるかに大きく新聞に掲載されるかもしれない。社長や営業担当役員は、取締役としての法令遵守義務、会社法制上のリスク管理体制構築義務に違反したとして、株主から民事賠償責任を追及され、代表訴訟の被告とされるかもしれない。[69]

会社の取締役は、公益通報者保護法とは別に、会社法という法律に基づき、内部統制システム（リスク管理体制）の整備を義務づけられている。[70]この内部統制システムの一部として、改正公益通報者保護法が整備を義務づける体制をとらえることができ、それへの違反は会社法への違反とみなされうる。「体制をしっかり整備していなかったということに関しては、経営者は株主代表訴訟等によって責任を厳しく問われることに結果的になるんだろう」と政府当局者も指摘している。[71]

公益通報者保護制度に関する消費者庁の検討会の委員を務めた山口《やまぐち》利昭《としあき》弁護士によれば、たとえば、会社に行政の調査や報道記者からの問い合わせが来て、そのきっかけが社内からの告発だと分かったときに、事業者内部でだれが告発したのかと詮索《せんさく》したり、「あいつが告発した」などの話が社内に広まったりすると、改正法では、それ自体が体制整備義務への違反として、行政による指導や勧告の対象になりうる。通報者にとっては、その分、安心して外部に通報しやすくなる。

改正法は、内部通報制度をきちんとしたものにしなければならないとの義務が注目されているが、山口弁護士は「実は、改正法は、外部に通報した人の保護の強化も意図している。内部、行政、報道といった通報先の間での競争（制度間競争）が促されるだろう」と話す。

消費者委員会で委員長代理を務めた経験のある中村雅人《なかむらまさと》弁護士は「ペナルティーのないのをいいことに、事業者による公益通報者への退職強要などの不利益扱いは今も絶えない。指針は、そうした行為に対し、助言・指導・勧告などの行政措置の網をかけて、行政が動ける素地をつくっている。使い勝手の悪い公益通報制度を改善し、保護を手厚くする法改正の方向性からすると、一歩前に出たといえる」と話している。

「従事者」の守秘義務を罰則つきで導入

1項義務に基づき指定された「公益通報対応業務従事者」は、通報者を特定させる情報の守秘を義務づけられ、違反すると個人として刑事罰に処せられる。

「公益通報対応業務従事者は、正当な理由がなく、その公益通報対応業務に関して知り得た事項であって公益通報者を特定させるものを漏らしてはならない」（12条）

「第12条の規定に違反して同条に規定する事項を漏らした者は、30万円以下の罰金に処する」
（21条）

11条2項で事業者に課される体制整備義務のなかでとりわけ重要であり、本質的であると立法担当者が考えたのがこの守秘義務である。

「『この人が通報した』ということがばれてしまうから、その人に報復的に仕返ししたりすることで通報者に対する不利益扱いは起きるわけで、通報者の保護を図る観点からも、何よりも守秘義務が重要である」と消費者庁の担当者は言う。

法改正の検討過程では刑事罰の導入に消極的な意見があり、消費者委員会の専門調査会の２０１８年12月の報告書でも、日本経団連の反対論に配慮して刑事罰は今後の検討課題にとどめられた。自民党の消費者問題調査会は20年2月、それをあえて取り上げて政府に導入を求めた。「かなり思い切った」と評される。

消費者庁の検討会の座長を15～16年に務めた宇賀克也《うがかつや》・東京大学法学部教授（行政法、19年から最高裁判事）は16年３月１日、日本弁護士連合会と東京の３弁護士会が共催したシンポジウムで次のように述べている。

「公益通報者が匿名を望んだにもかかわらず、その通報者を故意に漏洩するような行為は、蛮勇《ばんゆう》をふるって公益通報をした方の公益通報制度への信頼を裏切って、生存を脅《おびや》かすといっても過言ではない、極めて残酷な行為であり、かつ、国民全体の公益通報制度に対する信頼を裏切り、法令遵守を確保して公益に奉仕する、この制度の利用を躊躇させるという強力な萎縮効果をもつという点で、公益も著しく損なう行為ともいえます。したがって民間人であっても、守秘義務を法定して、その違反に対しては制裁を科すことによって、公益通報者を手厚く保護するという国家の意思を明らかにすべきと思います」

法改正に罰則つきの守秘義務の導入が盛り込まれた背景には、このような発想がある。

改正法案の担当大臣、衛藤晟一・消費者担当相は20年2月6日に自民党の消費者問題調査会の会合に出席し、「罰則つきの守秘義務を盛り込んだ点は、消費者委員会での有識者の議論でも結論を得られなかった論点であり、党において活発にご議論、また、各方面との精力的な調整をいただいた画期的な成果」と自民党PTを持ち上げた。衛藤氏は1カ月後の3月6日の閣議後記者会見でも、「通報者が安心して通報できる制度とすることが重要と考えまして、事業者に対して通報者にかかる情報漏洩防止を求めるだけではなく、それに関係する従業員等についても守秘義務を課すこととし、万全を期した」と説明し、「きわめて大きな改正のポイントだ」と述べた。

11条1項で守秘義務の対象となっている情報は「公益通報者を特定させる事項」である。消費者庁による指針の解説によれば、公益通報をした人物がだれであるか「認識」することができる事項をいう。通報者の氏名が典型であるが、性別などの一般的な属性であっても、他の事項と照合されることにより、排他的に特定の人物が公益通報者であると判断できる場合には、該当する。[72] 通報の内容についても、それを知ることのできる担当者が公益通報した人だけである場合は該当しうる。

小規模な事業者や部署では、調査を実施していることが分かってしまうだけで通報者が推知《すいち》されてしまう事態もありうるが、「調査を実施していることが知られてしまったとしても、その調査が通報に基づき実施されていることを伝えていない限り、それだけでは公益通報者を特定させる事項を漏らしたことにはならず、守秘義務違反には当たらない」と考えられる。「周囲の状況から通報者が推知されてしまった」というだけでは守秘義務違反にはならない。「法令遵守という公益通報者保護制度の本来の目的を達成するためには、守秘義務によって必要な調査が過度に妨げられないようにすること」とのバランスを踏まえる。[73]

故意による漏洩のみが処罰され、重過失も含め過失による漏洩の場合は処罰の対象外となる。[74] ただし、従事者向けの教育・訓練や通報に関連する情報の管理など体制整備に不備があったとして行政措置の対象にはなりうる。民事上の不法行為にもあたりうる。[75]

漏らしたことについて「正当な理由」がある場合には、違法性がなく、違反とならない。指針検討会の報告書によれば、通報者本人の同意がある場合や、令状など法令に基づく場合、調査に必要な範囲の従事者間で情報共有する場合などが想定されている。警察からの捜査事項照会、裁判所からの文書送付嘱託《しょくたく》への対応も「正当な理由」になるとの当局者の見解がある。[76] 調査を進めるうえで、通報者の特定を避けることが著しく困難であり、法令違反の是正にあたってその調査がやむを得ないものである場合には「正当な理由」が認められうるが、そうであっても、通報者から同意を得ておくことが望ましい。[77] あとで同意に関して誤解が生じないようにするため、事後的に双方が検証可能であるように、「あなたの情報をこのぐらい共有する可能性がある」旨の同意を書面や録音によって得ておく必要がある。[78]

罰則つきの守秘義務を負うのは、あらかじめ事業者によって「公益通報対応業務従事者」に指定された人に限定される。職制上の報告ラインに沿って上司に公益通報した場合は、公益通報者保護法上の1号通報に該当するものの、その上司はたいてい、「従事者」に指定されていないだろうから、罰則つきの守秘義務を負うものではない。「通常の業務に関する報告・連絡・相談等も受ける中で、結果的に公益通報に該当する情報を受け取ることになったにすぎず、これらの者についても守秘義務を課した場合には、事業者における通常業務の遂行に支障が生じるおそれがある」などの事情を考慮して[79]、法はそこまでの従事者指定を求めていない。ただし、その上司も、公益通報者を特定させる情報を必要最小限の範囲を超えて共有する行為は実質的に禁止される。そうした行為を防止する体制の整備義務（本章「公益通報者保護体制の整備義務」の項の396頁参照）が事業者に課されるためだ。このように改正法の下では、通報の相手先によって通報者秘匿《ひとく》のルールに差異がある。

衛藤晟一氏

「内部通報対応体制の整備義務」のところで前述したように、指針によれば、内部通報窓口での通報の受付、それに基づく調査、是正のいずれかを「主体的」に行い、または、その「重要部分」に関与する人で、かつ、通報者特定情報を知らされる人は、「従事者」として書面で定めなければならない[80]。「従事者」に指定するべきであるのに、それを怠った場合、その事業者は体制整備義務違反として行政措置の対象となる。

改正法案に関する自民党ＰＴの議論では、主体を限定せずに「加害などの一定の目的がある場合」に守秘義務違反の刑事責任を問えるようにする案も検討された。これに対して、事業者で内部通報制度を運用する部門や、内部通報に基づいて調査にあたる部門の担当者を念頭に、罪に問える主体の身分を限定する案があった。このように守秘義務違反の刑事責任を問う対象を「主体」や「目的」で限定する案について、ＰＴの議論では「公益通報者を不利益から守れなくなってしまう」との反対論もあった。が、最終的に「やはり主体限定のほうが分かりやすいだろう」という理由で「主体限定」案が採用された。

指針検討会では、「内部通報制度は企業が早期に不正の芽を発見するよう自律的な自浄作用を促すことを趣旨としており、その本質において企業の自主性に委ねられるべきものである。よって、公益通報対応業務従事者の範囲は過剰に広げるべきではない。刑事罰は、企業の裁量と根本的に相反するものであることから、刑事罰を科す範囲は局限《きょくげん》をすべき」「臨時に調査等を行う者など、関与する頻《ひん》度《ど》が非常に少ない者まで刑事罰付きの守秘義務の対象とすることは許容しづらい」との意見が出された。[81]その結果、指針では、公益通報対応業務について「主体的」または「重要部分」に関与する人を従事者に指定すると絞り込まれたとみられる。

だれであれ「従事者」に対して通報者の秘密を明かすよう求め、実際に漏洩させた場合は、教唆《きょうさ》犯や共謀共同正犯《せいはん》になりうる。明かすよう求めた側が「従事者」に指定されていない外部の人であったとしても、「犯人の身分によって構成すべき犯罪行為に加功《かこう》したときは、身分のない者であっても、共犯とする」との刑法総則の規定（65条）により、「身分なき共犯」として処罰されうる。

「従事者」に指定されていない従業員が、通報者に関する情報を必要最小限の範囲を超えて漏らした場合には、刑事罰を科すことはできないが、事業者の内規などに従った懲戒処分などの対象になりうる。[82]もし仮にそうした懲戒処分が何らなされない場合には、その事業者は体制整備義務に違反するものとして行政措置の対象とされる可能性がある。

「従事者」に指定されている人の間であっても、必要な範囲を超えた情報共有は違法となりうる。[83]たとえば、北海道であった事件について、北海道支店の「従事者」が通報者の情報を九州支店の「従事者」に知らせるのは、正当な理由がない、と判断されるだろう。

守秘義務違反に対する処罰を30万円以下の罰金のみとし、懲役刑や禁錮刑を科さないことにしたのは、罪刑の均衡を考慮した結果だ。

他の法令では、守秘義務違反を犯した公務員は「1年以下の懲役又は50万円以下の罰金に処する」（国家公務員法109条、地方公務員法60条）、弁護士が正当な理由がないのに、その業務上取り扱ったことについて知り得た人の秘密を漏らしたときは「6月《げつ》以下の懲役又は10万円以下の罰金に処する」（刑法134条）と懲役刑の定めがあるが、公益通報対応業務従事者の多くは国家資格を与えられているわけではなく一般の企業に勤めている人であり、そうした事情のバランスを考慮して罰金刑にとどめた。

職業安定法に、職業紹介事業者、求人者やその従業員について「正当な理由なく、その業務上取り扱ったことについて知り得た人の秘密を漏らしてはならない」という規定があり、違反すると「30万円以下の罰金」に処せられることになっている（職業安定法51条、66条）。これを類例として参考にした。

罰金にとどまるとはいえ、れっきとした刑事罰である。つまり、違反があれば、刑事事件として立件されて、警察や検察が捜査にあたり、家宅捜索や逮捕など強制捜査に乗り出す可能性も理屈のうえではある。

事業者の内部通報窓口を引き受ける弁護士や行政機関で内部通報を扱う公務員が「従事者」に指定されているのに通報者の秘密を漏らした場合には、公益通報者保護法違反となるだけでなく、刑法や公務員法にも抵触することになる。その場合の処罰は、より重い刑罰の定めがある刑法や公務員法が適用される（刑法54条の観念的競合）。

従事者が守秘義務違反を犯した場合にその所属する事業者を処罰する両罰規定の導入も、自民党PTで検討されたが、見送られた。ただしそのような場合、事業者が体制整備義務に違反する可能性があり、消費者庁から事業者に対して勧告するなど行政措置がありうる。そうした行政措置に伴って株主代表訴訟で経営者の責任が追及される可能性もあり、そうした「組み合わせ」によって、両罰規定なしでも事業者の情報漏洩は抑止されると見込まれている。[84]

消費者庁としては、事後の行政措置ではなく、不祥事の未然防止、そして、公益通報者への不利益扱いに対する事前抑止を重視し、一般予防の見地から改正法を立案したと国会で強調した。「そもそも裁判を起こさなければならないことのないようにするための措置をとっております」と消費者庁幹部は述べた。[85]

内部告発を受け取る側としての行政の対応

規制権限を有する行政機関に対して改正法は、外部からの公益通報（2号通報）に適切に対応するために必要な体制の整備を新たに義務づけている（13条2項）。従来法も「公益通報をされた行政機関は、必要な調査を行い、当該公益通報に係る通報対象事実があると認めるときは、法令に基づく措置その他適当な措置をとらなければならない」（10条、改正後は13条1項）と定めているが、それが施行された後も、一部の省庁で通報を放置するなど不適切な対応があったことが、この「体制整備」義務づけの背景にある。

国の行政機関の対応については、消費者庁次長を議長とする「公益通報関係省庁会議」で各省庁が申し合わせる形でガイドラインが定められている。２０１７年3月21日のガイドライン抜本改正で、実名の通報だけでなく匿名の通報への対応を各省庁に促すなど、より積極的に内部告発を生かそうという姿勢を打ち出している。

すなわちガイドラインは、各省庁に対して▽「通報対応に必要な適性及び能力を有する担当者」を配置し、その教育、研修などを十分に行う、▽正当な理由なく通報の受付を拒《こば》んではならないことを明確化する、▽通報への対応に関与する職員が通報案件に関係するなどの利益相反関係がないか確認する、▽匿名による通報についても、可能な限り実名による通報と同様に取り扱うよう努める、▽通報受付件数や通報事案の概要など運用状況を定期的に公表する——などの対応を求めている。

外部の労働者からの通報への対応について、ガイドラインではこのほか、秘密保持を徹底するため、通報者の氏名や所属などの個人情報だけでなく、「調査が通報を端緒としたものであること」や「通報者らしか知り得ない情報」についても、原則として調査対象の事業者に知らせないことを省庁に求めている。その例外は「通報対応を適切に行う上で真に必要な最小限の情報」を通報者の書面同意を得て開示する場合に限定している。

公益通報者保護法は、企業などの労働者から行政機関への通報が保護される原則的な要件（従来法では必須の要件）として、「通報対象事実が生じ、又はまさに生じようとしていると信ずるに足りる相当の理由がある」とのハードルを設けているが、これが通報者を萎縮させているとの指摘があった。ガイドラインは、この「信ずるに足りる相当の理由」について、内部資料や別の関係者の供述などがなくても、「通報者本人による供述内容の具体性、迫真性など」によっても認められうると明示している。これによって行政機関が通報を受け付ける際のハードルを実質的に下げることを消費者庁は意図した。

各省庁はこのガイドラインに沿ってそれぞれの内部規定を定めている。

ガイドラインには、個別の通報対応について消費者庁が他の省庁に資料の提出や説明を求めてチェックする仕組みも盛り込まれている。すなわち、消費者庁が「個別の通報事案に対する適切な対応を確保するために必要がある」と認めるときは、各省庁に対して、資料の提出、説明など「必要な協力」を求めることができる。消費者庁設置法5条に「長官は、消費者庁の所掌《しょしょう》事務を遂行するため必要があると認めるときは、関係行政機関の長に対し、資料の提出、説明その他必要な協力を求めることができる」との規定があり、これを確認する形で定められた。

　これまでも「十分な対応をしてくれない」との苦情が消費者庁の相談ダイヤルに寄せられることがあり、消費者庁によるモニタリングがなされることで、省庁が通報にずさんな対応をするのを抑止する狙いがある。

不利益取り扱いへの行政措置の制度化は見送り

　法改正の検討過程では、不利益扱いそのものをとらえて消費者庁や厚生労働省など行政機関が事業者に助言、指導、勧告、公表などの行政措置をとる制度を創設する方向性が打ち出され、消費者委から政府に対する２０１８年12月の答申にもそれが目玉の一つとして盛り込まれた。

　しかし、20年2月の自民党ＰＴ取りまとめはこれを明記せず、「通報者支援の観点から、既存の他の制度も念頭に置きつつ、関係機関が連携して通報者の負担軽減及び不利益取扱いの是正に向けた取組を進める」との表現にトーンダウンした。行政措置の実務を担うことを期待された厚労省が後ろ向きの姿勢を崩さなかったためだと見られる。

　その結果、20年3月に閣議決定された改正法案では、公益通報者への不利益扱いに対して直接、行政措置をとる制度の導入は見送られた。

　これについて消費者庁の担当者は「どういった事案でどういった措置をとるかについて、なお精査する必要がある」と説明する。

　担当者によれば、勧告・公表といった行政措置は違法な不利益取り扱いを抑止するためのものとして提案された経緯があり、その中身としてはたとえば、不利益取り扱いを受けた人の原状を回復する、といったものが考えられる。それは、一種の救済的な内容を含んでいる。しかし、その点、救済のための措置としてどういうものが適当か、現状では検討が十分ではなく、更に検討する必要があると考えられた。

不利益取り扱いの事実認定をどのようにするかも難題だった。不利益取り扱いが公益通報を理由とするものなのか、成績不良など他の理由によるものなのか、事実認定をする必要があるが、これは非常に難しい作業になる。企業の言い分と通報者の言い分の双方を照らし合わせたうえで、本当にそういった成績不良があったのか、成績不良に基づく処分として解雇は適当なのか、類例はどうなのか、社内の運用はどうなのか、といったことなどについて子細《しさい》に調査をしたうえで、子細に事実認定をする必要がある。これは裁判でなされている事実認定そのものということができ、その事実認定をどのようにするのか、どのような態勢を組んでそれをやるのか、そういったことについて現状では整理が必ずしも十分にされていない、と考えられた。

この点について、自民党ＰＴの事務局長を務めた小倉将信《おぐらまさのぶ》衆院議員は筆者の質問に次のように答えた。

「たとえば厚生労働省の労働部局が、いわゆる不利益取り扱いである不当労働行為について、斡旋《あっせん》ですとか、助言・指導とか、あるいは和解についてのさまざまな機能を持っておりますけれども、ただ、彼らであっても、それが公益通報に基づく不当労働行為、不利益取り扱いであったかどうかの判断までは、当然彼らは公益通報に関する、さまざまな法令のプロではありませんので、現状の労働部局の体制だと実際にその行政措置を導入したとしても、行政側として実行し得ないのではないかという懸念がございました。一方で、じゃあ消費者庁がやれるかというと、当然、消費者庁は地方に手足がありませんので、全国津々浦々そういった判断をするには適していない、ということで、その行政措置に関しましては、まあ今回実際キャパシティーの問題で、われわれとしても難しいんではないか、というふうな判断はさせていただきました」[86]

衛藤担当相は「公益通報と不利益取り扱いとの因果関係の事実認定においては、体制整備義務の違反とは異なる困難な判断が必要」「執行の主体が消費者庁であっても厚生労働省であっても変わりはない」と述べた。[87]

消費者庁の立法担当者は、改正法案の閣議決定にあたって「違法な不利益取り扱いの抑止という問題意識自体は重要で、引き続き検討していきたい」と話した。

衆参の消費者問題特別委員会は改正法案を可決するにあたって、それぞれ全会一致で「消費者庁は（中略）将来的に（通報者に）不利益取扱いをした事業者に対する行政措置を十分に担うことのできる体制を整えるため（中略）組織的基盤の強化を図ること」などの附帯決議を付している。[88][89]

今後の検討

改正法施行後3年、すなわち2025年6月を目途として、新法の規定について検討を加え、その結果に基づいて必要な措置を講ずるものとする、との規定が改正法の附則5条に置かれている。

検討すべきこととして二つの事項が明記されている。その一つ目、「公益通報者に対する不利益な取扱いの是正に関する措置の在り方」とあるのは、20年の改正でその制度化が見送られ、課題として積み残されたことが背景にある。

二つ目の検討項目に「裁判手続における請求の取扱い」が明記されているのは、衆院の消費者問題特別委員会での審議で20年5月に法案が修正され、この文言が加筆されたからである。

公益通報への報復として不利益扱いを受けたのか、それとも、勤務成績など他の理由で不利益扱いを受けたのかについて通報者と事業者との間の訴訟で争われた場合に、一定の要件の下で事業者側に公益通報が不利益扱いの理由ではないことの立証責任を課し、労働者側の負担を軽くする、そんな立証責任の転換を検討する。

この修正を前提に全会派が改正法案に賛成した。

このほか、参院の消費者問題特別委員会は20年6月5日に、改正法案を通過させるにあたって、全会一致の附帯決議で▽退職者の期間制限の在り方、▽通報対象事実の範囲、▽取引先等事業者による通報、▽証拠資料の収集、持ち出し行為に対する不利益取扱い――などについて、「諸外国における公益通報者保護に関する法制度の内容および運用の実態」を踏まえつつ検討を加えるよう政府に求め、これに対し、衛藤担当相は「ただいまご決議いただきました附帯決議につきましては、その趣旨を十分尊重してまいりたいと思います」と述べている。

1　消費者委員会、2011年3月11日、松本消費者委員会委員長記者会見。https://www.cao.go.jp/consumer/kouhyou/2011/110311_kaikenroku.html

2　消費者委員会、2011年2月18日、「公益通報者保護専門調査会報告～公益通報者保護法の施行状況についての検討結果～」。https://

www.cao.go.jp/consumer/history/01/kabusoshiki/koueki/index.html

3 消費者委員会、２０１１年３月11日、「公益通報者保護制度の見直しについての意見」。https://www.cao.go.jp/consumer/iinkaikouhyou/2011/110311_iken.html

4 消費者庁消費者制度課、２０１３年６月、「公益通報者保護制度に関する実態調査報告書」。https://warp.ndl.go.jp/info:ndljp/pid/11245833/www.caa.go.jp/policies/policy/consumer_system/whisleblower_protection_system/research/investigation/pdf/130625zentai_2.pdf

5 消費者委員会、２０１３年７月23日、「公益通報者保護制度に関する意見　～消費者庁の実態調査を踏まえた今後の取組について～」。https://www.cao.go.jp/consumer/iinkaikouhyou/2013/20130723_iken.html

6 消費者庁、２０１５年４月15日、「公益通報者保護制度に関する意見聴取（ヒアリング）」。https://www.caa.go.jp/policies/policy/consumer_partnerships/whisleblower_protection_system/research/hearing/

7 消費者庁、２０１６年12月、「公益通報者保護制度の実効性の向上に関する検討会最終報告書」。https://warp.da.ndl.go.jp/info:ndljp/pid/10311181/www.caa.go.jp/planning/koueki/chosa-kenkyu/files/koujou_161215_0003.pdf#page=147

8 G20 Osaka Leaders' Declaration, "High Level Principles for Effective Protection of Whistleblowers". https://www.mofa.go.jp/policy/economy/g20_summit/osaka19/en/documents/final_g20_osaka_leaders_declaration.html

9 ２０２０年５月19日、第２０１回国会　衆議院　消費者問題に関する特別委員会　第５号会議録。https://kokkai.ndl.go.jp/txt/120104536X00520200519/76

10 消費者庁、公益通報者保護法に基づく指針等に関する検討会。https://www.caa.go.jp/policies/policy/consumer_system/meeting_materials/review_meeting_002/

11 衛藤晟一・消費者担当相の答弁、２０２０年４月２日、第２０１回国会　衆議院　消費者問題に関する特別委員会　第３号会議録。https://kokkai.ndl.go.jp/txt/120104536X00320200402/25

12 坂田進・消費者庁審議官の答弁、２０２０年５月19日、第２０１回国会　衆議院　消費者問題に関する特別委員会　第５号会議録。

13 自民党政務調査会、消費者問題調査会、公益通報者保護制度に関するＰＴ、「公益通報者保護制度の見直しに関する論点取りまとめ」、２０２０年２月３日。

14 消費者庁、『公益通報者保護法逐条解説』65頁。https://id.ndl.go.jp/digimeta/1167192、https://dl.ndl.go.jp/view/download/digidepo_1167192_po_tikujo-a3-a5.pdf?contentNo=5&alternativeNo=#page=21

15 中野真ら著、２０２１年６月、『解説 改正公益通報者保護法』（弘文堂）１２３頁、注76。
16 山本隆司ら著、同右書３２０～３２１頁。
17 小田典靖、佐藤元紀、「公益通報者保護法改正の概要」『商事法務』No.2238、2020.8.5-15、46頁。
18 山口利昭弁護士、２０２１年３月、「会計監査の視点から公益通報者保護法の改正を考える」『企業会計』Vol.73 No.3、７頁右段。
19 ２００４年４月27日、第１５９回国会　衆議院　本会議　第28号会議録。https://kokkai.ndl.go.jp/txt/115905254X02820040427/46
20 内閣府国民生活局、２００３年５月７日、公益通報者保護制度検討委員会第５回議事録４頁、内閣府消費者調整課長の説明。
21 中野ら著、前掲書１５６頁。
22 神田哲也・消費者庁消費者制度課企画官、「座談会　改正公益通報者保護法の実務上の論点」『ジュリスト』１５５２号、26頁左段、２０２０年12月。
23 山口弁護士、前掲論考６頁左段。
24 神田企画官、前掲論考26頁左段。
25 同右。
26 山口弁護士、前掲論考６頁左段。
27 小田ら、前掲論考47頁下段。
28 永谷安賢・内閣府国民生活局長の答弁、２００４年５月14日、第１５９回国会　衆議院　内閣委員会　第14号会議録。https://kokkai.ndl.go.jp/txt/115904889X01420040514/321
29 山川隆一・筑波大学教授ら「新春鼎談　企業秘密と内部告発」『労働判例』２００４・１・1-15（８５８号）17頁。
30 竹中平蔵担当相の答弁、２００４年５月12日、第１５９回国会　衆議院　内閣委員会　第13号会議録。https://kokkai.ndl.go.jp/txt/115904889X01320040512/67
31 串岡弘昭、２０１５年１月14日、「公益通報者保護法についての私の意見（主旨）」、消費者庁、第7回公益通報者保護制度に関する意見聴取（ヒアリング）。
32 坂田審議官の答弁、２０２０年５月21日、第２０１回国会　衆議院　消費者問題に関する特別委員会　第６号会議録。https://kokkai.ndl.go.jp/txt/120104536X00620200521/45
33 衛藤担当相の答弁、２０２０年６月５日、第２０１回国会　参議院　地方創生及び消費者問題に関する特別委員会　第10号会議録。https://kokkai.ndl.go.jp/txt/120115328X01020200605/89

34 坂田審議官の答弁、2020年6月5日、同右。https://kokkai.ndl.go.jp/txt/120115328X01020200605/116
35 国民生活審議会消費者政策部会での発言。
36 国民生活審議会消費者政策部会、2003年5月28日、「21世紀型の消費者政策の在り方について」。
37 竹中担当相の答弁、2004年5月14日、第159回国会　衆議院　内閣委員会　第14号会議録。
38 竹中担当相の答弁、2004年6月10日、第159回国会　参議院　内閣委員会　第18号会議録。
39 永谷国民生活局長の答弁、2004年5月14日、第159回国会　衆議院　内閣委員会　第14号会議録。https://kokkai.ndl.go.jp/txt/115904889X01420040514/29
40 最高裁1977年12月19日決定、徴税トラの巻事件。
41 北村博文・内閣官房内閣審議官の答弁、2014年10月24日、第187回国会　衆議院　内閣委員会　第5号会議録。https://kokkai.ndl.go.jp/txt/118704889X00520141024/296
42 自民党ウェブサイト、特定秘密の保護に関する法律Q&A。https://warp.da.ndl.go.jp/info:ndljp/pid/11436740/www.jimin.jp/activity/colum/122766.html
43 高田潔・消費者庁次長の答弁、2020年5月21日、第201回国会　衆議院　消費者問題に関する特別委員会　第6号会議録。
44 東京証券取引所、「コーポレートガバナンス・コードの策定に伴う有価証券上場規程等の一部改正新旧対照表」。http://www.jpx.co.jp/rules-participants/rules/revise/nlsgeu000000x597-att/hpnewold.pdf#page=12
45 大塚拓・内閣府副大臣の答弁、2020年5月19日、第201回国会　衆議院　消費者問題に関する特別委員会　第5号会議録。https://kokkai.ndl.go.jp/txt/120104536X00520200519/26
46 https://www.caa.go.jp/notice/entry/025523/
47 坂田審議官の答弁、2020年6月5日、第201回国会　参議院　地方創生及び消費者問題に関する特別委員会　第10号会議録。
48 消費者庁、2021年10月13日、「公益通報者保護法に基づく指針（令和3年内閣府告示第118号）の解説」（指針の解説）2頁。
49 指針の解説3頁。
50 補充原則2－5①。https://www.jpx.co.jp/rules-participants/rules/revise/nlsgeu000000x597-att/hpnewold.pdf#page=12
51 一般社団法人全国消費者団体連絡会、2021年5月17日、「公益通報者保護法第11条第1項及び第2項の規定に基づき事業者がとるべき措置に関して、その適切かつ有効な実施を図るために必要な指針（案）」等に関する意見。http://www.shodanren.gr.jp/database/453.htm

52 指針の解説８、12頁。
53 消費者庁、「公益通報者保護法第11条第１項及び第２項の規定に基づき事業者がとるべき措置に関して、その適切かつ有効な実施を図るために必要な指針（案）」等に関する意見募集の結果について、２０２１年８月20日。https://public-comment.e-gov.go.jp/servlet/PcmFileDownload?seqNo=0000223499#page=10
54 高田次長の答弁、２０２０年５月21日、第２０１回国会　衆議院　消費者問題に関する特別委員会　第６号会議録。
55 指針の解説10頁。
56 指針の解説11頁。
57 指針の解説10頁。
58 指針の解説21頁の注39。
59 消費者庁、「公益通報者保護法に基づく指針等に関する検討会報告書」（指針検討会報告書）11頁、注21。https://www.caa.go.jp/policies/policy/consumer_partnerships/meeting_materials/review_meeting_003/
60 指針の解説14頁７～11行。
61 指針の解説13頁の注25。
62 指針の解説13頁。
63 指針の解説16～17頁。
64 高田次長の答弁、２０２０年５月21日、第２０１回国会　衆議院　消費者問題に関する特別委員会　第６号会議録。
65 同右。https://kokkai.ndl.go.jp/txt/120104536X00620200521/61
66 中野ら著、前掲書１２３頁、注75。
67 https://public-comment.e-gov.go.jp/servlet/PcmFileDownload?seqNo=0000223499#page=56
68 消費者庁における外部の労働者等からの通報等への対応手続に関する訓令14条２項。https://www.caa.go.jp/policies/application/whistleblowing/
労働者派遣法違反の是正指導について、労働局は公表しないものの、申告者には詳しく説明するのを通例としている。
69 11条２項の義務に違反した場合に生じうる民事責任については、中野真ら著『解説 改正公益通報者保護法』２１５～２２０頁に詳しい。
70 会社法３４８条３項４号、３６２条４項６号、４１６条１項１号ホ。
71 大塚副大臣の答弁、２０２０年５月19日、第２０１回国会　衆議院　消費者問題に関する特別委員会　第５号会議録。https://kokkai.

ndl.go.jp/txt/120104536X00520200519/102
72 指針検討会報告書20頁、注35。指針の解説5頁の注6。
73 坂田審議官の答弁、２０２０年5月19日、第２０１回国会　衆議院　消費者問題に関する特別委員会　第5号会議録。https://kokkai.ndl.go.jp/txt/120104536X00520200519/100
74 坂田審議官の答弁、２０２０年5月21日、第２０１回国会　衆議院　消費者問題に関する特別委員会　第6号会議録。https://kokkai.ndl.go.jp/txt/120104536X00620200521/7
75 坂田審議官の答弁、２０２０年6月5日、第２０１回国会　参議院　地方創生及び消費者問題に関する特別委員会　第10号会議録。https://kokkai.ndl.go.jp/txt/120115328X01020200605/31
76 小田ら、前掲論考45頁。
77 指針検討会報告書19頁、注32。
78 https://public-comment.e-gov.go.jp/servlet/PcmFileDownload?seqNo=0000223499#page=38
79 小田ら、前掲論考45頁。
80 指針検討会報告書6頁、注12。指針の解説5頁。
81 消費者庁、指針検討会、２０２０年11月13日、第2回議事要旨8頁。
82 https://public-comment.e-gov.go.jp/servlet/PcmFileDownload?seqNo=0000223499#page=39
83 ２０２１年5月21日の消費者委員会本会議における消費者庁消費者制度課の神田企画官の説明。議事録12頁。https://www.cao.go.jp/consumer/iinkai/2021/343/shiryou/index.html
84 前掲の大塚副大臣の答弁、２０２０年5月19日。
85 坂田審議官の答弁、２０２０年5月21日、第２０１回国会　衆議院　消費者問題に関する特別委員会　第6号会議録。https://kokkai.ndl.go.jp/txt/120104536X00620200521/69
86 自民党ＰＴ会合終了後の記者団との質疑、２０２０年2月3日。https://webronza.asahi.com/judiciary/articles/2720020400004.html
87 ２０２０年6月3日、第２０１回国会　参議院　本会議　第21号会議録。https://kokkai.ndl.go.jp/txt/120115254X02120200603/6
88 公益通報者保護法の一部を改正する法律案に対する附帯決議。https://www.shugiin.go.jp/internet/itdb_rchome.nsf/html/rchome/Futai/shohisha52C984F14D82B8414925856F0021F822.htm
89 https://www.sangiin.go.jp/japanese/gianjoho/ketsugi/201/f432_060501.pdf

付録

改正公益通報者保護法

※2022年6月1日に改正法が施行された後の新しい公益通報者保護法の条文を以下に掲載した。読みやすくするため、適宜改行し、字下げしたほか、和数字を洋数字に変え、各条の第1項の番号「1」を薄字で補った。

目次

第1章　総則（第1条・第2条）
第2章　公益通報をしたことを理由とする公益通報者の解雇の無効及び不利益な取扱いの禁止等（第3条—第10条）
第3章　事業者がとるべき措置等（第11条—第14条）
第4章　雑則（第15条—第20条）
第5章　罰則（第21条・第22条）
附則

第1章　総則

第1条（目的）

この法律は、
公益通報をしたことを理由とする公益通報者の解雇の無効　及び　不利益な取扱いの禁止等
並びに
公益通報に関し事業者及び行政機関がとるべき措置等
を定めることにより、公益通報者の保護を図るとともに、国民の生命、身体、財産その他の利益の保護に関わる法令の規定の遵守を図り、もって国民生活の安定及び社会経済の健全な発展に資することを目的とする。

第2条（定義）

1　この法律において「公益通報」とは、
次の各号に掲げる者が、
不正の利益を得る目的、他人に損害を加える目的その他の不正の目的でなく、
当該各号に定める事業者（法人その他の団体及び事業を行う個人をいう。以下同じ。）（以下「役務提供先」という。）
又は

当該役務提供先の事業に従事する場合におけるその役員（法人の取締役、執行役、会計参与、監査役、理事、監事 及び清算人並びにこれら以外の者で法令（法律及び 法律に基づく命令をいう。以下同じ。）の規定に基づき法人の経営に従事している者（会計監査人を除く。）をいう。以下同じ。）、従業員、代理人その他の者

について通報対象事実が生じ、又はまさに生じようとしている旨を、

当該役務提供先若しくは当該役務提供先があらかじめ定めた者（以下「役務提供先等」という。）、

当該通報対象事実について処分（命令、取消しその他公権力の行使に当たる行為をいう。以下同じ。）若しくは勧告等（勧告その他処分に当たらない行為をいう。以下同じ。）をする権限を有する行政機関若しくは当該行政機関があらかじめ定めた者（次条第2号及び第6条第2号において「行政機関等」という。）

又は

その者に対し当該通報対象事実を通報することがその発生若しくはこれによる被害の拡大を防止するために必要であると認められる者（当該通報対象事実により 被害を受け又は受けるおそれがある者を含み、当該役務提供先の競争上の地位その他正当な利益を害するおそれがある者を除く。次条第3号及び第6条第3号において同じ。）

に通報することをいう。

1　労働者（労働基準法（昭和22年法律第49号）第9条に規定する労働者をいう。以下同じ。）又は労働者であった者

当該労働者又は労働者であった者を自ら使用し、又は当該通報の日前1年以内に自ら使用していた事業者（次号に定める事業者を除く。）

2　派遣労働者（労働者派遣事業の適正な運営の確保及び派遣労働者の保護等に関する法律（昭和60年法律第88号。第4条において「労働者派遣法」という。）第2条第2号に規定する派遣労働者をいう。以下同じ。）又は派遣労働者であった者

当該派遣労働者又は派遣労働者であった者に係る労働者派遣（同条第1号に規定する労働者派遣をいう。第4条及び第5条第2項において同じ。）の役務の提供を受け、又は当該通報の日前1年以内に受けていた事業者

3　前2号に定める事業者が他の事業者との請負契約その他の契約に基づいて事業を行い、又は行っていた場合において、当該事業に従事し、又は当該通報の日前1年以内に従事していた労働者若しくは労働者であった者又は派遣労働者若しくは派遣労働者であった者

当該他の事業者

4　役員

次に掲げる事業者

イ　当該役員に職務を行わせる事業者

ロ　イに掲げる事業者が他の事業者との請負契約その他の契約に基づいて事業を行

う場合において、当該役員が当該事業に従事するときにおける当該他の事業者

2　この法律において「公益通報者」とは、公益通報をした者をいう。

3　この法律において「通報対象事実」とは、次の各号のいずれかの事実をいう。

1　この法律及び個人の生命又は身体の保護、消費者の利益の擁護、環境の保全、公正な競争の確保その他の国民の生命、身体、財産その他の利益の保護に関わる法律として別表に掲げるもの（これらの法律に基づく命令を含む。以下この項において同じ。）に規定する罪の犯罪行為の事実又は

2　この法律及び同表に掲げる法律に規定する過料の理由とされている事実

別表に掲げる法律の規定に基づく処分に違反することが前号に掲げる事実となる場合における当該処分の理由とされている事実（当該処分の理由とされている事実が同表に掲げる法律の規定に基づく他の処分に違反し、又は勧告等に従わない事実である場合における当該他の処分又は勧告等の理由とされている事実を含む。）

4　この法律において「行政機関」とは、次に掲げる機関をいう。

1　内閣府、宮内庁、内閣府設置法（平成11年法律第89号）第49条第1項若しくは第2項に規定する機関、デジタル庁、国家行政組織法（昭和23年法律第１２０号）第3条第2項に規定する機関、

法律の規定に基づき内閣の所轄の下に置かれる機関若しくはこれらに置かれる機関
又は
これらの機関の職員であって法律上独立に権限を行使することを認められた職員

2　地方公共団体の機関（議会を除く。）

第2章　公益通報をしたことを理由とする公益通報者の解雇の無効及び不利益な取扱いの禁止等

第3条（解雇の無効）

労働者である公益通報者が次の各号に掲げる場合においてそれぞれ当該各号に定める公益通報をしたことを理由として前条第1項第1号に定める事業者（当該労働者を自ら使用するものに限る。第9条において同じ。）が行った解雇は、無効とする。

1　通報対象事実が生じ、又はまさに生じようとしていると思料する場合
当該役務提供先等に対する公益通報

2　通報対象事実が生じ、若しくはまさに生じようとしていると信ずるに足りる相当の理由がある場合
又は
通報対象事実が生じ、若しくはまさに生じようとしていると思料し、かつ、次に掲げる事項を記載した書面（電子的方式、磁気的方式その他人の知覚によっては認識することができない方式で作ら

れる記録を含む。次号ホにおいて同じ。）を提出する場合

当該通報対象事実について処分又は勧告等をする権限を有する行政機関等に対する公益通報

イ　公益通報者の氏名又は名称及び住所又は居所

ロ　当該通報対象事実の内容

ハ　当該通報対象事実が生じ、又はまさに生じようとしていると思料する理由

ニ　当該通報対象事実について法令に基づく措置その他適当な措置がとられるべきと思料する理由

3　通報対象事実が生じ、又はまさに生じようとしていると信ずるに足りる相当の理由があり、かつ、次のいずれかに該当する場合

その者に対し当該通報対象事実を通報することがその発生又はこれによる被害の拡大を防止するために必要であると認められる者に対する公益通報

イ　前2号に定める公益通報をすれば解雇その他不利益な取扱いを受けると信ずるに足りる相当の理由がある場合

ロ　第1号に定める公益通報をすれば当該通報対象事実に係る証拠が隠滅され、偽造され、又は変造されるおそれがあると信ずるに足りる相当の理由がある場合

ハ　第1号に定める公益通報をすれば、役務提供先が、当該公益通報者について知

り得た事項を、当該公益通報者を特定させるものであることを知りながら、正当な理由がなくて漏らすと信ずるに足りる相当の理由がある場合

ニ　役務提供先から前2号に定める公益通報をしないことを正当な理由がなくて要求された場合

ホ　書面により第1号に定める公益通報をした日から20日を経過しても、当該通報対象事実について、当該役務提供先等から調査を行う旨の通知がない場合又は当該役務提供先等が正当な理由がなくて調査を行わない場合

ヘ　個人の生命若しくは身体に対する危害又は個人（事業を行う場合におけるものを除く。以下このへにおいて同じ。）の財産に対する損害（回復することができない損害又は著しく多数の個人における多額の損害であって、通報対象事実を直接の原因とするものに限る。第6条第2号ロ及び第3号ロにおいて同じ。）が発生し、又は発生する急迫した危険があると信ずるに足りる相当の理由がある場合

第4条（労働者派遣契約の解除の無効）

第2条第1項第2号に定める事業者（当該派遣労働者に係る労働者派遣の役務の提供を受けるものに限る。以下この条及び次条第2項において同じ。）の指揮命令の下に労働する派遣労働者である公益通報者が前条各号に定める公益通報をしたことを理由として第2条第1項第2号に定める事業者が行った労働者派遣契約（労働者派遣法第26条第1項に規定する労働者派遣契約をいう。）の解除は、無効とする。

第5条（不利益取扱いの禁止）

1　第3条に規定するもののほか、第2条第1項第1号に定める事業者は、その使用し、又は使用していた公益通報者が第3条各号に定める公益通報をしたことを理由として、当該公益通報者に対して、降格、減給、退職金の不支給その他不利益な取扱いをしてはならない。

2　前条に規定するもののほか、第2条第1項第2号に定める事業者は、その指揮命令の下に労働する派遣労働者である公益通報者が第3条各号に定める公益通報をしたことを理由として、当該公益通報者に対して、当該公益通報者に係る労働者派遣をする事業者に派遣労働者の交代を求めることその他不利益な取扱いをしてはならない。

3　第2条第1項第4号に定める事業者（同号イに掲げる事業者に限る。次条及び第8条第4項において同じ。）は、その職務を行わせ、又は行わせていた公益通報者が次条各号に定める公益通報をしたことを理由として、当該公益通報者に対して、報酬の減額その他不利益な取扱い（解任を除く。）をしてはならない。

第6条（役員を解任された場合の損害賠償請求）

役員である公益通報者は、次の各号に掲げる場合においてそれぞれ当該各号に定める公益通報をしたことを理由として第2条第1項第4号に定める事業者から解任された場合には、当該事業者に対し、解任によって生じた損害の賠償を請求することができる。

1　通報対象事実が生じ、又はまさに生じようとしていると思料する場合　当該役務提供先等に対する公益通報

2　次のいずれかに該当する場合

当該通報対象事実について処分又は勧告等をする権限を有する行政機関等に対する公益通報

イ　調査是正措置（善良な管理者と同一の注意をもって行う、通報対象事実の調査及びその是正のために必要な措置をいう。次号イにおいて同じ。）をとることに努めたにもかかわらず、なお当該通報対象事実が生じ、又はまさに生じようとしていると信ずるに足りる相当の理由がある場合

ロ　通報対象事実が生じ、又はまさに生じようとしていると信ずるに足りる相当の理由があり、かつ、個人の生命若しくは身体に対する危害又は個人（事業を行う場合におけるものを除く。）の財産に対する損害が発生し、又は発生する急迫した危険があると信ずるに足りる相当の理由がある場合

3　次のいずれかに該当する場合

その者に対し通報対象事実を通報することがその発生又はこれによる被害の拡大を防止するために必要であると認められる者に対する公益通報

イ　調査是正措置をとることに努めたにもかかわらず、なお当該通報対象事実が生じ、又はまさに生じようとしていると信ずるに足りる相当の理由があり、かつ、次のいずれかに該当する場合

(1) 前2号に定める公益通報をすれば解任、報酬の減額その他不利益な取扱いを受けると信ずるに足りる相当の理由がある場合

(2) 第1号に定める公益通報をすれば当該通報対象事実に係る証拠が隠滅され、偽造され、又は変造されるおそれがあると信ずるに足りる相当の理由がある場合

(3) 役務提供先から前2号に定める公益通報をしないことを正当な理由がなくて要求された場合

ロ　通報対象事実が生じ、又はまさに生じようとしていると信ずるに足りる相当の理由があり、かつ、個人の生命若しくは身体に対する危害又は個人（事業を行う場合におけるものを除く。）の財産に対する損害が発生し、又は発生する急迫した危険があると信ずるに足りる相当の理由がある場合

第7条（損害賠償の制限）
第2条第1項各号に定める事業者は、第3条各号及び前条各号に定める公益通報によって損害を受けたことを理由として、当該公益通報をした公益通報者に対して、賠償を請求することができない。

第8条（解釈規定）
1　第3条から前条までの規定は、通報対象事実に係る通報をしたことを理由として第2条第1項各号に掲げる者に対して解雇その他不利益な取扱いをすることを禁止する他の法令の規定の適用を妨げるものではない。

2　第3条の規定は、労働契約法（平成19年法律第128号）第16条の規定の適用を妨げるものではな

い。

3　第5条第1項の規定は、労働契約法第14条及び第15条の規定の適用を妨げるものではない。

4　第6条の規定は、通報対象事実に係る通報をしたことを理由として第2条第1項第4号に定める事業者から役員を解任された者が当該事業者に対し解任によって生じた損害の賠償を請求することができる旨の他の法令の規定の適用を妨げるものではない。

第9条（一般職の国家公務員等に対する取扱い）

第3条各号に定める公益通報をしたことを理由とする

一般職の国家公務員、

裁判所職員臨時措置法（昭和26年法律第299号）の適用を受ける裁判所職員、

国会職員法（昭和22年法律第85号）の適用を受ける国会職員、

自衛隊法（昭和29年法律第165号）第2条第5項に規定する隊員

及び

一般職の地方公務員（以下この条において「一般職の国家公務員等」という。）

に対する免職その他不利益な取扱いの禁止については、第3条から第5条までの規定にかかわらず、

国家公務員法（昭和22年法律第120号。裁判所職員臨時措置法において準用する場合を含む。）、

国会職員法、

自衛隊法

及び

地方公務員法（昭和25年法律第261号）の定めるところによる。

この場合において、第2条第1項第1号に定める事業者は、第3条各号に定める公益通報をしたことを理由として一般職の国家公務員等に対して免職その他不利益な取扱いがされることのないよう、これらの法律の規定を適用しなければならない。

第10条（他人の正当な利益等の尊重）

第3条各号及び第6条各号に定める公益通報をする者は、他人の正当な利益又は公共の利益を害することのないよう努めなければならない。

第3章　事業者がとるべき措置等

第11条（事業者がとるべき措置）

1　事業者は、第3条第1号及び第6条第1号に定める公益通報を受け、並びに当該公益通報に係る通報対象事実の調査をし、及びその是正に必要な措置をとる業務（次条において「**公益通報対応業務**」という。）に従事する者（次条において「**公益通報対応業務従事者**」という。）を定めなければならない。

2　事業者は、前項に定めるもののほか、公益通報者の保護を図るとともに、公益通報の内容の活用により国民の生命、身体、財産その他の利益の保護に関わる法令の規定の遵守を図るため、第3条第1号及び第6条第1号に定める公益通報に応じ、適切に対応するために必要な体制の整備その他の必要な措置をとらなければならない。

3 常時使用する労働者の数が300人以下の事業者については、第1項中「定めなければ」とあるのは「定めるように努めなければ」と、前項中「とらなければ」とあるのは「とるように努めなければ」とする。

4 内閣総理大臣は、第1項及び第2項（これらの規定を前項の規定により読み替えて適用する場合を含む。）の規定に基づき事業者がとるべき措置に関して、その適切かつ有効な実施を図るために必要な指針（以下この条において単に「指針」という。）を定めるものとする。

5 内閣総理大臣は、指針を定めようとするときは、あらかじめ、消費者委員会の意見を聴かなければならない。

6 内閣総理大臣は、指針を定めたときは、遅滞なく、これを公表するものとする。

7 前2項の規定は、指針の変更について準用する。

第12条（公益通報対応業務従事者の義務）

公益通報対応業務従事者又は公益通報対応業務従事者であった者は、正当な理由がなく、その公益通報対応業務に関して知り得た事項であって公益通報者を特定させるものを漏らしてはならない。

第13条（行政機関がとるべき措置）

1 通報対象事実について処分又は勧告等をする権限を有する行政機関は、公益通報者から第3条第2号及び第6条第2号に定める公益通報をされた場合には、必要な調査を行い、当該公益通報に係る通報対象事実があると認めるときは、法令に基づく措置その他適当な措置をとらなければならない。

2 通報対象事実について処分又は勧告等をする権限を有する行政機関（第2条第4項第1号に規定する職員を除く。）は、前項に規定する措置の適切な実施を図るため、第3条第2号及び第6条第2号に定める公益通報に応じ、適切に対応するために必要な体制の整備その他の必要な措置をとらなければならない。

3 第1項の公益通報が第2条第3項第1号に掲げる犯罪行為の事実を内容とする場合における当該犯罪の捜査及び公訴については、前2項の規定にかかわらず、刑事訴訟法（昭和23年法律第131号）の定めるところによる。

第14条（教示）

前条第1項の公益通報が誤って当該公益通報に係る通報対象事実について処分又は勧告等をする権限を有しない行政機関に対してされたときは、当該行政機関は、当該公益通報者に対し、当該公益通報に係る通報対象事実について処分又は勧告等をする権限を有する行政機関を教示しなければならない。

第4章　雑則

第15条（報告の徴収並びに助言、指導及び勧告）
内閣総理大臣は、第11条第1項及び第2項（これらの規定を同条第3項の規定により読み替えて適用する場合を含む。）の規定の施行に関し必要があると認めるときは、事業者に対して、報告を求め、又は助言、指導若しくは勧告をすることができる。

第16条（公表）
内閣総理大臣は、第11条第1項及び第2項の規定に違反している事業者に対し、前条の規定による勧告をした場合において、その勧告を受けた者がこれに従わなかったときは、その旨を公表することができる。

第17条（関係行政機関への照会等）
内閣総理大臣は、この法律の規定に基づく事務に関し、関係行政機関に対し、照会し、又は協力を求めることができる。

第18条（内閣総理大臣による情報の収集、整理及び提供）
内閣総理大臣は、公益通報及び公益通報者の状況に関する情報その他その普及が公益通報者の保護及び公益通報の内容の活用による国民の生命、身体、財産その他の利益の保護に関わる法令の規定の遵守に資することとなる情報の収集、整理及び提供に努めなければならない。

第19条（権限の委任）
内閣総理大臣は、この法律による権限（政令で定めるものを除く。）を消費者庁長官に委任する。

第20条（適用除外）

第15条及び第16条の規定は、国及び地方公共団体に適用しない。

第5章　罰則

第21条　第12条の規定に違反して同条に規定する事項を漏らした者は、30万円以下の罰金に処する。

第22条　第15条の規定による報告をせず、又は虚偽の報告をした者は、20万円以下の過料に処する。

附則

第1条（施行期日）　この法律は、公布の日から起算して2年を超えない範囲内において政令で定める日から施行する。ただし、附則第3条及び第4条の規定は、公布の日から施行する。

第2条（経過措置）　この法律による改正後の公益通報者保護法（以下「新法」という。）の規定は、この法律の施行後にされる新法第2条第1項に規定する公益通報について適用し、この法律の施行前にされたこの法律による改正前の公益通報者保護法第2条第1項に規定する公益通報については、なお従前の例による。

第３条

１　内閣総理大臣は、この法律の施行前においても、新法第11条第４項から第７項までの規定の例により、事業者がとるべき措置に関する指針を定めることができる。

２　前項の規定により定められた指針は、この法律の施行の日において新法第11条第４項の規定により定められたものとみなす。

第４条（政令への委任）

前２条に定めるもののほか、この法律の施行に関し必要な経過措置は、政令で定める。

第５条（検討）

政府は、この法律の施行後３年を目途として、新法の施行の状況を勘案し、新法第２条第１項に規定する公益通報をしたことを理由とする同条第２項に規定する公益通報者に対する不利益な取扱いの是正に関する措置の在り方及び裁判手続における請求の取扱いその他新法の規定について検討を加え、その結果に基づいて必要な措置を講ずるものとする。

別表（第２条関係）

１　刑法（明治40年法律第45号）

２　食品衛生法（昭和22年法律第２３３号）

３　金融商品取引法（昭和23年法律第25号）

4　日本農林規格等に関する法律（昭和25年法律第175号）
5　大気汚染防止法（昭和43年法律第97号）
6　廃棄物の処理及び清掃に関する法律（昭和45年法律第137号）
7　個人情報の保護に関する法律（平成15年法律第57号）
8　前各号に掲げるもののほか、個人の生命又は身体の保護、消費者の利益の擁護、環境の保全、公正な競争の確保その他の国民の生命、身体、財産その他の利益の保護に関わる法律として政令で定めるもの

公益通報者保護法に基づく事業者向け指針

○公益通報者保護法第11条第1項及び第2項の規定に基づき事業者がとるべき措置に関して、その適切かつ有効な実施を図るために必要な指針

令和3年8月20日内閣府告示第118号

第1　はじめに

この指針は、公益通報者保護法（平成16年法律第122号。以下「法」という。）第11条第4項の規定

に基づき、同条第1項に規定する公益通報対応業務従事者の定め及び同条第2項に規定する事業者内部における公益通報に応じ、適切に対応するために必要な体制の整備その他の必要な措置に関して、その適切かつ有効な実施を図るために必要な事項を定めたものである。

第2　用語の説明

「**公益通報**」とは、法第2条第1項に定める「公益通報」をいい、処分等の権限を有する行政機関やその他外部への通報が公益通報となる場合も含む。

「**公益通報者**」とは、法第2条第2項に定める「公益通報者」をいい、公益通報をした者をいう。

「**内部公益通報**」とは、法第3条第1号及び第6条第1号に定める公益通報をいい、通報窓口への通報が公益通報となる場合だけではなく、上司等への報告が公益通報となる場合も含む。

「**事業者**」とは、法第2条第1項に定める「事業者」をいい、営利の有無を問わず、一定の目的をもってなされる同種の行為の反復継続的遂行を行う法人その他の団体及び事業を行う個人であり、法人格を有しない団体、国・地方公共団体などの公法人も含まれる。

「**労働者等**」とは、法第2条第1項に定める「労働者」及び「派遣労働者」をいい、その者の同項に定める「役務提供先等」への通報が内部公益通報となり得る者をいう。

「**役員**」とは、法第2条第1項に定める「役員」をいい、その者の同項に定める「役務提供先等」への通報が内部公益通報となり得る者をいう。

「**退職者**」とは、労働者等であった者をいい、その者の法第2条第1項に定める「役務提供先等」

への通報が内部公益通報となり得る者をいう。

「**労働者及び役員等**」とは、労働者等及び役員のほか、法第2条第1項に定める「代理人その他の者」をいう。

「**通報対象事実**」とは、法第2条第3項に定める「通報対象事実」をいう。

「**公益通報対応業務**」とは、法第11条第1項に定める「公益通報対応業務」をいい、内部公益通報を受け、並びに当該内部公益通報に係る通報対象事実の調査をし、及びその是正に必要な措置をとる業務をいう。

「**従事者**」とは、法第11条第1項に定める「公益通報対応業務従事者」をいう。

「**内部公益通報対応体制**」とは、法第11条第2項に定める、事業者が内部公益通報に応じ、適切に対応するために整備する体制をいう。

「**内部公益通報受付窓口**」とは、内部公益通報を部門横断的に受け付ける窓口をいう。

「**不利益な取扱い**」とは、公益通報をしたことを理由として、当該公益通報者に対して行う解雇その他不利益な取扱いをいう。

「**範囲外共有**」とは、公益通報者を特定させる事項を必要最小限の範囲を超えて共有する行為をいう。

「**通報者の探索**」とは、公益通報者を特定しようとする行為をいう。

第3　従事者の定め（法第11条第1項関係）

1　事業者は、内部公益通報受付窓口において受け付ける内部公益通報に関して公益通報対応業務を行う者であり、かつ、当該業務に関して公益通報者を特定させる事項を伝達される者を、従事者として定めなければならない。

2　事業者は、従事者を定める際には、書面により指定をするなど、従事者の地位に就くことが従事者となる者自身に明らかとなる方法により定めなければならない。

第4　内部公益通報対応体制の整備その他の必要な措置（法第11条第2項関係）

1　事業者は、**部門横断的な公益通報対応業務を行う体制の整備**として、次の措置をとらなければならない。

(1)　内部公益通報受付窓口の設置等

内部公益通報受付窓口を設置し、当該窓口に寄せられる内部公益通報を受け、調査をし、是正に必要な措置をとる部署及び責任者を明確に定める。

(2)　組織の長その他幹部からの独立性の確保に関する措置

内部公益通報受付窓口において受け付ける内部公益通報に係る公益通報対応業務に関して、組織の長その他幹部に関係する事案については、これらの者からの独立性を確保する措置をとる。

(3)　公益通報対応業務の実施に関する措置

内部公益通報受付窓口において内部公益通報を受け付け、正当な理由がある場合を除いて、必要な調査を実施する。そして、当該調査の結果、通報対象事実に係る法令違反行為が明らかになった場合には、速やかに是正に必要な措置をとる。また、是正に必要な措置をとった後、当該措置が適切に機能しているかを確認し、適切に機能していない場合には、改めて是正に必要な措置をとる。

(4)　**公益通報対応業務における利益相反の排除に関する措置**

内部公益通報受付窓口において受け付ける内部公益通報に関し行われる公益通報対応業務について、事案に関係する者を公益通報対応業務に関与させない措置をとる。

2　事業者は、**公益通報者を保護する体制の整備**として、次の措置をとらなければならない。

(1)　**不利益な取扱いの防止に関する措置**

イ　事業者の労働者及び役員等が不利益な取扱いを行うことを防ぐための措置をとるとともに、公益通報者が不利益な取扱いを受けていないかを把握する措置をとり、不利益な取扱いを把握した場合には、適切な救済・回復の措置をとる。

ロ　不利益な取扱いが行われた場合に、当該行為を行った労働者及び役員等に対して、行為態様、被害の程度、その他情状等の諸般の事情を考慮して、懲戒処分その他適切な措置をとる。

(2)　**範囲外共有等の防止に関する措置**

イ　事業者の労働者及び役員等が範囲外共有を行うことを防ぐための措置をとり、範囲外共有が行われた場合には、適切な救済・回復の措置をとる。

ロ　事業者の労働者及び役員等が、公益通報者を特定した上でなければ必要性の高い調査が実施できないなどのやむを得ない場合を除いて、通報者の探索を行うことを防ぐための措置をとる。

ハ　範囲外共有や通報者の探索が行われた場合に、当該行為を行った労働者及び役員等に対して、行為態様、被害の程度、その他情状等の諸般の事情を考慮して、懲戒処分その他適切な措置をとる。

3　事業者は、**内部公益通報対応体制を実効的に機能させるための措置**として、次の措置をとらなければならない。

(1)　**労働者等及び役員並びに退職者に対する教育・周知に関する措置**

イ　法及び内部公益通報対応体制について、労働者等及び役員並びに退職者に対して教育・周知を行う。また、従事者に対しては、公益通報者を特定させる事項の取扱いについて、特に十分に教育を行う。

ロ　労働者等及び役員並びに退職者から寄せられる、内部公益通報対応体制の仕組みや不利益な取扱いに関する質問・相談に対応する。

(2)　**是正措置等の通知に関する措置**

書面により内部公益通報を受けた場合において、当該内部公益通報に係る通報対象事実の中止その他是正に必要な措置をとったときはその旨を、当該内部公益通報に係る通報対象事実がないときはその旨を、適正な業務の遂行及び利害関係人の秘密、信用、名誉、プ

ライバシー等の保護に支障がない範囲において、当該内部公益通報を行った者に対し、速やかに通知する。

(3) **記録の保管、見直し・改善、運用実績の労働者等及び役員への開示に関する措置**

イ　内部公益通報への対応に関する記録を作成し、適切な期間保管する。

ロ　内部公益通報対応体制の定期的な評価・点検を実施し、必要に応じて内部公益通報対応体制の改善を行う。

ハ　内部公益通報受付窓口に寄せられた内部公益通報に関する運用実績の概要を、適正な業務の遂行及び利害関係人の秘密、信用、名誉、プライバシー等の保護に支障がない範囲において労働者等及び役員に開示する。

(4) **内部規程の策定及び運用に関する措置**

この指針において求められる事項について、内部規程において定め、また、当該規程の定めに従って運用する。

内部告発をめぐる年表

1937年　(独) ドイツ官吏法が42条で、反国家的活動についての通報義務を官吏に課す（第1章61頁）
1970年 12月　(米) 職業安全衛生法制定（第1章17頁）
1972年　(米) ウォーターゲート事件（第1章20頁）
1986年 1月　(米) スペースシャトルのチャレンジャー事故（第1章21頁）
10月　(米) 不正請求防止法が抜本改正（第1章22頁）
1989年 3月　(米) ホイッスルブロワー（内部告発者）保護法制定（同年7月施行）（第1章22頁）
1990年 9月　イトマン事件、日経新聞が朝刊3面に「伊藤万グループ　不動産業などへの貸付金　1兆円を超す」との見出しで報道（第4章320頁）
1993年 1月　福島県北の特定郵便局長の集会。朝日新聞が福島版で「小泉郵政相を厳しく批判」『集票力』を誇示」「公務出張、会場も公費で」などの見出しで報じる（第4章274頁）
1994年 4月　朝日新聞が福島版で「県内の特定郵便局長　自民党員、後援会員集め」との見出しで参院比例区の郵政省出身候補者のための組織的な後援会員集めを報じる（第4章278頁）
11月　大阪府知事の政治団体のヤミ献金で会計責任者を逮捕（第1章49頁）

1995年　2月　コンピューターソフト会社テーエスデーの関係先を証券取引等監視委員会が家宅捜索（同年6月、東京地検に刑事告発）（第1章49頁）

11月　富里病院事件、東京地裁で内部告発者の原告が勝訴（第4章290頁）

1998年　7月　（英）公益開示法制定（翌年施行）（第1章30頁）

1999年　9月　東海村JCO臨界事故（第1章36頁）

2000年　4月　三和銀行戒告処分事件、大阪地裁で内部告発者の原告が勝訴（銀行側が控訴、翌年1月に和解成立）（第4章295頁）

千代田生命事件、東京高裁で、内部告発者と疑われた原告と会社が和解（第4章292頁）

6月　特定郵便局長の政治活動について、朝日新聞が総選挙投票日の直前に「1局長あたり、自民党員10人前後、有権者40～100人程度の名簿を抱え、組織的に動く」と関係者の話を報じる（第4章280頁）

7月　中告者保護制度を盛り込んだ改正原子炉等規制法施行（第1章36頁）

三菱自動車の欠陥車隠しが発覚（第1章34頁）

2001年　1月　内閣府国民生活局コンプライアンス研究会第1回会合（第1章33頁）

7月　（韓）公職者、官公庁を対象とする腐敗防止法制定（翌年1月施行）（第1章37頁）

8月　郵政省出身の自民党候補を参院選で当選させるための「役所ぐるみ」の公職選挙法違反の容疑で、郵政官僚の近畿郵政局長や大阪、京都の郵便局長、特定郵便局

長らが逮捕される（第4章281頁）

9月　コンプライアンス研究会が米国の内部告発制度に触れた報告書「自主行動基準作成の推進とコンプライアンス経営」を公表（第1章33頁）

（米）同時多発テロ（9・11）

10月　首相の諮問機関・国民生活審議会の消費者政策部会の下に、自主行動基準検討委員会設置（第1章33頁）

11月　自主行動基準検討委員会（第3回）で経済界の委員が内部告発制度に積極的な姿勢を見せる（第1章33頁）

12月　（米）エンロン粉飾決算事件で同社が倒産（第1章23頁）

2002年

1月　雪印食品の牛肉産地偽装が発覚（第1章34頁）

2月　自主行動基準検討委員会（第6回）で「内部通報」という用語が提案される（第1章33～34頁）

3月　自主行動基準検討委員会（第7回）で英国の公益開示法を参考に、内閣府国民生活局消費者企画課が「公益通報者保護制度」との言葉を提案（第1章34頁）

4月　群英学園事件、東京高裁で内部告発者の原告が敗訴（第4章296頁）

三井環事件（第2章182頁）

7月　宮崎信金事件、福岡高裁宮崎支部で内部告発者の原告が逆転勝訴（第4章298頁）

（米）ワールドコム粉飾決算事件で同社が倒産（第1章24頁）

（米）企業会計改革法（SOX法）制定（第1章25頁）

8月　東京電力の原発ひび割れ隠しが発覚（第1章34、36頁）

10月　日本経団連が公表した企業行動憲章実行の手引きに「『企業倫理ヘルプライン（相談窓口）』を設置」「相談者の秘密保持と不利益扱いの禁止」と記載、政府方針明確に（第1章34頁）

2003年　5月　公益通報者保護制度で保護される通報の要件について「英国公益開示法を参考としつつ、通報先に応じて保護要件を設ける」との方針（第1章34頁）

6月　いずみ市民生協事件、大阪地裁堺支部で内部告発者の原告が勝訴（第4章299頁）

7月　与党・自民党の政務調査会内閣部会が「消費者問題に関するプロジェクトチーム」の第1回会合を開く（第1章35頁）

10月　国際連合総会で国連腐敗防止条約を採択（05年12月発効）（第1章68頁）

12月　内閣府国民生活局が消費者政策部会に「公益通報者保護法案（仮称）の骨子（案）」を示す（第1章35頁）

2004年　2月　北海道警裏金事件、道警の原田宏二・元釧路方面本部長が裏金問題で記者会見（第2章182頁）

3月　政府は公益通報者保護法案を閣議決定し、国会に提出（第1章35頁、第5章356頁）

6月　公益通報者保護法成立

2005年　1月　現職の警官・仙波敏郎さんが愛媛県警の裏金問題を記者会見で内部告発（第2章91

頁）

2月　トナミ運輸事件、富山地裁で内部告発者の原告・串岡弘昭さん勝訴（翌年2月、名古屋高裁金沢支部の控訴審で和解成立）（第4章302〜303頁）

4月　リニエンシー制度導入の改正独占禁止法制定（翌年1月施行）（第1章37頁）

2006年

1月　ライブドア事件摘発（第1章49頁）

4月　公益通報者保護法施行

財務省、内部通報制度の運用開始（第3章198頁）

6月　ダスキン（ミスタードーナツ）事件の株主代表訴訟、大阪高裁で原告勝訴（第1章52頁）

2008年

2月　オリンパス社員・浜田正晴さんが内部通報後の不当な人事をめぐり、会社などを相手取って東京地裁に提訴（第2章89頁）

2009年

2月　読売新聞が「告発者名　社内窓口が明かす　オリンパス社員『制裁人事』救済申し立てへ」と報じる（第2章90頁）

10月　司法書士事務所事件、大阪高裁で内部告発者の原告勝訴（第4章304頁）

2010年

1月　オリンパスらを相手に訴訟を起こした原告の浜田正晴さん、東京地裁で敗訴（第2章91頁）

陸山会事件で小沢一郎議員の秘書が逮捕される（第1章50頁）

4月　ウィキリークスが米軍ヘリによる記者殺害ビデオを公開（第1章66頁）

7月 （米）ドッド＝フランク法制定（第1章27頁）

11月 G20サミットで、公益通報者保護ルール実施の行動計画に合意（第1章68頁）

オリンパス米州法人の元幹部が、不正請求防止法に基づき同社を相手取った訴状をニュージャージー地裁にひそかに提出（第2章141〜142頁）

2011年 3月 （韓）民間企業を対象にした公益申告者保護法制定（同年9月施行）（第1章37〜38頁）

7月 月刊誌「FACTA」がオリンパスの1千億円を超える不正経理疑惑を報じる（第2章99頁）

8月 オリンパス社員・浜田正晴さん、東京高裁で全面勝訴（第2章92頁）

10月 フィナンシャル・タイムズ紙が「解雇されたオリンパス社長が10億ドル超の支払いの理由を追及」との見出しでオリンパスの巨額不正について報道（第2章106頁）

2012年 2月 東京地検特捜部が巨額の損失隠蔽を理由にオリンパスの山田前常勤監査役、菊川前社長、森前副社長の3人を逮捕（第2章128頁）

2013年 （EU）ハンガリーとマルタが包括的な内部告発者保護を法制化（翌14年にスロバキア、オランダ、アイルランドが続く）（第1章68頁）

6月 スノーデンさんが米国家安全保障局（NSA）のネット監視を内部告発（第1章66頁）

7月 オリンパスは金融商品取引法違反で、罰金7億円の有罪判決、菊川氏と山田氏は

懲役3年執行猶予5年、森氏は懲役2年6月執行猶予4年の判決（第2章129頁）

2014年 4月 海上自衛隊員がいじめを苦に自殺した事件で、東京高裁が原告の遺族勝訴の判決（第4章326頁）

2015年 3月 国土交通省が、東洋ゴム工業の免震ゴムに国の基準を満たしていない製品があったと発表（第3章238～239頁）

5月 血液製剤メーカーの化学及血清療法研究所での製造不正を厚生労働省へ内部告発（第3章236～237頁）

6月 消費者庁が有識者らで「公益通報者保護制度の実効性の向上に関する検討会」を設置（翌年12月に報告書提出）（第3章198頁、第5章342頁）

7月 東芝の「不適切な会計処理」について第三者委員会が報告書（第3章235頁）

（EU）6月にスウェーデン、12月にフランスがそれぞれ包括的な内部告発者保護を法制化（第1章69頁）

2016年 2月 2011年の東京高裁判決後、オリンパス社員・浜田さんと同社が和解（第2章175頁）

オリンパス米州法人とオリンパス・ラテンアメリカは医師らにキックバックや賄賂を払ってきた罪で、合計6億4600万ドルを米政府や州政府に払うと約束（第2章136頁）

3月 住江織物、米国子会社の元従業員から不正経理に関する内部通報（第3章243頁）

4月 国際調査報道ジャーナリスト連合による「パナマ文書」報道（第1章66、68頁）

7月 長野計器の子会社フクダ、複数の従業員から内部通報を受け粉飾決算が発覚（第3章244頁）

12月 消費者庁が「公益通報者保護法を踏まえた内部通報制度の整備・運用に関する民間事業者向けガイドライン」を作成し、公表（第3章245頁）

2017年

2月 徳島県職員事件で、前年7月に高松高裁が下した原告一部勝訴の判決が最高裁で確定（第4章306頁）

3月 消費者庁が主導し、省庁を対象としたガイドラインを抜本改正（第5章412頁）

5月 残業代不払いなどを内部告発したイオングループ企業の従業員が起こした訴訟で、千葉地裁が告発者の原告勝訴の判決（第3章226頁）

6月 （米、日）自動車部品メーカー・タカタが製造したエアバッグに欠陥があった問題で元技術者から内部告発を受け、リコールや罰金、補償基金の支払いなどが重なり、倒産（第1章29頁）

11月 国際調査報道ジャーナリスト連合による「パラダイス文書」報道（第1章68頁）

（EU） イタリアとリトアニアがそれぞれ包括的な内部告発者保護を法制化（第1章69頁） ※EU加盟国のうち9カ国が13〜17年の間に法制化

12月 テレビ東京の看板番組「ガイアの夜明け」が、レオパレス21のサブリース契約をめぐるトラブルについて放送（第4章254頁）

2018年　3月　財務省が内部通報制度に関する規則を改正（翌年1月施行）（第3章199頁）
朝日新聞が財務省の公文書改ざんを報じる（第3章200頁）
赤木俊夫さんの自殺から5日後、財務省が公文書改ざんの事実を認める（第3章201頁）
（米、日）東洋紡が取引先の米国企業の元幹部から米国で起こされた内部告発者訴訟で和解。告発者側には報奨金（第1章28頁）
4月　NHK「クローズアップ現代＋」で、「郵便局が保険を〝押し売り〟⁉　～郵便局員たちの告白～」を放送（第4章285頁）
6月　財務省が、文書改ざん問題に関する内部調査の報告書を公表（第3章204頁）
9月　内閣府が公文書監察室を設ける。翌年4月、通報窓口の運用開始（第3章215頁）
12月　オリンパス子会社が米国で内視鏡の院内感染の報告を怠った罪を認め、罰金8千万ドル（90億8600万円）、没収500万ドル（5億6800万円）の判決。オリンパス本体の矢部久雄・元執行役員は翌年5月22日に保護観察1年、罰金5千ドル（55万円）の有罪判決（第2章144頁）
日本公庫が「業務システム開発の入札に関連した情報漏えいの事実が確認された」と発表（第3章242頁）
2019年　2月　テレビ東京、前年5月に続きレオパレス21の建築基準法違反を追及する番組を放送（第4章258頁）

3月 国交省、「共同住宅の建築時の品質管理のあり方に関する検討会」設置（第4章263頁）
西日本新聞が「郵便局員が違法な保険営業　高齢者と強引契約」と報道（第4章285頁）

4月 財務省が公文書監理室を新設し、通報窓口を設ける（第3章215頁）
大和ハウス工業が、建築基準に関する不適合について発表（第4章263頁）

6月 朝日新聞が「かんぽ生命　不適切な販売」などと報道（第4章285頁）

7月 日本郵政、日本郵便、かんぽ生命の3社が保険営業の問題について外部の弁護士に依頼し本格調査開始（第4章285頁）

8月 国交省の有識者検討会がレオパレス21、大和ハウスの問題を検証し再発防止への提言（第4章264頁）

10月 公益社団法人の日本建築士会連合会が「工事監理に係る通報窓口」を設ける（第4章265頁）
（EU）公益通報者保護指令を採択（同年12月施行）（第1章69頁）
国交省がレオパレス21所属の一級建築士3人について免許取り消しの懲戒処分（第4章265頁）

12月 金融庁が保険業法に基づき、かんぽ生命と日本郵便に業務停止命令、日本郵政を含む3社に業務改善命令（第4章288頁）

2020年 3月 決裁文書改ざんを強いられた末に自殺した近畿財務局職員の赤木俊夫さんの手記が公表される（第3章201頁）

6月 改正公益通報者保護法制定

11月 オリンパスの浜田正晴さんが、公益通報者保護法改正への活動を評価されて東京弁護士会の人権賞を受賞（第2章180頁）

2021年 **（米）** 反マネーロンダリング法制定（第1章25頁）

2月 東京高裁で、内部告発をした原告のオリンパス社内弁護士・榊原拓紀さんと同社が和解（第2章175頁）

6月 郵便局長への強要未遂の罪で起訴された日本郵便の元地区統括局長が、福岡地裁で懲役1年執行猶予3年の有罪判決（第4章287頁）

6月 **（EU）** デンマークが包括的な内部告発者保護法制を制定、スウェーデン、ポルトガル、マルタ、リトアニアも整備を完了。12月に誕生したドイツのショルツ政権

12月 が包括的な内部告発者保護の法制化を公約（第1章72頁）

2022年 6月 改正公益通報者保護法施行

（文・構成／編集部）

あとがき

筆者である私、奥山俊宏にとって、はからずも、この本を校了するのが、33年勤務した朝日新聞社での最後の仕事になろうとしています。

新聞記者としてこの33年、数えきれないくらい多くの人たちと出会い、多くの組織を取材してきました。それらの人や組織と渡り合った経験なくして、この本は存在できません。そうした経験を得られたことに感謝し、そこから抽出した知見をできるだけ世の中に還元すべくこの本に盛り込もうと努めました。

さまざまな事件や事故を取材するうち、私は、組織が健全に機能するためには、もっともよく実情を知る立場にある現場や専門家の認識ないし知見が等身大《とうしんだい》に組織経営層に共有され、組織の総合的な経営判断に取り込まれなければならないのに、多くの組織でそれが意外に難しいのだ、と知るようになりました。特に、組織の奥底に巣《す》くう犯罪など不正に関する情報やリスクに関する情報は、あとで取り返しのつかないことにならないように、迅速・的確に共有され、より良い是正や対策へと結びつけられなければならないはずです。しかし、不愉快な話を聞かされると、人は往々にして、かつ、理不尽にも、その話を持ってきた人に対して不快の念を抱きます。「Shoot《シュート》 the《ザ》 messenger《メッセンジャー》（使者《ししゃ》を撃つ）」との英熟語があることから分かりますように、このことは日本だけでなく海外でも同様です。

内部通報制度は、そうした組織内部での情報共有と意思決定に必須の道具として位置づけられます。嫌な情報を報告する人を嫌がってしまう習性がどうしても人間にはありますから、そこは意識し、制度化して、そうした報告をする人を嫌がるのではなく歓迎し、そうした報告が迅速に上がるようにしなければならないのでしょう。

内部の不正リスクを直視し、その芽をできるだけ早く摘むための体制を築くことはいまや、あらゆる組織に対する社会的要請となっています。それを義務づけるのが改正公益通報者保護法だということができます。

これに加えて、法律の枠を超えて俯瞰《ふかん》して考えてみますと、実はこうした情報共有の大切さは、リスク情報や不正発見の端緒《たんしょ》についてのみ当てはまる、ということではないと気づかされます。業務のプロセスに直すべきところがあれば、その改善が提案され、スムーズに吟味《ぎんみ》されて、的確に取捨選択《しゅしゃせんたく》され、迅速に実行に移されるのが、効率的な組織運営に資するでしょうし、あるいは、他にはないような斬新《ざんしん》な知恵や技術が組織内部にあるのならば、それが見過ごされることなく、すくい上げられ、商品やサービスの改良や創出に生かされることこそが、技術革新など事業のブレークスルーへとつながっていくことになるでしょう。そうしたプラス情報の組織内での伝達にも、マイナス情報ほどではないでしょうが、目詰《めづ》まりがあり得ます。そういう目詰まりを解消し、組織を前向きに発展させるためにも、内部通報制度の趣旨は生かし得ます。

このような情報の伝達と共有、経営判断への取り込みの過程は、組織の構成員が組織の経営にエンゲージ（関与）することそのものということができ、逆にいえば、そのようなプロセスを実効的に機能できるようにすることは、経営そのものであるといえるでしょう。

現場で働く人たちが自発的に、是正、改善、さらには進歩、向上へと動くことができるということ、それこそが従業員の組織への「エンゲージメント」であり、ひいては組織の生産性を高め、技術革新を促し、結果、営利企業ならば利益を極大化できることでしょう。そのようになってこそ、組織は、社会やステークホルダーの期待・要請に応えることができ、それは組織のコンプライアンスそのものだといえます。

ここまで申し上げてきました「組織」を、日本という国家、あるいは、日本の社会と言い換えることもできます。

社会に伏在《ふくざい》している根深い問題について、それを知る内部者の声によって明るみに出すことで問題提起し、解決への道を開くのが、狭い意味の内部告発です。そこでは告発の先は行政機関や捜査機関、報道機関、その記者たちであり、組織からすれば外部への通報です。ですが、日本という国家、日本の社会にとっては、それもこれも「公益通報」ととらえて、ひっくるめて同じ地平に位置づけることができます。そのようにして共有された情報を「公《おおやけ》」（パブリック、ないし、民《たみ》）のためにできるだけ生かしてこそ、より良い国家や社会へと進歩できるのでしょう。それが公益通報者保護法の発想だと私は思います。

そのような社会において、公益通報がより良く機能するためには、報道機関、なかでも調査報道記者たちが公益通報を受けて取材し、報道していく営みが大切であり、不可欠です。そうした仕事を年続けてこられたことを私は誇りとしています。

この本の相当部分は、朝日新聞の紙面や朝日新聞デジタル、専門ニュースサイト「法と経済のジャーナル Asahi Judiciary《アサヒジュディシャリー》」（ＡＪ《エイジェイ》）に折にふれて出してきた記事の草稿を下敷きに加筆・修正した原稿でできています。その元になった記事や論考の主なものを列挙しますと、「内部告発者探し 企業に『禁止』 外部への通報も対象」（２０２１年10月26日、朝日新聞朝刊３面）、「内部告発の行方」（20年4月20～24日、同夕刊連載）、「条文詳解 公益通報者保護法改正案を閣議決定、国会提出」（20年3月9日、ＡＪ）、「オリンパス、内視鏡の院内感染で報告怠った罪、米司法省が起訴」（18年12月17日、ＡＪ）、「財務省、３カ月遅れで近畿財務局に改正通知 内部通報ずさん運用の言い訳は？」（18年7月20日、ＡＪ）、「内部通報制度『機能不全』東芝、化血研、福山通運……整備義務を法定へ」（17年1月23日、ＡＪ）、「内部資料の持ち出しの免責を検討 公益通報者保護法改正で消費者庁」（17年1月12日、ＡＪ）、「公益通報者保護法改正の方向で消費者庁検討会が最終報告書」（16年12月31日、ＡＪ）、「オリンパスの体質はなぜ改まらないのか またもや不明朗な取引」（16年3月28日号、ＡＥＲＡ）、「ウッドフォード元社長の内部告発を受けたフィナンシャル・タイムズ東京支局記者は」（12年4月17日、ＡＪ）、「社会の安全・安心と技術者、技術倫理への期待」（06年10月、技術倫理協議会公開シンポジウム）、「内部告発者と報道機関のあり方」（04年7月、8月、朝日新聞社総合研究本部ＡＩＲ21）などが含まれています。

これら、この本のもとになった原稿のための取材にご協力いただきました皆様、なかでも、勇気ある内部告発者の皆様に深く感謝します。ご協力いただきながら的確に新聞紙面で記事にすることができなかった事例が多々あり、それら事例の関係者には特に申し訳なく、ここにお詫《わ》びします。一人ひとりのお名前を記すのは控えますが、これらの取材・執筆の機会を与えていただいた朝日新聞社の同僚、私の周囲の人々にも感謝を捧げます。

この本をまとめるにあたりましては、2017年の前著『パラダイス文書』に引き続いて、構想段階から朝日新聞出版の内山美加子《うちやまみかこ》さんのお世話になりました。彼女の的確な助言なしには、この本がこのような姿になることはありませんでした。

2022年4月1日以降は、ジャーナリストとしてだけでなく、研究者、教員としても、内部告発、公益通報について引き続き取材し、その結果を発信していくつもりです。ご意見、ご感想、情報提供などがありましたらokuyamatoshihiro@gmail.com にお寄せください。

2022年3月25日、東京・築地で

奥山 俊宏

奥山 俊宏（おくやま・としひろ）

1966年、岡山県生まれ。1989年、東京大学工学部卒、朝日新聞入社。水戸支局、福島支局、社会部、特別報道部などで記者。2013年から朝日新聞編集委員。2022年4月から上智大学教授（文学部新聞学科）。
著書『秘密解除 ロッキード事件　田中角栄はなぜアメリカに嫌われたのか』（岩波書店、2016年7月）で第21回司馬遼太郎賞（2017年度）を受賞。同書に加え、福島第一原発事故やパナマ文書の報道で日本記者クラブ賞（2018年度）を受賞。そのほかの著書に『パラダイス文書　連鎖する内部告発、パナマ文書を経て「調査報道」がいま暴く』（朝日新聞出版、2017年11月）など。

内部《ないぶ》告発《こくはつ》のケーススタディから読《よ》み解《と》く組織《そしき》の現実《げんじつ》

改正《かいせい》公益《こうえき》通報者《つうほうしゃ》保護《ほご》法《ほう》で何《なに》が変《か》わるのか

2022年4月30日第1刷発行

著　者　　奥山俊宏
発行者　　三宮博信
発行所　　朝日新聞出版
〒104-8011　東京都中央区築地5-3-2
電話　03-5541-8832（編集）
03-5540-7793（販売）

印刷製本　大日本印刷株式会社

©2022 The Asahi Shimbun Company Published in Japan by Asahi Shimbun Publications Inc.

ISBN978-4-02-251824-8
定価はカバーに表示してあります。

落丁・乱丁の場合は弊社業務部（電話03-5540-7800）へご連絡ください。
送料弊社負担にてお取り替えいたします。